安徽省志

Chorography of Anhui Province

残疾人联合会志

Disabled Persons' Federation

(1988—2011)

安徽省地方志编纂委员会办公室
Compilatory Commission of Anhui Chorography

方志出版社
Publishing House of Local Records

图书在版编目（CIP）数据

安徽省志．残疾人联合会志：1988—2011/安徽省地方志编纂委员会办公室编．—北京：方志出版社，2015.3
ISBN 978－7－5144－1502－5

Ⅰ．①安… Ⅱ．①安… Ⅲ．①安徽省—地方志②残疾人—联合会—工作概况—安徽省—1988—2011 Ⅳ．①K295.4

中国版本图书馆CIP数据核字（2014）第313599号

安徽省志·残疾人联合会志（1988—2011）

编　　者：安徽省地方志编纂委员会办公室
责任编辑：王笃银

出 版 人：冀祥德
出 版 者：方志出版社
地址　北京市朝阳区潘家园东里9号（国家方志馆4层）
邮编　100021
网址　http://www.fzph.org
发　　行：方志出版社发行中心
电话（010）67110500
经　　销：各地新华书店
印　　刷：安徽新华印刷股份有限公司

开　　本：889×1194　1/16
印　　张：18.75
字　　数：401千字
版　　次：2015年3月第1版　2015年3月第1次印刷
印　　数：0001~1500册

ISBN 978－7－5144－1502－5/K·1231　定价：280.00元

安徽省地方志编纂委员会

曾任安徽省地方志编纂委员会成员

《安徽省志》总编室

主　　任：朱文根

副 主 任：刘成典　吴　静　王守亚　严　希　吴良琴　王　晖

成　　员：（按姓氏笔画为序）

王富宏　计媛媛　史五一　朱海滨　孙　平　苏爱梅

杜中文　李宇涵　杨永成　余祖本　张　军　张　慧

周小平　胡　利　胡卫星　黄志军　章慧丽

《安徽省志·残疾人联合会志》审稿组

初　　审：吴良琴

复　　审：刘成典

核　　审：朱文根　张纯和

审查验收

安徽省人民政府

《安徽省志·残疾人联合会志》
编纂委员会

曾任《安徽省志·残疾人联合会志》编纂委员会成员

《安徽省志·残疾人联合会志》
编纂人员

主　　编：余向东（2007 年 3 月—2011 年 12 月）

黎业智（2012 年 3 月—2013 年 6 月）

钱玉贵（2013 年 7 月—　）

副 主 编：张福海（2012 年 1 月—　）

周　林（2012 年 1 月—2013 年 6 月）

编　　辑：（按姓氏笔画为序）

丁　毅　方　毅　王春华　朱永梅　刘炳山　李小平

张孝东　柴小非　郭建宏　程亚芳

总　　纂：张文培（2012 年 6 月—　）

提供资料人员：（按姓氏笔画为序）

丁　毅　方　扬　方　毅　方秀莲　王廷民　王春华

王建芬　邓　璐　左敦山　朱永梅　华树林　刘　红

刘　群　刘炳山　刘海峰　江　灏　江宏胜　杜思棋

李小平　杨　颖　宋秀梅　张孝东　陈海涛　胡艾琳

胡丽华　胡效民　胡燕红　柴小非　徐　进　徐　宏

高　鹰　高维沙　郭建宏　涂茂锋　陶四清　韩明红

程亚芳　鲍永清　管　进　黎世华

1995年3月，中国残联组织的“爱祖国自强不息”巡回报告团到安徽，省委书记卢荣景、省长回良玉与中国残联主席邓朴方看望报告团成员

1995年4月2—7日，中国残联主席邓朴方到安徽调研残疾人工作，省委、省政府领导到机场迎接

1997年5月18日，原省政府省长、省残联名誉主席傅锡寿（左七），原省人大常委会副主任、省残联名誉主席郑淮舟（左八），原省政协副主席、省残联主席赵怀寿（左六），省政府副省长杨多良（左五）等领导接见合肥十佳残疾人

1999年7月10日，省残联欢迎安徽省参加第十届国际特殊奥林匹克运动会的运动员载誉归来

2000年10月18日，副省长卢家丰（后中）接见参加第十一届残奥会（悉尼）运动员刘美丽、任桂香、王键

2004年10月11日，中国残联\香港康复会第十二期全国（安徽）县级康复人员技术培训班全体人员

2006年11月，省委书记郭金龙（右）授予香港企业家余彭年“慈善大使”匾牌

2006年,合肥市瑶海区组织专业技术人员设立精神卫生咨询台

2007年4月3日，副省长文海英接见第二次全国残疾人抽样调查总结表彰大会安徽分会场全体代表

2007年，实施残疾人事业专项彩票公益金农村贫困残疾人危房改造项目时，明光市石坝镇马尾山村贫困残疾人李长乐危房改造前后居住房屋

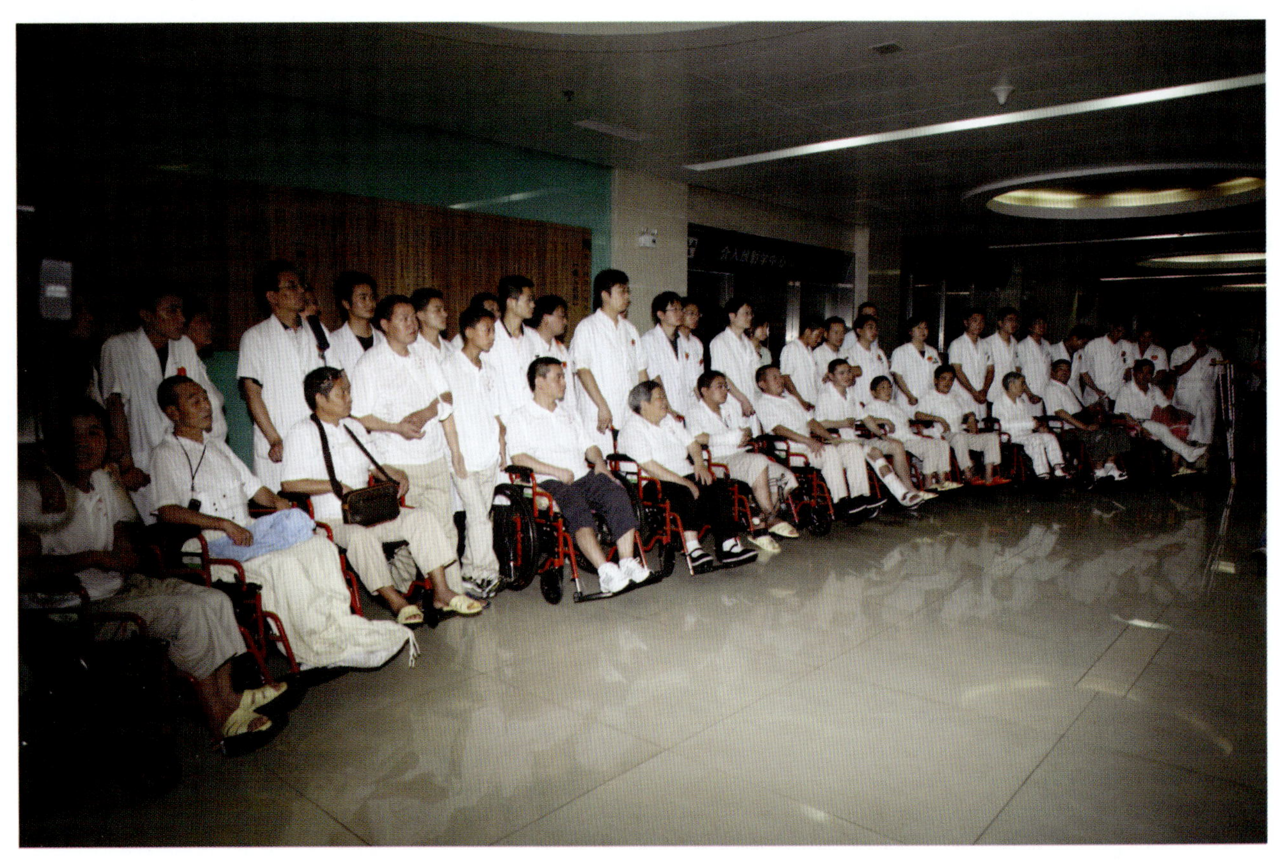

2008年，“5·12”汶川大地震后，省残联向安徽省接收的伤员捐赠103辆轮椅

2008年9月28日，省委书记王金山、省长王三运、省委副书记王明方等领导出席安徽省北京奥运会、残奥会总结表彰大会

2008年10月15日，德国下萨克森州特教学校教育专家到安徽省残疾人康复研究中心观摩教学

2008年11月17日，中国残联主席团副主席、理事长汤小泉（前中）到安徽调研

2009年2月10—13日，中国残联常务副理事长王乃坤、人力资源和社会保障部副部长张小建率国务院残工委检查组到皖检查

2009年4月7—10日，中国残联副理事长申知非一行到皖考察

2009年5月31日，省人大常委会副主任张俊看望省残疾人康复研究中心残疾儿童

2009年6月24日，副省长唐承沛（中）出席省残疾人综合服务中心落成仪式，省发展和改革委员会主任沈卫国向省残联理事长张纯和移交中心钥匙

2009年9月11日，省政协主席杨多良、省人大常委会副主任朱维芳出席新加坡莱佛士教育集团情系残疾学子爱心捐赠仪式

2009年9月21—24日，省人大常委会副主任胡连松（右）赴六安市、亳州市慰问残疾人

2010年1月11日，省政协副主席李宏塔（左四）看望安庆市残疾人综合服务中心在训聋儿

2010年1月27日，九华山百岁宫住持、省政协常委释慧庆（右三）到省残联向残疾人士捐赠善款

2010年4月24—25日，十七届中央委员、中国残联党组书记、理事长王新宪在马鞍山市调研并慰问残疾人家庭

2010年4月25日，省委书记王金山，省长王三运，省委常委、省委秘书长詹夏来，副省长唐承沛在合肥会见王新宪（中）一行

2010年5月14日，省委常委、省总工会主席王秀芳（右一）到合肥市庐阳区看望慰问农村特困残疾人

2010年6月23日，省委书记张宝顺，省委副书记、省长王三运，省委常委、宣传部部长臧世凯，省委常委、省委秘书长詹夏来，省军区司令员许伟，省人大常委会副主任胡连松，副省长花建慧，省政协副主席王鹤龄，省政府秘书长梁卫国在上海参观生命阳光馆，看望进行才艺特长展示的安徽残疾人。张宝顺（右）与聋人剪纸艺术家刘晓川亲切交流

2010年9月10日——全国第26个教师节，副省长谢广祥（右二）慰问省残疾人康复研究中心、省特教中专学校师生

2010年9月27日，副省长唐承沛（右一）到合肥火车站迎接安徽省参加全国第五届特奥会运动员

2011年3月16日，省委书记张宝顺（右）在合肥会见中国残联主席张海迪

2011年3月17日，省人大常委会副主任文海英（左）主持第二届省直机关“读书月”报告会，中国残联主席张海迪应邀作专题报告

2011年11月11日，省委副书记孙金龙（右）在合肥会见中国残联副理事长程凯

2011年12月2日，省人大常委会副主任张俊、省政府副省长谢广祥、省政协副主席李宏塔参加安徽省社会力量开展残疾儿童康复工作先进集体和先进个人表彰大会

2011年，上海青年扶轮社为黄山市贫困残疾人捐赠轮椅

2011年，省残联与世界轮椅基金会在霍山县联合开展轮椅捐赠活动

2009年6月24日竣工并交付使用的安徽省残疾人综合服务中心

残疾人集中就业基地——马鞍山天福纸箱纸品有限公司

无障碍设施——公共场所室外坡道

无障碍设施——公路人行道盲道

无障碍设施——公共场所室内盲道

无障碍设施——卫生间支撑装置

无障碍设施——洗漱间扶手

刘美丽（肢残）在2000年第11届悉尼残奥会上比赛

王键（肢残）在2004年第12届雅典残奥会上领奖

侯春晓（肢残）在2008年第13届北京残奥会上比赛

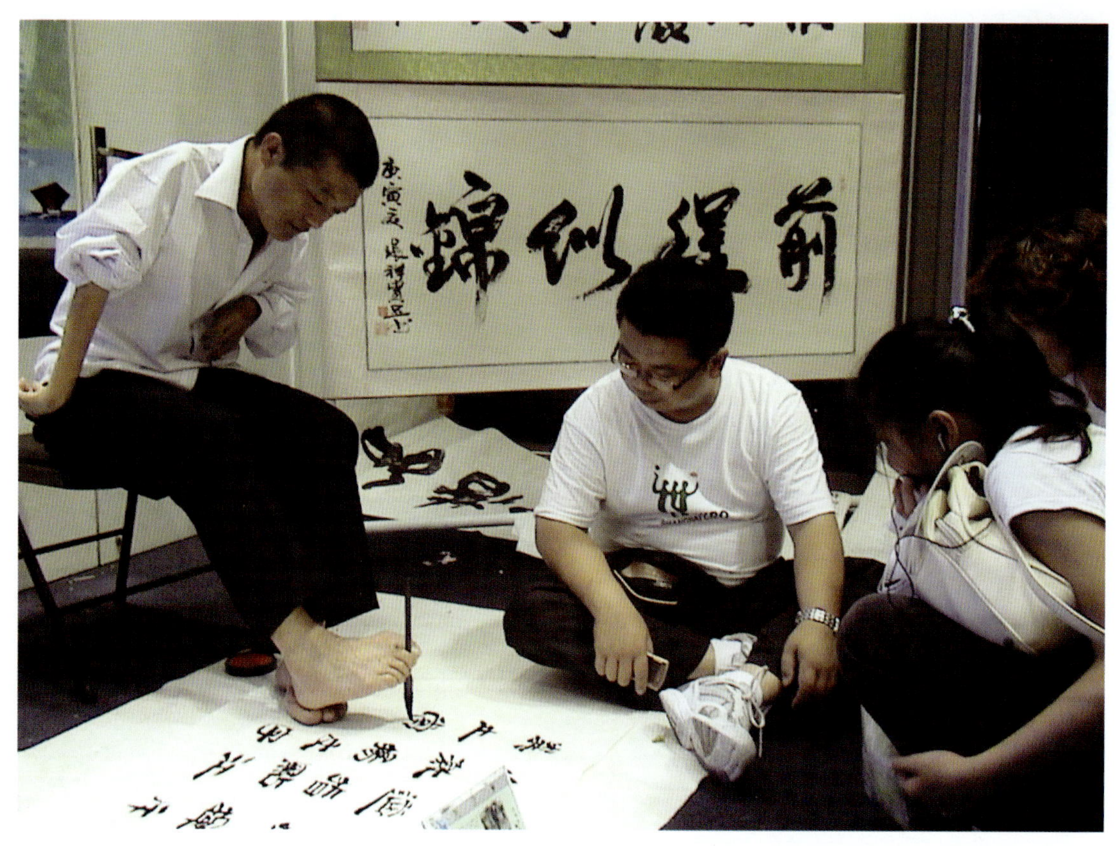

张祥贵（肢残）在展示“足书”

赵靖（肢残）在展示“口书”

刘晓川（听力残疾）在展示为观众剪肖像

严友骏（听力残疾）在展示烙画

王恒（肢残）在展示“臂画”

徐石生（肢残）在创作剪纸作品

严友骏（听力残疾）烙铁画作品——天坛

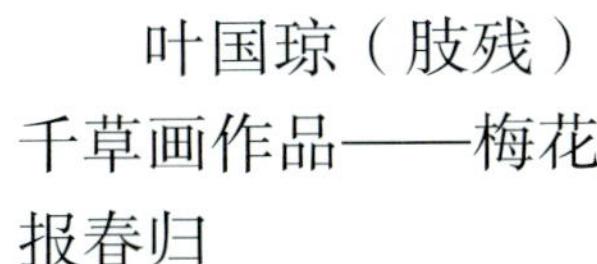

叶国琼（肢残）千草画作品——梅花报春归

周盛加（肢残）千瓷画作品

张鹏（听力残疾）
丝棉画作品

刘晓川（听力残疾）
剪纸作品

醉翁亭記

程振德（听力残疾）
书法作品

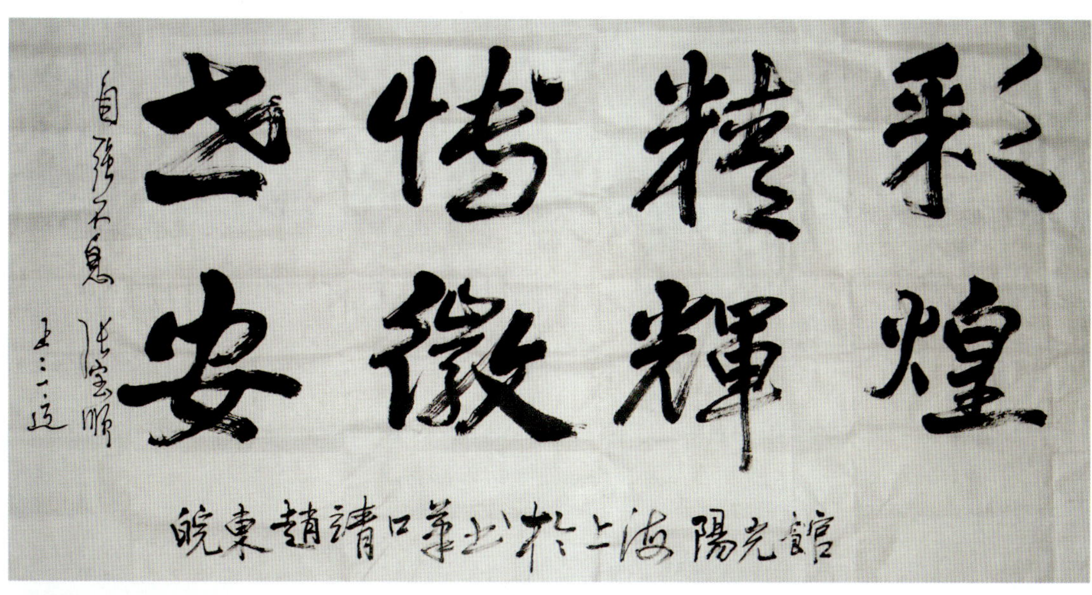

赵靖（肢残）书法（口书）作品

顾红森（听力残疾）雕刻作品

杨峰（肢残）书法作品

董陈（肢残）篆刻作品

桂遂平（肢残）篆刻作品

李艾平（肢残）绘画作品

夏长秀（肢残）绘画作品

吴鹏凯（肢残）绘画作品

总 凡 例

一、《安徽省志（1986—2005）》以马克思列宁主义、毛泽东思想、邓小平理论、“三个代表”重要思想和科学发展观为指导，坚持辩证唯物主义和历史唯物主义，全面、客观、系统地记述1986—2005年间安徽省自然、政治、经济、文化、社会等方面的情况。

二、本志贯彻国务院《地方志工作条例》《安徽省地方志工作条例》，依法修志。

三、本志遵循中国地方志指导小组《地方志书质量规定》，力求存真求实、客观公正、全面系统，寓观点于记述之中。

四、本志各分志名称为《安徽省志·××志（1986—2005）》。

五、本志记述的地域范围为2005年的安徽省行政区域；时间上限为1986年，下限为2005年，少数分志的时限根据情况作适当上溯或下延，特色分志不设时限。

六、本志采用述、记、志、传、图、表、录等体裁，以志为主。各分志一般为篇章节条目体，部分为章节条目体，个别分志根据实际需要采用条目体。

七、入志人物坚持生不立传的原则。除人物志外，各分志坚持以事系人、人随事出的原则，不设人物录、人物简介。

八、本志采用规范书面语体文、记述体。表述力求严谨、朴实、简洁、流畅。语言文字、标点符号、计量单位等使用规范，按国家规定执行。

九、本志资料由各承编单位搜集整理，文中不注明出处。

十、本志采用省统计部门公布的法定数据，没有列入统计范围的，采用业务主管部门的统计数据。

十一、本志所涉组织、机构、法律法规、文件、会议等专有名称，第一次使用时用全称，简称括注于全称之后。各类译名以新华通讯社译文为准。

十二、本志所用地图均以安徽省测绘部门和有关部门绘制或审定的为准。

十三、本志设总凡例，各分志设凡例。

凡　例

一、《安徽省志·残疾人联合会志》是首部记载安徽省残疾人事业和残疾人联合会工作的专志，断限 1988—2011 年。其上限 1988 年为安徽省残疾人联合会成立年度。为保证史实的完整性，本志中部分内容作了适当上溯下延。

二、本志横排竖写，纵横结合，采用章节条目体。共设 11 章、39 节、129 条目。

三、本志照片集中于卷首，图表随文设置。表序按所在章节编列，如“表 1-2”为第一章第二表。表中无统计数字的用“-”表示。

四、本志计量单位采用中华人民共和国法定计量单位，个别地方遵从传统习惯用法，如土地面积用“亩”等。

五、本志所用资料由安徽省残疾人联合会机关处室、直属单位，安徽省各市县（市、区）残疾人联合会提供。

目　录

Main Contents

概　述

自从有了人类，就有残疾人。残疾人是指在心理、生理、人体结构上，某种组织、功能丧失或者不正常，全部或者部分丧失以正常方式从事某种活动能力的人。安徽省2010年年末总户籍人口数为6862万人，其中残疾人总数为401.5万人，占总人口比例为5.85%。1949年以前，社会动荡，灾害频繁，残疾人饱受歧视和遗忘，过着比健全人更为艰难的生活。中华人民共和国成立以后，党和政府高度重视残疾人事业发展，为残疾人办实事、办好事，给残疾人事业带来勃勃生机。省委、省政府积极贯彻中央精神，关心、支持残疾人事业。继中国残联成立以后，全省各地相继成立残疾人联合会，融“代表、服务、管理”三种职能为一体，有力地促进了安徽省残疾人事业全面、快速发展。

一

安徽地处中原，位于长江、淮河两大水系中下游，西部和南部为山区，中部为丘陵地带，北部为广袤平原，属冷暖气流交汇处，地质构造比较复杂，地貌类型多样。特殊的地理位置致使水旱灾害频繁发生，风、雹、霜、雪等灾害交错为患，地震、滑坡、山崩等地质灾害时有发生。安徽又居战略要冲，历来为兵家必争之地，历史上战争烽火不断。连年天灾战祸的直接后果是饿殍遍野，疫疠流行，大批正常人致残。各地旧方志中，不断记有“大饥疫，人相食”“灾疫交作，死亡无数”等惨痛史实，触目惊心。在中华人民共和国成立以前，官府视社会救济为恩赐，官方赈济捉襟见肘；民间则视为施舍，捐助杯水车薪，养济范围极小。残疾人长期陷于绝望之中，生活水平低下又严重缺医少药，生存状况鲜有人顾及。一些残疾人为了养家糊口，习练演唱等技艺赖以生存，每天穿走于街巷市井之间，演唱所得也难以糊口，生活朝不保夕。残疾人生活的历史是被冷落、受歧视、受欺凌的历史。

民国37年（1948年）年初，经一些热心特殊教育的人士积极倡导、筹办，安徽成立私立安庆聋哑学校、私立芜湖聋哑学校，有极少的聋哑人就读。这是安徽最早的聋哑学校，可以称为安徽特殊教育事业的萌芽。

二

中华人民共和国成立后，残疾人的生活状况、社会地位发生第一次质的变化。农村实行土改，残疾人和健全人一样分到土地、农具、房舍，开始新的生活。城市残疾人在政府的组织下，开始享受救济并展开生产自救，基本解决温饱，生活安定。1954 年通过的第一部《中华人民共和国宪法》规定：劳动者在年老、疾病或丧失劳动能力的时候，有获得物质帮助的权利。1960 年，中国盲人聋哑人协会成立，残疾人教育、体育有一定程度上的发展，生产自救活动进一步展开，在政府扶持下，诞生第一批福利工厂，残疾人生活进一步改善。

安徽省同全国形势一样，1949 年以后的残疾人改变了原来被冷落、遭歧视、受欺凌的现象。无依无靠的残疾老人、残疾孤儿、伤残军人或其他重残者得到政府收养安置，至 1952 年安徽省在 31 个市、县设生产教养院 31 所，共内养、外养残老 3313 人，孤儿 919 人，弃婴 544 人，至 1959 年全省共有教养院、所 38 个，院民 4167 人。适龄残疾少年儿童有了接受教育的机会，安徽省特殊教育学校由中华人民共和国成立初期的 2 所，发展到 1974 年的 6 所。盲哑学校在校学生 644 人，教职工 104 人。蚌埠盲哑学校还举办文化夜校、业余文化班（组），帮助成年盲人、聋哑人学习。各校在文化课之外，开设职业技术课和小型实验厂坊。来安县盲哑学校实行半工半读制，成立理发、油漆、木工等厂组，为学生提供实习场所。

残疾人生活有了保障。1949 年后，在农村的残疾人分到土地、农具、房舍并在互助组、帮工队的帮助下开始新生活。1956 年，安徽省少数高级农业生产合作社集中“五保”户，组织生产教养队（生产休养所）。1957 年，据 52 个市、县统计，全省共办生产教养队 4414 个，入队“五保”户达 86900 余人，占“五保”总数 23.5%，形成集体供养的雏形。“五保”供养制度的实施，使农村中的鳏寡孤独、残老孤幼者有了生活保障。城市无依无靠、无劳动能力、无生活来源的孤老残幼人员在各级政府的关怀和组织下，通过群众互助、国家救济等方式获得救济和帮助；伤残军人和有部分劳动能力的残疾人通过以工代赈、生产自救、参加手工业或小型工业生产等途径解决基本生活出路。20 世纪五六十年代，安徽城乡对孤老残幼人员救济形式有所不同。在农村，主要以缺乏自救能力的特别困难户和孤残老人、孤残儿童为救济对象。救济形式有春荒救济、夏荒救济、冬令救济和临时救济等，目的是保证贫困户和残疾人有饭吃、有衣穿、有栖身之所，不出现饿死、冻死等非正常现象。1964 年，随着“大跃进”和“三年国民经济困难时期”结束，各级政府强调依靠集体做好农村贫困户补助工作，要求公社、大队从总收入中提取一定数量的公益金，保证补助孤老残幼人员和特殊困难户的需要，并在分配口粮上对这部分贫困户给予照顾，保障他们的基本生活。在城市，社会救济的主要对象和任务则是保障孤老残幼等无依无靠人员的基本生活。

残疾人劳动权利逐步得以实现，劳动形式发生多种变化。1957年，随着国家对由城市烈军属、贫民和孤老残疾人员组成的社会福利生产单位实施免征工商税和优先贷款等扶持政策，形成民政部门兴办、街道和乡村群众自办等多层次、多渠道发展福利生产的局面，越来越多的残疾人得以参加力所能及的生产劳动。1958年，中共中央提出“全民办工业”的方针，各地城镇街道民办工业迅速兴起，各级民政部门的生产自救工作重点随即转到发展以盲聋哑残人员为主体的社会福利生产，原有“生产自救”组织逐渐和街道民办工业融为一体。这一时期，形成安徽城乡福利生产发展史上残疾人实现就业的高潮。1959年，全省城镇盲人、聋哑人（不包括肢残人）5736人中，从事各种手工业劳动3867人，其中参加固定生产组织374人。20世纪60年代，安徽省成立省盲人聋哑人协会。协会成立后，省及安庆等地盲人聋哑人协会即开始培训盲人按摩医生，筹建按摩诊所，有的协会还选派盲人到外省培训。1974年，全省城镇盲人、聋哑人4267人，安排就业1566人，其中国营企业事业单位526人、街道生产组1040人，就业人数占盲、聋、哑人数36%。1978年，全省城镇18至30周岁有劳力的盲人、聋哑人3190人中，安排就业1305人，其中国营单位520人，其他方面785人，占盲、聋、哑人数40.9%。

残疾预防、康复以及残疾人文化体育等也有了发展。1951年，皖北行署民政处在合肥市创办皖北荣军整形工厂，为革命残废军人安装假肢；1958年后，服务对象扩展到社会残疾人，并开办康复门诊，生产上下假肢、手摇三轮车、矫形鞋、皮围腰、木拐以及其他矫形器和辅助器，对外销售。1953年成立省卫生防疫所，1956年成立省地方病防治所，至1959年全省医疗卫生机构增至24140个（其中医院9433个）。1965年，安庆市创办盲聋哑人俱乐部。20世纪50年代，阜阳等地开始组织伤残人参加体育锻炼，还举行聋哑人体育竞赛。当时，在桐城县设有安徽省革命残废军人休养所，在所休养人员身残志不残，积极锻炼身体，经常开展自行车和篮球比赛。60年代，芜湖市也举行过聋哑人田径运动会。

“文化大革命”期间，国家经济建设和社会发展受到严重破坏，残疾人事业也遭受严重挫折，中国盲人聋哑人协会的活动被迫停止，安徽省及全省各地盲人聋哑人协会被迫停止工作。

三

1978年12月8日，中国共产党第十一届中央委员会第三次会议拉开中国改革开放的序幕。随着改革开放和经济发展，残疾人生活状况和社会地位发生第二次质的飞跃。1981年，中国作为联合国成员国积极参加“国际残疾人年”活动，促使中国社会觉醒、残疾人觉醒。于是残疾人中具有先进思想的知识分子，以邓朴方为代表，带着新观念，为人道主义大声疾呼，为残疾人平等充分参与社会生活到处奔走，这就有中国残疾人福利基金会的出现。1988年成立的中国残疾人联合会，以崭新的思想、纲领、章程将中国残疾人事业带进一个新天地。

这一时期，安徽省残疾人事业由低起点走向系统发展的轨道，逐步形成以政府为主导，社会各界广泛参与，残疾人组织积极发挥作用，统筹安排，协调发展的工作机制；形成各级人民政府主管领导联系，残疾人工作协调委员会综合协调解决重大问题，有关部门将相关残疾人工作纳入各自职责，各级残联履行“代表、服务、管理”职能，基层残疾人群众组织直接联系残疾人，“官”“民”结合，分工协作的组织体系；形成社会各界形式多样、配合密切、齐抓共管、协调运作、共同推进残疾人事业的良好局面。残疾人事业与国家发展目标更加适应，与经济、社会发展更加协调，残疾人工作领域越来越全面、越来越广泛，从单纯的收养救济、生产自救，逐渐发展成为涵盖残疾人康复、教育、劳动就业、扶贫解困、社会保障、文化体育、法制建设、组织建设、社区残疾人工作、无障碍环境建设、残疾预防和国际交流与合作等方面的综合性、社会化系统工程，为残疾人事业健康、稳定、可持续发展提供有效保证。

1980 年，重新组建的安徽省盲人聋哑人协会筹备委员会在合肥举行安徽省第一届盲人聋哑人代表会议，选举产生安徽省盲人聋哑人协会第一届领导机构。合肥、芜湖等 13 个市、县先后成立盲人聋哑人协会。1985 年，成立安徽省残疾人福利基金会。1988 年，安徽省残疾人联合会成立。6 月 25 日，安徽省残疾人联合会第一次全省代表大会在合肥召开。这是全省残疾人事业发展史上一次十分重要的会议，其掀开了安徽残疾人事业发展史上崭新的一页。此后，各市（地）、县（区）及乡、镇（街道）残联相继组建。1989 年 2 月，安徽省第一个地级市残联——芜湖市残疾人联合会成立；1989 年 8 月，安徽省第一个县残联——凤阳县残疾人联合会被批准成立；1990 年 11 月，铜陵市在全省率先完成一县三区残联组建工作。至 1995 年，全省市（地）、县（市、区）都相应成立残疾人工作组织及专门机构，形成了为残疾人服务、管理和发展残疾人事业的组织网络。从此，全省残疾人有了代表残疾人共同利益、维护残疾人合法权益、团结教育残疾人、为残疾人服务的合法的统一组织，各级党委和政府有了联系残疾人这个特殊群体的桥梁和纽带。

1988 年，省政府成立“安徽省残疾人三项康复工作领导小组”，1990 年更名为“安徽省残疾人事业领导小组”，1993 年更名为“安徽省人民政府残疾人工作协调委员会”。2002 年，中共安徽省委明确一名副书记分管省残联工作。2006 年“安徽省人民政府残疾人工作协调委员会”更名为“安徽省人民政府残疾人工作委员会”。全省各级残联机构陆续升格，残疾人工作者队伍不断扩大。1996—1997 年，铜陵、宿州、滁州三市残联由副县级升格为正县级，2000 年 8 月省残联机构规格由副厅级升格为正厅级，至 2005 年 4 月市级残联全部升格为正县级。2011 年年底，全省在编残疾人工作者达 1080 人。

自 1993 年起，省政府相继颁布安徽省残疾人事业第八个五年计划（以下简称“八五”）、第九个五年计划（以下简称“九五”）、第十个五年计划（以下简称“十五”）、第十一个五年计划（以下简称“十一五”）、第十二个五年计划（以下简称“十二五”）5个五年发展纲要，对残疾人事业进行全面部署。1994年安徽省第八届人民代表大会常务委员会第十二次会议通过《安徽省实施〈中华人民共和国残疾人保障法〉办法》，标志着安徽省残疾人事业开始走上法制化轨道。1996年安徽省政府以第71号令颁布《安徽省按比例安排残疾人就业办法》，为保障残疾人就业提供政策支持，并于2004年修订后以165号令颁布实施。2005年，省政府印发《关于进一步加强扶助贫困残疾人工作的实施意见》，提出要保障贫困和重度残疾人的基本生活，强化医疗和教育救助。2007年，安徽省政府以第202号令颁布《安徽省优待扶助残疾人规定》，对残疾人就学、就医、劳动就业、社会保障等方面提出具体明确的优待措施。2009年，中共安徽省委、省政府出台《关于促进残疾人事业发展的实施意见》。2011年，中共安徽省委办公厅、省政府办公厅出台《关于加快推进我省残疾人社会保障体系和服务体系建设的实施意见》。同年，安徽省第十一届人民代表大会常务委员会第30次会议审议通过《安徽省残疾人保障条例》。其间，还制定《安徽省救助贫困残疾大学生暂行办法》《安徽省贫困重度残疾人生活特别救助实施办法》等规范性文件。一系列法规制度的出台，有力地促进安徽省残疾人事业的发展。中共安徽省委、省政府在重视法规制度建设的同时，对残疾人事业的财政投入也逐年增加。1988年省财政对省残联的投入为55万元，1998年投入为211万元，2008年投入达到3385万元，2009年和2010年均达到1.8亿元，2011年增至2.69亿元。在一般性财政预算逐年增长的同时，从1997年开始，各级政府通过落实残疾人就业办法，又为各级残联开征了残疾人就业保障金。2011年度，全省就业保障金征收超过3亿元，保障金开征以来累计收入超过14亿元。

残疾预防以及残疾人康复、教育、就业有了新发展。1989年成立残疾人三项康复专家技术指导组。安徽省立医院、安徽医学院附属医院等陆续开展白内障摘除手术、角膜移植手术、巩膜修补手术。1991年起，安徽省将精神残疾康复纳入残疾人工作领域，医疗卫生部门陆续开设精神病康复治疗专科，大量精神病患者及时获得康复治疗的机会。各级人民政府高度重视流行性脑脊髓膜炎等致残性疾病的预防，预防和防疫形成制度化、常规化；同时针对职业性中毒开展防治工作，较好地预防职业性中毒致残的发生；妇幼儿童保健机构参与全国、全省的科研协作，开展出生缺陷预防与监测，较好地减少新生儿出生缺陷的发生；安徽有组织、有计划地收治麻风病患者及其畸残者获得良好效果。残疾人康复工作从最初的白内障复明手术、聋儿听力言语康复训练、脊髓灰质炎（俗称小儿麻痹）后遗症手术矫治三项，陆续拓展到低视力康复、精神病防治康复、智力残疾预防与康复，以及社区康复、残疾人特殊用品用具供应、康复训练与社区康复服务、假肢和矫形器装配、智力残疾儿童系统训练、肢体残疾者系统训练、重性精神病患者综合防治和麻风畸残康复等。2008年，贫困白内障患者免费复明手术项目列入省政府民生工程，同时在全省开展视觉第一中国行动、中华健康快车、2002光明行以及彭年光明行动等活动，1988—2011年，使20万名视力残疾者受益。视力、听力言语和智力三类残疾儿童义务教育入学率分别由“八五”初期的不足20%提高到“十一五”期间的71.4%；普通高校达线残疾考生录取的政策性障碍消除。2008年，成立安徽省第一所全日制省级特殊教育中专学校，为财政全额拨款事业单位。至2011年，全省各市特教学校达62所，普通学校附设特教班200多个，特教学校和特教班在读学生共2.6万人。残疾人就业纳入各级政府“就业与再就业工程”。截至2011年年底，城镇残疾人就业人数183811人，就业比例70.53%，城镇残疾人登记失业率28.4%；农村残疾人稳定就业达106.2万人；党政机关、人民团体、事业单位及国有企业按1.5%比例安排残疾人就业31041人；建成残疾人就业实训基地128个，引导集中安置残疾人就业7.8万人；对近24万个体从业创业残疾人给予基金扶持、税费减免、保险补贴等优惠照顾；全省福利企业近500家，安排残疾人集中就业8000余人。农村贫困残疾人扶贫解困纳入“整村推进”扶贫工程，残疾人社会保障和社会救助体系逐步健全，2009年40万名贫困重度残疾人生活特别救助纳入省民生工程，城镇享受低保的残疾人达到10万人，农村达38万余人。农村残疾人参加新农保人数759740人，占符合参保条件的82.25%。城镇残疾人参加城镇居民社会养老保险人数204223人，占符合参保条件的79.40%。

这一时期，社会对残疾人的观念发生深刻变化，社会主义人道主义逐渐成为社会主流，歧视和偏见大为减少，“平等、参与、共享”的现代文明社会残疾人观，越来越广泛地被人们所接受。各类残疾人自尊、自信、自强、自立，不断提高综合素质，扩大社会生活参与面，以平等的地位和均等的机会，参与社会生活和国家建设，共享社会物质文化发展成果。安徽省现有残疾人400多万人，其中不乏自强不息、顽强拼搏、收获成功的佼佼者。一批残疾人发扬“四自”精神，顽强创业，涌现出汪礼龙、汪久旃、王华军、席蛮侨、化桂云等一批全国自强模范；文学艺术界涌现出李幼谦、于黎、江建军、赵娅萍、章和信、周伯文、刘璟等一批作家，程振德、董陈、赵靖、杨峰、桂遂平、李艾平、夏长秀、吴鹏凯等书画家以及刘晓川、顾红森、徐石生、仝廷艳等一批工艺艺术家；越来越多的残疾人参加各种体育活动、体育竞赛，不少残疾人在各种体育竞赛中获奖，一批残疾人运动员挑战残疾、超越极限，取得骄人成绩，涌现出刘美丽、王键、任桂香、侯春晓、钱可人等世界冠军、全国冠军。残疾人在充分展示自己才能的同时也获得社会的尊重和肯定。更多残疾人思想上、组织上主动要求进步，有的还成为县级以上人大代表、政协委员，在安徽经济建设、文化建设、政治生活和公共事务中，作出了突出贡献。

随着社会的进步和残疾人事业的发展，人们认识到残疾人同样有人的尊严和权利，同样有参与社会的愿望和能力，同样是社会财富的创造者；残疾人的问题是关系到充分实现公民权利和生产力解放的问题，必须始终重视；关心、帮助残疾人，是社会文明进步的标志。20世纪90年代，安徽省开始无障碍环境建设。不仅在一些城市道路以及商场、医院、机场、车站等公共建筑物，设置和改建无障碍设施，而且还开展无障碍进家庭、进社区试点工作，残疾人出行条件大为好转。黄山市、淮北市、合肥市被建设部、民政部、中国残联等批准为创建全国无障碍建设城市。部分市级电视台开办手语新闻栏目，一些窗口行业人员及社会爱心人士开始学习手语，越来越多的影视节目加配字幕，听力、言语残疾人的信息交流环境有较大改善。安徽省相继组织开展21次“助残日”活动，爱耳日、爱眼日、盲人节、聋人节等其他一些纪念日活动也得到了社会的广泛关注和支持。社会各界通过“助残日”等活动，更多地了解残联、了解残疾人、了解残疾人工作。通过“助残日”等活动，也很好地凝聚了社会各界的资源和爱心。志愿者助残、科技助残、法律助残、文化助残等助残活动深入开展，残疾人已经感受到社会这个大家庭的温暖。截至2011年，仅安徽省残联接受社会各界捐赠轮椅即达25170辆。

残疾人作为一个特殊群体，其不同时期的生存、发展状况在一定程度上成了社会文明的晴雨表。中华人民共和国成立后，安徽各类残疾人的生活状况、社会地位发生质的变化。特别是改革开放以后，现代文明社会的残疾人观，奠定残疾人事业发展的理论基础。由于中共安徽省委、省政府的重视，积极采取有效措施，动员全社会的积极参与和支持，残疾人状况得以显著改善，各类残疾人自尊、自信、自强、自立，努力实现为人民服务、为社会服务的人生价值。安徽省残疾人事业取得历史性的进展，硕果累累。但是，也必须清醒地看到，虽然这些年残疾人事业得到快速发展，但残疾人事业滞后于经济社会发展的局面、残疾人总体状况与全社会平均水平差距较大的局面尚未根本改变，残疾人社会保障体系和服务体系不健全的问题、残疾人事业城乡和区域发展不平衡的问题仍然相当突出，同时随着经济社会发展转型和人口结构的变化，残疾人工作和残疾人事业发展又面临着很多新情况、新问题、新挑战，安徽省残疾人事业发展仍然任重道远，必须继续作出艰苦不懈的努力。

第一章　组织机构

20 世纪 60 年代，安徽省成立省盲人聋哑人协会。“文化大革命”期间，省及各地盲人聋哑人协会被迫停止工作。1979 年，安徽省盲人聋哑人协会筹备委员会重新组建，于 1980 年在合肥举行安徽省第一届盲人聋哑人代表会议。1985 年成立安徽省残疾人福利基金会。1988 年安徽省残疾人联合会（以下简称省残联）成立，安徽省有了各类残疾人的统一组织。同年，安徽省人民政府成立省残疾人三项康复（白内障复明、儿麻矫治、聋儿语训）工作领导小组，后名称几经变更，2006 年 10 月以后一直称省人民政府残疾人工作委员会。

第一节　安徽省人民政府残疾人工作委员会

残疾人事业具有多领域、跨部门、业务广泛、综合性强的特点，为适应这一特点，发挥综合协调作用，推进残疾人事业的发展，安徽省人民政府（以下简称省政府）于 1988 年建立残疾人工作组织机构。至 2011 年，其间历经省残疾人三项康复工作领导小组、省残疾人事业领导小组、省政府残疾人工作协调委员会和省政府残疾人工作委员会 4 个发展阶段。

名称变更及人员调整　1988 年 11 月 26 日，省残疾人三项康复工作办公室成立。同年 12 月 27 日，省残疾人三项康复工作领导小组成立。省政府副省长杜宜瑾任组长，张汶祥、吴泰康、武从祥、朱继华任副组长，省计划委员会（以下简称省计委）、省教育委员会（以下简称省教委）、省财政厅、省劳动局、省残联、省军区、省武警总队有关负责人为成员。明确省残疾人三项康复工作办公室系领导小组下设办公室，办公室设在省残联，省残联副理事长冯银华兼任办公室主任。

1990 年 5 月 5 日，省政府决定将“安徽省残疾人三项康复工作领导小组”更名为“安徽省残疾人事业领导小组”。领导小组由省政府副省长杜宜瑾任组长，省政府副秘书长刘永年、省残联主席团主席张汶祥任副组长。领导小组成员由省劳动局、省民政厅、省卫生厅、省计委、省财政厅、省教委、省妇女联合会（以下简称省妇联）、省体育运动委员会（以下简称省体委）、省工商行政管理局（以下简称省工商局）、省地方税务局（以下简称省地税局）、省军区、省武警总队、省残联各 1 名负责人组成。领导小组日常工作由省残联承担。

1993年11月5日，省残疾人事业领导小组召开会议。会议由省政府副省长杨多良主持，领导小组全体成员，省残联主席团名誉主席、主席，在合肥的主席团副主席参加会议。会议通过《关于设立安徽省残疾人工作协调机构的意见》，“省残疾人三项康复工作办公室”更名为“省残疾人康复工作办公室”等。12月20日，经省政府批准，“安徽省残疾人事业领导小组”更名为“安徽省人民政府残疾人工作协调委员会”（以下简称省政府残工委），并充实、调整其组成人员。省政府副省长杨多良任省政府残工委主任，省政协原副主席赵怀寿、省政府副秘书长刘永年、省残联主席团主席张汶祥任副主任，省教委、省民政厅、省劳动厅、省卫生厅、中共安徽省委（以下简称省委）宣传部、省政府外事办公室、省计委、省经济贸易委员会、省公安厅、省司法厅、省财政厅、省人事局、省建设厅、省文化厅、省广播电视厅、省体委、省计划生育委员会（以下简称省计生委）、中国人民银行安徽省分行、省地税局、省工商局、合肥海关、省脱贫致富工作领导小组办公室、省军区政治部、省总工会、省妇联、中国共产主义青年团安徽省委员会（以下简称团省委）、省法制局、省残联28个成员单位负责人任委员。省政府残工委秘书处设在省残联，省残联理事长刘光胜兼任秘书长。

1999年1月22日，省政府对残工委组成人员进行调整。调整后的组成人员由省政府副省长卢家丰担任主任，省政府副秘书长姚景源、省委宣传部副部长郎涛、省教委副主任金汉杰、省民政厅副厅长丁四金、省劳动厅副厅长陈宜家、省卫生厅副厅长权循珍、省体委主任张荣国、省残联理事长邓成标担任副主任，省人事厅、省广播电视厅、省政府外事办公室、省计委、省对外经济贸易委员会、省公安厅、省财政厅、省司法厅、省建设厅、省文化厅、省计生委、省科学技术委员会、省国家税务局（以下简称省国税局）、省地税局、省工商局、中国人民银行合肥中心支行、中国农业银行安徽省分行（以下简称省农行）、省军区政治部、省总工会、省妇联、团省委、合肥海关、省扶贫开发领导小组办公室（以下简称省扶贫办）、省政府法制局、省残联共25个成员单位负责人担任委员。省政府残工委的具体工作由省残联承担，秘书处设在省残联，邓成标兼任秘书长。

2002年9月16日，省政府对残工委组成人员进行调整。调整后的组成人员由省政府副省长卢家丰担任主任，省政府副秘书长张秋保、省委宣传部副部长陈发仁、省残联理事长赵国屏、省教育厅副厅长胡平平、省民政厅副厅长丁四金、省劳动和社会保障厅（以下简称省劳动保障厅）副厅长邱诚、省卫生厅副厅长权循珍、省体育局副局长高维岭担任副主任，省人事厅、省广播电影电视局（以下简称省广电局）、省政府外事办公室、省计委、省外经贸厅、省公安厅、省财政厅、省政府法制办公室、省司法厅、省建设厅、省文化厅、省计生委、省科学技术厅（以下简称省科技厅）、省国税局、省地税局、省工商局、省军区政治部、省总工会、团省委、省妇联、中国人民银行合肥中心支行、省农行、合肥海关、省扶贫办、省残联25个成员单位负责人担任委员。省政府残工委秘书处设在省残联。

2006年10月13日，省长王金山主持召开省长办公会议，同意“安徽省人民政府残疾人工作协调委员会”更名为“安徽省人民政府残疾人工作委员会”（以下亦简称省政府残工委）。10月21日，省政府对残工委组成人员进行调整。调整后的组成人员由省政府副省长文海英担任主任，省政府副秘书长谢广祥、省委宣传部副部长郎涛、省教育厅副厅长胡平平、省民政厅副厅长周苏、省劳动保障厅副厅长陈晓玲、省卫生厅副厅长杜昌智、省体育局副局长高维岭、省残联副理事长张纯和担任副主任，省发展和改革委员会（以下简称省发改委）、省科技厅、省民族事务委员会（以下简称省民委）、省公安厅、省司法厅、省财政厅、省人事厅、省建设厅、省交通厅、省信息产业厅、省商务厅、省文化厅、省人口和计划生育委员会（以下简称省人口计生委）、省地税局、省广电局、省统计局、省工商局、省新闻出版局、省质量技术监督局（以下简称省质监局）、省政府外事办公室、省政府法制办公室、省总工会、团省委、省妇联、省军区政治部、省国税局、省检验检疫局、合肥海关、中国人民银行合肥中心支行、省农行、省扶贫办31个成员单位负责人担任委员。12月22日，根据省政府2006年15次省长办公会议纪要精神，“安徽省人民政府残疾人工作协调委员会秘书处”更名为“安徽省人民政府残疾人工作委员会秘书处”。

2008年7月1日，省政府对残工委组成人员进行调整。调整后的组成人员由省政府副省长唐承沛担任主任，省政府副秘书长牛弩韬、省委宣传部副部长郎涛、省残联理事长张纯和、省教育厅副厅长金燕、省民政厅副厅长周苏、省劳动保障厅副厅长陈晓玲、省卫生厅副厅长李劲风、省体育局副局长高维岭担任副主任。省发改委、省科技厅、省民委、省公安厅、省司法厅、省财政厅、省人事厅、省建设厅、省交通厅、省信息产业厅、省商务厅、省文化厅、省人口计生委、省地税局、省广电局、省统计局、省工商局、省新闻出版局、省质监局、省政府外事办公室、省政府法制办公室、省总工会、团省委、省妇联、省军区政治部、省国税局、省检验检疫局、合肥海关、中国人民银行合肥中心支行、省农行、省扶贫办共31个部门负责人担任委员。省政府残工委的具体工作由省残联承担，秘书处设在省残联，张纯和兼任秘书长。省政府残工委各成员单位确定一名处级干部作为联络员，与秘书处保持经常联系，及时交流沟通。

2010年3月，省政府对残工委组成人员进行调整。调整后的组成人员由省政府副省长唐承沛担任主任，省政府副秘书长宓建毅、省委宣传部副部长郎涛、省残联理事长张纯和、省发改委副主任余群、省教育厅副厅长金燕、省民政厅副厅长周苏、省财政厅副厅长吴天宏、省人力资源和社会保障厅（以下简称省人社厅）副厅长戴毅、省卫生厅副厅长李劲风、省体育局副局长高维岭担任副主任。省科技厅、省经济和信息化委员会、省民委、省公安厅、省司法厅、省住房和城乡建设厅（以下简称省住建厅）、省交通厅、省商务厅、省文化厅、省人口计生委、省政府外事办公室、省地税局、省广电局、省统计局、省工商局、省新闻出版局、省质监局、省政府法制办公室、省总工会、团省委、省妇联、省军区政治部、省国税局、省检验检疫局、合肥海关、中国人民银行合肥中心支行、省农行、省扶贫办共28个部门负责人担任委员。省政府残工委的具体工作由省残联承担，秘书处设在省残联,省残联理事长张纯和兼任秘书长。同时,省政府残工委各成员单位确定一名处级干部作为残工委成员单位联络员。

主要职责及工作规则　省政府残工委的主要职责是:在省政府领导下,综合协调有关残疾人事业方针、政策、法规、规划、计划的制定与实施工作,协调解决全省残疾人工作中的重大问题。其工作规则为:省政府残工委通过举行全体会议和主任办公会议讨论、研究解决残疾人事业的重要问题。全体会议的主要任务是研究、协调残疾人工作中的重大事项,部署残疾人事业的重要工作,通报残疾人事业的重要进展,全体会议每年召开一至两次,由主任主持,全体组成人员参加。主任办公会议根据需要不定期召开,研究、协调重要的专项业务或临时性重要问题,由主任主持,副主任以及与议题有关的组成人员和秘书长参加。全体会议和主任办公会议的议题和时间由省政府残工委秘书处商同有关成员单位提出,报省政府残工委主任确定,会议文件由主任签批,会议的组织和会务由秘书处承担。省政府残工委成员因故不能出席全体会议或主任办公会议时,要委派本单位有关负责人列席,如对议题有意见,可在会前提出。省政府残工委会议议定的有关事项,以会议纪要或省政府残工委文件印发各有关单位,有关成员单位应积极落实并及时报告情况,秘书处做督促工作。以省政府残工委名义发文,经有关成员单位和秘书处审核后,由主任或主任委托的副主任签发;以省政府残工委秘书处名义发文,由秘书长签发。各成员单位按照职责分工,各负其责,将残疾人工作切实纳入本部门工作计划和议事日程。省政府残工委各成员单位确定一名处级干部作为联络员,与秘书处保持经常联系,及时沟通情况。省政府残工委秘书处编发工作简报,交流、沟通残疾人工作情况。

省政府残工委秘书处的工作职责是:省政府残工委秘书处与省残联办公室合并办公。日常工作在省政府残工委秘书长及省残联分管副理事长领导下,由省残联办公室主任负总责;负责组织筹办省政府残工委工作会议;协助草拟省政府残工委会议文件、领导讲话、整理相关会议材料;编写印发省政府残工委日常工作简报;负责与省政府残工委成员单位、副主任、成员的日常联络、协调,促进残工委会议议定事项的落实;组织残工委成员集中调研、学习与考察;协助省残联宣传文体处组织省政府残工委工作的宣传;组织省政府残工委工作每年的评比、表彰;联系、指导市县残工委工作;完成省政府残工委主任、副主任、秘书长及省残联领导交办的其他工作。

第二节　安徽省残疾人联合会全省代表大会

1988 年 5 月 19 日,省政府批准成立安徽省残疾人联合会。省残联全省代表大会是省残联最高权力机构,每五年召开一次代表大会,由省残联主席团召集。全省代表大会职权为:审议省残联主席团报告,确定工作方针和任务;对《中国残疾人联合会章程》提出修改意见;选举产生省残联主席团。1988 年 6 月,省残联第一次全省代表大会在合肥召开。至 2011 年，省残联共召开 5 次全省代表大会。省残联设名誉主席，由省残联主席团聘请。省残联设主席团、执行理事会、评议委员会（第四次全省代表大会决定不再设评议委员会）、专门协会。主席团由主席、副主席、委员组成，每届任期五年，每年举行一次主席团会议。执行理事会是省残联的常设执行机构，由理事长、副理事长、理事组成，理事长由主席团推（选）举。评议委员会是省残联设立的监督、咨询机构，评议委员会主任、副主任、委员人选由省残联主席团从主席团委员中的残疾人和残疾人亲属中推选。2003 年 2 月，第十七次全国残联工作会议提出“将评议委员会的监督、评议职能并入主席团，由主席团以适当方式行使”的意见后，同年 6 月，省残联第四次代表大会决定不再设评议委员会。各专门协会由省残联主席团委员中的残疾人、残疾人亲属按残疾类别组成。专门协会设主席、副主席，由专门协会会议推选。

省残联第一次全省代表大会 1988 年 6 月 25 日，省残联第一次全省代表大会在合肥召开。出席大会的有省委书记卢荣景，省委副书记、省长傅锡寿，中国人民政治协商会议安徽省委员会（以下简称省政协）主席史钧杰以及有关领导孟富林、程光华、郑淮舟、郑锐、王泽农、石磊，中国残疾人联合会（以下简称中国残联）副理事长周敬东等。来自全省各地的残疾人代表和残疾人工作者代表共 304 人出席会议，其中残疾人代表 156 人，占代表总数 51.3 %。

会议听取并通过吴再兴所作的工作报告；通过《〈中国残疾人联合会章程〉安徽省实施细则》；选举产生由 125 名委员组成的省残联主席团。

大会聘请中共安徽省顾问委员会（以下简称省顾问委员会）副主任程光华、副省长邵明、省人民代表大会常务委员会（以下简称省人大常委会）原副主任郑淮舟、省政协副主席李继祥、省政府秘书长赵怀寿为省残联名誉主席。选举张汶祥为主席团主席，吴泰康为常务副主席，副主席由省军区政治部副主任马文翠、中国科学技术大学副校长尹鸿钧（肢残人）、省教委副主任朱仇美、省计委副主任刘澎仁、省财政厅副厅长杨连珠、蚌埠市聋哑人陈贵鹏（聋人）、省卫生厅副厅长武从祥、省武警总队总队长周爱义、芜湖市盲校校长席蛮侨（盲人）9 人担任。

省残联第一届执行理事会理事长由主席团常务副主席吴泰康代理，刘光胜、吴再兴、冯银华三人为执行理事会副理事长。推选省民政厅原厅长李灏为评议委员会主任；尹鸿钧、陈贵鹏、席蛮侨、齐志平为副主任；方大成等 21 人为委员。还分别确定省肢残人协会、聋人协会、盲人协会委员。肢残人协会、聋人协会、盲人协会分别推选尹鸿钧、陈贵鹏、席蛮侨为协会主席。会议通过《安徽省残联评议委员会工作规则》和盲人协会、聋人协会、肢残人协会 3 个专门协会的《章程》实施细则。吴泰康致大会闭幕词。

1988 年 9 月 17 日，省残联一届主席团第一次会议推举朱继华为省残联执行理事会理事长，免去吴泰康代理理事长职务；增选朱继华为省残联一届主席团副主席。

1989 年 11 月 21 日，省残联一届主席团第二次会议增选王者智、齐志平为省残联主席团副主席；成立安徽省智力残疾人、精神病残疾人亲友会，亲友会主席由齐志平担任。

1991 年 4 月 26 日，省残联一届主席团第三次会议增选省政府副秘书长江德荣、省计委党组成员耿林增、省财政厅副厅长刘开明为主席团副主席。

1992 年 12 月 5 日，省残联一届主席团召开会议，推举刘光胜为省残联执行理事会理事长，并增补其为省残联主席团副主席。

省残联第二次全省代表大会　1993 年 3 月 13 日，省政府批复同意成立省残联第二次代表大会筹备领导小组，副省长杨多良任组长。4 月 24 日，副省长杨多良主持召开省残疾人事业领导小组、省残联第二次代表大会筹备领导小组联席会议。5 月 29 日，省残联第二次代表大会在合肥召开。来自全省各地的代表共 318 人，代表中残疾人 159 人，占代表总数的 50 %。

省委书记卢荣景，省长傅锡寿，省人大常委会主任孟富林，省政协主席史钧杰，省顾问委员会副主任侯永，省委常委、省军区司令员沈善文，中共安徽省纪律检查委员会副书记韩熙型以及程光华、郑淮舟、赵怀寿等人，省直 40 多个厅局负责人一起接见全体代表，并出席大会开幕式。省政府副秘书长刘永年主持大会并致开幕词；省长傅锡寿代表省委、省政府在会上发表讲话；中国残联群工部主任张安发专程到皖参加会议，并代表中国残联在会上讲话。团省委副书记黄红代表人民团体向大会致贺辞；刘光胜报告工作。副省长杨多良在闭幕式上讲话。大会聘请傅锡寿、程光华、郑淮舟为名誉主席，选举产生省残联第二届主席团主席赵怀寿、常务副主席张汶祥，副主席由刘永年、吴泰康、周爱义、刘开明、席蛮侨（盲人）、刘光胜、陈贵鹏（聋人）、齐志平（精神残疾人亲友，以下简称精友）8 人担任，由 18 名委员组成的省残联主席团；推举刘光胜为省残联理事长，冯银华、王维贵为副理事长，推举出席中国残联第二次全国代表大会的代表 11 名。

盲人协会推选席蛮侨为盲人协会主席，刘国才、黄明为盲人协会副主席；聋人协会推选陈贵鹏为主席，李景印、张立新为副主席；肢残人协会推选尹鸿钧为主席，柳西久、高正文为副主席；智力残疾人亲友会推选胡维金为主席，彭本源、陈志源为副主席；精神病残疾人亲友会推选齐志平为主席，茆邦涌、谢达夫为副主席。

1994 年 7 月 28 日，省残联二届主席团二次会议选举陶素珍为省残联二届主席团盲人协会主席。

省残联第三次全省代表大会　1998 年 9 月 17 日，省残联第三次全省代表大会在合肥召开。出席会议的残疾人代表和残疾人工作者代表共 320 人，其中残疾人及残疾人亲友 168 人，占代表总数 52.5 %。省领导方兆祥、陈光琳、沈善文、乔传秀、季昆森、卢家丰，以及程光华、赵怀寿出席大会开幕式。省政府副省长卢家丰主持开幕式，省委副书记方兆祥在开幕式上讲话。会议聘请傅锡寿、程光华、赵怀寿为省残联名誉主席，选举副省长卢家丰为省残联第三届主席团主席，金汉杰、严方才、权循珍（女）、陈宜家（女）、张荣国、邓成标、尹鸿钧（肢残人）、陶素珍（盲人、女）、李景印（聋人）、茆邦涌（精友）、胡维金（智力残疾人亲友，以下简称智友）等 11 人为副主席，由 25 名委员组成省残联主席团；会议推举邓成标为省残联执行理事会理事长，宣布冯银华、高泽海、杨维谱、张纯和4人为副理事长；推举出席中国残联第三次全国代表大会代表12名；提出《中国残疾人联合会章程》修改意见。推选尹鸿钧为评议委员会主任；齐志平、陈贵鹏为副主任。

盲人协会推选陶素珍为主席，刘国才、黄明为副主席；聋人协会推选李景印为主席，陈贵鹏为副主席；肢残人协会推选尹鸿钧为主席，柳西久为副主席；智力残疾人亲友会推选胡维金为主席，王奇云为副主席；精神病残疾人亲友会推选茆邦涌为主席，胡永珍为副主席。

2002年8月6日，省残联三届主席团第二次会议推举赵国屏为省残联执行理事会理事长，邓成标、张纯和为副理事长，增选赵国屏、丁四金为主席团副主席。

省残联第四次全省代表大会 2003年6月17日，省残联第四次全省代表大会在合肥召开。出席会议的残疾人代表和残疾人工作者代表共351人，其中残疾人及残疾人亲友205人，占代表总数58.4%。省委书记王太华、省长王金山等11位在肥省委常委出席大会。大会选举省政府副省长蒋作君为省残联四届主席团主席，丁四金、王坦、尹鸿钧（肢残人）、权循珍（女）、李景印（聋人）、汪建国、汪世龙（盲人）、茆邦涌（精友）、邱诚、张勇、胡平平（女）、胡维金（智友）、赵国屏、高维岭等14人为副主席，由49名委员组成的省残联主席团，聘请王昭耀、高福明、卢家丰为省残联名誉主席；推举赵国屏为省残联理事长，邓成标、张纯和为副理事长，选举产生出席中国残联第四次代表大会的代表14名。决定不再设评议委员会，评议委员会的监督、评议职能并入主席团。并决定智力残疾人亲友会和精神病残疾人亲友会分别更名为智力残疾人及亲友协会、精神残疾人及亲友协会。

盲人协会推选汪世龙为主席，黄明、刘国才为副主席；聋人协会推选李景印为主席，许小进、陈贵鹏为副主席；肢残人协会推选尹鸿钧为主席，柳西久、唐长文为副主席；智力残疾人及亲友协会推选胡维金为主席，丁培芳、汪正颂为副主席；精神残疾人及亲友协会推选茆邦涌为主席，陈和林、马仁福为副主席。

2007年2月5日，省残联四届主席团第二次会议推举张纯和为省残联执行理事会理事长，余向东、彭向阳为副理事长，调整谢广祥、张纯和等为主席团副主席。

省残联第五次全省代表大会 2008年4月21日，省残联第五次全省代表大会在合肥稻香楼宾馆召开。出席会议的残疾人代表和残疾人工作者代表共360人，其中残疾人及残疾人亲友226人，占代表总数62.7%。省委书记、省人大常委会主任王金山，省委副书记、省长王三运，省政协主席杨多良，省委副书记王明方，省委常委、合肥市委书记孙金龙，省委常委、组织部部长段敦厚，省委常委、宣传部部长臧世凯，省委常委、省总工会主席王秀芳，省人大常委会副主任胡连松，省军区副政委张立以及省委秘书长张世平、省政府秘书长方宁出席会议。会议由省政府副省长唐承沛主持。王秀芳代表省委、省政府讲话。张纯和受省残联第四届主席团委托，向大会作报告。团省委书记王宏代表人民团体向大会致贺辞。副省长唐承沛致闭幕词。大会选举唐承沛为省残联五届主席团主席，选举牛弩韬、张纯和、汪世龙、李景印、何宗文、李晓驷、茆邦涌为副主席；由49名委员组成省残联主席团；通过省残联第四届主席团工作报告；推举张纯和为省残联执行理事会理事长，余向东、刘同鑫、钱玉贵为副理事长。大会选举产生出席中国残联第五次代表大会的18名代表。

盲人协会委员会推选汪世龙为主席，刘欣、洪小妹为副主席；聋人协会委员会推选李景印为主席，陈贵鹏、史琍为副主席；肢残人协会委员会推选何宗文为主席，柳西久、李静为副主席；智力残疾人及亲友协会委员会推选茆邦涌为主席，刘金娣、谈建新为副主席；精神残疾人及亲友协会委员会推选李晓驷为主席，董泽芬、鲁纳新为副主席。

第三节　安徽省残疾人联合会

20世纪60年代，安徽省曾成立省盲人聋哑人协会。“文化大革命”期间，省及各地盲人聋哑人协会被迫停止工作。1979年8月，省盲人聋哑人协会筹备委员会重新组建，省革命委员会副主任程光华兼任主任。1980年1月，安徽省第一届盲人聋哑人代表会议在合肥举行，选举产生省盲人聋哑人协会第一届领导机构，副省长程光华当选为主任委员。1985年12月，为了筹集残疾人事业福利基金，成立安徽省残疾人福利基金会，由名誉理事36人、理事85人组成。名誉理事长李世农，理事长郑淮舟。1988年省残联成立，全省有了各类残疾人的统一组织。

机构沿革及人事任免　1987年12月8日，经省政府批准，成立省残联筹备领导小组。张汶祥任组长，吴泰康任副组长，成员有民政厅纪检组长朱继华等，筹备领导小组具体负责组建省残联成立的有关事宜。

1988年5月省残联成立，为副厅级单位，由省民政厅代管，基建计划和经费分别由省计委、省财政厅单立户头，在省政府领导下与省直各部门和各地、市、县建立业务关系，接受中国残联业务指导。省残联为全省性残疾人事业团体，由各类残疾人的代表和残疾人工作者组成，代表残疾人的共同利益。其基本任务是，全心全意为残疾人服务，加强政府、社会与残疾人之间的联系，为政府关心支持残疾人工作提供咨询和建议，为发展有中国特色的残疾人事业作出贡献。省残联定事业编制40人（包括原省盲聋哑人协会事业编制6名和省残疾人福利基金会事业编制5名）。

1988年6月，省机构编制委员会（以下简称省编委）同意，省残联执行理事会设理事长一名（副厅级）、副理事长三名（正处级）；内设机构除办公室配一正二副外，其余均配一正一副，其中正职为副处级、副职为正科级，处以下原则上不再设科。1990年5月19日，省长傅锡寿任命朱继华为省残联理事长。1992年10月27日，省委同意民政厅党组成员、省残联党组书记理事长朱继华离职休养。11月10日，省长傅锡寿任命刘光胜为省残联理事长。1995年10月13日，省长回良玉任命汪国才为省残联理事长，免去刘光胜的省残联理事长职务，另有任用。1997 年 10 月 13 日，张纯和任省残联执行理事会理事。1998 年 9 月 15 日，省长回良玉任命邓成标为省残联理事长，张纯和任省残联副理事长。

2000 年 8 月 18 日，省委办公厅下发《关于省残疾人联合会机构规格问题的通知》，明确省残联为正厅级事业单位。2003 年 3 月 21 日，省机构编制委员会办公室（以下简称省编办）审核、省政府批准省残联职能配置、内设机构和人员编制方案，方案明确省残联机关事业编制 41 名。其中，理事长 1 名（正厅级），副理事长 3 名（副厅级）；处级领导职数 13 名（正处级 6 名，副处级 7 名，含机关党委专职副书记 1 名）。2002 年 6 月 27 日，省长许仲林任命赵国屏为省残联理事长。2003 年 9 月 28 日，省长王金山任命余向东为省残联副理事长。

2003 年 9 月 12 日，省人事厅下发《关于核定省残疾人联合会依照国家公务员制度管理职位的通知》，核定省残联设置依照公务员制度管理职位 37 个。其中，领导职位 17 个：理事长职位 1 个，副理事长职位 3 个，正处领导职位 6 个，副处领导职位 7 个（含机关党委副书记 1 个）；非领导职位 20 个：助理巡视员职位 1 个，调研员职位 3 个，助理调研员职位 4 个，主任科员以下职位 12 个。2006 年 12 月 29 日，省长王金山任命张纯和为省残联理事长，彭向阳为省残联副理事长。2008 年 11 月，省委任命陈顺云为省残联副巡视员。

2011 年 5 月，省编办《关于同意增加省残联机关事业编制的批复》，确定省残联内设机构 7 个，机关总编制 48 个。领导职数 17 个：其中正厅 1 个，副厅 3 个，正处 7 个，副处 6 个；非领导职数副巡视员 1 个，调研员 3 个，副调研员 6 个；9 月，根据省委办公厅《关于撤销地级巢湖市及部分行政区划调整机构编制划转及人员安置意见》的通知，给予省残联带编增加一名正处领导职数和一名主任科员职数。12 月 2 日，省长王三运任命黎业智为省残联副理事长。12 月 31 日，省编办核定省残联设置依照公务员制度管理职位 46 个。其中，领导职位 18 个：理事长职位 1 个，副理事长职位 3 个，正处领导职位 8 个（含机关党委专职副书记 1 个），副处领导职位 6 个；非领导职位 28 个：副巡视员职位 1 个，调研员职位 3 个，副调研员职位 6 个，主任科员以下职位 18 个。

省残联是将残疾人自身代表组织、社会福利团体和事业管理机构融为一体的残疾人事业团体，是中国残联的地方组织，具有代表、服务、管理三种职能：代表残疾人共同利益，维护残疾人合法权益；团结教育残疾人，为残疾人服务；履行政府赋予的职责，管理和发展残疾人事业。其主要职责是：贯彻执行国家和省关于残疾人事业的法律、法规和方针、政策，协助省政府研究、制订和实施残疾人事业的法规、政策、规划和计划，对有关业务领域进行指导和管理；听取残疾人意见，反映残疾人需求，维护残疾人合法权益，为残疾人提供法律援助和服务；团结、教育残疾人遵守法律，履行应尽义务，发扬乐观进取精神，自尊、自信、自强、自立，为社会主义建设贡献力量；弘扬人道主义，宣传残疾人事业，沟通政府、社会与残疾人之间的联系，动员社会理解、尊重、关心、帮助残疾人；开展残疾人康复、教育、扶贫、劳动就业、文化、体育、科研、福利、社会服务、用品开发指导、无障碍设施和残疾预防等工作，创造良好的环境和条件，扶助残疾人平等参与社会生活；承担省政府残工委日常工作，做好综合、组织、协调和服务工作；负责对全省各类残疾人社会团体组织进行指导管理；开展残疾人事业的对外交流与合作；承担省政府交办的其他工作。

省残联执行理事会负责人　1988年省残联成立后至2011年，省残联执行理事会历任5届。

安徽省残联执行理事会负责人任职情况一览表（截至2011年年底）

表1–1

<table>
<tr><th>届次</th><th>职务</th><th>姓名</th><th>任期</th></tr>
<tr><td rowspan="7">第一届
（1988.03—1993.05）</td><td rowspan="3">理事长</td><td>吴泰康</td><td>1988.06—1988.09</td></tr>
<tr><td>朱继华</td><td>1988.09—1992.11</td></tr>
<tr><td>刘光胜</td><td>1992.11—1993.05</td></tr>
<tr><td rowspan="4">副理事长</td><td>吴再兴</td><td>1988.06—1993.05</td></tr>
<tr><td>冯银华</td><td>1988.06—1993.05</td></tr>
<tr><td>刘光胜</td><td>1988.06—1992.11</td></tr>
<tr><td>王维贵</td><td>1988.06—1993.05</td></tr>
<tr><td rowspan="8">第二届
（1993.05—1998.09）</td><td rowspan="2">理事长</td><td>刘光胜</td><td>1993.05—1995.10</td></tr>
<tr><td>汪国才</td><td>1995.10—1998.09</td></tr>
<tr><td rowspan="5">副理事长</td><td>冯银华</td><td>1993.11—1998.09</td></tr>
<tr><td>王维贵</td><td>1993.11—1996.03</td></tr>
<tr><td>董亦模</td><td>1993.09—1997.03</td></tr>
<tr><td>高泽海</td><td>1997.10—1998.09</td></tr>
<tr><td>杨维谱</td><td>1997.10—1998.09</td></tr>
<tr><td>理事</td><td>张纯和</td><td>1997.10—1998.09</td></tr>
<tr><td rowspan="7">第三届
（1998.09—2003.06）</td><td rowspan="2">理事长</td><td>邓成标</td><td>1998.09—2002.06</td></tr>
<tr><td>赵国屏</td><td>2002.06—2003.06</td></tr>
<tr><td rowspan="5">副理事长</td><td>邓成标</td><td>2002.06—2003.06</td></tr>
<tr><td>冯银华</td><td>1998.09—1998.10</td></tr>
<tr><td>高泽海</td><td>1998.09—2002.06</td></tr>
<tr><td>杨维谱</td><td>1998.09—2002.06</td></tr>
<tr><td>张纯和</td><td>1998.09—2003.06</td></tr>
</table>

续表 1-1

届次	职务	姓名	任期
第四届（2003.06—2008.04）	理事长	赵国屏	2003.06—2005.09
	副理事长（主持工作）	张纯和	2005.09—2006.12
	理事长	张纯和	2006.12—2008.04
	副理事长	邓成标	2003.06—2005.11
		张纯和	2003.06—2005.09
		余向东	2003.09—2008.04
		彭向阳	2006.12—2007.10
第五届（2008.04—）	理事长	张纯和	2008.04—
	副理事长	余向东	2008.04—2011.11
		黎业智	2011.11—
		刘同鑫	2008.04—
		钱玉贵	2008.04—

中共安徽省残联党组 1990 年 5 月 9 日，省委同意成立中共安徽省残联党组，朱继华任党组书记，吴再兴、冯银华、刘光胜、王维贵任党组成员。至 2011 年，省残联党组历经五届。

中共安徽省残联党组成员任职情况一览表（截至 2011 年年底）

表 1-2

届次	职务	姓名	任期
第一届（1990.05—1993.05）	党组书记	朱继华	1990.05—1992.11
		刘光胜	1992.11—1993.05
	党组成员	吴再兴	1988.06—1993.05
		冯银华	1990.05—1993.05
		刘光胜	1990.05—1992.11
		王维贵	1990.05—1993.05
第二届（1993.05—1998.09）	党组书记	刘光胜	1993.05—1995.10
		汪国才	1995.10—1998.09
	党组副书记	冯银华	1993.11—1998.09
	党组成员	王维贵	1993.11—1996.03

续表 1–2

<table>
<tr><th>届次</th><th>职务</th><th>姓名</th><th>任期</th></tr>
<tr><td rowspan="2">第二届
（1993.05—1998.09）</td><td rowspan="2">党组成员</td><td>董亦模</td><td>1993.09—1997.03</td></tr>
<tr><td>高泽海</td><td>1997.10—1998.09</td></tr>
<tr><td rowspan="6">第三届
（1998.09—2003.06）</td><td rowspan="2">党组书记</td><td>邓成标</td><td>1998.09—2002.06</td></tr>
<tr><td>赵国屏</td><td>2002.06—2003.06</td></tr>
<tr><td rowspan="4">党组成员</td><td>邓成标</td><td>2002.06—2003.06</td></tr>
<tr><td>高泽海</td><td>1998.09—2002.06</td></tr>
<tr><td>杨维谱</td><td>1999—2002.06</td></tr>
<tr><td>张纯和</td><td>1999—2003.06</td></tr>
<tr><td rowspan="7">第四届
（2003.06—2008.04）</td><td>党组书记</td><td>赵国屏</td><td>2003.06—2005.09</td></tr>
<tr><td>党组成员
（主持工作）</td><td>张纯和</td><td>2005.09—2006.12</td></tr>
<tr><td>党组书记</td><td>张纯和</td><td>2006.12—2008.04</td></tr>
<tr><td rowspan="4">党组成员</td><td>邓成标</td><td>2003.06—2005.11</td></tr>
<tr><td>张纯和</td><td>2003.06—2005.09</td></tr>
<tr><td>余向东</td><td>2003.09—2008.04</td></tr>
<tr><td>彭向阳</td><td>2006.07—2007.10</td></tr>
<tr><td rowspan="5">第五届
（2008.04—）</td><td>党组书记</td><td>张纯和</td><td>2008.04—</td></tr>
<tr><td rowspan="4">党组成员</td><td>余向东</td><td>2008.04—2011.11</td></tr>
<tr><td>黎业智</td><td>2011.11—</td></tr>
<tr><td>刘同鑫</td><td>2008.04—</td></tr>
<tr><td>钱玉贵</td><td>2008.04—</td></tr>
</table>

省残联组织系统　截至 2011 年，省残联设省盲人协会等 5 个专门协会，省残联执行理事会内设办公室等职能处、室 6 个和机关党委，建有安徽省残疾人康复研究中心等 4 个直属事业单位，并有安徽省残疾人体育协会等 5 个社会团体。

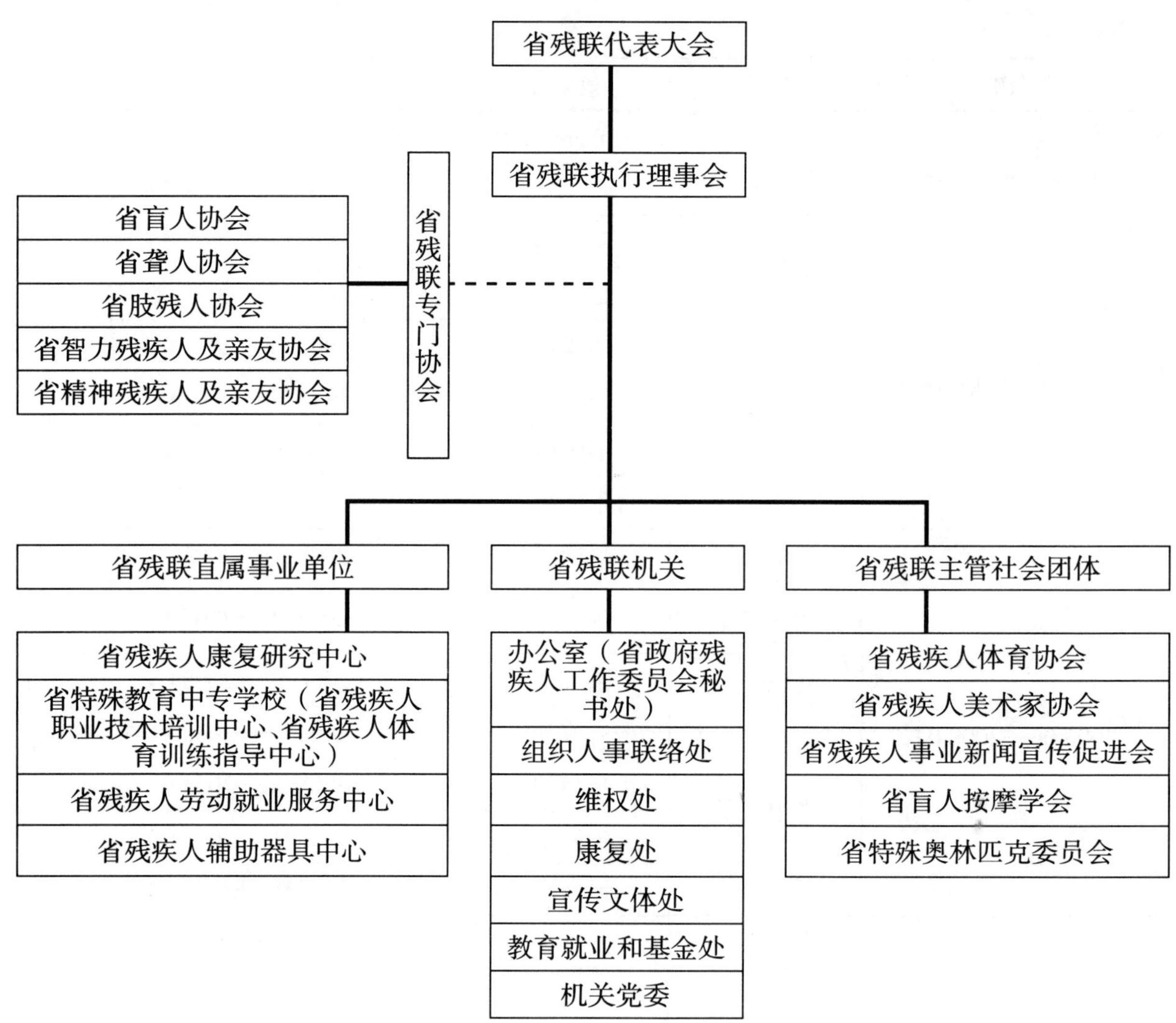

安徽省残疾人联合会组织结构图（2011 年）

内设机构 1988 年 5 月省残联成立时，内设机构为四处一室：办公室、群工处、康复处、宣教处、基金管理处。2003 年 3 月 21 日，省政府办公厅印发《安徽省残疾人联合会职能设置、内设机构和人员编制方案》，明确增设维权处。2011 年 5 月，省编办《关于同意增加省残联机关事业编制的批复》，再次确定省残联内设机构 7 个，分别为办公室（挂省政府残工委秘书处牌子）、组织人事联络处、维权处、康复处、宣传文体处、教育就业和基金处、机关党委。

办公室（挂省政府残工委秘书处牌子） 2003 年，省政府办公厅明确办公室主要职责是协助省残联领导处理日常工作，协调机关各处室工作关系；负责会议组织、文电处理、文秘、档案、信息、统计、机要、保密、保卫、财务等机关行政事务管理工作；负责研究、起草全省残疾人事业发展规划计划；起草综合性文件、材料；承担省政府残工委的日常工作。省残联 2004 年《关于调整和增加机关部分处室职能的通知》，将办公室增加残疾人基础设施建设职能。

组织人事联络处　2003年，省政府办公厅明确组织人事联络处主要职责是负责省残疾人组织自身建设，组织制定并实施残疾人工作者培训计划；协助管理省辖市残联领导班子；调查掌握全省残疾人状况，管理和发放残疾人证；联络、教育、培养、表彰残疾人；负责省残联机关和直属事业单位机构编制、人事管理及离退休人员管理服务工作；承担省残联评议委员会和省残联各类残疾人专门协会的日常工作。省残联2004年《关于调整和增加机关部分处室职能的通知》，将组织人事联络处增加外事职能。

维权处　2003年，省政府办公厅明确维权处主要职责是协助有关部门研究拟定有关维护残疾人权益和发展残疾人事业的法规、规章、政策；配合有关部门对《中华人民共和国残疾人保障法》等法律、法规和政策执行情况进行检查指导；协助办理省人大代表、省政协委员有关残疾人的议案、提案；会同有关部门做好普法宣传教育工作，为残疾人提供法律援助和服务；负责残疾人的来信来访工作；负责无障碍设施建设的推进工作。

康复处　2003年，省政府办公厅明确康复处主要职责是负责研究制定和实施全省残疾人康复工作计划；指导和协调全省残疾人康复机构的业务工作；指导残疾鉴定和残疾预防宣传工作；指导残疾人用品开发、供应、服务工作；负责组织残疾人康复培训工作，开展残疾人康复学术交流活动。

宣传文体处　2003年，省政府办公厅明确宣教文体处主要职责是负责制定并组织实施全省残疾人事业的宣传、教育、文体工作计划，推动残疾人信息及交流无障碍工作；组织开展残疾人文化、艺术活动；负责管理和发展残疾人体育；负责指导残疾人文化、体育机构的业务工作；组织开展助残活动；负责编辑《安徽残疾人》。省残联2004年《关于调整省残联机关部分处室职能通知》，将宣教文体处的教育职能划转到基金就业处，宣教文体处更名为宣传文体处。

教育就业和基金处　2003年，省政府办公厅明确基金就业处主要职责是负责管理和开发省残疾人福利基金；联络、接收国内外各界人士为安徽省残疾人事业的捐赠；承担省残疾人福利基金会的日常工作，指导各地残疾人福利基金会工作；会同有关部门制订残疾人劳动就业工作计划，组织实施残疾人分散按比例就业；指导残疾人兴办福利企业，实施残疾人专项扶贫；协助有关部门开展残疾人社会保障工作。省残联2004年《关于调整省残联机关部分处室职能通知》，将宣教文体处的教育职能划转到基金就业处，并将基金就业处更名为教育就业和基金处。

机关党委　主要职责是负责省残联机关和直属单位的党群和政治思想工作。

直属事业单位　省残联直属事业单位有安徽省残疾人康复研究中心、安徽省残疾人职业技术培训中心、安徽省残疾人劳动就业服务中心、安徽省残疾人辅助器具中心4个。

安徽省残疾人康复研究中心　1986年12月2日，省编办同意成立省聋儿语言听力康复中心，1987年12月31日正式成立，为省民政厅下属副县级事业单位，业务上属省残疾人福利基金会指导，暂定事业编制10名。1989年2月27日，省编办同意将省聋儿语言听力康复中心更名为安徽省残疾人康复研究中心，核定事业编制20人（包括原有的10名事业编制）。1993年11月22日，省编办同意安徽残疾人康复研究中心增加10名事业编制。增编后该中心事业编制共30名。1995年12月27日，经省编办同意，安徽省残疾人康复研究中心事业编制30名。其中，领导职数3名，专业技术人员20名，行管人员4名，工勤人员3名。2007年12月12日，省编办同意，安徽省残疾人康复研究中心由副处级升格为正处级，核定处级领导职数3名（主任1名、副主任2名）。内设办公室、门诊部、聋儿语训部。主要从事残疾预防、筛查与诊断以及各类残疾人康复训练与研究，并承担安徽省基层康复专业技术的指导及人员培训等工作，编制30人。有功能完善、设备齐全的综合康复办公楼，有电化教学室、律动室、家长培训室、检测室、验配室、耳模制作室、言语矫治室和脑瘫儿、智障儿、孤独症儿康复训练室等多功能用房；配有听力检测设备，助听器验配设备，聋儿语训、言语矫治设备，脑瘫儿、智障儿康复训练设备。每期有近100名残疾儿童在训。多次被评为全国康复工作先进单位和全省先进单位。

安徽省残疾人职业技术培训中心　1990年4月11日，省编办同意成立安徽省残疾人职业技术培训中心（以下简称省培训中心），隶属于省残联，副处级建制，核定事业编制15名。其中中心领导职数一正一副，技术工人10名，行政管理人员3名。1995年12月27日，省编办同意省培训中心事业编制15名，其中领导职数2名，专业技术人员10名，行管人员2名，工勤人员1名。2007年12月12日，省编办同意省培训中心由副处级升格为正处级，核定处级领导职数2名（主任1名、副主任1名）。省培训中心主要职责为：承担安徽省残疾人职业技术培训工作。2008年8月，省编办同意在省培训中心基础上成立省特殊教育中专学校（保留省培训中心牌子），为全日制普通中等职业教育事业单位，正处级建制，列入全额预算事业单位管理序列，隶属于省残联领导和管理，业务上接受省教育厅指导。核定该校事业编制79名（省培训中心原有15名编制保留，新增64名），其中处级领导职数3名（校长1名，副校长2名）。省特殊教育中专学校的主要职责是：贯彻执行党的教育方针和国家有关残疾人中等职业教育的法律法规及政策；面向全省开展残疾青少年学生中专学历职业教育；开展残疾人教育、教学研究，为教学和社会实践服务；承担全省残疾人职业技术培训工作和省残联交办的其他工作。2011年12月7日，经省编办同意，安徽省特殊教育中专学校加挂安徽省残疾人体育训练指导中心牌子，核增全额拨款事业编制10名，其中副处级领导职数1名。该中心主要职责是：负责全省残疾人体育训练的指导以及全省残疾人运动员选拔、集训和参赛的组织工作。经上述调整，重新核定省特殊中专学校事业编制89名，其中领导职数4名（1正3副，其中1名专职负责残疾人体育训练指导工作）。内设办公室、教务科、学生科、招生就业科、培训科、总务科。

安徽省残疾人劳动就业服务中心　1996年8月12日，经省编办同意，成立安徽省

残疾人劳动就业服务中心，为省残联直属副县级事业单位，具有独立事业法人资格。核定事业编制8名，其中中心主任、副主任各1名，经费预算形式为差额补助。主要职责是根据《安徽省按比例安排残疾人就业办法》有关规定，负责残疾人的待业调查、就业登记、劳动能力评估、职业培训、职业中介和咨询工作。2007年12月12日，省编办同意安徽省残疾人劳动就业服务中心由副处级升格为正处级，核定处级领导职数2名（主任1名、副主任1名）。

安徽省残疾人辅助器具中心　2004年2月26日，省编办同意成立安徽省残疾人用品用具供应站，为省残联直属事业单位，处级规格。其主要职责是：承担残疾人用品用具的供应及技术、信息服务等工作。核定该站事业编制6名，其中站长、副站长各1名，管理人员2名，专业技术人员2名。列入财政定额补贴企业化管理事业单位。2007年3月20日，省编办同意安徽省残疾人用品用具供应站更名为安徽省残疾人辅助器具中心。中心主要职能：协调和指导全省残联系统开展残疾人辅助器具供应服务并组建服务体系，承担政府委托的残疾人辅助器具公益性服务，与国内外有关团体和个人合作开展残疾人辅助器具公益性服务项目，开展残疾人辅助器具知识宣传、收集、整理、编辑和发布残疾人辅助器具信息，协助制订残疾人辅助器具的相关政策、规划，开展假肢制作等各类残疾人辅助器具适配服务，指导和开展残疾人辅助器具的产品研制、开发、生产、供应和推广，促进相关团体的交流与合作。

主管社会团体　省残联主管的社会团体有省残疾人体育协会、省残疾人美术家协会、省残疾人事业新闻宣传促进会、省盲人按摩学会、省特殊奥林匹克委员会（以下简称省特奥委员会）5个。

安徽省残疾人体育协会　省残疾人体育协会原名是省伤残人体育协会，是于1993年经省民政厅批准成立的社团组织，是全省肢体残疾人、视力残疾人、听力残疾人体育组织自愿组成的非营利性群众体育社会团体。协会由省残联领导，接受省体育局和中国残奥会、中国聋奥会的业务指导，接受省民政厅监督管理。本会的宗旨是：遵守中华人民共和国宪法、法律、法规和国家政策，遵守社会道德风尚；鼓励、帮助肢体残疾人、视力残疾人、听力残疾人参加体育活动，改善和增进他们平等参与社会生活的能力，推动安徽省残疾人体育事业的发展，为社会主义物质文明、政治文明、精神文明和社会文明建设服务。本会办事机构设在省残联宣传文体处。其业务范围：认真贯彻执行《中华人民共和国残疾人保障法》《中华人民共和国体育法》和国家体育工作的方针、政策，动员、组织和指导肢体残疾人、视力残疾人、听力残疾人开展体育活动；协助有关部门开展特教学校校园体育、福利单位及社区肢体残疾人、视力残疾人、听力残疾人健身活动；组织、管理、培训肢体残疾人、视力残疾人、听力残疾人运动员和残疾人体育工作者，有计划地部署和发展残疾人体育训练基地，举办全省综合性和单项残疾人体育赛事；组织参加或承办全国残疾人体育比赛，开展国际、国内交流；协同有关部门和上级组织开展本协会业务范围内的科学研究；对会员单位进行业务指导；总结交流经验，表彰先进。

1993年3月28日，根据国家体委、中国残联、中国残疾人体协的要求，省残联将“安徽省伤残人体育协会”更名为“安徽省残疾人体育协会”。

安徽省残疾人美术家协会　1993年2月5日，安徽省残疾人美术家协会成立。省残联副理事长冯银华为会长，汤俊峰为秘书长。其宗旨是为帮助全省残疾人中美术、书法专业及爱好者参与社会文化艺术活动，愉悦身心，展示艺术才华，提高技艺。主要活动内容是每两年举办一次全省性美术、书法培训班和一次全省性美术、书法艺术研讨会；举办全省残疾人美术、书法、工艺作品展；举办全省残疾人工作者及残疾人书法、工艺美术作品展。1998年8月，省残联副理事长张纯和为会长。2007年3月，省残联副理事长彭向阳为会长。2008年8月，省残联副理事长钱玉贵为会长。

安徽省残疾人事业新闻宣传促进会　省残疾人事业新闻宣传促进会（简称省新促会）是全省非营利性社会团体。成立于1994年，由省直新闻单位和省残联相关人员组成，接受省残联、省新闻工作者协会业务指导和监督管理。省新促会由省残联分管副理事长担任会长，有关新闻单位主管领导担任副会长，有关记者、编辑担任常务理事、理事。省新促会以弘扬爱国主义和人道主义，促进精神文明建设，增进社会公众对残疾人事业的理解，倡导扶残助残的社会风尚为宗旨，通过组织新闻媒体的重点采访和报道，在报刊、电台、电视台开辟残疾人事业专栏、专题节目，组织一年一次的“安徽省残疾人事业好新闻奖”评选，开展文化联谊等活动，密切残疾人、残疾人工作者与新闻宣传工作者之间的联系，交流宣传、采访、报道的经验，拓展途径，加大力度，丰富内容，促进残疾人事业新闻宣传工作，为残疾人事业的发展创造良好的舆论环境。

安徽省盲人按摩学会　安徽省盲人按摩学会经省民政厅批准，成立于1997年，是安徽省残联直属的社会团体。省盲人按摩学会工作人员任期5年。省盲人按摩学会的主要职责是：协助政府有关部门制定实施盲人按摩行业管理的法规、政策，制定盲人按摩工作规划并组织实施、督导、检查；协调全省盲人按摩人员培养、培训工作，开展国内外学术交流；为盲人按摩人员从业、就业提供指导与服务。指导各级残联建立盲人按摩指导中心，负责本辖区域内盲人按摩行业管理工作。承担全省盲人保健按摩和医疗按摩人员初中级职务评审委员会与安徽省盲人按摩学会的日常工作，对各地盲人医疗按摩人员职务评审和保健人员技能鉴定工作进行督导、检查，并对全省盲人保健按摩技师及初中级盲人医疗按摩人员职务实施鉴定和评定。学会每年组织盲人按摩学术交流和参加国际交流活动。

安徽省特奥委员会　省特奥委员会是由各市特奥委员会参加组成的非盈利性群众体育社会团体。2004年9月6日成立，委员29人，省残联副理事长邓成标任省特奥委员会主席，省残联副理事长余向东任常务副主席，省体育局副局长高维岭、省教育厅副厅长胡平平、省民政厅副厅长丁四金任副主席。省特奥委员会的宗旨是：遵守中华人民共和国宪法、法律、法规和国家政策，遵守社会道德风尚；鼓励、帮助智力残疾人参与特奥活动，康复健身；改善和增进他们平等参与社会生活的能力，弘扬奥林匹克精神，推动特奥运动发展,为社会主义物质文明、政治文明、精神文明建设服务。委员会由省残联领导,接受省体育局、省民政厅的业务指导和监督管理。其主要业务:认真贯彻执行《中华人民共和国残疾人保障法》《中华人民共和国体育法》和安徽省体育工作的方针、政策,动员、组织和指导智力残疾人开展特奥活动;协同有关部门开展特教学校校园及福利单位、社区特奥活动;组织、管理、培训特奥运动员和从事特奥工作的人员,举办全省综合性和单项特奥赛事;组织参加全国特奥比赛;协同有关部门组织开展特奥科学研究;对会员单位进行业务指导;总结交流经验,表彰先进。

第四节 安徽省残疾人联合会专门协会

1988 年 6 月,省残联第一次全省代表大会依据《中国残疾人联合会章程》,决定设立省盲人协会、省聋人协会、省肢残人协会,分别作为全省视力残疾人、听力言语残疾人和肢残人的群众性组织,在省残联领导下工作。各专门协会的主要任务是密切联系本类别残疾人,反映特殊需求,维护合法权益,开展适合其特点的活动,参与国际交往。各专门协会委员从省残联主席团委员中产生。原盲人聋哑人协会至此时自然终止工作。1989 年 11 月 21 日,省残联一届主席团第二次会议成立省智力残疾人、精神病残疾人亲友会。在 2003 年 6 月召开的省残联第四次代表大会上,省智力残疾人亲友会和精神病残疾人亲友会分别更名为省智力残疾人及亲友协会、省精神残疾人及亲友协会。各专门协会分别执行中国盲人协会、中国聋人协会、中国肢残人协会、中国智力残疾人及亲友协会、中国精神残疾人及亲友协会的章程。各专门协会设主席 1 人,副主席 2 人,委员若干人。省残联第一至四届各专门协会委员从省残联主席团委员中产生。从 2008 年 4 月省残联第五次代表大会起,各专门协会委员会由代表大会代表中同类别的残疾人、残疾人亲友选举产生。

安徽省盲人协会 省盲人协会是全省视力残疾人的群众组织,省残联设的专门协会。协会宗旨是代表视力残疾人的共同利益,反映视力残疾人的特殊需求,维护视力残疾人的合法权益,弘扬人道主义,宣传、动员全社会,理解、尊重、关心、帮助视力残疾人,发展残疾人事业,促进视力残疾人平等充分参与社会生活,共享社会物质文化成果。遵守国家宪法及其他法律、法规、政策,遵守公共道德规范。主要任务是代表视力残疾人的共同利益,密切联系视力残疾人,反映视力残疾人的意见和需求,沟通视力残疾人与社会之间的联系,全心全意为视力残疾人服务。争取和维护视力残疾人在政治、经济、文化、社会和家庭生活等方面同其他公民平等的权利;团结、教育视力残疾人遵守国家法律,履行应尽的义务,发扬乐观进取精神,自尊、自信、自强、自立;促进视力残疾人的康复、教育、扶贫、劳动就业、维权、文化体育、社会保障及残疾预防等工作;推进无障碍设施的建设、盲文的规范化研究与普及,推动视力残疾人辅助用品用具的研制、开发与推广、应用。对盲文出版、盲人按摩等具有视力残疾人特色的工作提供咨询、建议、服务和监督；参与、举办与视力残疾人有关的各类培训，推动文化扫盲工作；组织开展各种有益于视力残疾人身心健康的文化、体育活动；在视力残疾人中培养残疾人工作者；承办省残联委托的专项工作；通过市、县（市、区）残联，联系并指导市、县（市、区）盲人协会开展工作；代表中国视力残疾人参加国际活动，促进国际交流与合作。省残联第一至四届盲人协会委员从省残联主席团委员中产生。从省残联第五次代表大会起，盲人协会委员会由代表大会代表中同类别的残疾人选举产生。盲人协会委员会每届任期5年。

1988年6月，省残联第一次代表大会盲人协会推选席蛮侨为省盲人协会主席。1993年5月，省残联第二次代表大会盲人协会推选席蛮侨为省盲人协会主席，刘国才、黄明为省盲人协会副主席。1994年7月，省残联第二届主席团二次会议选举陶素珍任省残联第二届主席团盲人协会主席。1998年9月，省残联第三次代表大会盲人协会推选陶素珍为主席，刘国才、黄明为副主席。2003年6月，省残联第四次代表大会盲人协会推选汪世龙为主席，黄明、刘国才为副主席。2008年4月，省残联第五次代表大会盲人协会委员会推选汪世龙为主席，刘欣、洪小妹为副主席。

安徽省聋人协会 省聋人协会是全省听力言语残疾人的群众组织，省残联设的专门协会。协会宗旨和主要任务参见“安徽省盲人协会”条目。省残联第一至四届聋人协会委员从省残联主席团委员中产生。从省残联第五次代表大会起，省聋人协会委员会由代表大会代表中同类别的残疾人选举产生。省聋人协会委员会每届任期5年。

1988年6月，省残联第一次代表大会聋人协会选举陈贵鹏为主席。1993年5月，省残联第二次代表大会聋人协会推选陈贵鹏为主席，李景印、张立新为副主席。1998年9月，省残联第三次代表大会聋人协会推选李景印为主席，陈贵鹏为副主席。2003年6月，省残联第四次代表大会聋人协会推选李景印为主席，许小进、陈贵鹏为副主席。2008年4月，省残联第五次代表大会聋人协会委员会推选李景印为主席，陈贵鹏、史琍为副主席。

安徽省肢残人协会 省肢残人协会是全省肢残人的群众性组织，省残联设的专门协会。协会宗旨和主要任务参见“安徽省盲人协会”条目。省残联第一至四届肢残人协会委员从省残联主席团委员中产生。从省残联第五次代表大会起，省肢残人协会委员会由代表大会代表中同类别的残疾人选举产生。省肢残人协会委员会每届任期5年。

1988年6月，省残联第一次代表大会肢残人协会选举尹鸿钧为主席。1993年5月，省残联第二次代表大会肢残人协会推选尹鸿钧为主席，柳西久、高正文为副主席。1998年9月，省残联第三次代表大会肢残人协会推选尹鸿钧为主席，柳西久为副主席。2003年6月，省残联第四次代表大会肢残人协会推选尹鸿钧为主席，柳西久、唐长文为副主席。2008年4月，省残联第五次代表大会肢残人协会委员会推选何宗文为主席，柳西久、李静为副主席。

安徽省智力残疾人及亲友协会 原名省智力残疾人亲友会，成立于1989年11月。2003年6月更名为省智力残疾人及亲友协会，是省残联设的专门协会，是全省智力残疾人及亲友的群众组织。协会宗旨和主要任务参见“安徽省盲人协会”条目。省残联第一至四届智力残疾人亲友会委员从省残联主席团委员中产生。从省残联第五次代表大会起，省智力残疾人及亲友协会委员会由代表大会代表中同类别的残疾人及亲友选举产生。省智力残疾人及亲友协会委员会每届任期5年。

1993年5月，省残联第二次代表大会智力残疾人亲友会推选胡维金为主席，彭本源、陈志德为副主席。1998年9月，省残联第三次代表大会智力残疾人亲友会推选胡维金为主席，王奇云为副主席。2003年6月，省残联第四次代表大会智力残疾人及亲友协会推选胡维金为主席，丁培芳、汪正颂为副主席。2008年4月，省残联第五次代表大会智力残疾人及亲友协会委员会推选茆邦涌为主席，刘金娣、谈建新为副主席。

安徽省精神残疾人及亲友协会　原名为省精神病残疾人亲友会，成立于1989年11月。2003年6月更名为省精神残疾人及亲友协会，是省精神残疾人及亲友的群众组织，省残联设的专门协会。协会宗旨和主要任务参见“安徽省盲人协会”条目。省残联第一至四届精神病残疾亲友会委员从省残联主席团委员中产生。从省残联第五次代表大会起，省精神残疾人及亲友协会委员会由代表大会代表中同类别的残疾人选举产生。省精神残疾人及亲友协会委员会每届任期5年。

1993年5月，省残联第二次代表大会精神病残疾人亲友会推选齐志平为主席，茆邦涌、谢达夫为副主席。1998年9月，省残联第三次代表大会精神病残疾人亲友会推选茆邦涌为主席，胡永珍为副主席。2003年6月，省残联第四次代表大会精神残疾人及亲友协会推选茆邦涌为主席，陈和林、马仁福为副主席。2008年4月，省残联第五次代表大会精神残疾人及亲友协会委员会推选李晓驷为主席，董泽芬、鲁纳新为副主席。

第五节　市、县（市、区）残疾人联合会

根据《中国残疾人联合会章程》，安徽省自1989年起按行政区划分别设立省辖市及市辖区、县及县级市等各级残疾人联合会。

省辖市残疾人联合会　1988年5月19日，省政府办公厅印发《关于成立安徽省残疾人联合会的通知》，要求“各市、县应依据本通知精神，结合实际情况，组建相应的残疾人联合组织”。10月26日，省民政厅、省残联联合印发《关于我省行署、市、县组建残联和工作机构的若干意见》，明确行署、市组建残联的指导原则、体制序列、组织制度、领导班子、组建程序等问题。要求地、市残联的组建，应本着积极、稳妥、求实的原则，创造条件，有领导、有步骤地进行，成熟一个建立一个。并强调市残联和行署残疾人工作办公室的编制、级别、计划和经费等，应根据省政府办公厅1988年5月发出的《关于成立安徽省残疾人联合会的通知》精神办理。

1989年3月，芜湖市残疾人联合会率先成立。截至1989年6月23日，全省芜湖、黄山、马鞍山3市成立残联组织。与兄弟省、市相比，安徽省组建工作进度慢，差距大。

1989 年 6 月 23 日，省残联向省政府上报《关于尽快组建地、市、县残联的报告》。该报告分析组建工作进度慢的主要原因是：主观上认识不足，抓得不紧，多数地、市尚处于等待观望之中；客观上地方财政较为困难；地、市残联组建涉及到编制、机构级别、经费、计划单列等问题，省里业务部门未下发专门文件，地、市具体办事部门没有依据。"报告"提出各级领导要切实提高对残疾人事业的认识，抓紧残联的组建工作；认真解决好各级残联的编制、机构、级别、经费、计划单列等重要问题。并建议：地区成立残疾人工作委员会，下设办公室，办公室为副县级，编制 5 ～ 7 人。省辖市成立残疾人联合会，为副县级，编制 15 ～ 20 人。8 月 2 日，省残联向中国残联上报《关于我省地方残联组建情况的报告》。8 月 10 日，省政府办公厅发出《转发省残联〈关于尽快组建地、市、县残联报告〉的通知》，要求各地根据国务院办公厅转发民政部《关于组建中国残疾人联合会报告的通知》和省政府《关于成立安徽省残疾人联合会的通知》精神，抓紧研究执行。11 月，省残联一届主席团第二次会议和省残联理事长工作会议召开。省委书记卢荣景、省顾问委员会副主任程光华到会。卢荣景要求地、市的残联组织要抓紧建立起来，各级党委、政府和计划、编制、财政等部门，对残联组建工作中的人、财、物等问题，要积极支持并帮助解决。程光华强调每个地方解决十来个编制，是可以挤出来的。会后，省委、省政府办公厅转发卢荣景、程光华的讲话，省残联整理下发《理事长工作会议纪要》，并安排两位副理事长带队分赴全省地、市重点检查会议精神贯彻落实情况。

截至 1990 年 5 月 14 日，省残联召开全省残疾人工作会议时，有芜湖市、黄山市、马鞍山市、铜陵市、淮北市、合肥市、淮南市 7 个市成立残联，宿县地区、巢湖地区、宣城地区、滁县地区 4 个地区成立残疾人工作办公室。

1990 年 10 月 10 日，省残疾人事业领导小组发出明传电报，要求采取得力措施加快地方残联组建。电报提出当前地、市党政领导要把残联组建工作作为一件大事来抓，摆上议事日程，明确政府领导负责；由政府办公室牵头，民政局具体承办，有关部门配合，迅速成立筹备班子，拿出方案，明确分工，层层负责，实行目标管理；地、市残联（残疾人工作办公室）要保证 11 月底组建完；各有关部门要大力支持，并帮助解决残联组建工作中涉及的人员编制、机构级别、经费计划单列、办公用房、理事长人选、由民政局代管等问题。11 月 14 日，省残疾人事业领导小组扩大会议召开。副省长、省残疾人事业领导小组组长杜宜瑾主持会议，省残联名誉主席程光华、郑淮舟、李继祥、赵怀寿，省政府副秘书长刘永年，省残联主席团主席、副主席及全体委员出席会议。会议决定把组建地（市）残联作为首要任务来抓。会议要求各地（市）主要领导人要亲自过问，帮助解决具体问题，确保如期完成组建任务。此后，省残疾人事业领导小组于 12 月 3 日、15 日，就全省市（地）残联（残疾人工作办公室）组建进度情况先后发出两次通报。在市（地）残联（残疾人工作办公室）组建过程中，省残联先后派出 30 多批工作人员分赴全省各地，进行调查研究、协调各方关系，配合指导残联组建工作。

截至 1991 年年底，安徽省 9 个省辖市全部成立残疾人联合会；7 个地区成立残疾人工作办公室，地、市级残联组织组建率达 100%。1992—2000 年，滁州等 7 个地区先后进行地改市，亳州市升为地级市，全省市级残联组织共 17 个，名称统一称为市残疾人联合会。2011 年，地级巢湖市撤销，安徽省建有 16 个市残疾人联合会。

省辖市残联机构情况统计表（截至 2011 年年底）

表 1–3

残联名称	批准成立时间及机构级别		第一次代表大会召开时间	升为正县级时间	参照公务员管理时间	残联机构名称变更
	成立时间	机构级别				
合肥市残疾人联合会	1989.12	副县	1990.01	2002.05	1998.09	
巢湖市残疾人联合会	1989.12	副县	2003.04	2002.01	1999.11	1989 年成立残疾人工作办公室；1994 年 2 月，为巢湖地区残疾人联合会；2000 年地改市，为巢湖市残疾人联合会；2011 年，巢湖市残疾人联合会随巢湖市一并撤销
淮北市残疾人联合会	1989.05	副县	1989.08	2003.11	1989.12	
亳州市残疾人联合会	2001.12	副县	2003.06	2004.10	2007.06	
宿州市残疾人联合会	1990.09	副县	2005.11	1997.06	1997.04	1990 年成立宿县地区残疾人工作办公室，1997 年 6 月，设立宿县地区残疾人联合会，1999 年 1 月地改市，更名为宿州市残疾人联合会
蚌埠市残疾人联合会	1990.09	副县	1990.09	2002.12	1998.08	
阜阳市残疾人联合会	1990.05	副县	1998.09	2005.04	2007.06	1990 年成立阜阳地区残疾人工作办公室；1991 年 10 月，更名为阜阳地区残疾人联合会；1996 年 2 月地改市，更名为阜阳市残疾人联合会
淮南市残疾人联合会	1989.09	副县	1990.04	2003.09	2005.05	
滁州市残疾人联合会	1990.08	副县	1993.12	1997.06	1997.06	1990 年 8 月，成立滁县地区残疾人工作办公室；1993 年地改市，同年 12 月更名为滁州市残疾人联合会

续表 1-3

残联名称	批准成立时间及机构级别		第一次代表大会召开时间	升为正县级时间	参照公务员管理时间	残联机构名称变更
	成立时间	机构级别				
六安市残疾人联合会	1991.03	副县	2003.09	2001.04	2007.10	1991 年 3 月，成立六安地区残疾人工作办公室，1995 年 8 月，更名为六安地区残疾人联合会；2000 年地改市，更名为六安市残疾人联合会
马鞍山市残疾人联合会	1989.03	副县	1989.06	2005.01	2005.01	
铜陵市残疾人联合会	1989.04	副县	1989.08	1996.09	2007.08	
芜湖市残疾人联合会	1989.02	副县	1989.03	2004.06	2004.06	
宣城市残疾人联合会	1989	副县	2003.04	2004.12	2011.11	1989 年成立宣城地区残疾人工作办公室；1994 年 1 月更名为宣城地区残疾人联合会；2000 年 6 月地改市，更名为宣城市残疾人联合会
池州市残疾人联合会	1991.08	副县	2003.02	2004.11	2002.08	1991 年成立池州地区残疾人工作办公室；1993 年 6 月 1 日，成立池州地区残疾人联合会；2000 年地改市，更名为池州市残疾人联合会
安庆市残疾人联合会	1990.12	副县	1990.12	2004.05	1999.06	
黄山市残疾人联合会	1989.03	副县	1989.04	2000.11	2000.07	

县（市、区）残疾人联合会 1988 年 10 月 26 日，省民政厅、省残联联合印发《关于我省行署、市、县组建残联和工作机构的若干意见》，明确县组建残联的指导原则、体制序列、组织制度、领导班子、组建程序、进度设想 6 个关键问题。

1989 年 6 月 23 日，省残联向省政府上报《关于尽快组建地、市、县残联的报告》。该报告建议县、县级市、市辖区成立残疾人联合会，为科级建制，县人口在 50 万人以下的，县（市、区）残联编制 5 ~ 6 人；人口 50 万 ~ 100 万人的，编制 7 ~ 8 人；人口 100 万人以上的，编制 9 ~ 10 人。8 月 10 日，省政府办公厅转发省残联《关于尽快组建地、市、县残联报告》,并要求各地抓紧研究执行。

1989 年 8 月,凤阳县残疾人联合会被批准成立，9 月 10 日召开首届代表大会,成为全省最早成立的县残联。9 月 10 日,省残联向全省转发《关于成立凤阳县残疾人联合会的通知》《关于县残联机构升格内设机构和增加编制的批复》。10 月,亳州市残疾人联合会成立,成为全省最早成立的县级市残联。1990 年 10 月 10 日,省残疾人事业领导小组发出明传电报,要求采取得力措施加快地方残联组建。11 月 10 日,铜陵市一县三区的残联组建任务全部完成,成为第一个完成县区残联组建任务的省辖市。11 月 14 日,省残疾人事业领导小组召开扩大会议,副省长、省残疾人事业领导小组组长杜宜瑾主持会议,会议决定把组建县(市、区)残联作为当前的首要任务来抓。会议要求各地、市、县主要领导人要亲自过问,帮助解决具体问题,如调剂解决好残联编制问题,帮助解决好机构级别、计划单列、专职理事长人选、办公用房等问题,确保实现完成中国残联提出的县级残联在年底前组建完毕的目标任务。

省残联自始至终把组建县（市、区）残联工作作为头等大事来抓,先后派出 40 多批工作组、近百人次分赴全省各地协助、推动残联组建工作。经省残疾人事业领导小组批准,每 10 天向全省各地（市)、县（市、区）发一次明传电报,通报情况,督促加快残联组建进度;以省残疾人事业领导小组名义给地市的党政领导和分管领导发专函,陈述成立残联的必要性和紧迫性,请他们重视和支持;利用省里召开会议的机会,到驻地拜望各地领导,请他们帮助解决关键问题等。

1992 年 6 月 15—29 日,中国残联调研组丁启文一行 18 人到安徽省基层调查研究,省残联及地、市残联抽调 23 人配合工作。调研范围涉及铜陵、安庆、滁县、宿县、六安 5 个地市的 29 个县(市、区)。调研组拜访市、县党政领导 317 人次,市、县政府部门 194 个;走访 114 个福利工厂、康复中心、聋哑学校和 76 个乡镇、123 个村、179 户残疾人家庭,看望残疾人 739 人;促成 28 个县（市、区）召开残疾人事业领导小组或政府办公会议 47 次;召开残疾人座谈会 35 次。其间,有 13 个县（市、区）残联的职级由副科级升为正科级,编制增加 12 人;有 4 个市、县、区残联实行计划单列;有 17 个县（市、区）残联经费实行单列。

1995 年 5 月 19 日,省政府办公厅获悉中国残联派调研组到安徽对残疾人工作进行全面调研后,发出《关于对有关地、市基层残疾人工作进行调研的通知》,对调研活动进行具体安排。5 月下旬,中国残联林建初一行到安徽赴基层进行调研,调研组组成 10 个小组,分赴阜阳、巢湖、宣城、池州地区,合肥、蚌埠、淮南、淮北、马鞍山、芜湖、黄山市 11 个地（市)，43 个县（市)。调研期间拜访县委、县政府主要领导,慰问特困残疾户,召开座谈会,就基层残联的组织建设、经费、基础设施等主要内容予以调研。调研活动历时 20 余天,通过调研的推进,全省绝大部分县（市、区）残疾人联合会机构规格由原来的副科级升格为当地正科级,实现了计划单列、理事长专职、机构单独挂牌、有固定的办公场所、有必要的工作经费、有适应事业发展需要的人员编制等。是年,县（市、区）

残疾人联合会全部组建完毕。由于行政区划的变更，截至2011年，全省建有43个区残疾人联合会，62个县（市）残疾人联合会。

市辖区残联机构情况统计表（截至2011年年底）

表1-4

市	残联名称	批准成立时间及机构级别		第一次代表大会召开时间	升为正科级时间	参照公务员管理时间	残联机构名称变更
		成立时间	机构级别				
合肥市	包河区残疾人联合会	1991.04	副科	1991.04	1995.07	1999	2002年由郊区残疾人联合会更名为包河区残疾人联合会
	瑶海区残疾人联合会	1990.11	副科	1991.05	1998.08	2000.08	2002年由东市区残疾人联合会更名为瑶海区残疾人联合会
	庐阳区残疾人联合会	1990.10	副科	1990.10	1998.07	1999.11	2002年，由中市区残疾人联合会更名为庐阳区残疾人联合会
	蜀山区残疾人联合会	1990.03	副科	1990.03	1995.09	2001.08	2002年，由西市区残疾人联合会更名为蜀山区残疾人联合会
淮北市	杜集区残疾人联合会	1991.01	副科	1991.01	2002.08	1991.01	
	相山区残疾人联合会	1990.01	副科	1990.02	1999	1990.01	
	烈山区残疾人联合会	1990.12	副科	1991.01	2001.04	1990.12	
亳州市	谯城区残疾人联合会	1989.10	副科	1992.03	1994.09	2008.08	1989年，成立亳州市残疾人联合会；2000年亳州市成为地级市，更名为亳州市谯城区残疾人联合会
宿州市	埇桥区残疾人联合会	1991.04	副科	1991.04	1996.03	2008.06	宿州市（县级）残疾人联合会成立于1991年4月、宿县残疾人联合会成立于1991年12月，1992年合并为宿州市（县级）残疾人联合会。1999年，更名为宿州市埇桥区残疾人联合会
蚌埠市	蚌山区残疾人联合会	1992.05	副科	1992.05	1995.04	2009.09	1992年成立中市区残疾人联合会，2004年更名为蚌山区残疾人联合会
	淮上区残疾人联合会	1990.12	副科	1991.02	1995.07	2007.12	1990年成立郊区残疾人联合会，2004年，更名为淮上区残疾人联合会
	龙子湖区残疾人联合会	1991.12	副科	1991.12	1995.04	2011.04	1991年成立东市区残疾人联合会，2004年更名为龙子湖区残疾人联合会
	禹会区残疾人联合会	1991.12	副科	1991.12	1995.04	2009.09	1991年，西市区残疾人联合会成立，2004年更名为禹会区残疾人联合会

续表 1–4

市	残联名称	批准成立时间及机构级别		第一次代表大会召开时间	升为正科级时间	参照公务员管理时间	残联机构名称变更
		成立时间	机构级别				
阜阳市	颍州区残疾人联合会	1996.02	正科	2007.11		2008.02	1990 年 7 月成立阜阳县残疾人联合会，1991 年成立的阜阳市（县级）残疾人联合会；1992 年阜阳县、阜阳市（县级）合并，设立县级阜阳市，11 月成立阜阳市（县级）残疾人联合会；1996 年 2 月，地改市，原阜阳市（县级）划分为颍州、颍东、颍泉 3 个区。分别成立颍州、颍东、颍泉区残疾人联合会
	颍东区残疾人联合会	1996.02	正科	2008.01		2008.02	
	颍泉区残疾人联合会	1996.02	正科	2008.01		2008.02	
淮南市	潘集区残疾人联合会	1991.01	副科	1991.12	1995.01	2007.12	
	大通区残疾人联合会	1991.05	副科	1991.06	1995.08	2007.12	
	田家庵区残疾人联合会	1991.02	副科	1991.03	1994.12	2007.12	
	八公山区残疾人联合会	1991.04	副科	1991.06	1994.12	2007.12	
	谢家集区残疾人联合会	1991.02	副科	1991.03	1994.12	2007.12	
滁州市	南谯区残疾人联合会	1993.03	正科	1993.04		2007.07	1989 年 12 月，县级滁州市成立残疾人联合会。1993 年滁州地区改为市，原县级滁州市撤销，设南谯、琅琊两区。1993 年成立南谯区、琅琊区残疾人联合会
	琅琊区残疾人联合会	1993.04	正科	1993.04		1993.04	
六安市	金安区残疾人联合会	1999.12	正科			2007.06	1990 年 3 月建六安县残疾人联合会；1995 年 11 月成立六安市（县级）残疾人联合会；1999 年 12 月，六安市（县级）撤市设区，成立金安、裕安区残疾人联合会
	裕安区残疾人联合会	1999.12	正科	2003.04		2010.07	
马鞍山市	花山区残疾人联合会	1991.01	副科	1991.04	1997.01	2007.10	
	雨山区残疾人联合会	1990.04	副科	1990.04	1996.08	2007.10	
	金家庄区残疾人联合会	1990.12	副科	1991.04	1997.07	2007.10	
	向山区残疾人联合会	1990.05	副科	1991.02	1997.03		2001 年 7 月 1 日向山区残疾人联合会随向山区一并撤销

续表 1-4

市	残联名称	批准成立时间及机构级别		第一次代表大会召开时间	升为正科级时间	参照公务员管理时间	残联机构名称变更
		成立时间	机构级别				
芜湖市	鸠江区残疾人联合会	1991.01	正科	1991.02		2006.01	
	镜湖区残疾人联合会	1991.03	副科	1991.03	1996.04	1996.04	1991 年 3 月成立新芜区残疾人联合会，4 月成立镜湖区残疾人联合会。2006 年芜湖市区划改革，新芜区、镜湖区残疾人联合会合并成立镜湖区残疾人联合会
	三山区残疾人联合会	2007.11	正科	2007.11		2007.11	2006 年区划改革设立三山区，2007 年成立三山区残疾人联合会
	弋江区残疾人联合会	1991.04	副科	1991.12	1994.12	2007.04	1991 年成立马塘区残疾人联合会，2006 年区划改革，更名为弋江区残疾人联合会
宣城市	宣州区残疾人联合会	1989.12	副科	1990.01	1990.01	2011.11	1989 年成立宣州市残疾人联合会;2000 年宣城地区地改市，更名为宣州区残疾人联合会
铜陵市	郊区残疾人联合会	1990.11	正科	1990.11		2003.01	
	铜官山区残疾人联合会	1990.09	副科	1990.10	1993.10	2008.01	
	狮子山区残疾人联合会	1990.04	正科	1990.08		行政编制	
池州市	贵池区残疾人联合会	1990.12	副科	1990.12	1994.12	2008.01	1990 年成立贵池市残疾人联合会;2000 年池州地区地改市，更名为贵池区残疾人联合会
安庆市	宜秀区残疾人联合会	1990.12	副科	1990.12	1994.08	2007.08	1990 年成立郊区残疾人联合会，2006 年 5 月区划调整，更名为宜秀区残疾人联合会
	大观区残疾人联合会	1990.12	副科	1990.12	1994.10	1998.07	
	迎江区残疾人联合会	1990.12	副科	1990.12	2003.02	2007.05	
黄山市	屯溪区残疾人联合会	1990.11	副科	1994.11	2000.11	2008.01	
	黄山区残疾人联合会	1989.06	副科	1991.03	1994.12	2008.09	
	徽州区残疾人联合会	1990.06	副科	1990.12	1998.07	2007.12	

县（市）残联机构情况统计表（截至2011年年底）

表1-5

市	机构名称	批准成立时间及机构级别		第一次代表大会召开时间	升为正科级时间	参照公务员管理时间	残联机构名称变更
		成立时间	机构级别				
合肥市	肥东县残疾人联合会	1990.07	正科	1990.08		1999.12	
	长丰县残疾人联合会	1991.01	副科	1991.01	1994.11	1999.01	
	肥西县残疾人联合会	1991.06	副科	1991.06	2002.08	2000.12	
	庐江县残疾人联合会	1991.05	副科	1992.03	2002.09	2000.10	
	巢湖市残疾人联合会	1991.12	副科	1991.12	2000.05	2000.05	1991年为县级巢湖市残疾人联合会，2000年巢湖地区改为市,县级巢湖市撤销,设居巢区,更名为居巢区残疾人联合会，2011年8月地级巢湖市撤销,设县级巢湖市,又更名为巢湖市残疾人联合会
淮北市	濉溪县残疾人联合会	1989.10	正科	1989.10		1989.10	
亳州市	涡阳县残疾人联合会	1990.03	副科	1990.03	1996.03	2008.07	
	蒙城县残疾人联合会	1989.10	副科	1989.12	1994.12	2009.09	
	利辛县残疾人联合会	1991.05	副科	1993.01	1994.11	1998.06	
宿州市	萧县残疾人联合会	1991.11	副科	1991.11	1997.08	2007.08	
	灵璧县残疾人联合会	1990.09	副科	1996.09	1996.05	2008.11	
	砀山县残疾人联合会	1991.11	正科	1991.11		2007.10	
	泗县残疾人联合会	1991.01	正科	1991.01		2007.10	
蚌埠市	五河县残疾人联合会	1989.12	副科	1989.12	1995.07	1998.06	
	怀远县残疾人联合会	1991.09	副科	1992.02	1994.12	1999.07	
	固镇县残疾人联合会	1990.03	副科	1992.01	1995.07	1999.08	

续表 1–5

市	机构名称	批准成立时间及机构级别		第一次代表大会召开时间	升为正科级时间	参照公务员管理时间	残联机构名称变更
		成立时间	机构级别				
阜阳市	界首市残疾人联合会	1990.07	副科	1990.12	1997.06	2008.02	
	临泉县残疾人联合会	1989.12	副科	2001.06	2001.06	2010.12	
	阜南县残疾人联合会	1989.11	副科	1990.03	1995.05	2008.02	
	颍上县残疾人联合会	1990.05	副科	1995.03	1994.12	2008.02	
	太和县残疾人联合会	1990.02	副科	1990.12	1995.05	2008.02	
淮南市	凤台县残疾人联合会	1990.10	副科	1991.02	1994.12	2007.12	
滁州市	明光市残疾人联合会	1991.01	正科	1991.01		2004.06	1991 年嘉山县残疾人联合会成立。1994 年 5 月撤县设县级市，更名为明光市残疾人联合会
	天长市残疾人联合会	1990.07	副科	1991.05	1991.05	2006.01	1990 年天长县残疾人联合会批准成立，1993 年 12 月撤县设县级市，改名为天长市残疾人联合会
	凤阳县残疾人联合会	1989.08	副科	1989.09	1989.08	2008.01	
	全椒县残疾人联合会	1990.09	副科	1991.01	1994.05	2003	
	来安县残疾人联合会	1989.12	正科	1991.01		2007.03	
	定远县残疾人联合会	1991.01	正科	1991.05		2007.12	
六安市	霍邱县残疾人联合会	1991.04	副科	1992.04	1994.11	2007.12	
	霍山县残疾人联合会	1992.04	副科	1992.04	1992.07	2007.06	
	金寨县残疾人联合会	1989.11	正科	1989.11		2003.09	
	舒城县残疾人联合会	1992.04	副科	1992.04	1994.11	2007.10	
	寿县残疾人联合会	1991.02	副科	1992.02	1994.10	1999.08	
马鞍山市	当涂县残疾人联合会	1991.05	副科	1991.05	1995.05	2007.10	

续表 1-5

市	机构名称	批准成立时间及机构级别		第一次代表大会召开时间	升为正科级时间	参照公务员管理时间	残联机构名称变更
		成立时间	机构级别				
马鞍山市	含山县残疾人联合会	1992.03	副科	1992.03	2001.12	2007.07	
	和县残疾人联合会	1991.01	副科	1992.03	1995.08	2007.07	
芜湖市	芜湖县残疾人联合会	1990.08	副科	1990.08	1995.06	2007.04	
	南陵县残疾人联合会	1990.11	副科	1990.12	1995.06	2007.04	
	繁昌县残疾人联合会	1990.11	副科	1990.12	1997.09	2002.08	
	无为县残疾人联合会	1991.09	副科	1991.09	2006.08	2008.04	
宣城市	宁国市残疾人联合会	1991.03	副科	1991.03	1995.05	1996.04	1991 年宁国县残疾人联合会成立，1997 年 3 月撤县设宁国市，更名为宁国市残疾人联合会
	郎溪县残疾人联合会	1991.02	副科	1990.01	1998.06	2002.05	
	广德县残疾人联合会	1990.10	副科	1992.02	2005.08	2005.08	
	泾县残疾人联合会	1990.12	副科	1990.12	1994.11	2002.04	
	绩溪县残疾人联合会	1995.01	正科	1995.01	2002.04 降为副科，2005.08 升为正科	2006.08	
	旌德县残疾人联合会	1990.11	副科	1990.11	1994.12	2008.01	
铜陵市	铜陵县残疾人联合会	1990.06	副科	1990.06	1993.05	2008.01	
池州市	石台县残疾人联合会	1990.12	副科	1990.12	1994.07	2002.09	
	青阳县残疾人联合会	1990.11	副科	1990.11	1995.01	2008.01	
	东至县残疾人联合会	1990.12	副科	1990.12	1995.01	2002.05	
安庆市	桐城市残疾人联合会	1991	副科	1991.01	1994.11	1999.06	1991 年成立桐城县残疾人联合会，1997 年撤县建市，更名为桐城市残疾人联合会

续表 1-5

市	机构名称	批准成立时间及机构级别		第一次代表大会召开时间	升为正科级时间	参照公务员管理时间	残联机构名称变更
		成立时间	机构级别				
安庆市	望江县残疾人联合会	1990.10	副科	1990.11	1995.10	2005.01	
	太湖县残疾人联合会	1990.12	副科	1990.12	1994.10	1997.08	
	潜山县残疾人联合会	1991.04	副科	1991.04	1994.12	1998.09	
	怀宁县残疾人联合会	1991.01	副科	1991.04	1994.11	1997.12	
	枞阳县残疾人联合会	1991.12	副科	1991.12	1995.06	1996.08	
	宿松县残疾人联合会	1991.01	副科	1989.06	1995.01	2006.12	
	岳西县残疾人联合会	1991.03	副科	1991.03	1995.01	2007.12	
黄山市	黟县残疾人联合会	1991.06	副科	1992.01	1999.06	2008.01	
	休宁县残疾人联合会	1991.01	副科	1995.03	1991.09	2007.07	
	祁门县残疾人联合会	1991.04	副科	1990.08	1994.08	2008.02	
	歙县残疾人联合会	1990.09	副科	1990.09	1998.08	2006.12	

第六节　社会办残疾儿童康复机构

1997 年 1 月，安庆市潜山县丁琼语训部创办。1999 年 1 月 10 日，全省社会力量兴办残疾人事业现场会在宿州市召开。2008 年年底，全省社会力量兴办残疾儿童康复机构发展到 19 家。

2009 年 4 月，省委、省政府出台《关于促进残疾人事业发展的实施意见》，指出："通过民办公助、政府补贴、政府购买服务等多种形式，鼓励各类组织、企业和个人建设残疾人服务设施，发展和完善残疾人综合服务体系。" 2011 年 1 月，省委办公厅、省政府办公厅发出《关于加快推进残疾人社会保障体系和服务体系建设的实施意见》，提出："政府对社会力量兴办康复训练机构、开展残疾儿童康复训练给予适当补贴"。4 月，省残联、省发改委、省教育厅、省民政厅、省财政厅、省人社厅、省国土资源厅、省住建厅、省卫生厅、省地税局联合出台《关于鼓励和支持社会力量兴办听障及脑瘫儿童康复机构促进残疾儿童康复事业发展的意见》，从社区、就业、资金等多方面提出支持社会力量兴办残疾儿童康复机构的意见。截至 2011 年年底，全省社会力量兴办的残疾儿童康复机构达 31 家，占全省残疾儿童康复机构总数的 41.3%，在训残疾儿童约 800 人，占所有在训残疾儿童总数的 36.4%，累计吸纳社会力量投资超过 5000 万元。社会力量兴办残疾儿童康复机构初具规模，形成政府主导、社会力量兴办的残疾儿童康复机构与公办机构并存的格局。

社会办残疾儿童康复机构情况统计表（截至 2011 年 11 月）

表 1–6

机构名称	成立时间	负责人姓名	所在市
合肥锦雯言语康复中心	2007 年	沙　沙	合肥
合肥市心怡康残疾人健康服务中心	2007 年	张晓莉	合肥
合肥瑶海区昕艺人工耳蜗听语技术咨询服务部	2007 年	郭小平	合肥
合肥芳草地听障儿童语训咨询有限公司	2011 年	李玲英	合肥
合肥瑶海区蓝天康复服务中心	2008 年	郑明慧	合肥
合肥市庐阳区彩虹桥残疾人日间照料中心	2009 年	洪　成	合肥
合肥市瑶海区英英聋儿语训部	2002 年	周英英	合肥
合肥市春芽残疾人互助协会	2006 年	时艳侠	合肥
合肥市五彩鹿自闭症儿童教育咨询服务工作室	2010 年	杜少白	合肥
合肥市庐阳区残疾人康复中心（金谷医院）	2007 年	吴鹏程	合肥
合肥同仁医院	2005 年	陶仁祝	合肥
合肥新民医院	2006 年	刘西霞	合肥
合肥市心希望康复指导中心	2008 年	徐　飞	合肥
合肥天情特殊儿童教育咨询有限公司	2009 年	黄冬云	合肥
濉溪县启言聋儿语训中心	2003 年	荐雪梅	淮北
淮北长征医院	2008 年	卜　懿	淮北
淮北市朝阳医院	1999 年	张星拳	淮北
淮北和平医院	2003 年	丁政敏	淮北
涡阳县恒康推拿保健中心	2007 年	侯怀奇	亳州
亳州市博爱康复中心	2010 年	尚　旗	亳州
泗县阳光培智学校	2010 年	徐　莉	宿州
太和县启聪特殊教育学校	2001 年	薛银环	阜阳
阜阳神康医院	2010 年	吴建胜	阜阳
阜阳市蒲公英残障人士互助协会	2008 年	马明军	阜阳
阜阳市慈爱康复培训中心	2010 年	潘凤芝	阜阳

续表 1-6

机构名称	成立时间	负责人姓名	所在市
池州市阳光康复中心	2011 年	程　齐	池州
潜山县丁琼语训部	1997 年	丁　琼	安庆
淮南市孤独症家长联谊会	2008 年	黄　薇	淮南
舒城县春蕾特殊儿童康复训练中心	2010 年	胡道余	六安
霍邱仁爱康复医院	2009 年	刘厚国	六安
铜陵飞洋康复中心	2011 年	方文闽	铜陵

第七节　残疾人工作者队伍

残疾人工作具有涉及面广、社会性强、任务繁重、工作条件差的特点，对残疾人工作者要求较高。安徽省历来重视对各级残联干部的关心和培养，尤其重视残疾人干部的培养选拔。截至 2011 年年底，安徽省残联系统残疾人干部达 56 人。

干部待遇与管理　省政府明确指出，各级残联是推进残疾人事业社会化管理而建立起来的一种新型组织，履行着“代表、服务、管理”的职能，同时是各级人民政府残工委的办事机构。县级以上（含县级）残联机关属于参照国家公务员制度管理的单位，其工资制度、工资标准按国家机关工作人员工资制度改革实施办法执行。

中共中央组织部于 1996 年下发的关于转发中国残疾人联合会党组《关于残疾人联合会干部管理办法和党组织管理关系的意见》的通知规定：地方残联干部管理以地方党委为主，上一级残联协助。具体管理工作按照中共中央组织部于 1991 年下发的《关于干部双重管理工作若干问题的通知》规定办理。地方党委要加强对残联干部的培养、教育、选拔、配备；上一级残联对下一级残联领导班子成员负有培养、教育、了解、考察及提出使用建议的责任。地方党委在配备、调整残联领导班子时，应事先征求上一级残联的意见，然后再办理手续。地方各级残联执行理事会领导班子成员及其内设机构干部的任免、管理办法，由地方党委参照中央对中国残联干部管理的办法研究确定。地方各级残联机关中除工勤人员之外的工作人员，参照《国家公务员暂行条例》进行管理。省及省辖市残联成立党组，受当地党委直接领导，党组成员由同级党的地方委员会指定。省及省辖市残联机关建立机关党组织，由同级党委或政府的机关党组织（机关工委或机关党委）领导，在同级残联党组指导下开展工作。县级残联和地方各级残联所属企事业单位，按照党章规定建立党的基层组织，其隶属关系由同级地方党组织根据实际情况确定。

1997 年 1 月，省委组织部印发《关于转发安徽省残疾人联合会党组〈关于贯彻中央组织部组通字〔1996〕2 号文件的意见〉的通知》。该通知明确指出：省残联领导班子成员的管理，以省委为主，中国残联党组协助。在调整省残联领导班子时，应事先征求中国残联的意见，然后再办理手续。省残联主席团主席、副主席，执行理事会理事长、副理事长，党组书记、副书记、成员，由省委管理（执行理事会副理事长、党组副书记、成员职务，省委授权省委组织部管理），主席团主席、副主席，为兼职干部，不占编制，不定级别，均由选举产生，在选举前报省委审批。省残联理事长、副理事长经省委审批后，由省政府任免职务。省残联执行理事会理事、内设机构处级干部（组织人事处正职除外）由省残联任免，报省委组织部备案。省残联的其他干部由省残联管理。市、县（区）残联执行理事会理事长、副理事长的管理，以同级党委为主，上一级残联协助。具体管理工作按照中共中央组织部 1991 年下发的《关于干部双重管理工作若干问题的通知》的规定办理。各级党委要加强对残联干部的培养、教育、选拔、配备；上一级残联对下一级残联领导班子成员负有培养、教育、了解、考察及提出使用建议的责任。各级党委在调整本级残联领导班子时，应事先征求上一级残联的意见，然后再办理手续。市、县(区)残联执行理事会领导班子成员及其内设机构干部的任免、管理办法，由同级党委参照省委对省残联干部管理的办法确定。中共安徽省残联党组由省委批准，党组成员由省委指定。

2004 年，根据《国家公务员暂行条例》《国家公务员录用暂行规定》和机关工作需要，按照省委组织部和省人事厅的统一部署，省残联参加全省统一招考录用机关工作者，并经省委组织部批准，录用 2 名机关工作人员，这是省残联首次面向社会公开招考机关公务员。截至 2011 年，省残联共向全省招录机关公务员 5 名。

干部培训　全省各级残联组建初期，就注重对残疾人工作者的综合素质进行培训。最早的一次培训是 1989 年 5 月 17 日在合肥举办的全省首届儿麻矫治技术培训班，省残疾人三项康复工作办公室主任冯银华主持开学典礼，省残疾人三项康复工作领导小组副组长吴泰康、武从祥、朱继华等参加。

市县级残联理事长培训　省残联根据《干部教育培训工作条例》《全国残联系统干部教育培训规划》精神，2003—2011 年先后制定 3 次教育培训规划。其总的任务目标是每五年对全省残联系统残疾人工作者普遍轮训一次，努力建设一支思想作风硬、能力强、素质高的干部队伍。培训形式包括岗前培训、业务培训、学历教育、省外培训以及其他形式培训。省残联负责指导全省残疾人工作者的教育培训，侧重做好市级残联领导班子成员、县（市、区）残联理事长、优秀残疾人干部、优秀残疾人专职委员等培训。按照分级培训的原则，市级残联负责指导全市残疾人工作者教育培训工作，制订本市干部教育培训规划，负责县（市、区）残联干部和乡（镇、街道）残联理事长、各专门协会骨干的培训。县（市、区）残联负责乡（镇、街道）残联干部、残疾人专职委员和部分社区（村）残疾人协会主席、残疾人专职委员的培训。

省残联于 1999—2011 年，举办市县级残联理事长培训班 9 期。1999 年，省残联在合肥连续举办两期市县残联理事长培训班。2003 年，省残联在合肥举办全省各市、县、区残联理事长培训班，党组成员、副理事长邓成标就加强各级残联领导班子建设作专题报告。2005年7月28日，省残联在淮北市举办全省市县残联理事长培训班，邓成标着重就“进取心”问题作专题讲话。2006年6月，省残联在合肥举办第四期市县理事长培训班，历时5天。2007年6月省残联在合肥举办第五期市县理事长培训班，历时3天，参加培训的学员有130人，邀请中国残联理事张宝林，亳州市委常委、秘书长张杰等为学员授课。2008年6月，省残联在合肥举办第六期市县理事长培训班，历时3天，参加培训的学员有150人。邀请中国残联领导陈新民、马玉娥重点讲解中共中央、国务院《关于促进残疾人事业发展的意见》和《中华人民共和国残疾人保障法》，省残联机关各处室负责人对2008年的重点业务进行讲解和部署。培训班期间，还开展省残联成立20周年纪念活动、全省就业专项工作交流活动等。2009年9月，省残联在安庆举办第七期市县残联理事长培训班，历时3天，参加培训的学员有148人。2010年5月，省残联在上海国际康复活动中心举办第八期部分市县残联理事长培训班，来自合肥市、淮北市、芜湖市、马鞍山市、铜陵市、池州市的市、县（区）残联理事长和省残联机关的干部共计46人参加培训。省残联副理事长刘同鑫带队并参加培训。参加培训的学员实地参观考察上海杨浦区殷行街道“阳光之家”和“阳光工厂”。2011年9月，省残联在铜陵市举办第九期市县残联理事长培训班暨中挪合作项目培训。来自全省的市县残联理事长以及优秀乡镇残联理事长、优秀残疾人专职委员250人参加培训。

法律维权培训　省培训中心于1999年8月26—28日，举办全省首期法律援助人员培训班，40余名来自全省有关市、地、县残联的工作人员参加培训。省政府法制办公室自2003年起，每年专门为全省残联系统残疾人工作者开展行政执法知识培训。省残联于2004年3月9—12日，举办全省市残联干部法律维权培训班。来自全省各市、县区残联分管维权工作的副理事长和具体承办维权工作的工作人员共计51人参加培训，通过考试，参加培训的全体人员取得执法资格证书。2005—2011年，省残联每年举办一期法律维权知识培训班，请法律专家和省法律援助中心领导讲课，对各市县（区）残联残疾人工作者进行法律维权知识培训。其间，利用中央宣传部、司法部关于在公民中开展法制宣传教育的普法活动，组织残疾人工作者学习法律知识。

其他专题培训　2000年10月12日至11月25日，省培训中心为省残联全体职工举办3期电脑操作技术培训班，70人参加培训。通过培训学习，推进办公自动化进程。同年11月4—19日，举办一期全省白内障复明手术统计报表计算机录入培训班，培训对象为来自全省各市残联干部。另外，对残疾人工作者还进行手语培训（见第四章第五节中的中国手语推广条目）等专题培训。

残疾人干部培养　1988年以来的20多年中，中共中央组织部、中国残联及安徽省委重视残疾人干部培养选拔工作，出台重视培养选拔残疾人干部的指导意见，并在工作实践中注重配备残疾人干部。截至2011年，全省残联系统残疾人干部达56人。

残疾人干部选拔与配备　1988年6月，安徽省残联第一次代表大会通过的《〈中国残疾人联合会章程〉安徽省实施细则》规定，各级残联代表大会代表中“残疾人不少于半数”,省残联评议委员会委员中“残疾人不少于三分之二”。省残联从成立时起就在机关配备一定数量的残疾人干部。张文祥(肢体残疾)是第一届省残联主席团主席。随后,在各市、县级残联的组建中也陆续配备一定数量的残疾人从事残疾人工作。

1998年9月,省残联第三次代表大会以后,省残联和各地残联加大选拔培养优秀残疾人、推荐优秀残疾人进入各级残联领导班子的工作力度,在各级党委、政府的支持下,越来越多的优秀残疾人人才脱颖而出。

2002年11月5日,中共中央组织部转发中国残联党组《关于选拔残疾人干部充实地方残疾人联合会领导班子和干部队伍的报告》的通知,通知要求各级党委组织部门要抓住地方残联换届的有利时机,采取有效措施,切实做好残疾人干部的培养选拔工作,确保“报告”中提出的工作目标顺利实现。各省、副省级城市残联领导班子中,必须配备1名残疾人理事长或副理事长,理事会中要有聋人、盲人或肢体残疾人理事。市残联领导班子中,有3个以上职数的,要配备1名残疾人理事长或副理事长;有2个职数的,要争取配备1名残疾人干部。省、市、县(市、区)残联机关干部队伍中,都要有一定数量的残疾人干部,其中省残联机关干部队伍中残疾人干部的比例应达到15%以上。选拔一批热爱残疾人事业、综合素质好、年富力强的优秀残疾人干部充实残联领导班子;对特别优秀的,可采取小步快跑等方式破格提拔。残联机关出现空编时,在同等条件下,要优先录用和选调残疾人干部;对综合素质好、工作特殊需要的,可适当放宽年龄、学历和地域等方面的要求。要将残疾人干部的培训纳入干部培训工作整体规划,依托当地党校和行政院校等培训机构有计划地举办中短期残疾人干部培训班,在加强政治理论培训的同时,加强现代科学文化知识、管理知识和法律知识的培训。各级党委组织部门和残疾人联合会,要在党委领导下,密切联系,加强配合,按照目标要求,认真抓好落实。各级残疾人联合会要发挥自身优势,建立健全“优秀残疾人人才库”,协助组织部门做好优秀残疾人干部的推荐、培养、选拔和管理等有关工作。

省残联自2008年,开始建设优秀残疾人人才库。优秀残疾人人才库的入选者条件,必须热爱祖国,拥护党的基本路线;努力学习,乐观进取、自强自立;积极参与社会活动,具有表率作用和感召力,在工作中做出突出贡献,获得国家、本级党委和政府等奖励;热心残疾人工作,具有一定的组织协调能力,年龄在20岁至45岁之间。省残联要求各市残联广泛搜集优秀残疾人人才;市级残联优秀残疾人人才库库存人才数量不少于30名。截至2011年,16个市级残联皆已建库。

省残联向省直机关事业单位、大专院校、科研单位于2011年发出《关于推荐优秀残疾人的函》,函请各单位推荐本单位(含二级机构)符合推荐条件的优秀残疾人干部。具体推荐条件包括:热爱祖国,拥护党的基本路线;努力学习,乐观进取、自强自立;积极参与社会活动,具有表率作用和感召力,在工作中做出突出贡献;热心残疾人工作,具有一定的组织协调能力。年龄在45岁以下,大专以上学历,具有中级以上技术职称的知识分子或副科级以上职务或符合条件的企事业单位的同类人员。

各级残联成立后，选拔一批优秀残疾人进入残联领导班子。截至2011年年底，省残联主席团委员中共配备有15名残疾人及残疾人亲友，执行理事会共配备有1名残疾人理事长。在16个市残联执行理事会中，配备7名残疾人理事长、副理事长、理事。105个县（市、区）残联共配备副科以上残疾人领导干部21名。

安徽省残联系统在职残疾人干部一览表（2011年年底）

表1–7

单位	姓名	性别	职务或职称	残疾类别
省残疾人联合会	张纯和	男	党组书记、理事长	肢体
省残疾人联合会	刘　群	女	主任科员	肢体
省残疾人联合会	徐　进	男	副主任科员	肢体
省残疾人康复研究中心	孟晓明	男	工作人员	听力
省残疾人劳动就业服务中心	韩宪东	男	经济师	肢体
合肥市残疾人联合会	何　军	男	理事	肢体
蜀山区残疾人联合会	张功平	男	理事长	视力
蜀山区残疾人联合会	黄汉力	男	办公室主任	肢体
长丰县残疾人联合会	卢　豪	男	副理事长	肢体
肥东县残疾人联合会	何晓东	男	康复科科长	肢体
淮北市残疾人联合会	朱忠慧	男	副理事长	肢体
涡阳县残疾人联合会	王　侠	女	工作人员	肢体
蒙城县残疾人联合会	顾　光	男	主任科员	视力
利辛县残疾人联合会	丰效科	男	工作人员	肢体
利辛县残疾人联合会	陈　涛	男	工作人员	肢体
宿州市残疾人联合会	武　敏	女	康复科科长	肢体
砀山县残疾人联合会	王汝彬	男	主任科员	肢体
萧县残疾人联合会	王彩丽	女	工作人员	肢体
萧县残疾人联合会	张盈贤	男	工作人员	肢体
萧县残疾人联合会	李　丽	女	工作人员	肢体
灵璧县残疾人联合会	杨绪超	男	办公室主任	肢体
泗县残疾人联合会	马　玉	女	康复科科长	肢体
怀远县残疾人联合会	孙尚洪	男	工作人员	肢体
五河县残疾人联合会	杨敬喜	男	理事长	肢体
五河县残疾人联合会	郭茂利	男	主任科员	肢体
阜南县残疾人联合会	王利强	男	科员	肢体

续表 1–7

单位	姓名	性别	职务或职称	残疾类别
界首市残疾人联合会	王桂芳	女	副科级	肢体
淮南市残疾人联合会	邵春学	男	理事长	肢体
八公山区残疾人联合会	蔡传福	男	理事长	听力
全椒县残疾人联合会	张　华	男	理事长	肢体
全椒县残疾人联合会	陈　斌	男	主任科员	肢体
定远县残疾人联合会	郑学勇	男	办公室主任	肢体
明光市残疾人联合会	戚　冰	男	副理事长	肢体
金寨县残疾人联合会	潘孝清	女	工作人员	肢体
马鞍山市残疾人联合会	沈奋强	男	副理事长	肢体
当涂县残疾人联合会	邵长如	男	工作人员	肢体
和县残疾人联合会	翁保勇	男	办公室主任	肢体
含山县残疾人联合会	胡长平	男	理事长	视力
芜湖县残疾人联合会	曹礼平	男	办公室主任	肢体
南陵县残疾人联合会	刘　文	男	工作人员	肢体
宣城市残疾人联合会	王动动	男	副理事长	肢体
宣州区残疾人联合会	吴岳来	男	工作人员	肢体
铜陵市残疾人联合会	刘召进	男	副理事长	肢体
铜陵市残疾人联合会	董祖昂	男	工作人员	肢体
狮子山区残疾人联合会	周　沉	男	副主任科员	听力
池州市残疾人联合会	姚　萍	女	副主任科员	肢体
贵池区残疾人联合会	刘晓立	男	理事长	肢体
安庆市残疾人联合会	王雪志	男	副主任科员	肢体
太湖县残疾人联合会	韦正华	男	办公室主任	肢体
大观区残疾人联合会	章　忠	男	工作人员	肢体
黄山市残疾人联合会	吴鹏凯	男	副理事长	肢体
歙县残疾人联合会	汪浩彬	男	副主任科员	肢体
歙县残疾人联合会	余晓东	男	副科级	肢体
祁门县残疾人联合会	叶志强	男	办公室主任	肢体
休宁县残疾人联合会	汪　敏	男	公作人员	肢体
广德县残疾人联合会	杨正银	男	民生办主任	肢体

残疾人参政议政　省残联多年来积极推荐优秀残疾人和残疾人组织的代表进入各级人大和政协组织。2009 年《中共安徽省委、安徽省人民政府关于促进残疾人事业发展的实施意见》中“加强残疾人组织建设”部分强调：充分发挥残疾人组织和残疾人代表在国家经济、政治、文化、社会生活中的民主参与、民主管理和民主监督作用，各级人大代表和政协委员中，应充分考虑优秀残疾人和残疾人组织的代表。条件具备的残联理事长可推荐为同级人大或政协常委候选人。

至 2011 年年底，省残联理事长张纯和担任省政协常委。市级残联理事长中，宣城市残联理事长柳友芳担任宣城市人大常委；铜陵市残联理事长刘美华、淮北市残联理事长王继平、池州市残联理事长丁强、亳州市残联理事长王钦良担任市政协常委；芜湖市残联理事长孟祥生、滁州市残联理事长窦少峰、六安市残联理事长卢文峰、阜阳市残联理事长张健康、淮南市残联理事长邵春学、安庆市残联理事长马世银、宿州市残联理事长刘化担任市政协委员。

第二章　调查与监测

1985—2011 年，安徽省开展两次残疾人抽样调查，进行一次农村残疾人贫困状况调查，一次全省残疾人基本情况普查。自 2007 年始，逐年开展残疾人基本状况动态监测工作。

第一节　残疾人状况调查

1985—2007 年，全国开展两次残疾人抽样调查，安徽省都参与了调查工作。其间，安徽省于 1993 年开展农村残疾人贫困状况调查，2009 年开展全省残疾人基本情况调查。

残疾人抽样调查　1985—1987 年，开展安徽省第一次全国残疾人抽样调查，调查标准时间为 1987 年 4 月 1 日零时。2006—2007 年，开展第二次全国残疾人抽样调查，调查标准时间为 2006 年 4 月 1 日零时。

组织实施　1985 年 2 月，国务院批准由民政部会同国家统计局、卫生部、国家计划委员会（以下简称国家计委）等 9 个部门《关于对全国残疾人进行一次抽样调查的报告》。这是中国首次在全国范围内对残疾人进行的专项调查。1985 年 8 月，安徽省民政厅、省统计局、省计委、省卫生厅、省人口普查领导小组、省盲人聋哑人协会等 9 个单位转发民政部等 10 个部门《关于对全国残疾人进行一次性抽样调查通知》，部署全省各地对残疾人抽样调查。成立由省政府副秘书长陈基余为组长，省政府办公厅副主任、省残疾人福利基金会副理事长张汶祥、省民政厅副厅长吴泰康、省卫生厅副厅长武从祥、省统计局副总统计师黄立山为副组长，省民政厅等 9 个单位负责人为成员的省残疾人抽样调查领导小组。领导小组下设办公室，省民政厅办公室原主任李振甫任主任。抽样调查的对象是视力残、听力语言残、肢体残、智力残、精神病残。调查标准时间为 1987 年 4 月 1 日零时。安徽省临泉、涡阳、颍上、砀山、泗县、天长、长丰、六安、桐城、金寨、枞阳、当涂、歙县、巢湖市、合肥市中市区、淮南市田家庵区等 16 个县（市、区）为调查县，67 个乡（镇），130 个村（居委会）为调查整群，每个整群平均 460 人。全省调查登记 13604 户 60157 人，调查总人数占全省总人口数的 1.15‰。确定五类残疾和综合残疾的 2760 人，占调查总人数的 4.59%。

2004 年 9 月 30 日，国务院办公厅下发《关于开展第二次全国残疾人抽样调查的通知》，决定于2006—2007年开展第二次全国残疾人抽样调查，调查标准时间为2006年4月1日零时。2005年，省政府同意成立安徽省第二次全国残疾人抽样调查领导小组，省政府副秘书长谢广祥任组长，省残联、省统计局、省民政厅、省卫生厅负责人担任副组长，领导小组下设办公室，办公室设在省残联。此后，领导小组改为联席会议，省残联负责人担任联席会议召集人，省统计、省民政、省卫生、省残联等14个部门负责人为成员。这次调查，安徽省从全省17个市中抽取合肥市庐阳区、肥西县，淮北市濉溪县，亳州市涡阳县、利辛县，宿州市埇桥区、萧县、灵璧县，蚌埠市龙子湖区、五河县，阜阳市颍州区、颍上县、太和县，淮南市谢家集区、凤台县，滁州市天长市、全椒县，六安市金安区、舒城县、霍邱县，马鞍山市当涂县，巢湖市居巢区、庐江县，芜湖市芜湖县，宣城市宣州区，铜陵市铜陵县，池州市青阳县，安庆市桐城市、怀宁县、宿松县，黄山市休宁县31个县（市、区）、124个乡（镇、街道）、248个村（居委会），共有248个调查小区，平均每个调查小区430人左右。至2005年10月底，全省17个省辖市、31个抽中县（市、区）全部成立由政府分管领导担任组长的残疾人抽样调查领导小组，并成立残疾人抽样调查办公室。自2006年4月1日至5月31日为入户调查时间，全省31个调查队、496名调查员、248名各科医生、31名统计员和2480名陪调员逐户询问登记，进行残疾筛查和残疾评定。全省调查32173户105201人，调查的抽样比为1.72‰，入户见面84285人，见面率80.1%。被调查户中有残疾人的家庭共5566户，确定视力、听力、言语、智力、精神和多重残疾共6157人。其中，视力残疾1213人，听力残疾1408人，言语残疾90人，肢体残疾1616人，智力残疾470人，精神残疾498人，多重残疾862人。

在第二次残疾人抽样调查中，各地涌现出一大批先进集体和先进个人。合肥市庐阳区等12个单位被国务院残疾人工作委员会授予“第二次全国残疾人抽样调查先进集体”称号，李影等41人被授予“第二次全国残疾人抽样调查先进个人”称号。合肥市等62个单位被省政府残工委授予“安徽省第二次全国残疾人抽样调查先进集体”称号，李鸣等278人被省政府残工委授予“安徽省第二次全国残疾人抽样调查先进个人”称号。

各县（市、区）抽样调查基本情况统计表

表2-1

县（市、区）	调查县（市、区）数（个）	调查乡（镇、街道）数（个）	调查小区数（个）	调查户数（户）	调查人口（人）	调查残疾人（人）
总计	31	124	248	32173	105201	6157
合肥市庐阳区	1	4	8	1211	3347	191
合肥市肥西县	1	4	8	1086	3412	203
淮北市濉溪县	1	4	8	960	3513	185
亳州市涡阳县	1	4	8	1025	3445	232

续表 2-1

县（市、区）	调查县（市、区）数（个）	调查乡（镇、街道）数(个）	调查小区数（个）	调查户数（户）	调查人口（人）	调查残疾人（人）
亳州市利辛县	1	4	8	970	3424	216
宿州市埇桥区	1	4	8	1033	3259	196
宿州市萧县	1	4	8	1050	3385	288
宿州市灵璧县	1	4	8	873	3390	223
蚌埠市龙子湖区	1	4	8	1178	3303	178
蚌埠市五河县	1	4	8	824	3375	178
阜阳市颍州区	1	4	8	1103	3337	193
阜阳市颍上县	1	4	8	1028	3412	204
阜阳市太和县	1	4	8	1005	3378	180
淮南市谢家集区	1	4	8	1108	3446	163
淮南市凤台县	1	4	8	948	3461	216
滁州市天长市	1	4	8	974	3509	188
滁州市全椒县	1	4	8	935	3540	186
六安市金安区	1	4	8	1174	3483	201
六安市舒城县	1	4	8	1103	3432	176
六安市霍邱县	1	4	8	940	3509	198
马鞍山市当涂县	1	4	8	884	3272	198
巢湖市居巢区	1	4	8	966	3373	177
巢湖市庐江县	1	4	8	994	3227	219
芜湖市芜湖县	1	4	8	1144	3333	180
宣城市宣州区	1	4	8	1003	3357	168
铜陵市铜陵县	1	4	8	1114	3392	201
池州市青阳县	1	4	8	1166	3352	194
安庆市桐城市	1	4	8	1096	3338	192
安庆市怀宁县	1	4	8	1114	3336	210
安庆市宿松县	1	4	8	1029	3478	193
黄山市休宁县	1	4	8	1135	3383	230

各县（市、区）各类别残疾人情况统计表

表 2-2

县（市、区）	残疾人	视力残疾人	听力残疾人	言语残疾人	肢体残疾人	智力残疾人	精神残疾人	多重残疾人
总计	6157	1213	1408	90	1616	470	498	862
合肥市庐阳区	191	62	33	–	47	3	21	25
合肥市肥西县	203	47	33	1	46	21	31	24
淮北市濉溪县	185	34	13	1	86	7	11	33
亳州市涡阳县	232	60	45	3	51	20	6	47
亳州市利辛县	216	24	42	5	69	20	15	41
宿州市埇桥区	196	14	31	4	91	23	11	22
宿州市萧县	288	76	67	6	65	13	11	50
宿州市灵璧县	223	35	52	6	78	14	5	33
蚌埠市龙子湖区	178	25	29	–	78	11	10	25
蚌埠市五河县	178	18	61	–	38	23	6	32
阜阳市颍州区	193	41	38	–	40	13	23	38
阜阳市颍上县	204	64	29	2	54	12	13	30
阜阳市太和县	180	30	44	5	51	22	11	17
淮南市谢家集区	163	45	29	5	44	17	20	3
淮南市凤台县	216	60	50	8	51	20	13	14
滁州市天长市	188	40	60	2	35	9	22	20
滁州市全椒县	186	39	58	3	33	11	13	29
六安市金安区	201	45	30	1	55	19	24	27
六安市舒城县	176	27	68	1	18	19	18	25
六安市霍邱县	198	50	30	5	56	11	21	25
马鞍山市当涂县	198	32	73	5	32	9	15	32
巢湖市居巢区	177	18	77	1	30	7	13	31
巢湖市庐江县	219	37	54	6	55	10	34	23
芜湖市芜湖县	180	40	39	1	61	13	9	17
宣城市宣州区	168	37	25	1	61	20	7	17
铜陵市铜陵县	201	43	55	4	35	15	20	29
池州市青阳县	194	25	29	2	58	27	24	29
安庆市桐城市	192	46	44	3	42	16	16	25

续表 2-2

县（市、区）	残疾人	视力残疾人	听力残疾人	言语残疾人	肢体残疾人	智力残疾人	精神残疾人	多重残疾人
安庆市怀宁县	210	30	63	1	40	12	19	45
安庆市宿松县	193	36	44	5	48	18	16	26
黄山市休宁县	230	33	63	3	68	15	20	28

抽查成果　根据第一次抽样调查结果和 1986 年年底全省人口总数推算：安徽省五类单纯残疾和综合残疾的总人数约为 239 万人。各类残疾人的人数及其占残疾人总人数的比例分别是：听力语言残疾约 78 万人，占 32.64%；智力残疾约 48 万人，占 20.08%；视力残疾约 43 万人，占 17.99%；肢体残疾约 27 万人，占 11.30%；精神残疾约 7 万人，占 2.93%；综合残疾约 36 万人，占 15.06%。

第二次抽样调查结果显示，安徽省残疾人占总人口的比例为 5.85%。按这次调查的结果推算，2006 年 4 月 1 日零时安徽省各类残疾人的总数为 358.6 万人。各类残疾人的人数及其占残疾人总人数的比例分别是：视力残疾 70.7 万人，占 19.72%；听力残疾 82.0 万人，占 22.87%；言语残疾 5.2 万人，占 1.45%；肢体残疾 94.1 万人，占 26.23%；智力残疾 27.4 万人，占 7.64%；精神残疾 29.0 万人，占 8.09%；多重残疾 50.2 万人，占 14.00%。

在 358.6 万名残疾人中，6 ~ 14 岁视力残疾儿童少年 5.65 万人，其中男性 4.24 万人，占视力残疾者 6%；女性 1.41 万人，占视力残疾者 2%。6 ~ 14 岁听力残疾儿童少年 4.1 万人，其中男性 2.46 万人，占听力残疾者 3%；女性 1.64 万人，占听力残疾者 2%。6 ~ 14 岁言语残疾儿童少年 0.51 万人，其中男性 0.15 万人，占言语残疾者 3%；女性 0.36 万人，占言语残疾者 7%。6 ~ 14 岁智力残疾儿童少年 17.54 万人，其中男性 11.51 万人，占智力残疾者 42%；女性 6.03 万人，占智力残疾者 22%。6 ~ 14 岁肢体残疾儿童少年 36.7 万人，其中男性 21.64 万人，占肢体残疾者 23%；女性 15.06 万人，占肢体残疾者 16%。6 ~ 14 岁精神残疾儿童少年 1.16 万人，其中男性 0.29 万人，占精神残疾者 1%；女性 0.87 万人，占精神残疾者 3%。6 ~ 14 岁多重残疾儿童少年 31.33 万人，其中男性 20.58 万人，占多重残疾者 41%；女性 12.55 万人，占多重残疾者 25%。

与第一次抽样调查相比：残疾人口总量增加、比例上升，2006 年推算的全省残疾人口 358.6 万人，比 1987 年推算的全省残疾人口 239.0 万人增加 119.6 万人。2006 年残疾人占全省总人口的比例 5.85%，比 1987 年残疾人占总人口的比例 4.59% 上升 1.26 个百分点。残疾类别结构发生变化，视力残疾、听力言语残疾、肢体残疾、精神病残疾人口总量增加，比例上升；多重残疾人口总量增加，比例下降；智力残疾人口总量减少，比例下降。肢体残疾、视力残疾、听力言语残疾、精神病残疾、多重残疾人口由于总量增加的幅度不同，在残疾人口总量中所占比例也发生不同变化：肢体残疾比例有较大幅度上升，精神残疾、视力残疾比例略有上升，听力言语残疾和多重残疾比例略有下降。智力残疾人口由于总量减少，在残疾人口总量中的比例显著下降。

全省人口基数的增加是影响两次调查数据变化的因素之一，1987年安徽省总人口为5287.0万人，2006年4月1日安徽省常住人口达到6129.0万人，增加了842.0万人，增长幅度为15.93%。年龄结构老化现象也影响调查数据变化。1987年安徽省60岁及以上人口的比例为8.15%，2005年该比例上升到14.57%。随着老年人口、高龄人口的增加，残疾风险提高。第二次调查安徽省60岁及以上残疾人199.3万人，比1987年调查时该年龄段残疾人数增加115.3万人，占全省残疾人新增总数的96.43%；60岁及以上残疾人占残疾人总数的比例为55.58%，比1987年调查时的35.14%高20.44个百分点。1987年安徽省65岁及以上人口的比例为4.90%，2005年该比例上升到10.10%。第二次调查安徽省65岁及以上残疾人170.3万人，比1987年调查时该年龄段残疾人数增加106.6万人，占全省残疾人新增总数的89.16%；65岁及以上残疾人占残疾人总数的比例为47.51%，比1987年调查时的26.67%高20.84个百分点。再之，第二次调查的残疾标准、残疾筛查和评定方法，都参照国际最新标准并结合中国国情进行修订，这些标准、方法的变化也影响着调查数据的变化。另外，随着安徽省工业化和城镇化进程的加快，人口流动频繁，人们工作节奏加快，以及生产安全事故、交通事故和环境污染等因素的影响，都不同程度地增加致残风险。

根据第六次全国人口普查安徽省总户籍人口数，结合安徽省第二次全国残疾人抽样调查安徽省残疾人占全省总人口的比例，以及各类别和各等级残疾人占残疾人总人数的比例推算，2010年年末安徽省残疾人总数为401.5万人，占总人口比例为5.85%。其中，视力残疾79.2万人，占19.72%；听力残疾91.8万人，占22.87%；言语残疾5.8万人，占1.45%；肢体残疾105.3万人，占26.23%；智力残疾30.7万人，占7.64%；精神残疾32.5万人，占8.09%；多重残疾56.2万人，占14.00%。各等级残疾人的人数及其占残疾人总人数的比例分别是：一级残疾78万人，占19.43%；二级残疾52.6万人，占13.09%；三级残疾111.7万人，占27.82%；四级残疾159.2万人，占39.66%。

两次抽查各类残疾人数及占全省总人口比例变化统计表

表2-3

残疾类别	推算的全省残疾人总数（万人）			占总全省人口的比例（%）		
	1987年	2006年	变动	1987年	2006年	变动
总计	239.0	358.6	119.6	4.59	5.85	1.26
视力残疾	43.0	70.7	27.7	0.83	1.15	0.32
听力语言残疾	78.0	97.3	19.3	1.50	1.59	0.09
肢体残疾	27.0	94.1	67.1	0.52	1.54	1.02

续表 2–3

残疾类别	推算的全省残疾人总数（万人）			占总全省人口的比例（%）		
	1987 年	2006 年	变动	1987 年	2006 年	变动
智力残疾	48.0	27.4	–20.6	0.92	0.45	–0.47
精神病残疾	7.0	29.0	22.0	0.13	0.47	0.34
综合残疾	36.0	40.1	4.1	0.69	0.65	–0.04

两次抽查各类残疾人数及占残疾人总数比例变化统计表

表 2–4

残疾类别	推算的全省残疾人总数（万人）			占残疾人总数的比例（%）		
	1987 年	2006 年	变动	1987 年	2006 年	变动
总计	239.0	358.6	119.6	100.0	100.00	0
视力残疾	43.0	70.7	27.7	17.99	19.72	1.73
听力语言残疾	78.0	97.3	19.3	32.64	27.14	–5.50
肢体残疾	27.0	94.1	67.1	11.30	26.23	14.93
智力残疾	48.0	27.4	–20.6	20.08	7.64	–12.44
精神病残疾	7.0	29.0	22.0	2.93	8.09	5.16
综合残疾	36.0	40.1	4.1	15.06	11.18	–3.88

说明：①听力语言残疾的比较，用 1987 年的听力语言残疾，与 2006 年的听力、言语和多重中的听力加言语残疾对应比较。②综合残疾的比较，用 1987 年的综合残疾，与 2006 年多重残疾中去掉听力加言语残疾对应比较。

农村残疾人贫困状况调查　1993 年 11 月 9 日，安徽省首次开展农村残疾人贫困状况调查。为配合制定国家“八七”扶贫攻坚计划，用七年时间，基本解决全国 8000 万贫困人口的温饱问题。中国残联决定在全国范围内，每省选择 3 ~ 5 个县开展此项调查工作。省残联成立调查组，副理事长冯银华任组长，群工处、康复处处长为成员。调查组于 11 月 9—19 日，对铜陵、无为、太和县 3 个县残疾人贫困状况开展调查。调查组成员深入到 3 县 6 个乡、镇、村，采取填写调查表、召开座谈会、走村串户等方法，共走访近百户残疾人家庭。最后形成的调查报告将残疾人的贫困状况、贫困原因、解决对策等上报中国残联。

残疾人基本情况普查　2009 年 5 月 6 日，省政府办公厅印发《关于开展全省残疾人基本情况调查工作的通知》，计划用 3 年时间，在安徽第二次全国残疾人抽样调查的基础上，开展一次全面、具体的全省残疾人基本情况调查。成立以省政府副秘书长宓建毅为组长，省残联理事长张纯和、省统计局副局长方志华、省民政厅副厅长周苏、省卫生厅副厅长李劲风、省财政厅副厅长吴天宏、省残联副理事长余向东为副组长的调查协调小组。调查协调小组下设办公室,办公室设在省残联。办公室内设专家指导组、质量督查组和后勤保障组。省级财政安排调查经费1100万元,市、县财政配套安排调查经费5000多万元。调查期间，105个县（市、区）2万多名调查员以自然村或小区为单位,入户逐人登记,让所有达到现行残疾标准的残疾人,全部实现基本信息和基本需求登记建档。做到一人一档,村（社区）有卡片,乡镇（街道）有台账,县（市、区）有数据库。采集登记各类残疾人信息3810185人,占总户籍人口的5.6%,其中视力残疾650109人,听力残疾673459人,言语残疾81282人,肢体残疾1503496人,智力残疾296004人,精神残疾248631人,多重残疾357204人。

残疾人信息数据库 2010年9月,省残联通过省政府采购中心招标研发全省残疾人综合业务管理系统。管理系统以中国残联第二代残疾人数据库为基础和核心,结合安徽省开展的全省残疾人基本情况普查所得的数据建立安徽省残疾人信息数据库。数据库中的信息,主要分为持证残疾人信息和未持证残疾人信息。系统设计总体思想是实现“一库多用”,即在该数据库上加载各级残联开展的各类主要业务内容,包括康复、就业保障金缴纳、社会保障、贫困救助、维权信访、危房改造、千元就业、白内障复明、辅助器具发放、文化体育等,实现全省各级残联业务规范整合、资源共享。初步设计深度分为省、市、县（区）三级,权限采用树状目录,全省残联系统使用。系统于2010年12月通过初验，2011年9月通过阶段性验收。2011年年底,系统存储残疾人信息300多万条。

第二节 残疾人状况动态监测

第一、二次残疾人抽样调查是全国范围的、大规模的残疾人专项社会调查,是国家发展残疾人事业的一项重大举措。这样的大规模残疾人调查周期长、花费大,不可能经常性开展。为及时了解残疾人状况的变化,中国残联、国家统计局、民政部、卫生部、第二次全国残疾人抽样调查办公室联合决定自2007年在全国范围内实施残疾人状况动态监测工作。安徽省按照这一部署,于2007—2010年,连续进行4年监测工作。2011年起,开展新一轮监测工作。

组织实施 2007年,中国残联、国家统计局、民政部、卫生部、第二次全国残疾人抽样调查办公室联合下发《关于开展全国残疾人状况监测工作的通知》。同年,4月16日,安徽省残联、省统计局、省第二次全国残疾人抽样调查办公室发出《关于开展全省残疾人状况监测工作的通知》。该通知明确监测工作在省残联统一领导下,由各抽中县(市、区）残联组织实施。省残联成立监测工作领导小组。监测的准备工作和2007年的监测工作由省残疾人抽样调查办公室牵头负责,省残联办公室配合,抽样调查结束后,由省残联办公室负责组织实施。各抽中县（市、区）残联成立监测工作领导小组,由理事长负责并明确牵头业务部门。具体工作纳入残联相关业务部门工作。

全省残疾人状况监测范围和对象，确定在安徽省第二次全国残疾人抽样调查的31个抽中县（市、区）各抽取一个调查小区作为监测样本单位，开展年度动态残疾人基本状况监测工作。全省共抽选31个监测点，对该小区已定性的全部残疾人及其家庭状况进行监测。全省监测残疾人总数为944人，涉及残疾人家庭838户。监测频率为每年进行一次。监测内容包括残疾人生存、发展和环境状况，涉及残疾人生活、康复、教育、就业、社区服务、无障碍环境、法律服务等方面的变化情况。

2009—2010年，在抽中县中各抽取2个调查小区进行监测。

2011年，省残联、省统计局、省民政厅、省卫生厅转发中国残联等4部门《关于开展新一轮全国残疾人状况监测工作的通知》，开展新一轮残疾人状况监测工作。新一轮残疾人状况监测的重点是补充监测小区内低年龄组缺失的残疾人、新发生及外来的残疾人，增加对疑似残疾人的筛查，多科医师的残疾检查评定。省成立安徽省残疾人状况监测办公室，负责领导和组织安徽省残疾人监测工作。省残疾人状况监测办公室由省残联牵头，省统计局、省民政厅、省卫生厅参加。各市和有监测任务的县（市、区）成立相应的监测办公室，负责组织实施本地区的监测工作。市级残疾人状况监测办公室，下设医师检查组，检查指导本地区的残疾人监测工作，协调安排医师检查组与县级监测组的工作衔接，负责监测工作质量把关。县级残疾人状况监测办公室负责本地的全部监测工作，下设监测组（由监测员、陪调员组成），协同医师检查组，做检查评定和入户监测工作。每个监测小区由熟悉情况的村（居）委会干部或残疾人专干4～6人担任陪调员，协助监测组与医师检查组开展工作。监测点沿用2010年度监测的31个县（市、区）中的62个小区。监测的时间范围为2010年11月1日零时至2011年11月1日零时。现场监测时间是2011年11月1日至11月30日。

2007—2008年安徽省残疾人状况监测点一览表

表2-5

序号	市	县（区）	镇（街道）	村（社区）小区
1	合肥市	庐阳区	亳州路街道	濉溪路社区第3小区
2	合肥市	肥西县	紫蓬镇	红山村委会第1小区
3	淮北市	濉溪县	古饶镇	双河村委会第3小区
4	亳州市	涡阳县	闸北镇	洼张村委会第4小区
5	亳州市	利辛县	展沟镇	张圩村委会第4小区
6	宿州市	埇桥区	城东办事处	十里村委会第3小区
7	宿州市	萧县	石林乡	万庄村委会第2小区
8	宿州市	灵璧县	朝阳镇	戚楼村委会第5小区

续表 2-5

序号	市	县（区）	镇（街道）	村（社区）小区
9	蚌埠市	龙子湖区	治淮街道	延安路社区第 2 小区
10	蚌埠市	五河县	申集镇	乔张村委会第 1 小区
11	阜阳市	颍州区	西湖景区街道	李郑村委会第 1 小区
12	阜阳市	颍上县	红星镇	丁楼村委会第 2 小区
13	阜阳市	太和县	洪山镇	铜中村委会第 2 小区
14	淮南市	谢家集区	李郢孜镇	春申社区第 6 小区
15	淮南市	凤台县	岳张集镇	双楼村委会第 4 小区
16	滁州市	天长市	金集街道	潘墩村委会第 2 小区
17	滁州市	全椒县	周岗乡	周岗社区第 2 小区
18	六安市	金安区	横塘岗乡	石河口村委会第 3 小区
19	六安市	舒城县	万佛湖镇	大塘村委会第 2 小区
20	六安市	霍邱县	邵岗乡	坎山村委会第 4 小区
21	马鞍山市	当涂县	江心乡	彭太村委会第 1 小区
22	巢湖市	居巢区	司集镇	张桥村委会第 5 小区
23	巢湖市	庐江县	白湖镇	金湾社区第 11 小区
24	芜湖市	芜湖县	六郎镇	中窑村委会第 5 小区
25	宣城市	宣州区	文昌镇	福州村委会第 5 小区
26	铜陵市	铜陵县	胥坝乡	子垅村委会第 1 小区
27	池州市	青阳县	南阳乡	东河村委会第 3 小区
28	安庆市	桐城市	大关镇	王集村委会第 1 小区
29	安庆市	怀宁县	清河乡	硖石村委会第 3 小区
30	安庆市	宿松县	趾凤乡	龙溪村委会第 1 小区
31	黄山市	休宁县	璜尖乡	璜尖村委会第 2 小区

2009—2010 年安徽省残疾人状况监测点一览表

表 2-6

序号	市	县（区）	镇（街道）	村（社区）小区
1	合肥市	庐阳区	益民街道	环城南路社区第 4 小区
2	合肥市	庐阳区	亳州路街道	濉溪路社区第 3 小区
3	合肥市	肥西县	农兴镇	红山村委会第 1 小区
4	合肥市	肥西县	新仓镇	桥中村委会第 1 小区
5	淮北市	濉溪县	五沟镇	张圩村委会第 8 小区

续表 2–6

序号	市	县（区）	镇（街道）	村（社区）小区
6	淮北市	濉溪县	五铺乡	洪南村委会第 8 小区
7	亳州市	涡阳县	闸北镇	洼张村委会第 4 小区
8	亳州市	涡阳县	高炉镇	赵沃村委会第 2 小区
9	亳州市	利辛县	江集镇	江营村委会第 1 小区
10	亳州市	利辛县	展沟镇	张圩村委会第 4 小区
11	宿州市	埇桥区	三里湾街道	淮河社区第 4 小区
12	宿州市	埇桥区	城东乡	十里村委会第 3 小区
13	宿州市	萧县	大屯镇	史楼村委会第 3 小区
14	宿州市	萧县	石林乡	万庄村委会第 2 小区
15	宿州市	灵璧县	朝阳镇	戚楼村委会第 5 小区
16	宿州市	灵璧县	黄湾镇	朱圩村委会第 2 小区
17	蚌埠市	龙子湖区	东升街道	施家洼社区第 3 小区
18	蚌埠市	龙子湖区	治淮街道	延安路社区第 2 小区
19	蚌埠市	五河县	申集镇	乔张村委会第 1 小区
20	蚌埠市	五河县	小圩镇	朱洼村委会第 3 小区
21	阜阳市	颍州区	颍西街道	七渔河村委会第 4 小区
22	阜阳市	颍州区	西湖景区街道	李郑村委会第 1 小区
23	阜阳市	颍上县	十八里铺镇	十八里村委会第 6 小区
24	阜阳市	颍上县	红星镇	丁楼村委会第 2 小区
25	阜阳市	太和县	洪山镇	铜中村委会第 2 小区
26	阜阳市	太和县	高庙镇	廉庙村委会第 1 小区
27	淮南市	谢家集区	立新街道	新建社区第 3 小区
28	淮南市	谢家集区	李郢孜镇	站后社区第 5 小区
29	淮南市	凤台县	岳张集镇	双楼村委会第 4 小区
30	淮南市	凤台县	大山镇	灯塔村委会第 3 小区
31	滁州市	天长市	桥湾街道	老港村委会第 2 小区
32	滁州市	天长市	金集街道	潘墩村委会第 2 小区
33	滁州市	全椒县	章辉镇	田埠村委会第 5 小区
34	滁州市	全椒县	周岗乡	周岗社区第 2 小区
35	六安市	金安区	张店镇	塘墩村委会 1 小区
36	六安市	金安区	横塘岗乡	石河口村委会第 3 小区

续表 2-6

序号	市	县（区）	镇（街道）	村（社区）小区
37	六安市	舒城县	万佛湖镇	大塘村委会 2 小区
38	六安市	舒城县	河棚镇	黄河村委会第 2 小区
39	六安市	霍邱县	龙潭镇	西闸口村委会第 2 小区
40	六安市	霍邱县	邵岗乡	坎山村委会第 4 小区
41	马鞍山市	当涂县	石桥镇	普济村委会第 2 小区
42	马鞍山市	当涂县	江心乡	彭太村委会第 1 小区
43	巢湖市	居巢区	槐林镇	海如村委会第 3 小区
44	巢湖市	居巢区	司集镇	张桥村委会第 5 小区
45	巢湖市	庐江县	白湖镇	金湾社区第 11 小区
46	巢湖市	庐江县	柯坦镇	小墩村委会第 10 小区
47	芜湖市	芜湖县	六郎镇	中窑村委会第 5 小区
48	芜湖市	芜湖县	红杨镇	三义村委会第 5 小区
49	宣城市	宣州区	沈村镇	杨星村委会第 4 小区
50	宣城市	宣州区	文昌镇	施田村委会第 1 小区
51	铜陵市	铜陵县	五松镇	城北社区第 9 小区
52	铜陵市	铜陵县	胥坝乡	子垅村委会第 1 小区
53	池州市	青阳县	五溪镇	河西村委会第 2 小区
54	池州市	青阳县	南阳乡	东河村委会第 3 小区
55	安庆市	桐城市	高桥镇	古井村委会第 4 小区
56	安庆市	桐城市	大关镇	王集村委会第 1 小区
57	安庆市	怀宁县	马庙镇	育儿村委会第 8 小区
58	安庆市	怀宁县	清河乡	硖石村委会第 3 小区
59	安庆市	宿松县	程岭乡	凿山村委会第 6 小区
60	安庆市	宿松县	趾凤乡	龙溪村委会第 1 小区
61	黄山市	休宁县	东临溪镇	严川村委会第 2 小区
62	黄山市	休宁县	璜尖乡	璜尖村委会第 2 小区

监测成果　2007 年，安徽省完成 31 个监测点、838 户监测对象的监测工作。2010 年安徽省完成 62 个监测点、1500 多户监测对象的监测工作。监测结果表明，城镇残疾人家庭 2007—2010 年人均可支配收入分别为：7356.6 元、8487.2 元、8578.1 元、9365.8 元，逐年增幅依次为 15.4%、1%、9.2%；农村残疾人家庭 2007—2010 年人均纯收入分别为：3101 元、3803.6 元、4066.1 元、4239.2 元，逐年增幅依次为 22%、7%、

16.5%。2007—2010年残疾人家庭恩格尔系数分别为：城镇43.8、47.2、44.7、46.4，农村47.7、51.5、47.0、47.4。

2010年监测结果显示，残疾人总体生活与社会平均水平相比仍存在较大差距：城镇残疾人家庭人均可支配收入为9365.8元，农村残疾人家庭人均可支配收入为4239.2元，分别相当于全省平均水平的59.3%和80.2%（城镇和农村家庭平均收入分别为15788元、5285元）；城镇残疾人家庭恩格尔系数为46.4，农村残疾人家庭恩格尔系数为47.4，分别比安徽省城乡平均水平高出8.4和6.7，残疾人家庭生活质量明显偏低。城镇残疾人家庭人均医疗保健支出为1333.9元，是城镇居民家庭人均医疗保健支出的1.56倍；农村残疾人家庭人均医疗保健支出为602.0元，是农村居民家庭人均医疗保健支出的2.09倍。残疾人家庭人均住房使用面积为25.3平方米，比全省居民家庭人均住房使用面积低6.4平方米。残疾人家庭人均生活用电量不到全省居民家庭人均生活用电量的60%。学龄残疾儿童接受义务教育比例为71.4%，还有28.6%的学龄残疾儿童没有接受义务教育。城镇残疾人登记失业率为8.6%，是城镇登记失业率3.66%的2倍多。有劳动能力未就业残疾人的生活主要来源，城镇为家庭其他成员供养占37.6%、农村为70.0%。残疾人最迫切的需求为医疗救助，有医疗救助需求的残疾人占监测对象的比例：城镇为54.3%，农村63.5%；其次为生活救助，有生活救助需求的残疾人占监测对象的比例：城镇为48.7%，农村为66.2%；第三位是康复救助，有康复救助需求的残疾人占监测对象的比例：城镇为24.1%，农村为30.5%；第四位是教育救助，有教育救助需求的残疾人占监测对象的比例：城镇为7.0%，农村为13.2%。

2011年，在全省62个调查小区8806户家庭的30270名常住人口中，摸底筛查出符合新一轮残疾人状况监测对象条件的残疾人1753人，其中17岁及以下的74人、18岁及以上的1679人。在1753名残疾人中，2010年已定性的1186人，新定性的421人，新增持证146人。

第三章 康 复

20世纪50年代初期，安徽省即开展残疾人康复工作。皖北行署民政处于1951年在合肥市创办皖北荣军整形工厂，为革命残废军人安装假肢。1958年后，服务对象扩展到社会残疾人，并开办康复门诊，生产上下假肢、手摇三轮车、矫形鞋、皮围腰、木拐以及其他矫形器和辅助器，对外销售。1980年，该厂派人到医院、家庭出诊服务。1982年配置工程车，巡回各地乡村为残疾人安装、修理假肢和辅助器，全省有1万多名残废军人和社会残疾人肢体功能得到补偿、恢复。

1988年成立安徽省残疾人三项康复工作领导小组，领导小组下设办公室。1989年安徽省残疾人三项康复工作会议在合肥召开，会议讨论通过《安徽省残疾人三项康复工作五年（1988—1992）规划》。同年，各地、市、县相应建立三项康复工作领导组织及办事机构。全省确定医疗设备较好的省立医院、安徽医科大学附属医院等20所医院为小儿麻痹症手术矫治定点医院，60所县级医院为白内障复明手术定点医院，省聋儿语训康复中心及铜陵、马鞍山、芜湖、黄山、淮南、淮北等市的聋儿语训中心负责语训康复。成立残疾人三项康复专家技术指导组，进行技术指导、咨询，并培训医疗骨干。1991年起，安徽省将精神残疾康复纳入残疾人工作领域。

第一节 视力残疾康复

视力残疾康复包括白内障复明和低视力康复两个方面。白内障复明是三项康复工作之一，安徽省自1988年起一直常抓不懈。同时，低视力康复工作也步入起步和发展阶段。

白内障复明 20世纪80年代后期，视力残疾康复纳入全国统一的残疾人康复计划以后，安徽省连续制订《安徽省残疾人三项康复工作五年（1988—1992）规划》《安徽省残疾人事业“八五”计划纲要》《视力残疾康复“九五”实施方案》《白内障复明“十五”实施方案》《安徽省视力残疾康复“十一五”实施方案》等，分别明确白内障复明手术的任务目标。其间，还实施贫困白内障患者复明工程、视觉第一中国行动、中华健康快车以及“2002光明行”活动、彭年光明行动等，实施白内障复明手术。

规划、计划、方案目标及实施 1988年起，安徽省执行全国残疾人康复工作办公室下达的白内障复明手术任务。当年8月16日，由省政府副秘书长陈基余带队，省民政厅、省卫生厅、省计委、省财政厅、省残联负责人参加的9人代表团，出席全国三项康复工作会议。根据《全国残疾人事业五年（1988—1992）工作纲要》和残疾人三项康复工作实施方案，接受国家分配给安徽省的五年白内障手术25515例的任务。12月27日，安徽省残疾人三项康复工作领导小组成立，副省长杜宜瑾任组长。领导小组下设三项康复工作办公室，省残联副理事长冯银华兼任办公室主任。

1989年1月21—22日，安徽省残疾人三项康复工作会议在合肥召开。会议讨论通过《安徽省残疾人三项康复工作五年（1988—1992）规划》。该规划初步总结省防盲技术指导组（筹）于1988年在长丰县进行初级眼卫生保健活动试点工作，提出1989—1993年安徽省视力残疾人康复工作的初步设想：迅速建立健全由民政、卫生、计划、财政、残联组成的残疾人康复工作的领导机构，指导全省工作；采取防治结合的方针，依靠社会力量，多部门通力合作，大力发展社区康复，重点抓好三项康复工作；每年全省举办一期临床眼科白内障复明手术讲习班（或进修班），时间2～3个月，提高地、市、县医院的白内障复明手术技术水平；省组织眼科专家每年在全省巡回一二次，解决手术疑难问题；取得合肥眼镜厂、凤阳眼镜厂的支持，争取厂方提供所需数量的廉价镜片，保证术后患者都能配到眼镜；所需资金由财政拨款、给病人治疗的收入以及社会各企事业单位和个人及国外友好团体、个人和港澳同胞、华侨的捐赠等方面筹集；在五年计划末，由评审小组进行评估，并向国家有关部门呈报残疾人五年康复报告书。

1989年5月8日，省残疾人三项康复工作领导小组召开第二次会议，省政府副省长、省残疾人三项康复工作领导小组组长杜宜瑾主持会议，领导小组成员朱继华、沈乃源、冯银华、沈基炳、李益国及省民政厅薛顺民，省卫生厅权循珍、邵德鼎，省残联刘光胜，省武警总队董明英等参加会议。会议提出，应抓紧把本地的残疾人三项康复工作领导小组和办事机构建立起来。会议决定在全省建立20个儿麻矫治和60个白内障复明手术定点医院。同时，决定成立省残疾人三项康复专家技术指导组，由崔可英、蔡克勤、陈晓熙、褚大由、陆一农、黄公明、孔繁锦、陈端鑑、牛斗、王兆隆、陈大本、刘认华、刘文新、王强、杨家书、王世勋16人组成。

随着残疾人三项康复工作的全面展开，安徽省在白内障复明工作中一方面要求各定点医院和有条件开展手术的医院收治残疾人，另一方面省及地市组派医疗队深入县区开展复明手术。1988—1992年，省三项康复工作办公室先后组派医疗队50余队（次）支援老区和贫困地区，200位（次）医务人员参加，受到受援地区残疾人及其亲属的欢迎。安庆地区潜山县逆水乡舒潭村83岁的“算命先生”冯培生，经白内障手术复明后说：“我为乡亲们算了一辈子命，还没能算到我能重见光明。是共产党派来的医疗队使我重见光明。”阜阳地区阜南县曹集区大同乡一位68岁的“五保”老大娘，先由副村长用板车拉到医院做白内障手术，手术后出院时，她硬是不坐板车，步行3公里，要边走边看家乡的新面貌。5年中，全省先后召开三项康复工作会议12次，编写三项康复工作简报23期，举办三项康复工作技术骨干培训班10期，培训技术骨干500余人（次），聘请专家组成防盲工作专家指导组，确定省立医院眼科为白内障复明手术技术指导中心，白内障复明点遍及全省。1988年至1993年6月底，全省共完成白内障复明手术32704例，占下达任务的128.2%；白内障复明脱盲率为97%，脱残率为85.4%。

在实施《安徽省残疾人三项康复工作五年（1988—1992）规划》过程中，涌现一批先进单位和先进个人。1993年，省残疾人事业领导小组、省民政厅、省财政厅、省卫生厅、省教委、省计委、省军区后勤部、安徽省社会福利有奖募捐委员会（以下简称省募委）、省妇联、省脱贫致富工作领导小组和省残联联合下文，表彰包括白内障复明手术工作在内的合肥市西市区残联等26个先进单位和彭立坤等85名先进个人。

1993年7月，省政府批转由省计委、省残联等16个部门制定的《安徽省残疾人事业"八五"计划纲要》。提出至1995年，在完成《全国残疾人事业五年（1988—1992）工作纲要》分配给安徽省的白内障复明手术25515例的基础上，"八五"期间再完成15480例的白内障手术。

1996—2000年，安徽省执行《视力残疾康复"九五"实施方案》。5年的任务指标是：完成59000例白内障复明手术。全省所有市（含县级市）的城区基本普及白内障复明手术，在农村有组织地开展白内障复明手术；脱盲率95%以上，脱残率85%以上；为2000名低视力残疾者配用助视器，并进行视功能训练。完成白内障复明手术任务指标的具体措施是：①全省所有市（含县级市）的城区，白内障复明中心和医院眼科，对有手术指征的白内障患者实施复明手术。残疾人康复工作办公室和残联重点组织好无公费医疗、劳保医疗、统筹医疗和贫困残疾者的复明手术。②卫生部门和残联重点组织好县以下及广大农村地区的白内障复明工作，结合社区普查，摸清白内障患者底数，有计划地组织白内障患者施行复明手术。③各级残疾人康复工作办公室组派医疗队，赴贫困、高发、技术力量薄弱的地区，施行白内障复明手术。并明确各级政府依据任务指标和贫困患者补助需求，投入专项康复经费。除财政拨款外，还应从救济、扶贫、有奖募捐等款项中多渠道筹措。中央及省专项补贴经费主要用于组织协调、宣传、技术培训、组派医疗队、设立低视力康复部、贫困残疾者补助等。凡享受公费医疗、劳保医疗和统筹医疗的视力残疾者康复费用，由所在单位按规定报销。对贫困视力残疾者康复费用，当地政府、民政、卫生、残联酌情给予减免或补助。

2001年，《安徽省残疾人事业"十五"计划纲要》的配套实施方案《白内障复明"十五"实施方案》开始施行，提出在5年内全省完成10.5万例白内障复明手术的任务目标，并提出完成任务目标的主要措施和经费保障要求。上述计划实施方案目标皆如期完成。"十一五"期间，全省白内障复明手术任务目标18万例，完成白内障复明手术20万例，其中省民生工程为贫困患者免费施行手术5万多例。

贫困白内障患者复明工程 2007年，省残联和省卫生厅联合下发《关于开展万名贫困白内障患者免费复明行动的通知》，把为1万名贫困白内障患者免费实施复明手术，人工晶体植入率不低于90%作为年度目标。中央和省财政免费为贫困白内障患者复明手术提供一套耗材（人工晶体、透明质酸钠、缝线）和150元工作和手术补贴经费，各地再安排适当的工作经费和每例200元以上的手术配套经费。要求开展万名贫困白内障患者免费复明行动的市、县（市、区）残联和卫生局，必须具备下列条件：承担手术的医院必须是具备开展白内障手术资质的医院，医师必须具备眼科执业医师资格，手术医生必须具备中级以上职称，医疗组长必须具备副主任以上职称；落实每例不少于200元的配套工作、手术经费，并且手术医院眼科设备符合要求，政府承诺为贫困白内障患者免费复明手术。

2008年，贫困白内障患者免费复明手术列入省政府民生工程实施。省残联、省卫生厅和省财政厅联合下发《贫困白内障患者复明工程实施意见》《贫困白内障患者复明工程资金管理暂行办法》和《关于实施2008年贫困白内障患者复明工程有关事项的通知》，省残联和省卫生厅制定《安徽省贫困白内障患者复明工程考核办法》，省卫生厅下发《安徽省白内障手术定点医院分级标准（试行）》和《安徽省白内障手术专科医师认证标准（试行）的通知》。共确定29家白内障复明工程定点医院，组派4个省级专家医疗队支持技术力量薄弱的市县，举办5期手术定点医院眼科技术人员培训班，培训眼科手术医生50名，其中48名通过民生工程白内障手术资格认证。至当年11月15日，共完成贫困白内障患者复明工程免费手术11627例，配套工作经费456.29万元。项目实施过程中，省残联、省卫生厅、省财政厅与省防盲治盲专家，每月进行两次以上工作沟通协调，同时进行专项考核。深入合肥、巢湖、黄山、安庆、淮南、亳州、阜阳、无为、含山、和县、庐江、居巢等市、县、区，对承担民生工程的手术医院和手术医生进行设备、技术考察。省残联、省卫生厅和省防盲技术指导中心组成省考核小组，历时1个月分3次对17个市分别进行单项考核，现场抽查病历843份、检查患者158人、电话抽查678人，手术满意率95.72%，人工晶体植入率97.86%。省政协委托省统计局通过问卷调查，对全省18项民生工程满意程度进行调查，贫困白内障患者复明工程名列第二；在对全省民生工程14个牵头部门评价中，省残联名列第二。

2009—2011年，国家实施“百万贫困白内障患者复明工程”项目。安徽省决定将国家“百万贫困白内障患者复明工程”手术与安徽省民生工程白内障患者免费手术项目进行整合，有关优惠政策不变，在原10000例的基础上增加3000例手术任务。2009年共13000例手术任务既是省政府民生工程，也是国家“百万贫困白内障患者复明工程”的手术任务，其质量考核、资金管理、筛查病员等按照省民生工程贫困白内障患者免费复明手术有关文件和要求执行。省残联、省卫生厅、省财政厅等联合下发一系列保障项目有序实施的文件；同时在确保手术质量的前提下，为尽量方便患者就近手术，经专家考评，当年全省新审批增加43所手术定点医院，全省增加到72所手术定点医院。在项目实施过程中，全省举办3期眼科白内障复明小切口手术医师资格认证培训班，60位医师参加培训，其中50位医师获得资格认证证书。在质量监管和督查方面坚持“八个必须”和“四个加强”，即“手术对象必须是贫困的白内障患者，必须确保病员输送的安全，必须建立白内障手术定点医院和手术医师资格准入制度，必须是小切口术式，必须使用统一制定的安徽省防盲项目专用病历，必须使用项目统一采购的耗材，必须免费实施手术，必须做好充分的术前准备和手术期间出现意外的应急处理预案”和“加强技术培训，加强调查研究，加强服务指导，加强监督考察”。当年全省共完成免费白内障复明手术 1.3 万多例，各市都按时或超额完成手术任务，无一例医疗事故，无一例上访投诉。在考核中共抽查病历 403 份，93% 的病历都能够严格按照要求书写；未发现收费现象；术中人工晶体植入率和术后脱残率都已达到要求；未发现出现严重手术并发症现象；电话回访 350 人，对项目满意者为 277 人，占 79.14%。

2008—2010 年，实际完成省民生工程暨“百万贫困白内障患者复明工程”免费手术 36887 例（其中 2008 年 10035 例，2009 年 13189 例，2010 年 13663 例）。在 2010 年省民生工程群众满意度调查中，名列全省 33 项民生工程的第一名。2011 年，安徽省的手术任务是 1.4 万例，到年底全省共完成手术 14635 例。大多数市县全部或超额完成手术任务，全面完成和达到省民生工程暨国家“百万贫困白内障患者复明工程”规定的目标要求：人工晶体植入率 97% 以上，术后最佳矫正视力大于或等于 0.3 患者达 90% 以上，总体手术质量优良，复明效果良好。

视觉第一中国行动 “视觉第一中国行动”项目是经国务院批准，中国残联、卫生部于 1997 年开始与狮子俱乐部国际协会（以下简称国际狮子会）合作，在中国开展的全球最大规模的防盲治盲工程，是一项由流行病学调查、医疗条件保障、预防教育、治愈失明、统计管理等环节构成的社会系统工程。“视觉第一中国行动”分两期实施，1997—2002 年为第一期，2002—2007 年为第二期。第一期项目完成白内障复明手术 206 万例，实现白内障致盲人数的负增长，建立国家级眼病防治数据库，为全国防盲治盲工作奠定基础。第二期项目完成白内障复明手术 293 万例，培训眼科和管理人员 5 万多名，援建 100 多所县医院眼科，提高了全国白内障复明手术能力，推动建立白内障防治长久工作机制。安徽省自 1997 年即开始实施视觉第一中国行动。

1999 年 5 月 14 日，以香港司徒禄为团长、澳门何建华为副团长的国际狮子会港澳 303 区代表团一行 14 人，到安徽视察“视觉第一中国行动”项目开展情况。5 月 16 日，安徽省开展主题为“无障碍和视觉第一”第九次全国助残日活动。副省长卢家丰在助残日前发表题为“积极推行无障碍设施建设，进一步做好视觉第一工作”的助残日电视、广播讲话。

2003 年 10 月，省残联、省卫生厅联合实施安徽省“视觉第一中国行动”，为石台、宿松、界首等 6 县（市）贫困白内障患者免费复明手术 2000 多例。10 月 23 日至 11 月 8 日，卫生部、中国残联、国际狮子会共同组派“视觉第一中国行动”二期国家医疗队 32 人，为安徽省沿江、沿淮遭受严重水灾的阜南、临泉、凤台、霍邱、五河、定远、铜陵、枞阳 8 个县 4145 名贫困白内障患者施行免费复明手术。11 月 9 日，省残联在合肥召开“视觉第一中国行动”总结大会。中国残联理事长汤小泉、副理事长程凯，卫生部医政司副司长刘金峰以及省委、省人大、省政府有关领导出席会议。

2004年年初，全国残疾人康复工作办公室下发《关于认真做好“视觉第一中国行动”二期重点工作的通知》。4月，省残联和省卫生厅作出部署：当年完成“视觉第一中国行动”二期白内障复明手术25000例，其中为贫困白内障患者施行免费复明手术2500例。在全年除连续向蚌埠、宿州、黄山、淮南、芜湖等市组派医疗队外，各地还根据任务，协调有条件的市、县级眼科医疗机构，按照方便贫困白内障患者就近手术的原则，免费为贫困白内障患者施行复明手术。全省还开展无白内障障碍区工作，探索解决贫困残疾人康复的新路子。

中华健康快车 中华健康快车是由香港企业家和普通市民发起捐款，经特别设计建造的、设施完备的眼科火车医院。它可开进内地偏远农村，为白内障患者免费施行手术。1997年7月1日香港回归祖国，董建华代表670万名香港同胞向祖国内地赠送第一列中华健康快车。1997—2007年，由香港明天更好基金提供资金专门设计制造的中华健康快车先后两次开进安徽省阜阳市、安庆市，为数千名贫困白内障患者解除痛苦。其中2007年在安庆市为1627名白内障患者施行手术。

“2002光明行”活动 2002年5月25日，省残联与省电视台、合肥卷烟厂联合开展“2002光明行”活动。活动由合肥卷烟厂出资65万元，在全省12个县（市、区）帮助1200名白内障患者重见光明。6月6日，“2002光明行”新闻发布会在合肥举行。省政协副主席张润霞等出席发布会。

彭年光明行动 香港著名实业家余彭年于2003年启动“彭年光明行动”计划，捐赠5亿元为中国贫困地区的白内障患者免费实施白内障复明手术。2006年3月28日，省政府和深圳市余彭年社会福利协会签订《2005—2006年安徽省实施“彭年光明行动”协议》。10月9日，安徽省“彭年光明行动”工作会议在合肥召开。副省长文海英，省政协原副主席、省“彭年光明行动领导小组”顾问赵怀寿出席会议。10月21日，省“彭年光明行动领导小组”顾问赵怀寿在省卫生厅厅长高开焰、省残联理事长张纯和陪同下，前往阜阳等地检查复明手术实施情况。10月21日至12月22日，省“彭年光明行动”第一期手术在阜阳、宿州2市8个县（市、区）共为贫困白内障患者实施复明手术3235例。11月3日，省“彭年光明行动”二期启动仪式在安徽大剧院举行。省委书记郭金龙、深圳余彭年社会福利协会主席余彭年出席会议。仪式由省委常委、副省长赵树丛主持。省委常委王秀芳致辞。全国政协常委、余彭年社会福利协会首席顾问、安徽“彭年光明行动领导小组”顾问卢荣景，安徽“彭年光明行动领导小组”顾问、省政协原副主席、省残疾人福利基金会会长赵怀寿等出席会议。2007年3月10日至5月12日，安徽省“彭年光明行动”二期手术在亳州、阜阳市6个县区开展，共完成复明手术3154例。

低视力康复 低视力康复是指为低视力患者配用适合的助视器，同时对他们进行相应训练，从而使低视力学生能够接受普通义务教育，低视力成年人能够提高自理能力，参与正常社会生活。低视力康复工作是一项社会工程，涉及从中央到地方的各级残联、卫生部门、特教部门、眼镜行业及众多的医疗机构、盲校、眼镜店、家庭等，需要各方面相互配合、协同完成。安徽省有低视力残疾者25万人，是中国盲和视力损伤最严重的省份之一。从20世纪80年代后期开始，安徽的视力残疾康复包括低视力康复，纳入全国统一的残疾人康复计划予以实施。自1988年始，安徽省低视力康复工作步入起步和发展阶段。建立领导机构及一批低视力康复中心与康复点，对各级眼科及康复工作者进行低视力康复的培训，下发低视力康复培训教材与图谱，定点生产各种光学助视器。

低视力康复机构　2002年，安徽省确定安庆等10个市的75个医院、研究所、防治所、眼镜店、配镜中心等低视力康复机构，并上报中国残联。2008年年初，安徽省残疾人康复工作办公室根据《关于印发〈地市级残联低视力康复部工作标准（试行）〉的通知》和《安徽省视力残疾康复"十一五"实施方案》的要求，确定"十一五"期间在全省市级以上残疾人综合服务设施内，建立低视力康复部；并且要求各地按照中国残联《地市级残联低视力康复部工作标准》，开展市级低视力康复部的建设工作。

安徽省低视力康复机构一览表（2002年上报中国残联）

表3-1

所在市	机构名称	所在市	机构名称
安庆市	望江县医院	滁州市	全椒县人民医院
	望江县中医头针医院		天长市人民医院
	望江县华阳医院		凤阳县中医院
	太湖县人民医院		来安县人民医院
	岳西县澄宇眼镜店	铜陵市	市人民医院
	岳西县天堂镇建设路183号配镜中心	宿州市	砀山县眼防所
	岳西县中医院		埇桥区大光明眼镜店
	岳西县医院		宿州市眼病防治所
	潜山县医院		宿州市康复医院
	怀宁县人民医院		宿州市第一人民医院
	桐城市省荣康医院		灵璧县人民医院
	桐城市中医院		灵璧县禅堂医院
	桐城市人民医院		灵璧县灵城镇医院
	安庆市第二人民医院		泗县亨得利眼镜公司
黄山市	屯溪区眼科医院		泗县人民医院
	屯溪启明眼科研究所		泗县大孟医院
	屯溪人民医院		泗县惠庙医院

续表 3-1

所在市	机构名称	所在市	机构名称
黄山市	黄山人民医院	宿州市	泗县第二人民医院
	徽州区医院		泗县第三人民医院
	徽州区光明眼镜店	六安市	霍邱县第二人民医院眼科
	休宁县医院眼科		康明高难度配镜中心
	祁门县残疾人康复中心（双塔眼科医院）		霍山县文盛眼镜店
	黟县县医院		霍山县医院康复中心
巢湖市	和县沈巷镇医院		六安市第四人民医院
	和县光明眼镜店		寿县县医院眼科
	含山县陶厂眼科医院		金寨县中医院
	含山县运漕眼病专科		六安市光明眼镜店
	含山县医院眼科		六安市第五人民医院
	庐江县医院眼科		六安市第三人民医院
	无为县人民医院		舒城县医院
蚌埠市	蚌埠市第二人民医院		舒城县城关镇医院
合肥市	合肥市第三人民医院眼科		县鲍岘光学验光配镜中心
	科技大学医院眼科		舒城县中医院
滁州市	南谯区人民医院	淮北市	淮北矿业集团总医院
	滁州市第二人民医院		淮北市人民医院
	滁州市第一人民医院		皖北矿务局总医院
	明光市人民医院		皖北矿务局第二总医院
	滁州市第三人民医院		

安徽省创建低视力康复部一览表

表 3-2

市	任务数	实施单位	达标时间
合 肥	1	合肥市残疾人联合会	2008 年
蚌 埠	1	蚌埠市残疾人联合会	2008 年
芜 湖	1	芜湖市残疾人联合会康复中心	2008 年
马鞍山	1	马鞍山市残疾人联合会	2008 年
淮 南	1	淮南市残疾人联合会	2008 年
淮 北	1	淮北市残疾人联合会	2008 年

续表 3-2

市	任务数	实施单位	达标时间
合　肥	1	合肥市残疾人联合会	2008 年
铜　陵	1	铜陵市残疾人联合会	2008 年
黄　山	1	屯溪区残疾人联合会	2008 年
池　州	1	贵池区残疾人联合会	2008 年
巢　湖	1	巢湖市残疾人联合会	2008 年
六　安	1	霍山县残疾人联合会	2009 年
滁　州	1	滁州市残疾人联合会	2009 年
宣　城	1	宣城市残疾人联合会	2009 年
安　庆	1	桐城市残疾人联合会	2009 年
宿　州	1	埇桥区残疾人联合会	2010 年
亳　州	1	亳州市残疾人联合会	2010 年
阜　阳	1	阜阳市残疾人联合会	2010 年
合　计	17 个		

助视器配发　2004 年，近千副助视器配发到各市。2005 年 9 月 15—16 日，安徽省举办全省低视力康复技术培训班。参加人员有各市残联康复科长和 2004 年、2005 年度彩票公益金配镜箱受助机构中从事助视器验配技术人员。学习低视力康复基础知识、助视器配镜箱的功能和使用原理、助视器的验配原则及应用，以确保国家彩票公益金残疾人康复项目助视器配发工作任务的完成。

贫困残疾人配发助视器统计表（2004 年）

表 3-3

助视器名称	合肥市	蚌埠市	芜湖市	淮南市	淮北市	池州市	滁州市	亳州市	阜阳市	六安市	安庆市	宿州市	宣城市	巢湖市	合计
近用眼镜式 +6.0D	12	–	3	5	–	2	1	8	–	–	5	–	–	3	39
近用眼镜式 +8.0D	12	–	3	5	1	2	3	3	1	6	5	12	–	2	55
近用眼镜式 +10.0D	4	6	3	5	–	3	2	7	1	9	–	3	3	15	61
近用眼镜式 +12.0D	3	–	3	5	–	3	4	9	1	–	5	3	3	–	39
近用眼镜式 +16.0D	2	–	3	5	2	8	5	3	1	12	3	–	3	–	47
近用眼镜式 +18.0D	2	4	3	5	6	4	5	1	1	–	–	–	3	–	34

续表 3-3

助视器名称	合肥市	蚌埠市	芜湖市	淮南市	淮北市	池州市	滁州市	亳州市	阜阳市	六安市	安庆市	宿州市	宣城市	巢湖市	合计
近用眼镜式 +20.0D	–	–	3	5	8	2	5	–	–	–	–	–	3	5	31
近用眼镜式 +24.0D	–	–	3	5	2	2	6	–	–	–	5	–	3	–	26
近用眼镜式 +28.0D	–	–	3	5	1	–	7	–	–	9	5	–	3	–	33
近用眼镜式 +32.0D	–	–	3	5	–	6	7	7	–	–	–	–	3	–	31
手持放大镜 3 倍	8	4	3	2	4	3	–	–	5	9	5	6	–	5	54
手持放大镜（带光源）5 倍	6	6	3	2	6	3	2	–	5	–	3	9	3	6	54
手持放大镜（带光源）8 倍	6	10	3	2	10	–	1	6	5	–	5	3	6	–	57
单筒望远镜（指环式）2.5 倍	1	–	3	3	2	2	–	–	5	–	11	3	3	–	33
单筒望远镜 4 倍	1	–	3	4	3	1	1	1	5	–	3	3	–	10	35
单筒望远镜 6 倍	1	6	3	4	5	1	–	1	5	–	4	–	–	–	30
单筒望远镜 8 倍	1	4	3	3	7	3	1	2	5	9	2	–	–	–	40
双筒望远镜 2.8 倍	3	4	3	3	3	3	2	6	5	–	2	9	3	10	56
立式助视器 2.8 倍	5	–	3	3	–	–	1	–	5	–	–	–	–	–	17
立式助视器 3 倍	6	–	–	3	–	–	2	6	5	–	–	–	–	13	35
立式助视器 6 倍	6	4	3	3	–	1	2	–	5	–	5	3	6	–	38
镇纸式助视器 3.5 倍	6	–	–	3	–	3	2	–	5	6	–	3	–	–	28
胸挂式助视器 2.5 倍	5	6	–	3	–	–	1	–	5	–	6	–	3	20	49
眼镜式望远镜 2.5 倍 5 个帽 2、3、4、5、6 倍	–	6	–	2	–	8	–	–	5	–	16	3	12	1	53
共计	90	60	60	90	60	60	60	60	75	60	90	60	60	90	975

视力残疾康复医疗组织机构 1989 年，成立省防盲技术指导组以及省防盲技术指导中心。各地市、县分别设置防盲技术指导组及管理机构，形成安徽省三级防盲网。截至 2010 年，安徽省二级以上综合性医院眼科 270 家，注册执业眼科医生（包括助理）830 人。白内障手术定点医院 92 家。省级重点视力残疾康复医疗机构有省防盲技术指导中心、省立医院眼科、安徽医科大学第一附属医院眼科、安徽医科大学第二附属医院眼科。

安徽省防盲技术指导组 省防盲技术指导组成立于 1989 年，由省和各市主要眼科专家组成，设组长一名、副组长三名、委员若干，首任组长由牛斗担任。同时成立省级手术专家组。省防盲技术指导组下设办公室，办公室设在省立医院，由省防盲技术指导中心负责项目的全省技术指导日常工作。省防盲技术指导组在省卫生厅的领导下，协助制订项目工作计划和年度工作计划，协助各市制订各地的项目相关工作计划，组织推动项目的有力开展。主要职责是定期对各市项目技术工作进行指导，受卫生行政部门委托协助督查项目的实施情况，省手术专家组受省卫生厅委派组建医疗队到相关具备手术条件的定点医院实施复明手术；负责对手术医院开展贫困白内障患者复明手术的技术指导，以规范患者的诊断、治疗和术后随访等工作，提高手术治疗效果，降低手术并发症，保证医疗质量和医疗安全；负责健全基层眼保健网络，加强防盲治盲队伍建设，完善防盲治盲工作体系，着力提高基层眼保健服务能力，促进防盲治盲规划落实；负责落实卫生部及省卫生厅关于项目的其他相关要求。

安徽省防盲技术指导中心　省防盲技术指导中心成立于1989年，隶属于省卫生厅，省防盲技术指导中心办公室设在省立医院。1990—2009年与国际防盲组织（CBM）及南京爱德基金会合作，培养200多位眼科医生，资助5所县级眼科医院，创建防盲脱贫示范县。利用防盲医疗队进行带教与开展低收费的白内障手术近5000例。在良好的合作中，积累大量的防盲工作经验，培养的眼科医生均已成为各地眼科的中坚力量。

先后承担“视觉第一中国行动”的调查、培训、手术任务；奥比斯飞机眼科医院的安徽活动；“中华健康快车”驶入安徽的活动；国家“二八”（即两个800元，一个指贫困白内障手术每例补助800元；另一个指中西部地区儿童先天性疾病每人补助800元）项目工程的实施；“彭年光明行动”的技术支撑；省民生工程暨“百万贫困白内障患者复明工程”的组织、实施、技术指导与质量监控等防盲任务。2008年，受省卫生厅、省残联的委派，制订“安徽省白内障手术定点医院”与“安徽省白内障手术医生的认证”标准、考核制度和术后随访制度。2008年至2011年，先后在合肥、宣城、安庆、涡阳、阜南、蒙城等地举办8期白内障手术医师认证培训班，共培训228人，192人取得合格证书。常年组派防盲医疗队帮助边远贫困地区及手术技术力量薄弱的县级医院实施白内障手术，自中心成立以来医疗队累计实施白内障复明手术逾万例。

2007—2008年，在阜阳、宣城两地完成安徽省眼病流行病学调查。所调查两地的受检人数和受检率分别为3336人（91.40%）和3602人（92.10%）；两地双眼盲和双眼低视力患病率分别为1.05%和1.71%，远高于全国平均水平。其结果与第二次全国残疾人抽样调查公布结果中的安徽部分相吻合，白内障仍是最主要致盲原因，屈光不正/弱视已日益成为影响人民特别是青少年视力的最主要因素。

第二节　听力语言残疾康复

听力残疾是指由于各种原因导致双耳不同程度的听力丧失，听不到或听不清周围环境声及言语声。聋儿语训是三项康复内容之一,省残疾人康复研究中心成立后一直注重听力语言残疾康复工作。进行听力检测、选配助听器、听觉语言训练学习,对聋儿家长和教师培训,在安庆市开展听力语言康复事业规范化建设试点,实施专项彩票公益金救助贫困聋儿康复等"听力助残"项目,以及贫困聋儿电子耳蜗植入康复救助项目等,使聋儿能听会说,与他人进行正常的语言交往。

聋儿听力语言康复与训练 省残疾人康复研究中心自 1986 年成立以来,至 2011 年年底已对 1580 余名聋儿进行听力语言康复训练。其中 40%的助听器聋儿、95%的人工耳蜗聋儿康复后进入普通幼儿园、普通小学学习。为几万名听力患者进行听力检测、选配助听器,并指导安徽省各市训练残疾儿童 1 万多名,培训家长 1 万多名,培训专业人员 500 多名。2000—2011 年,省残疾人康复研究中心先后获得"省儿童工作先进单位""全省残联系统先进集体""安徽省先进集体""第九次全国爱耳日宣传教育活动优秀组织奖""省直属机关工会工作委员会工人先锋号"等称号。

听力语言康复事业规范化 2009 年,全国听力语言康复事业规范化建设试点工作在安徽省安庆市启动。6 月 12 日,全国残疾人康复工作办公室印发《全国听力语言康复事业规范化建设试点工作方案》,确定 6—12 月为试点工作周期,明确试点工作目标是建立安庆市听障儿童筛查、诊断、验配、康复一体化服务模式,实现安庆市听障儿童康复服务全覆盖,建立安庆市 0 ~ 6 岁听障儿童康复救助制度,建立以省级聋儿康复研究中心为主的机构规范化管理机制。2009 年 9 月至 2010 年 7 月,先后对安庆市和潜山县康复教师和相关工作人员 150 多人进行业务培训,举办家长培训班 2 期,培训家长 156 名,对近 2 万名儿童开展听力筛查,对听力残疾儿童实施康复救助。安庆市听力语言康复服务体系得到完善,听力残疾儿童康复保障机制予以建立。2010 年 6 月 13 日,安徽省残疾人康复工作办公室印发《安徽省听力语言康复机构建设标准及发展规划》。7 月 14 日,安庆市政府印发《安庆市 0 ~ 6 岁听力残疾儿童救助暂行办法》。8 月 16 日,安庆市残联印发《安庆市听力语言康复机构规范化建设方案》。10 月 12 日,省残联印发《安徽省听力语言康复机构管理暂行办法》。12 月 16 日,安庆市残联和卫生局联合印发《安庆市 0 ~ 6 岁儿童听力诊断定点机构管理规定(暂行)》。试点工作在提升安庆市听力语言康复工作水平的同时,也为全国听力残疾儿童社会保障体系和服务体系建设探索了道路,创造了经验。

全面康复模式教育改革 省残疾人康复研究中心自 2010 年 10 月开始推行听力语言康复全面康复模式教育改革。教育改革旨在加强机构专业化建设水平,壮大听力语言康复人才队伍,提高教师教学能力,推动康复技术进步和教育质量提高。改革内容包括:重组班级及师资配备;建立医教结合模式,实现有效听能管理;创设教育环境,整合教育资源;优化教育教学管理并深化教改培训、学习。2011 年 3 月 29 日至 4 月 1 日,省残疾人康复研究中心在合肥市天都大酒店举办全省听力语言康复教育改革研讨班,来自全省 50 余家学前康复教育机构约 90 名教师参加培训。

残疾儿童抢救性康复 2010年10月20日，芜湖县政府印发《芜湖县0～6岁残疾儿童抢救性康复工作方案》，成立以县委副书记为组长的“县0～6岁残疾儿童抢救性康复工作领导小组”。11月17日，芜湖县政府向省残联递交《关于要求批准芜湖县为实施0～6岁残疾儿童抢救性康复项目试点县的报告》。11月25日，省残联办公室予以批复，同意芜湖县为实施0～6岁残疾儿童抢救性康复项目试点县。

开展0～6岁残疾儿童抢救性康复试点工作，旨在通过对0～6岁残疾儿童残疾情况筛查并进行有效的抢救性康复治疗，让全县0～6岁的残疾儿童达到与正常儿童互动的康复效果，即“同看、同听、同说、同行”，使其回归主流社会生活，改善身体功能，提高生存和参与社会生活的能力。试点期间，探索建立0～6岁残疾儿童抢救性康复社会保障制度，并推进0～6岁残疾儿童服务体系建设。

芜湖县于2010年在全省率先将0～6岁残疾儿童康复工作纳入民生工程。

聋儿康复项目 自2004年至2011年，中国残联在安徽省实施专项彩票公益金救助贫困聋儿康复项目、听力重建·启聪行动项目、贫困残疾儿童抢救性康复项目、中国残疾人福利基金会集善工程等聋儿康复项目。其间，安徽省还实施贫困聋儿电子耳蜗植入康复救助项目等。

中国残联专项彩票公益金救助贫困聋儿康复项目 2004—2008年，中国残联“专项彩票公益金救助贫困聋儿康复项目”在安徽实施。2004—2006年，连续3年每年为77名贫困聋儿免费配发助听器。2007年，为415名贫困聋儿每人免费配发数字式助听器2台，并连续3年为已接受助听器救助的贫困聋儿每人每年提供100块电池、100元耳模制作费、2000元康复训练费。2008年，为315名贫困聋儿每人免费配发数字式助听器2台，并连续3年为已接受助听器救助的贫困聋儿每人每年提供100块电池、100元耳模制作费、2000元康复训练费。

听力重建·启聪行动项目 自2007年起，安徽省承担由台湾实业家王永庆出资，与中国残联共同实施的“听力重建·启聪行动”项目以来，通过对救助对象进行术前筛选和组织、术后安置、康复训练、建立档案、家长培训等工作，康复效果明显。由于项目的实施，2007年、2008年分别有13名、9名残疾儿童在康复训练后进入普幼普小继续学习，康复率达100%；2009年、2010年两年中33名残疾儿童经康复训练后有31名进入普幼普小继续学习，康复率达94%；2011年，有7名残疾儿童在机构进行训练。其间，省残疾人康复研究中心还对已经进入普幼普小就读的幼儿开展跟踪随访工作，保证康复效果的可持续性。

安徽省贫困聋儿电子耳蜗植入康复救助项目 2008年8月1日至2009年12月31日，实施安徽省“贫困聋儿电子耳蜗植入康复救助项目”，为18名贫困聋儿每人提供人工耳蜗植入经费补贴4万元及术后康复训练费1万元。

中国残联贫困残疾儿童抢救性康复项目 2009—2011年，中国残联“贫困残疾儿童抢救性康复项目”在安徽实施。2009年，为210名贫困聋儿按照4800元标准每人

免费提供全数字助听器 2 台，并连续 3 年为已接受助听器救助的贫困聋儿每人每年提供 1 万元康复训练补贴经费；为 32 名贫困聋儿按照 10 万元标准每人免费提供基本型人工耳蜗产品 1 台，并为已接受人工耳蜗救助的贫困聋儿每人给予 1.2 万元手术费补助和术后一学年的康复训练费 1.4 万元。2010 年，为 210 名贫困聋儿按照 4800 元标准每人免费提供全数字助听器 2 台，并连续 2 年为已接受助听器救助的贫困聋儿每人每年提供 1 万元康复训练补贴经费；为 50 名贫困聋儿按照 10 万元标准每人免费提供基本型人工耳蜗产品 1 台，并为已接受人工耳蜗救助的贫困聋儿每人给予 1.2 万元手术费补助和术后一学年的康复训练费 1.4 万元。2011 年，为 210 名贫困聋儿按照 4800 元标准每人免费提供全数字助听器 2 台，并为已接受助听器救助的贫困聋儿每人提供 1 万元康复训练补贴经费；为 45 名贫困聋儿按照 10 万元标准每人免费提供基本型人工耳蜗产品 1 台，并为已接受人工耳蜗救助的贫困聋儿每人给予 1.2 万元手术费补助和术后一学年的康复训练费 1.4 万元。

中国残疾人福利基金会集善工程——助听行动　2010 年 9 月，中国残疾人福利基金会“集善工程——助听行动”在安徽省实施，为 15 名贫困聋儿每人免费提供 1 套美国领先仿生有限公司生产的仿生耳系统人工耳蜗和术后一学年康复训练费 1.2 万元。

聋儿康复教师与聋儿家长培训　在 2005 年至 2010 年期间，省残联举办聋儿康复教师培训班 9 期，聋儿家长康复知识培训班 10 期，并开展双语实验教学研究。

聋儿康复教师培训　2006 年 8 月 21—26 日，省残疾人康复工作办公室在合肥举办安徽省“特殊需要儿童多重干预的管理及实用技术”骨干教师培训班，约 100 名聋儿骨干教师参加培训。

2009 年 4 月 10—14 日，省残疾人康复研究中心举办全省特殊儿童康复教育新理念新技术暨彩票公益金贫困聋儿康复项目培训班，全省各市近 100 名聋儿骨干教师参加培训。

2011 年 7 月 15—17 日，为期 3 天的“爱要让你听到”听力语言康复教师公益培训活动在安徽合肥举行。此次活动由安徽省残联、中国听力医学发展基金会复聪教育基金主办，安徽省残疾人康复研究中心、中龙听语科技（北京）有限公司承办。出席活动的相关领导、听障儿童康复领域的专家、康复机构管理人员、基层康复机构教师近 200 人。

聋儿家长培训　2005 年 5 月 13—14 日，省残疾人康复研究中心副主任王永明一行 5 人赴芜湖、铜陵，对 30 名聋儿家长进行听力语言康复知识培训，验配助听器 20 台，制取耳模 30 个。

2010 年 11 月 4 日，省残疾人康复研究中心联合合肥经开区海恒社区委举办社区聋儿家庭康复知识培训班，近 100 名家长参加培训。这种深入社区的办班方式，开拓了安徽省残疾儿童社区康复及家长学校工作的新局面，扩大了培训的覆盖面。

2011 年 4 月、12 月举办聋儿家长培训班 3 期，共培训家长约 300 人。

双语实验教学　2000 年 10 月至 2007 年 6 月，省残疾人康复研究中心开展“双语实验教学”项目研究。研究项目成立双语课题组（工作协调小组和实验操作小组），课题组成员主要有：高青琳、鲍永清、陈婷、许玲、史琍、刘明（聋人教师）。在教学方面主要做法有：制定个别化教育计划，因材施教；在活动中发展聋儿语言能力；教学过程中始终贯穿智力开发，手语、口语、书面语密切配合，挖掘聋儿的潜力。首期开设的双语实验班，安排 2 名教师和 7 名聋儿，并选择一个口语对照班开展对照研究。2003 年 9 月，在英国救助儿童会首届双语研讨会上，项目组作大会发言。2004 年 3 月，在英国救助儿童会第二届双语教学研讨会上，项目组作阶段性总结报告。2007 年，随着英国救助儿童会的逐渐退出，项目随之结束。研究项目取得主要成果：重视聋人教师的作用，手语、口语、书面语密切配合，促进聋儿全面发展；重视聋儿家长的作用，举办家长培训班，促进家长和聋儿的沟通及日常辅导；编写《聋幼儿双语训练教材试用本》和手语光盘等双语教材，促进教学内容的规范化。

康复医疗机构评估　截至 2011 年年底，安徽省有各级各类定点康复机构 73 家，其中听力言语康复机构 46 家。

2009 年 11 月 6 日，省残疾人康复研究中心组成专家组，在省残疾人康复研究中心徐桃坤带领下，对淮北市聋儿语训中心人工耳蜗定点机构进行检查和评估认定。

2010 年 11 月 22 日至 12 月 15 日，安徽省残疾儿童康复工作指导和服务中心、安徽省残疾人康复研究中心组成评估小组，对中国聋儿康复研究中心抽评的救助对象进行评估，对定点机构开展抽评、业务及技术指导等各项工作。

2011 年 10—11 月，根据全国残疾人康复工作办公室聋儿康复工作协调组《关于开展“贫困聋儿助听器抢救性康复项目”2010 年度救助对象康复效果抽评工作的通知》，省残疾人康复研究中心成立听觉言语康复评估小组，深入各定点康复机构对抽评对象逐一进行评估，同时开展各康复机构达标验收检查工作。

第三节　肢体残疾康复

肢体残疾是指人的肢体残缺、畸形、麻痹导致人体运动功能丧失或功能障碍。包括脑瘫、偏瘫、脊髓疾病及损伤、小儿麻痹后遗症、截肢、缺肢、短肢、四肢畸形等等，其中小儿麻痹后遗症矫治是三项康复内容之一，也是省残联开展最早的残疾康复项目之一。省残联成立后，相继成立全省小儿麻痹后遗症矫治中心，采取确定小儿麻痹后遗症矫治手术定点医院，培训小儿麻痹后遗症矫治手术骨干医师，组派省级“小儿麻痹后遗症矫治”残疾人康复手术医疗队等措施，予以手术矫治。除对小儿麻痹后遗症予以矫治外，还把其他脊柱、上下肢骨与关节疾患的残疾人，特别是 10 ～ 20 岁的青少年列为实施矫治手术的重点对象。实施“千人站起来”等工程，进行假肢和矫形器装配，并分别进行康复训练与服务。

肢体残疾矫治 肢体残疾矫治的方法有手术矫治和装配假肢及矫形器两种。

手术矫治 1988年6月,安徽省开始实施脊髓灰质炎后遗症矫治手术(以下简称儿麻矫治手术),是省残联成立后最早开展的残疾康复项目之一。8月,省残联派员走访中医学院附属针灸医院和合肥市第一人民医院骨科,对开展儿麻矫治手术的技术、床位进行摸底,拟订《安徽省残疾人三项康复五年工作方案》。方案中明确儿麻矫治手术任务五年共计13309人,并按各地(市)人口比例分解指标,将任务落实到各地(市)。12月27日,安徽省残疾人三项康复工作领导小组成立。1989年,制订《安徽省残疾人三项康复工作五年规划》和《儿麻后遗症矫治和白内障复明手术规范》。1990年,对儿麻矫治手术进行改进,一方面抓各定点医院和有条件开展手术的医院积极收治残疾人,另一方面省及地市积极组派医疗队,深入县区开展手术,全年共派儿麻矫治医疗队9个。其中,10月28日至11月12日,省残联会同卫生厅首次组派省级"小儿麻痹后遗症矫治"残疾人康复手术医疗队,赴阜南县、临泉县共完成儿麻矫治手术162例。全年共做儿麻矫治手术1481人次,累计完成7981人,占任务的60%。同年,开展医疗技术培训,培训儿麻矫治手术骨干医师30名。11月下旬,召开全省儿麻矫治工作研讨会,50家医院、62名专家出席会议,宣读论文15篇。1991年,全省确定21家儿麻矫治手术定点医院,在省立医院骨科成立全省儿麻矫治中心,培训儿麻矫治手术骨干医师79名,全年完成儿麻矫治手术2100例。1992年,全年完成儿麻矫治手术2827例。

1988—1992年,先后召开12次三项康复工作会议。聘请16名专家教授,组成省三项康复工作专家技术指导组。编写简报23期。举办三项康复技术骨干培训班10期,培训人员500人。5年累计完成矫治手术13755例,超额完成5年工作任务。1992年,安徽省立医院骨科、蚌埠医学院附属医院骨科被国家表彰为残疾人三项康复先进单位,安徽省儿麻矫治中心章锦等被国家表彰为残疾人三项康复先进个人。

1996—2000年,完成全省肢体残疾矫治任务2245例,并明确提出把儿麻后遗症患者及其他脊柱、上下肢骨与关节疾患的残疾人,特别是10～20岁的青少年列为实施矫治手术的重点对象。并且分片组派省级医疗队,皖南医学院弋矶山医院负责江南片,安徽医科大学附院、省立医院负责江淮片,蚌埠医学院第一附属医院负责淮北片,要求医疗队由主任或副主任医师带队,主治医师以上为成员。

2004年,安徽省承担国家残疾儿童矫治手术任务200例,经多次召开专题会议研究、部署,与卫生厅协商确定选择10个市开展手术项目,共补贴手术经费60万元,工作经费9万元。

2007年,省残联和省卫生厅下发《关于实施彩票公益金〈贫困肢体残疾儿童和麻风畸残免费矫治手术项目〉的通知》,为200名贫困肢体残疾儿童实施免费矫治手术,肢体残疾康复训练1080名,其中儿童肢体残疾康复训练200名。为顺利实施项目,省残联与省卫生厅共同安排专家考察项目、实施手术定点医院条件和项目市病源筛查情况,根据考察结果,确定省立新安医院、省中医附院和省立儿童医院为手术定点医院。

成立省贫困儿童肢体矫治手术项目专家组，分3个小组指导3家定点医院。由专家指导手术定点医院开展手术，同时制定手术方案，进行术前、术后评估。由医院组派专家至基层复筛，减轻贫困患儿的负担。3家定点医院对应负责3个市的病源筛查，由医院和项目市联系进行复筛，就地确定可手术的贫困患儿，避免患儿往返问题，至当年年底如期完成任务。

2009年，对200名贫困肢体残疾儿童实施免费矫治手术。

假肢及矫形器装配 2004—2011年，为改善安徽省假肢装配工作落后的状况，省残联实施"千人站起来"工程、长江新里程假肢装配项目、残疾儿童抢救性康复项目等，每年都为肢体残疾人制作、装配假肢及矫形器。

2004年，省残联决定实施"千人站起来"工程，并作为全省各级残联的"一把手"工程，实行考评"一票否决制"，当年装配大腿假肢500例，小腿假肢500例。2005年，继续实施"千人站起来"工程，为贫困的肢体残疾人装配假肢，其中大腿500例，小腿500例。

2006—2010年，实施长江新里程假肢装配项目。2006年，省残疾人用品用具供应站与上海交大合作，通过选聘技术人员，承担六安、安庆、合肥、巢湖、黄山五市的假肢装配任务，全省完成假肢装配任务874例，其中大腿392例，小腿482例。2007年，全省完成假肢装配任务612例，其中大腿274例，小腿338例。2008年，全省完成假肢装配任务844例，其中大腿391例，小腿453例。2009年，全省完成假肢装配任务460例，其中大腿214例，小腿246例。2010年，全省完成假肢装配任务417例，其中大腿191例，小腿226例。

2008年，国家电网公司实施"助行行动"假肢装配项目，安徽省为贫困残疾人装配小腿假肢280例，大腿假肢200例。是年，5·12地震期间，安徽省接收103名伤员，共免费为5名下肢截肢人员装配假肢6例，为3名上肢截肢人员装配上肢假肢，为14名伤员制作了支具。6月6日下午5时，在省立医院的病房里，伤员童玉全聚集了众人的目光，技术人员为他安装了小腿假肢，他站起来了，渐渐地迈开了双腿，成为第一个站起来的四川地震截肢伤员。中央电视台、安徽电视台、人民网等诸多媒体都给予关注和肯定。

2010—2011年，安徽省实施残疾儿童抢救性康复项目。2010年，为0～6岁残疾儿童制作矫形器80例。2011年，制作矫形器59例。

2011年，为600名肢体残疾人装配矫形器，每例补贴1500元；为贫困残疾人装配大腿假肢292例，每例补贴2275元；小腿假肢293例，每例补贴1115元；为贫困残疾人装配特殊假肢（膝离断、髋离断）65例，每例补贴5000元；为贫困残疾人装配装饰或功能性上肢假肢80例，每例补贴4500元。

系统功能训练 对肢体残疾者进行的康复训练包括针对脊髓灰质炎后遗症患者、小儿脑瘫患者和偏瘫、截瘫患者而进行的功能性训练，以及肢体畸形者施行矫治手术或装配假肢、矫形器后为改善肢体功能而进行的康复训练。随着社区建设的开展，越来越多的肢体残疾人能够就地、就近，甚至在家庭就能得到有效、易行、实用、经济的康复服务。

2001—2005 年，按照分类指导、因地制宜的原则推动康复训练与服务工作。全省有 35 个市辖区、40 个县（市）开展康复训练服务工作。康复服务任务地区根据残疾人的康复需求，采取社会化工作方式，不同程度地提供康复医疗、训练指导、心理疏导、知识普及、残疾人亲友培训、简易训练器具制作、用品用具服务、咨询服务和转介服务等多种康复服务。对 3140 名肢体残疾人和 1929 名脑瘫儿童进行康复训练，训练有效率分别达到 89.1% 和 87.9%。2005 年，中国残联、民政部、卫生部开展包括肢体残疾者康复训练在内的全国残疾人社区康复示范培育区创建活动，“十五”期间，安徽省合肥市瑶海区和芜湖市鸠江区成为全国首批获得“全国残疾人社区康复示范区（县）”称号的两个区，芜湖市鸠江区作为中部省份的代表在全国表彰会上介绍经验。

2006—2010 年，对全省肢体残疾人进行康复训练 18625 名。“十一五”期间，安徽省有合肥市包河区、肥东县，芜湖市镜湖区、繁昌县，六安市金寨县等 10 家单位被全国残疾人社区康复示范区创建活动领导小组授予“全国残疾人社区康复示范区（县）”的称号。

康复训练机构　省级重点康复训练机构有省残疾人康复研究中心、省残疾人辅助器具中心、省立医院、安徽医科大学第一附属医院。

第四节　智力残疾康复

智力残疾是指人的智力明显低于一般人水平，并显示适应行为障碍。省残疾人康复研究中心成立后，在智力残疾康复方面主要是开办智力残疾儿童康复训练班，每学年训练 6 ~ 10 名智力落后儿童。同时，对智障儿童家长进行培训。

智力残疾儿童康复训练　1998 年 5 月中旬，省残疾人康复研究中心选派年轻教师赴北京新运弱智儿童养育院（中国科学院心理研究所研究员茅于燕创办并指导）进行为期半个月的观摩及学习。6 月，制定招生简章。7—8 月，派员去医院向医生及智力落后儿童家长介绍省残疾人康复研究中心开设的智力残疾儿童康复训练班情况。8 月底学生入班报到，9 月 1 日正式开课。

1998—2007 年，智力残疾儿童康复训练班的教材采用茅于燕编著的《智力落后儿童早期教育手册》及中国残联编的《智力残疾儿童系统开发训练》；设置大运动、精细动作、语言、认知及生活自理能力等课程，对智力落后儿童进行集体教学及个别化训练；与智力落后儿童家长建立良好的沟通，鼓励他们积极参加家长培训，在培训课程中教会家长如何在家庭中对孩子进行五大领域的康复训练。10 年间，每学年训练 6 ~ 10 名智力障碍儿童，共计康复训练近 100 名。其间，于 2001 年 8 月，全国第五次残疾人文艺汇报演出中，省残疾人康复研究中心推荐参赛的两名智障儿童，获得智障类节目三等奖、优秀奖以及教师指导奖。2006年10月8日，在英国救助儿童会的支持下，省残疾人康复研究中心举办第一期智障儿童家长培训班。

智力残疾儿童抢救性康复等项目定点机构 2007年4月，全国残疾人康复工作办公室确定安徽省残疾人康复研究中心为“十一五”期间孤独症儿童康复训练试点单位。2008年4月，中国残联确定安徽省残疾人康复研究中心为中国残联长江新里程计划（第二期）——脑瘫儿童康复及残疾预防项目第二批试点单位。2009年3月，全国残疾人康复工作办公室确定省残疾人康复研究中心为“十一五”第三批智力残疾儿童康复养护试点机构，2010年6月2日通过验收。2009年，省残疾人康复研究中心被定为“中国残联智力残疾儿童抢救性康复项目”以及“中国残联孤独症儿童抢救性康复项目”定点机构。

第五节 精神残疾防治与康复

精神疾病是指在各种生物、社会等有害因素的不利影响下，大脑出现紊乱，表现为精神活动失常，是脑功能失常的总称。精神残疾是指精神病人患病持续一年以上未痊愈，从而影响其社交能力和在家庭、社会上应尽的职能。精神病患者的治疗形式包括：住院治疗、设立家庭病床、定期门诊、家庭治疗等。精神病残疾人的康复形式包括：在医院内接受康复训练服务、在医院外接受康复训练服务。其中医院外康复训练服务又分为家庭康复、进入工疗站边工作边治疗以及其他职业康复。1991年起，安徽省将精神残疾康复纳入残疾人工作领域，对精神病患者进行社会化、开放式的精神病防治康复。1993年，合肥市、当涂县被当地人民政府确定为精神病防治康复工作试点地区，后逐步扩大，至“十一五”期间精神病防治康复工作试点地区覆盖总人口数达到2050万人。2011年，根据《安徽省精神病防治康复“十二五”实施方案》要求，在全省范围内开展社会化、综合性、开放式精神病防治康复工作。

精神病治疗与护理 20世纪90年代以前，精神病患者的治疗主要采取传统治疗与护理方式。90年代初，开展“社会化、综合性、开放式”的治疗管理模式试点，逐步替代传统单纯依赖药物的治疗方式。

精神病的传统治疗方法主要是药物治疗。20世纪50年代初，采用电休克、胰岛素休克治疗。50年代中期，开始使用氯丙嗪。70年代，治疗药品有锂盐、三环试剂、四环试剂等10多种，辅以中医中药、电针灸、电抽搐、心理治疗等。1985年，部分医院应用音乐、心理疗法、生物反馈治疗、微波治疗等。

20世纪50年代末，对精神病患者逐渐由传统单纯药物治疗改变为综合性治疗。1958年8月，在南京召开的第一次全国精神病防治工作会议要求，精神病防治工作中要实行中西医结合、劳动工作、文娱体育、教育治疗相结合的模式，坚决消灭关押捆绑。

安徽省精神病院、综合医院精神科、精神病房改变以往对精神病人单纯依赖关押捆绑的被动方式,使精神病护理从闭锁式逐步向开放式发展。医院推行分类护理制度,对住院病人按病情轻重分级管理,建立健全护理常规、护理操作。如对精神病房实行正规化管理,规范精神病人的基础护理、生活护理、精神护理(后改称心理护理),开展精神病人防伤人、防自杀、防毁物、防逃跑等护理和抗精神药物治疗的常规护理等。医院还在精神病康复治疗中开展工娱疗法、文娱疗法、体育疗法,经常组织病人参加集体游戏和文娱体育活动,每逢节日还组织各种医患联欢活动。70年代前,精神病以临床诊断为主。70年代后期,按全国统一的临床诊断标准,引进症状量表、智力量表、个性量表。

1992年6月,全国残疾人康复工作办公室提出要通过社会化的防治康复工作体系,采取开放式的康复方法和措施,使精神病人安定或控制情绪、治愈或缓解症状、解除关锁、增强能力、参加劳动、回归或参与社会。1993年5月,全国精神病防治康复工作会议明确提出,精神病防治和精神病患者康复必须走社会化、开放式、综合性的康复道路,尝试通过采用中医药防治结合工作治疗、娱乐治疗、音乐治疗、环境治疗和心理疏导等综合性的防治康复方法。是年,合肥市、当涂县进行社会化、开放式、综合性的精神残疾防治康复的试点,覆盖人口160万人。试点地区各级人民政府成立精神病防治康复工作领导小组,由政府分管副区长、副县长任领导小组组长,政府办公室、卫生局、民政局、公安局、财政局、残联等部门为领导小组成员单位。辖区内大中型企业、街道办事处和居民委员会也相应建立精神病防治康复工作领导小组,落实精神病人监护组织。监护组织由居委会干部、楼层单元小组长和病人家属组成。通过走访精神病人家庭,及时掌握患者病情,指导开展精神病防治康复。当年,合肥市以市第四人民医院(合肥市精神病院)为精神病防治康复业务指导,制定《精神病防治康复试点工作实施方案》。当涂县以部队86医院精神科为龙头,开展精神病人摸底筛查和综合防治康复工作,成立31个精神病康复站,培训27名专业技术人员。

"九五"期间,精神病防治康复试点地区新增加淮南市、滁州市、铜陵市3市。全省在4市1县范围内开展精神病防治康复试点工作,覆盖人口373万人,对6万名精神病患者开展社会化、开放式、综合性的精神病防治康复工作,1999年完成重症精神病患者监护2.3万人。

"十五"期间,省卫生厅、省公安厅、省民政厅、省残联共同在合肥市、淮南市、滁州市、铜陵市、阜阳市、安庆市,当涂县、长丰县、桐城市、宿松县6市4县(市),开展社会化、综合性、开放式的精神病防治康复工作,覆盖人口840万人。2003年统计,安徽省筛查出精神病人数45737人、监护精神病人数42890人、监护率达93.7%;显好精神病人数30519人、显好率达71%;参与社会总人口数26464人、社会参与率达61.7%;肇事人次数31人次、肇事率0.06%;应建工疗站数95个、实建工疗站数27个、工疗精神病人数561人;家庭病床1116张;解除关锁病人13人;应培训专业技术人数4220人、已培训专业技术人数2245人;救济贫困患者数1651人、救济款数23.225万元。

“十一五”期间，精神病防治康复试点地区增加至12个市44个县（市、区），覆盖总人口数达到2050万人。对12万名重性精神病患者进行综合防治康复。2006年，全省精神病患者监护率达到96%，显好率达到66%，社会参与率达到55%，肇事率降低至0.3%，解除关锁122人，救济贫困精神病患者25619人。

精神病防治康复社会化工作体系 1992年，经安徽省卫生厅批准，成立安徽省精神卫生防治中心，中心主任由合肥市精神病医院院长兼任。1993年7月，经省政府批转的《安徽省残疾人事业“八五”计划纲要》中，确定合肥市精神病医院为全省精神病综合防治康复技术指导中心。

1996年起，全省精神病防治康复工作按《精神病防治康复“九五”实施方案》要求，开始精神病防治康复社会化工作体系建设。精神病防治康复社会化工作体系分三个层次：由省残联、省卫生厅、省民政厅、省公安厅等部门组成精神病防治康复工作协调组，负责制定精神病防治康复工作计划并组织协调各有关部门实施；设立精神病防治康复技术指导中心，协助省残疾人康复工作办公室，进行精神病防治康复工作的技术管理和业务指导，参与制订精神病防治康复实施计划、培训技术业务人员，开展病患者心理咨询服务；依托初级医疗预防保健网络，建立由精神病院、普通医院精神病卫生科（站）、精神病防治康复技术指导机构和农村卫生院、单位医务室、社区康复站、工疗站、福利企业、社会福利院等各种机构，以及家庭看护组、家庭病床有机结合、分工协作的精神病治疗康复系统。

各地充分发挥精神病防治康复社会化工作体系作用，各级政府都将精神病防治康复列入工作议程，加强领导，制定实施方案，增加投入；利用现有资源，发挥医疗卫生机构的技术作用和社区结构的优势，建立以精神病院、综合医院精神科为骨干、社区为基础、家庭为依托的精神病防治康复工作系统，承担为精神病患者治疗康复的职能。医疗机构负责区分患者病况，提出治疗方案，收治重症患者，深入社区指导，建立家庭病床并定期巡访，积极开展院外服务。社区组织、社区卫生服务网、社区服务网、残疾人组织网，组织调查摸底、建档立卡，宣传动员社会，积极开展社区精神病防治康复服务，促进和帮助病患者参与社会生活。居民委员会、村民委员会和千人以上单位与家庭相结合设立精神病人看护组，承担精神病患者的看护、服务和家庭康复，记录病情、督促服药、疏导心理、解决困难、防范肇事肇祸事件发生，并视病情做好向医疗机构的转介。

完善精神病防治康复技术指导网络。由专家组成精神病防治康复技术指导组；各区、县成立技术指导小组，指定一所专业机构作为本地的技术指导中心，承担社区精神病防治康复的技术指导和人员培训，并为社区精神病患者服务；街道、乡镇、居（村）民委员会及千人以上单位，也设立专（兼）职精神病防治康复医生，指导基层精神病防治康复人员开展工作。注重宣传普及精神卫生知识；遵循尽可能使患者在社区接受治疗康复的原则，针对不同病况分别通过住院、家庭病床、门诊、家庭看护等形式，对重度急性期患者采取住院治疗，对病情较重且不稳定、无条件住院的患者设立家庭病床由医生巡诊,其他患者由看护组在家庭看护治疗;采取药物治疗,心理疏导,社会服务,工疗、农疗、娱疗、体疗和生活自理、职业技能、社会适应能力训练等综合防治康复措施;对精神病患者实行开放式管理,解除关锁与禁锢,不采取非治疗性约束,帮助其回归社会正常生活。

2006年12月,省卫生厅、省民政厅、省公安厅、省教育厅、省财政厅、省残联联合印发《安徽省精神病防治康复“十一五”实施方案》,明确省级精神病防治康复技术指导中心为省精神卫生指导中心(合肥市第四人民医院),同时成立技术指导组,负责指导全省精神病防治康复工作,市、县(市、区)要指定一所精神卫生机构作为技术指导中心,成立技术指导组,负责精神病防治康复工作的技术指导,指导基层开展摸底调查,对患者进行诊断,制订治疗与康复方案,开展人员培训、检查评估等。

贫困精神残疾人医疗救助 贫困精神残疾人中大多数需要长期或终身服药,治疗康复费用问题还没有得到有效的解决,因病致贫,因贫治不起病的现象比较普遍,以致严重危害当地社会稳定。据宿州市精神卫生防治中心(宿州市第二人民医院)统计,医院2004—2008年精神病鉴定凶杀案中,因患精神疾病不负刑事责任的高达117例,仅宿州市辖区就有55例,无辜受害达70多人。2004—2010年,安徽省实施中国残联彩票公益金残疾人康复项目,以及万名贫困重症精神残疾人药费补助项目等,解决精神残疾人服药难、住院难的突出问题。同时,还出台一些优惠政策,以期形成长效机制,保障贫困精神残疾人的治疗康复。

服药、住院救助 2004—2006年,安徽省开始实施中国残联彩票公益金残疾人康复项目。在开展精神病防治康复试点工作的合肥、淮南、铜陵、滁州、阜阳、安庆、桐城市,长丰、当涂、宿松县10个市、县,为1000名贫困精神残疾人提供免费药品。救助标准:每年为贫困精神残疾人每人提供360元药费。救助的常用药物为治疗精神病的低价位国产药物。包括:氯丙嗪、奋乃静、氯氮平、舒必利、氟哌啶醇、三氟拉嗪、阿米替林、氯丙咪嗪、碳酸锂、丙戊酸钠、卡马西平、安坦、心得安、果导等。在项目实施过程中,安徽省根据实际情况,不断增加救助名额,扩大救助面。至2005年,救助对象已增加到2000名,使13个市、县、区(在开展精神病防治康复试点工作10个市、县的基础上,增加鸠江区、谯城区、黄山市等非试点地区)都能有100 ~ 170名贫困精神残疾人享有救助。铜陵、淮南、安庆等市为使百名救助工作落到实处,要求定点医院,在实施过程中,确定专人,配套设立特病门诊号、记账卡和记账专户,对救助对象进行医治。滁州市残联将项目专项款集中放在市残联账户上,由医院阶段性持病人领药处方、记账卡、发票分批结算支出经费。

2007—2010年,继续实施中国残联彩票公益金贫困精神残疾人服药和住院医疗救助项目。每年为4400名贫困精神残疾人每人免费提供450元精神病治疗基本药品、为300名贫困精神残疾人每人提供一次性住院医疗救助,救助标准为每人次3600元,住院周期为3个月。住院医疗救助项目全省实际每年救助366人。

铜陵市残联为配合彩票公益金项目的实施,自筹资金连续5年为200名贫困精神残疾人实施医疗救助和免费服药，2009年比照彩票公益金项目要求再增加300名救助名额。合肥市残联在实施彩票公益金康复项目的同时,扩大救助范围，2004—2008年,实施“精神病康复药箱子进社区”工程,统一印制“合肥市精防小药箱”,为50个社区1000名精神残疾人配备常用药品,由社区医务人员直接发放。淮南市为解决贫困精神残疾人取药往返路费,筹集资金为每人每年提供路费30元。芜湖市鸠江区政府出台《鸠江区贫困精神病患者救助药品管理实施办法》,对辖区内精神分裂症患者、情感性精神障碍者、严重癫痫患者和常年须长期服药的精神残疾人每年提供280元的常规药品,并每半年免费为救助对象进行血常规、肝功能、心电图检查,对关锁重症精神病患者第一次住院免费给予30 ~ 60天的住院治疗等。

2008—2009年,全省实施贫困精神残疾人住院补贴项目,每年为2000名贫困精神残疾人每人提供1000元住院补贴。

2009—2010年,在全省实施万名贫困重症精神残疾人药费补助项目,每年为1万名贫困精神残疾人提供基本药物治疗费用补助。补助标准:2009年,每人每年提供450元基本精神药物治疗费用补助;2010年,每人提供400元基本精神药物治疗费用补助。

2011年,省委、省政府决定,贫困精神残疾人药费补助项目列入省民生工程,为全省贫困精神残疾人每人每年提供500元基本精神药物治疗费用补助。当年,全省有5.7万多名贫困精神残疾人得到此项补助。

贫困精神残疾人免费服药、住院医疗救助项目的实施,尤其是省政府民生工程贫困精神残疾人药费补助项目的实施,解决了精神残疾人服药难、住院难的突出问题,减轻了家庭和社会负担,残疾人及家庭生活质量得到明显改善。铜陵县在精神残疾人筛查过程中,发现胥坝乡红庙村精神残疾人柯迎春被关在一间房子内,双手被铁链捆绑数月,且已腐烂,血肉模糊,惨不忍睹,情况非常严重。筛查组的工作人员及时将这一情况向铜陵市残联反映,在市残联协调下,有关部门给予关注、帮助,市精神病院安排人力和车辆将其接到医院进行免费住院治疗,经过数月精心治疗基本恢复健康。出院当天,红庙村村民燃放鞭炮迎接柯迎春康复回家。

医疗康复政策保障　实施精神残疾人康复医疗救助项目是解决贫困精神残疾人基本服药和住院问题的一个重要手段,制定优惠政策,形成长效机制,是解决贫困精神残疾人的治疗康复难的重要保障。2005年1月,省政府办公厅转发省卫生厅等部门《关于进一步加强精神卫生工作实施意见的通知》。该通知提出,建立健全精神卫生服务体系和网络。各级人民政府要根据区域卫生发展规划,统筹规划本地区现有各级各类精神卫生机构,明确功能定位,实现资源整合。要按照精神卫生机构为主体,综合医院精神科为辅助,基层医疗卫生机构和精神疾病社区康复机构为依托的原则,建立健全安徽省精神卫生服务体系和网络。尚未建立精神卫生机构的设区市要根据实际情况,尽快建立专门机构或指定综合医院承担本地区精神疾病和心理行为问题的预防、治疗与康复以及技术指导与培训工作。各县根据当地精神卫生工作实际情况建立相关机构或科室。“通知”强调，加强社区和农村精神卫生工作。各级人民政府应重视社区和农村的精神卫生工作，充分发挥各级残联、民政部门的优势，与卫生部门共同推广社会化、综合性、开放式精神疾病治疗与康复模式，完善医疗救治和转诊制度，帮助精神残疾人切实得到早期诊断、早期治疗和早期康复。要加强基层卫生人员的培训，普及心理健康和精神疾病防治知识，提高农村卫生机构精神疾病急救水平。加强重点精神疾病的治疗与康复工作。要采取措施为精神分裂症、抑郁症及双相情感障碍、老年性痴呆和抑郁等重点精神残疾人提供适当的治疗与康复服务。加强精神疾病药品的管理和供给工作，积极开展以药物为主的综合治疗，不断提高治疗与康复水平。对精神残疾人被关锁情况进行普查摸底，从治疗、看护、资助等方面制订可行的解锁方案，积极进行监护治疗和定期随访。逐步提高精神残疾人的社会适应能力，使其回归社会。把精神残疾人中的贫困人群纳入医疗救助范围予以救助。

2010 年 9 月，省残联会同省民政厅、省财政厅、省人社厅、省卫生厅制定《安徽省贫困精神残疾人医疗保障实施意见（试行）》。该实施意见提出：城乡贫困精神残疾人参加新型农村合作医疗或城镇居民基本医疗保险，其个人应负担的参合、参保资金，由当地民政部门从城乡医疗救助资金中代为缴纳。持有参合证（卡）、残疾人证、低保证（或县级以上民政部门开具的低保证明）的农村贫困精神残疾人，在门诊治疗精神疾病发生的新农合报销药品目录内的专用药物费用，凭二级以上精神病专科医院出具的精神疾病诊断证明，比照病人所在的统筹地区常见慢性病门诊补偿待遇执行。持有参保证（卡）、残疾人证、低保证（或县级以上民政部门开具的低保证明）的城镇贫困精神残疾人普通门诊治疗纳入统筹地区城镇居民医保门诊慢性病（特殊病种）报销范围。城乡贫困精神残疾人进行门诊治疗，由当地民政部门从城乡医疗救助资金中安排小额门诊医疗救助资金给予救助，具体标准由各地根据当地医疗救助办法确定。持有参合证（卡）、残疾人证、低保证（或县级以上民政部门开具的低保证明）的农村贫困精神残疾人在省内精神病专科医院（同时为新农合定点医疗机构）住院治疗，其住院医疗费用补偿不设起付线，补偿比例可参照病人所在的统筹地区县级医疗机构补偿比例执行。参加城镇居民基本医疗保险的城镇贫困精神残疾人在省内精神病专科医院（同时为城镇基本医疗保险定点医疗机构）住院治疗，可适当降低起付标准；其住院费用支付比例，可参照病人所在统筹地区城镇居民医保政策规定的一级定点医疗机构的支付比例执行。贫困精神残疾人住院治疗费用在根据前款进行补偿报销后，再由当地民政部门从城乡医疗救助资金中给予医疗救助，具体标准由各地根据实际情况确定；对其中特别困难的，在普通门诊就诊或一年内多次住院个人自付费用仍然负担较重的，可再向民政部门申请城乡医疗基金重点救助。

康复医疗机构　1949 年以前，安徽省无精神病专科医疗机构。1953 年，在合肥建立全省第一所精神病专科医院。1969 年，怀远、南陵、宿县、阜阳等地分别改建或新建精神病医院。至1985年，安徽省建立精神病医院10所（不包括综合医院精神病科），当年各所医院合计门诊病人13.57万人次，出院病人6158人次。截至2011年，全省建有精神病专科医疗机构24所。

安徽省精神病医院　于1953年在合肥建立，位于今黄山路316号，是安徽省第一所精神病专科医院。1955年定名为“安徽省精神病医院”，设病床100张，有卫生技术人员35人。之后经改建和扩建开放病床336张，分设6个病区和7个医技科室。卫生技术人员增至161人。以胰岛素、电休克、发热等治疗方法为主，辅以各种物理和中西医结合方法及心理治疗。1970年，医院撤销，人员一分为十：一部分下放合肥市，在原址改建为“合肥市精神病医院”；其余人员分9部分分别下放到蚌埠、徽州等9所地、市综合医院，分别组建精神病科。

合肥市精神病医院（安徽省精神卫生防治中心）　建院于1954年，其前身为安徽省精神病医院，1970年更名为合肥市精神病医院。医院建院初期是一所精神病专科医院，20世纪80年代起逐步增加综合科病区，成为以精神科为主、综合科为辅的大型现代化三级医院（合肥市第四人民医院）。

医院坐落于合肥市黄山路316号，拥有床位570张，其中近50%为家庭化、全开放式病房，设有心身疾病科、神经症科、老年病科、儿童青少年科、重性精神病科、司法鉴定科、心理咨询室、心理测验室、遗传室等科室，可收治各种轻性心理障碍、重性精神障碍、酒精药物依赖、躯体疾病伴发的精神障碍、儿童心理问题、老年期痴呆和各种心理疾病、需要临终关怀的病人等。

医院提供各种心理测验、心理咨询以及精神分析（包括梦境分析）、系统家庭治疗、认知行为疗法、生物反馈、儿童感觉统合训练等系统心理治疗，并设有睡眠障碍、性心理障碍等特色门诊。医院于1997年起开通的心理健康咨询热线，已经成为全国有影响的专业心理咨询热线。

医院作为教学医院，多年来一直承担安徽医科大学等多所医学院校的“精神病学”“医学心理学”“心理咨询和心理治疗”等课程的理论教学、临床实习的教学任务；同时是省政府指定的安徽省精神疾病司法鉴定机构，负责本地区的精神疾病的司法鉴定、精神和智力残疾鉴定、劳动能力和医学等鉴定，并负责全省范围相关的复核鉴定；下辖的安徽博大心理治疗师培训中心，承担全省心理咨询员、心理治疗师的资格培训任务。医院还是安徽省精神卫生防治中心和安徽省医学会精神科专业委员会的挂靠单位，除承担合肥地区的精神疾病的预防、治疗、康复、教学、科研等工作外，尚同时担负指导全省精神卫生工作事业的发展和人才培养的重任。

淮南市精神病医院（淮南市第四人民医院）　成立于1983年，位于淮南市卧龙山东路，占地5万平方米，是淮南市唯一一所精神病专科医院，省政府指定的精神疾病司法鉴定机构。编制床位280张，担负着淮南市及周边地区精神疾病和心理障碍的预防、治疗及康复工作，为安徽理工大学医学院教学基地，是集教学、科研、临床于一体的二级甲等专科医院。内设精神科、心身疾病科、戒毒中心、心理卫生研究所、内科、妇产科、儿科、外科等临床科室及8个医技科室。拥有美国产多参数监护无抽搐电休克治疗仪、美国产心功能—心向量—动态心电图仪、三维旋转视频脑电图仪、日本产B超等先进设备。可为精神疾病及心理障碍患者开展药物、心理、物理、工娱及音乐等方法治疗。

阜阳市第三人民医院(阜阳市精神病院) 建于1970年,院址在阜阳市颍西文明路1号,占地面积42881平方米,开放床位350张。1999年,被省政府指定为精神医学鉴定定点医院。2000年,被阜阳市社保局指定为城镇职工基本医疗保险定点医疗机构。医院设有专家门诊,由副主任以上医师应诊。年门诊量近3万人次,收治病人4000余人次。2010年有职工近300人,各类专业技术人员191人,其中高级职称20人,中级职称82人,初级职称89人。承担全市及周边地区的精神疾病、神经病防治的技术指导工作,以及科研和进修教学任务。2011年有职工400人,其中高、中级职称130人。年门诊量10万人次,收治病人1.2万人次。

安徽省荣军医院 安徽省荣军医院是全额预算管理的优抚事业单位,隶属于省民政厅领导,蚌埠地区唯一的一所精神卫生专科医院。院址位于怀远县城南大街。主要任务是收治全省复退军人中的精神疾病患者,同时面向社会开放,承担蚌埠医学院教学工作和蚌埠市及周边地区社会精神疾病患者的治疗工作,是蚌埠医学院附属安民医院、蚌埠市精神卫生中心、蚌埠市医疗保险定点医院、精神疾病司法鉴定医院。医院创建于1952年。2011年年底,有在职职工293人,拥有医护人员190多人,其中高、中级职称120多人,床位480张,分设9个住院病区。门诊部设有精神科、心理科、康复科、神经内科、内科、妇科、口腔科等;医技科室有放射、检验、彩超、心电图、脑彩超、脑血流图、脑电图、脑地形图、理疗、激光、乳腺扫描、前列腺治疗等科室。在蚌埠市纬四路228号设有精神疾病专科门诊。重点专业学科心理科广泛开展心理咨询、心理测定和心理治疗,并开通义务心理咨询热线。

铜陵市第三人民医院(铜陵市心理医院) 医院位于铜陵市南大门淮河路南段1758号,是省政府于1981年批准建立的皖中南地区唯一的精神病专科医院。1999年,省卫生厅核准医院执业范围为精神疾病与精神卫生、内科、外科、妇产科、儿科、眼科、耳鼻喉科等。医院占地面积4.335万平方米,业务用房2.39万平方米,2011年年底,有正式在岗职工230人,医、护、药剂、检验等196人,其中主任医师2人,副主任医师(药师、护师)16人,中级技术人员59人。拥有办公室、医务科、护理部、防治科、药械科、保卫科、总务行政科等职能科室,设有8个病区、3个社区卫生服务站、精神疾病司法鉴定科、医学心理研究所和一个涵盖内科、外科、妇产科、儿科、眼科、耳鼻喉科以及精神病科等门类齐全的门诊部。配备有脑电地形图仪、X线机、自动生化分析仪、KX－21血细胞分析仪、电解质分析仪、十一项尿液分析仪、心理测试电脑分析系统等。

宿州市精神卫生防治中心(宿州市第二人民医院) 医院前身为宿县地区精神病院,始建于1966年,坐落于宿州市淮海南路与迎宾大道交接处,占地面积2.93公顷,医疗使用面积1.7万平方米。2009年，来医院心理咨询的人数1000余人次，涉及有婚姻家庭、社会关系、学生厌学情绪、青少年网络成瘾、就业压力、抑郁自杀倾向等。2011年年底，有职工300余人，高级职称30人，中级职称110人，床位设置500张，是宿州市唯一经省卫生厅批准的具有治疗精神病资质的医院，也是皖北地区唯一通过司法厅认证具有精神疾病鉴定资质的鉴定机构，为宿州市城镇职工、城镇居民医疗保险定点医疗机构，是宿州市四县一区和蒙城、五河、固镇、濉溪等新型农村合作医疗定点协议医院。医院心理咨询中心引进心理量表测试仪、为测试者做出涉及人格评定、情绪稳定性、意志力和心理素质、工作压力等方面的综合评估。

第六节 麻风病防治

麻风病是严重威胁和危害人类健康的慢性传染病之一。1956年，安徽省即开展麻风病防治工作。制订全省麻风病防治规划，成立组织，落实措施，先后下发一系列有关文件，指导全省麻风防治工作。经过40多年工作，全省以县（市）为单位，于1995年达到部颁基本消灭麻风病的指标。20世纪90年代以后，局部地区发病人数有所上升。2002年，省卫生厅发出《关于进一步加强麻风防治工作的通知》。尔后，完善监测系统，实施有针对性的防治措施。

防治措施 20世纪50—60年代，安徽省麻风病主要分布在以无为县为中心的长江流行带，以淮南市为中心的淮河流行带，淮北平原地区和皖南山区病人较少。其他地区病人呈散发集簇分布，属于麻风病低流行区省份。当时主张采取隔离方式治疗麻风病。全省建立麻风村院47所，作为收容和DDS（氨苯砜）单疗麻风病人的主要形式。80年代后，麻风病防治策略发生改变：由氨苯砜单一治疗转变为联合化疗、由院内隔离治疗转变为社会治疗、由单疗转变为联合化疗与康复工作相结合、由卫生部门单一负责转变为全社会参与，即“四个转变”。新发现病人院外进行MDT（联合化疗）治疗，部分麻风村在城镇内设立麻风病专业防治机构，便于工作人员加强社会上麻风病防治工作。经过40多年调查、治疗、康复、培训等防治工作，于1995年安徽省以县（市）为单位达到部颁基本消灭麻风病指标。90年代以后，由于麻风发病人数的减少，麻风病潜伏期长，麻风病人不易发现以及流动人口的增加，麻风病在安徽省的流行发生新的变化。全省的麻风病发现率、患病率没有明显的下降，局部地区发病人数有所上升。新发麻风病人地理分布广，遍布全省各地。定远、金寨、怀远、凤阳、凤台、无为、长丰等地发病人数较多。新发病人中职业构成有农民、干部、学生、司机、医生、教师等，其中农民发病人数占90%左右。年龄分布在7～70岁，以20～50岁者最多。男性多于女性，男女之比2：1左右。在新发病人中不明原因占多数，有明显的家庭集聚性。

1995—1998年，省卫生厅、省残联与英国麻风救济会在无为县、淮南市开展麻风畸残康复合作项目，使897例康复对象受益。2000—2003年，省卫生厅、省残联与国际麻风救济会在长丰县、无为县合作开展麻风畸残康复活动，使800多名麻风畸残患者获益。2001—2003年，省卫生厅与省残联合作开展全省麻风畸残康复需求调查。其间，省卫生厅于2002年下发《关于进一步加强麻风防治工作的通知》，对麻风病防治队伍的建设、各级职责等方面提出要求。为早期发现隐匿在人群中的麻风病人，控制传染，减少畸残，安徽省加强宣传培训等防治措施。利用"世界防治麻风病日"等纪念活动和多种大众媒体，普及麻风病防治知识，广泛开展宣传。2003—2005年，全省举办3期麻风病防治骨干培训班，省市县级综合医院皮肤科医生及各市县麻风病防治人员共计200余人参加培训。全省多次举办麻风疫情资料员培训班，完善以县（市）为基本登记报告单位的麻风病疫情监测系统，掌握全省麻风病疫情动态和流行规律，分析流行因素疫情。坚持主动和被动发现相结合，以早期发现、早期诊断、早期治疗"三早"为重点，积极主动发现病人，早期实施联合化疗，防止畸残发生。省级财政安排200多万元经费在重点县对乡村医生进行培训，培训人数达5000多人。同时，对近年有新发病人的县开展可疑线索调查，共调查近1000余万人，发现新病人近200例。确保每一例病人能在确诊后一周内得到联合化疗，做到全程、规则治疗。

2005年，由国家麻风康复医疗队为安徽省无为、明光两地约150名麻风畸残患者实施免费手术。截至2006年年底，全省累计登记麻风病人7938例，临愈存活病人4000多人，其中Ⅱ级以上畸残病人1970例。2011年，共发现麻风患者16例，均给予治疗，并为45例畸残病人实施康复矫治手术。

防治机构　中华人民共和国成立初期，中国政府多次研究部署麻风病的防治工作，确定"积极防治、控制传染"的原则，提出"边调查、边隔离、边治疗"的步骤和做法。为满足当时麻风病人隔离治疗的需要，安徽省于1956年将安徽省第一康复医院改为安徽省麻风病医院，并陆续在嘉山县（现明光市）、无为县、淮南市等重点市县建立麻风村（院）。

安徽省皮肤病防治所　安徽省皮肤病防治所前身是安徽省第一康复医院，创建于1953年，院址在肥西县张新圩，主要收治志愿军伤病员。1956年7月改为安徽省麻风病医院，隶属于省卫生厅，此为安徽省第一所治疗麻风病的专科医院。翌年1月开始收治国家机关、复员专业军人中的麻风病人，后收治合肥等邻近地区和省内其他地方转来的麻风病人。1968年改名为安徽省新河医院。1987年1月，省政府撤销安徽省新河医院，在合肥成立安徽省皮肤病防治所，为省卫生厅下属县级事业单位，并将省卫生防疫站皮肤科并入该所，因原有职工较多，部分职工被分流到省直有关单位。新成立的省皮肤病防治所承担全省麻风病、性病预防控制工作，核定事业编制40名，内设办公室、防治科、门诊部。1992年，撤销防治科，设立性病防治科、麻风病防治科。2005年增设总务科，共有科、室5个。2005年年底，在岗在编职工37人，其中卫生专业技术人员25人，占67.5%。卫生专业技术人员中高级职称3人，中级职称8人，初级职称14人。单位占地面积4357平方米，建筑面积4595平方米，其中行政办公用房973平方米，医疗用

房648平方米，住宅用房2974平方米。主要诊疗设备有生化分析仪1台，皮肤整形仪1台，激光治疗仪1台，中药熏蒸治疗仪1台。

麻风村（院） 1956年始，陆续在嘉山县、无为县、淮南市等重点市县建立麻风村（院）。至1963年，全省建立麻风村（院）47所。这些麻风村（院）大多建立在深山或荒无人烟的地方，基本上与外界隔绝，承担着收治本县市或附近县市麻风病人的任务，同时还承担着本县市麻风病预防控制工作。1957—1985年，全省各麻风村共收治麻风病人6888例，治愈4301例，为安徽省控制麻风病的流行起到重要作用。1985年后，随着麻风病联合化学药品的出现，麻风病人得到较好的有效治疗，麻风病防治策略也实施了"四个转变"，对新、复发麻风病人不再收住麻风村（院）进行治疗，而是在社会上给予联合化疗。原麻风村（院）接受隔离治疗的病人也在治愈后陆续回归社会，留村（院）病人数逐年减少。至20世纪90年代初，根据各麻风村（院）的实际情况结合当时麻风防治形势，安徽省对部分麻风村（院）实施撤销、合并或转变功能等综合性的整合措施。至2005年年底，全省尚留存麻风村（院）17所（撤并转30所）。留村（院）病人531例，均为愈后残老病人，其中Ⅱ级以上畸残454例，部分病人生活不能自理。尚存的17所麻风村（院）大多在当地城镇开设有皮肤病门诊，仍承担着当地麻风病人的治疗、康复以及预防控制工作。在管理体制上多由卫生和民政部门共管，卫生部门负责病人医疗费，民政部门负责病人的生活费，保障病人基本生活和医疗。无麻风村（院）的县市，其麻风病防治工作由当地疾病控制中心、血吸虫病防治站或地方病防治站负责。2005年年底，全省从事麻风病防治专职工作人员548人（其中麻风村229人），兼职工作人员190人。2011年，全省麻风村（院）16所，从事麻风病防治工作人员219人，其中专职工作人员167人，兼职工作人员52人。

安徽省各级麻风院、村单位工作人员情况一览表（2011年）

表3-4

院、村名称	详细地址	单位工作人员情况										
		负责人姓名	人员			专职麻防人员			兼职麻防人员			隶属关系
			总数	卫技人员	行管及其他	合计	卫技人员	行政管理及其他人员	合计	卫技人员	行政管理及其他人员	
芜湖市地方病防治站（荆山医院）	芜湖市赭山西路14号	鲍建国	42	35	7	3	2	1	39	33	6	卫生
淮南市马山传染病医院	田家庵三和乡	顾　群	37	19	18	37	19	18	0	0	0	卫生
明光市四山村医院	明光市学堂路13号	苏远静	15	7	8	15	7	8	0	0	0	

续表 3–4

院、村名称	详细地址	单位工作人员情况										
		负责人姓名	人员			专职麻防人员			兼职麻防人员			隶属关系
			总数	卫技人员	行管及其他	合计	卫技人员	行政管理及其他人员	合计	卫技人员	行政管理及其他人员	
六安市裕安区龙兴医院	六安市裕安区石板冲乡陶冲村	刘　平	2	1	1	2	1	1	0	0	0	卫生、民政
宣州青山麻风村	宣州区金坝乡靖庙村	张明祖	2	1	1	0	0	0	2	1	1	宣州区、民政
颍上县皮肤病防治所	颍上县六十铺中心街	夏广明	11	3	8	5	3	2	6	0	6	卫生、民政
肥东县古城新村	肥东县古城乡	关进兰	12	4	8	12	4	8	0	0	0	卫生、民政
芜湖县红山医院	城关镇世际大道 76 号	俞善林	6	3	3	6	3	3	0	0	0	卫生
南陵县南山医院	南陵县何湾镇南山村	宇正友	4	1	3	4	1	3	0	0	0	卫生
怀远县皮肤病防治院	怀远县马城镇新前村	王吉军	13	7	6	8	3	5	5	4	1	卫生
铜陵县柏山医院		俞书生	5	2	3	5	2	3	0	0	0	卫生
郎溪县马山医院	郎溪县十字镇天子门大队	兰兵满	8	2	6	8	2	6	0	0	0	卫生
庐江县皮防所	庐江县庐城镇工行巷 7 号	尹祥应	6	4	2	6	4	2	0	0	0	卫生
无为县皮防站	无为县无城镇巢无路	缪鹤年	29	17	12	29	17	12	0	0	0	卫生、民政
和县梅山医院	和县香泉镇梅山医院	王发树	4	3	1	4	3	1	0	0	0	
灵璧县焦山医院	灵璧县朝阳镇	卢丽君	23	16	7	23	16	7	0	0	0	卫生
合计			219	125	94	167	87	80	52	38	14	

安徽省各级麻风院、村单位基本情况一览表（2011年）

表3-5

院、村名称	收容范围	占地面积（亩）	房屋总面积（平方米）	年底收容人数				人均月生活费标准（元）	人均月医药费标准（元）	院村内其他人数	
				现症病人	临愈留院	其中：Ⅱ级畸残	生活不能自理			健康子女	其他健康人
芜湖市地方病防治站（荆山医院）	全市	96	1855	0	7	7	0	400	356	0	2
淮南市马山传染病医院	全市	182	2260	2	39	39	30	260	80	1	2
明光市四山村医院	全省	2275.7	5950	4	52	47	36	280	30	5	–
六安市裕安区龙兴医院	裕安区、金安区、霍山县	20	1000	0	10	3	2	320	330	0	0
宣州青山麻风村	宣州区	15	1000	1	9	10	2	290	40	0	–
颍上县皮肤病防治所	全县	25	400	0	7	7	7	120	25	0	0
肥东县古城新村	全县	200	1000	5	13	9	4	100	5	0	0
芜湖县红山医院	全县	78	2000	3	8	8	6	465	200	0	0
南陵县南山医院	全县	1000	3300	0	4	2	2	260	300	0	0
怀远县皮肤病防治院	全县	144	400	0	26	12	4	220	50	0	3
铜陵县柏山医院	全县	60	–	0	32	21	3	120	15	0	0
郎溪县马山医院	郎溪县及广德县	12	600	0	6	3	1	220	25	1	–
庐江县皮防所	全县	270	970	3	10	10	10	100	5	0	0
无为县皮防站	全县	200	3500	0	153	146	36	130	20	5	3
和县梅山医院	全县	10	500	4	18	12	2	400	30	–	–
灵璧县焦山医院	宿州市、淮北市	–	–	4	39	25	1	–	–	–	2

第七节 辅助器具

残疾人辅助器具供应服务工作是残疾人康复工作的重要组成部分。2004年2月26日,经省编委批准同意成立省残疾人用品用具供应站。省残疾人康复研究中心门诊部副主任董理权兼任站长。2007年3月20日,经省编委批准同意将省残疾人用品用具供应站更名为省残疾人辅助器具中心。自省残疾人用品用具供应站成立至2011年,开展多次辅具用品的免费配发和捐赠活动,进行辅具适配服务试点工作等。

免费配发及捐赠 2004—2011年,国家彩票公益金项目为安徽省贫困残疾人免费配发辅助器具。其中,2004年配发5096件;2005年配发7091件;2006—2007年配发3995件,并为28个县级残联、24个社区配发辅助器具样品;2008年配发13681件,并为15个县级残联、16个社区配发辅助器具样品;2009年配发4338件,并为17个县级残联、15个社区配发辅助器具样品;2010配发5385件,并为10个县级残联、5个社区配发辅助器具样品;2011年配发辅助器具7500件。

2006年1月5日,安徽省举行"千万元残疾人用品捐赠"仪式。在国家彩票公益金、香港方树福堂基金会和社会力量的大力支持下,共募集残疾人各类用品约1000万元。这是响应党中央、国务院为困难群众送温暖的行动之举,全部募集用品在当年春节前发放给基层的困难残疾人。省委常委王秀芳、副省长何闽旭等出席仪式。此次活动是安徽省残疾人事业发展史上捐赠规摸最大的一次,省内各大新闻媒体都进行了全面报道。同年,助残日当天,省暨合肥市举行轮椅捐赠仪式,曹仲植基金会代表曹国良、曹国平以及驻北京办事处负责人曹永祥亲临合肥市、池州市、歙县等地轮椅捐赠现场,亲身感受扶残助残令人感动的场面。此次活动共计捐赠轮椅2242辆。是年,省残联与世界轮椅基金会合作捐赠轮椅315辆。

2007年,省残联组织多起轮椅捐赠活动。省残联与台北曹仲植基金会合作轮椅捐赠共计3312辆,与台湾部分友人全额捐赠轮椅100辆,与世界轮椅基金会合作捐赠轮椅300辆,与国际扶轮社合作捐赠轮椅400辆。

2008年,5·12地震期间,安徽省接收103名伤员,免费为51名伤员配置轮椅、为41名伤员提供拐杖、为6名伤员提供助行器。当年,省残联与台北曹仲植基金会合作捐赠轮椅4358辆。

2009年,省残联与台北曹仲植基金会合作捐赠轮椅5050辆,与上海扶轮社合作捐赠轮椅200辆。

2010年,省残联与台北曹仲植基金会合作轮椅捐赠4066辆,与世界轮椅基金会合作捐赠轮椅500辆,与省侨联合作捐赠轮椅100辆,与省残疾人福利基金会合作捐赠轮椅200辆。是年,安徽省实施残疾儿童抢救性康复项目,为0～6岁残疾儿童配发轮椅等辅助器具440件,配发助视器40套。

2011 年，省残联与台北曹仲植基金会合作捐赠轮椅 3847 辆，价值 150 万元；与世界轮椅基金会、上海青年扶轮社合作捐赠轮椅 700 辆，价值 35 万元。同年，省残联与省残疾人福利基金会联合举办两项活动，接收香港方树福堂基金会捐赠普通轮椅 240 辆，价值 12 万元；台湾明门慈善基金会捐赠便携式残疾儿童轮椅 100 辆，价值 100 万元。是年，安徽省实施残疾儿童抢救性康复项目，为 0 ~ 6 岁残疾儿童配发轮椅等辅助器具 220 件，配发助视器 80 套。

适配服务试点 2009 年 1 月，省残联、省卫生厅、省劳动保障厅、省财政厅印发《关于参加新型农村合作医疗和城镇居民基本医疗保险的残疾人装配辅助器具给予补助的意见》，建立残疾人辅助器具配置经费的补助机制。

2010—2011 年，安徽省开展辅具适配服务试点工作。其中，2010 年在合肥、淮北、马鞍山 3 市进行试点，投入资金 30 万元，为 110 名贫困残疾人开展辅助器具适配和家庭无障碍改造工作；2011 年在合肥、淮北、马鞍山、阜阳、滁州 5 市进行试点，共投入资金 50 万元，为 389 名贫困残疾人适配辅助器具 654 余件，为 60 户残疾人家庭进行无障碍改造工作。

2011 年，国家彩票公益金项目为安徽省 1000 名贫困重度残疾人适配辅助器具，每名补贴 3000 元；为 4000 名贫困低视力残疾人适配助视器，每名补贴 1000 元。是年，安徽省参加第二届全国残疾人辅助器具创新设计大赛，参赛的安徽开聪无障碍科技有限公司的作品“便携式无线数码闪光、音乐、振动门铃”获得“实用新型类改进型作品优秀奖”。

第四章　教　　育

残疾人教育包括学前教育、基础教育、高等教育、成人教育、职业技术教育与职业技术培训。1949年前，安徽有两所特殊教育学校，安庆盲哑学校和芜湖私立聋哑小学。1958年，蚌埠设立盲哑学校。1959年，新建和扩建盲哑学校5所，入校盲哑儿童270名。1974年，全省6所盲哑学校在校学生644人，教职工104人。

1986年，第六届全国人民代表大会第四次会议通过《中华人民共和国义务教育法》。1987年4月29日，安徽省第六届人民代表大会第五次会议通过《安徽省实施〈中华人民共和国义务教育法〉办法》，将特殊教育纳入基础教育范畴，视力残疾、听力言语残疾和智力残疾儿童少年，同样享有接受义务教育的权利。要求各级人民政府创造条件，办好特殊教育学校或在普通小学附设特殊教育班（以下简称特教班），并明确特殊教育学校或特教班学生的入学年龄可适当延缓等。1990年12月28日，第七届全国人民代表大会第十七次会议通过《中华人民共和国残疾人保障法》，规定各级人民政府应将残疾人教育作为国家教育事业的组成部分，统一规划，加强领导。1993年，中共中央、国务院颁布的《中国教育改革和发展纲要》规定重视和支持残疾人教育事业。各级人民政府要把残疾人教育作为教育事业的组成部分，采取单独举办残疾人学校或普通学校招收残疾人入学等多种形式，发展残疾人教育事业。1994年8月23日，国务院批准颁布实施《中华人民共和国残疾人教育条例》，这是中国第一部有关残疾人教育的专项法规，它的颁布实施，从法律上进一步保障全国残疾人平等受教育的权利，促进残疾人教育事业的发展。随着教育事业的发展，特殊教育办学门类由盲、聋两类扩展为盲、聋和弱智三类，办学规模扩大，办学条件改善，办学形式多样，办学质量稳步提升。安徽省在全省实施“两基”（即基本普及九年义务教育和基本扫除青壮年文盲）过程中，各地把残疾儿童少年接受义务教育情况纳入“两基”验收重要内容。把普及九年义务教育、开展职业教育和培训，作为残疾人教育工作的重点，全省特殊教育事业进入快速发展的新阶段。

1993年，国务院残疾人工作协调委员会、国家教育委员会（以下简称国家教委）、民政部和中国残联联合对特殊教育工作成绩显著的县、市、区进行表彰，安徽省安庆市迎江区获得特殊教育先进县称号。1995年，国家教委、民政部、中国残联联合表彰特殊教育先进县、市、区，安徽省旌德县、石台县、宿州市、合肥市郊区、安庆市大观区、芜湖市镜湖区获得通报表彰。1996年，国家教委、民政部、中国残联联合表彰特殊教育先进县、市、区，安徽省宿州市、合肥市郊区、旌德县获得全国特殊教育先进县、市、区称号。2001年，教育部、民政部、中国残联联合表彰特殊教育先进县、市、区和特殊教育工作者，安徽省肥东县等5县（市、区）获得全国先进县、市、区称号，汪庆奎等10人获得“全国特殊教育先进工作者”称号。

第一节　适龄残疾儿童入学

安徽省学龄残疾儿童入学率长期低于同年龄段的健全儿童。1990年，在特教学校就读的7～15周岁的视力残疾、听力言语残疾和智力残疾三类儿童少年入学6.3873万人。

安徽省1990年7～15周岁的视力残疾、听力言语残疾和智力残疾三类儿童少年入学情况统计表

表4-1

残疾类别	人数（万人）	就读人数（人）	入学率
视力	0.2	12	0.60%
听力言语	1.773	1773	10.00%
智力	4.4143	309	0.70%
合计	6.3873	2094	3.28%

表中显示，三类残疾儿童少年入学率仅为3.28%，未入学残疾儿童高达96.72%，而全省当时适龄儿童入学率为97.9%。

从1991年起，残疾儿童少年教育列为普及义务教育复查、验收内容之一。残疾儿童的入学情况略有好转，至1994年三类残疾儿童少年入学率为7.29%，未入学残疾儿童占92.7%。1994年在特教学校就读的三类入学残疾儿童3.8168万人。

安徽省1994年视力残疾、听力言语残疾和智力残疾三类儿童入学情况统计表

表4-2

残疾类别	人数（万人）	就读人数（人）	入学率
视力	0.1785	25	1.40%
听力言语	1.155	2312	20.00%
智力	2.4833	447	1.80%
合计	3.8168	2784	7.29%

20 世纪 80—90 年代，由于国家采取残疾预防重点前移等措施，一些致残性疾病得到较好控制，儿童少年致残率逐年降低，总数呈逐年下降趋势。到 1998 年年底，未入学残疾儿童数量下降到 35.4%。

安徽省 1998 年视力残疾、听力言语残疾和智力残疾三类儿童入学情况统计表

表 4–3

残疾类别	人数（万人）	就读人数（人）	入学率
视力	0.187	819	43.80%
听力言语	1.1014	3800	34.50%
智力	2.6075	20564	78.86%
合计	3.8959	25183	64.64%

到 2000 年，全省共有特殊教育学校 70 所。7 ~ 15 周岁盲、聋、弱智三类残疾儿童少年在校生分别为 1044 人、4616 人和 19957 人，入学率分别达到 64.5%、78.1% 和 82.7%。

安徽省 2000 年视力残疾、听力言语残疾和智力残疾三类儿童入学情况统计表

表 4–4

残疾类别	人数（万人）	就读人数（人）	入学率
视力	0.1619	1044	64.48%
听力言语	0.591	4616	78.10%
智力	2.4132	19957	82.70%
合计	3.1661	25617	80.91%

从 2001 年开始，全省残疾儿童少年入学率开始呈下降趋势。由于开展白内障复明、聋儿语训、培智训练等一些抢救性的康复项目以及残疾预防工作，约占 5% 左右的残疾学生开始选择就近随班就读，特殊教育学校的学生数量开始减少。2008 年，安徽省有特殊教育学校 62 所，在校三类残疾学生 5813 人，一些学校进行合并或者变成综合性的特殊教育中心。2010 年，安徽省有特教学校 62 所，设在普通小学的特教部 1 个。在校就读的三类残疾儿童有 6148 人，入学率达 71.4%。

第二节　特殊学前教育与义务教育

进入 20 世纪 80 年代，安徽省特殊学前教育和义务教育发展较快。残疾幼儿、儿童学前教育一般采取与保育、康复相结合的形式，进行幼儿一体化教育。对盲、聋、弱智者义务教育分别采取建校、办班和开展随班就读的形式进行。

发展特殊教育意见、计划和规划 20世纪八九十年代是安徽特殊教育发展较快的时期。1986年以来，全省认真落实《残疾人教育条例》《中华人民共和国残疾人保障法》《中华人民共和国义务教育法》《安徽省实施〈中华人民共和国义务教育法〉办法》，贯彻执行国务院《关于发展特殊教育的若干意见》，促进特殊教育事业的发展。1990年，中华人民共和国成立以后全省首次特殊教育工作会议在合肥召开。会议的主要任务是认真贯彻1988年和1990年两次全国特殊教育工作会议精神，贯彻执行国务院《关于发展特殊教育的若干意见》，讨论和部署全省特殊教育工作，着重研究在残疾儿童少年中实施义务教育的发展规划，以及需要采取的具体措施。1991年，省教委、省计委、省民政厅、省财政厅、省人事局、省劳动局、省卫生厅和省残联等8部门联合印发《关于发展特殊教育的几点意见》。该意见明确指出残疾儿童少年义务教育是实施九年制义务教育的重要组成部分，各级政府要依法办好特殊教育事业，把残疾儿童少年义务教育纳入普及义务教育的轨道。已普及初等义务教育的地区，应使具有学习能力的适龄残疾儿童少年都能入学；在尚未普及初等义务教育的地区，要积极采取措施，为残疾儿童少年提供就学条件，提高残疾儿童少年的入学率。意见明确特殊教育的发展目标和任务，1995年前认真抓好规划、布点和骨干学校建设，到2000年，残疾儿童少年入学率达到30%，争取达到40%。盲教育的具体任务是1992年完成江南、江淮、淮北三片盲教育布点，扩大招生；1995年，盲童入学率有较大幅度提高；2000年入学率达到20%。聋教育的具体任务是1992年前以建骨干学校为主要任务，同时发展大量的辅读班；1995年后，条件较好的县（市）和100万人口以上的县建聋校（班）；2000年聋童入学率达到30%。弱智教育具体任务是1995年前以建骨干学校、辅读班为主要任务，同时抓好轻度弱智儿童随班就读，力争2000年弱智儿童入学率达到50%以上。“八五”初期，制订的《安徽省特殊教育事业十年规划和“八五”计划》中明确“八五”期间，全省三类残疾儿童少年义务教育入学率分别达到30%以上。

1995年，省教委印发《安徽省残疾儿童少年随班就读基本要求》，规定对随班就读的残疾儿童应进行检测和鉴定，以确定其残疾类别和程度。县应成立由教育行政部门、卫生医疗部门和残疾儿童康复部门的专业技术人员组成的鉴定小组，负责对残疾儿童少年进行检测和鉴定。

1996年，省政府办公厅转发省教委等8部门《关于加强特殊教育工作的意见》，明确特殊教育的发展目标，“九五”期间应重点发展义务教育和职业教育，积极发展学前教育，逐步发展高级中等以上教育和孤独症及综合残疾儿童少年教育。1996年起，凡申报“两基”验收的县（市、区），三类残疾儿童少年入学率，城市和农村应分别达到80%和60%以上。已经验收的县（市、区），三类残疾儿童少年入学率未达到以上标准的，在复查时必须达到上述标准。1998年，全省三类残疾儿童少年入学率，城市和农村应分别达到 80% 和 60% 以上。同时,各地要积极开展残疾儿童学前教育和孤独症及综合残疾儿童少年教育的试点。2000 年,全省三类残疾儿童少年入学率,城市和农村应分别达到 90% 和 80%,全省学龄前残疾儿童入园(班)率和孤独症及综合残疾儿童少年入学率有较大提高。“九五”初期制订的《安徽省特殊教育事业“九五”计划和 2010 年规划》,明确“九五”期间的任务分两个阶段实施,第一阶段 1996—1998 年,全省三类残疾儿童少年入学率分别达到 65%,其中城市和县镇达 80%,农村 60%, 30 万人口以上的县建特教学校;第二阶段 1998—2000 年,全省三类残疾儿童少年入学率达 80% 以上,其中城市和县镇达 90%,农村达 80%。

1998 年,开展全省特殊教育工作评估。首先各市自查,在各市自查的基础上进行省级抽查。对全省 9 个地、市的 25 个县(市、区)特殊教育工作,就国家《残疾儿童少年义务教育“九五”实施方案》和省教委颁发的《安徽省特殊教育事业“九五”计划和 2010 年规划》的执行情况以及国家和省近年来颁发的有关文件的贯彻落实情况进行检查评估。

2002 年 7 月,省政府办公厅转发省教育厅等 9 部门联合制定的《关于进一步推进特殊教育改革和发展意见》,要求按照分区规划、分类指导、分步实施的原则,大力推进残疾儿童少年义务教育的发展,努力满足广大残疾儿童少年接受义务教育的需求;根据残疾学生身心特点和发展规律推进特殊教育课程改革,全面提高残疾学生素质;办好特殊教育师范专业,在职称评定、表彰奖励等方面向特殊教育教师适当倾斜;坚持特殊教育经费以地方人民政府投入为主的原则,增加特殊教育经费,改善办学条件;建立残疾儿童少年义务教育目标责任制度,加强残疾儿童少年义务教育的督导评估工作,开展资助残疾儿童少年接受义务教育的活动,动员全社会关心和支持特殊教育事业。

特殊学前教育 残疾儿童学前教育机构,包括残疾幼儿教育机构、普通幼儿教育机构、残疾儿童福利机构、残疾儿童康复机构和普通小学学前班、特殊教育学校学前班等。残疾幼儿、儿童学前教育一般与保育、康复相结合。1987 年年底,安徽省聋儿语言听力康复中心成立,安徽省残联系统听力言语残疾和智力残疾儿童的学前教育开始起步。各级残联相继成立残疾人康复中心,负责对辖区内的残疾儿童开展幼儿抢救性康复训练,包括针对聋儿的语言训练以及针对弱智儿童的早期启智训练。“八五”期间,各地残联完成聋儿语训 1623 人;“九五”期间完成聋儿语训 2016 人,启智教育 1328 人;“十五”期间完成聋儿语训 2687 人,启智教育 1895 人;“十一五”期间完成聋儿语训 3756 人,启智教育 2387 人。

全省残疾幼儿学前教育主要通过开展幼儿一体化教育进行。幼儿一体化教育,是将残疾幼儿安置在普通幼儿中间并对其进行教育的一种教育安置形式。1987 年,英国救助儿童会驻香港办事处主任率考察组到安徽考察,与安徽省在幼儿一体化教育方面开展合作。1988 年 7 月,省教委与英国救助儿童会驻香港办事处签订《关于在黄山区进行一体化幼儿教育计划的协议书》,选择黄山甘棠幼儿园开展实验,当年选择中班一名中度弱智幼儿和小班一名轻度弱智幼儿。1991 年，增加马鞍山第一幼儿园。1993 年，在黄山举办幼儿一体化教育管理干部暨第一期师资培训班，全省 16 个地、市的一体化教育管理干部和部分幼儿园园长、教师参加培训，实验扩大到 10 所幼儿园，分布在全省 10 个地、市不同经济发展程度的县（市、区）。1994 年，在马鞍山举办第二期师资培训班。两期培训班共有 15 所幼儿园的园长和教师参加培训，至该年年底，幼儿一体化教育推广到全省 16 个地、市的 17 所幼儿园。其间，英国救助儿童会驻香港办事处主任菲力蒲·巴特尔于 1987—1994 年先后 10 次到安徽指导，英国救助儿童会聘请英国特教专家霍简琳于 1992 年 12 月至 1994 年 12 月驻安徽负责指导。省教委和英国救助儿童会分别于 1990 年在合肥、1993 年在淮南、1994 年在寿县举办三期国际研讨会。英国曼彻斯特大学教授密特勒、法雷尔和香港幼儿教育专家何少梅、陈宝娟等到第一期中英弱智教育研讨会讲学；英国救助儿童会总部官员到第二期研讨会指导；英国剑桥大学教授恩斯科、英国救助儿童会东南亚项目负责人斯黛弗南妮、香港办事处负责人维吉吾德、救助儿童会驻北京代表米莎、香港幼教专家潘大卫、陈宝娟等到第三期研讨会指导。并于 1992 年参加中国首届“优生、优育、优教”展览会，获得“银杯奖”，1993 年 2 月在中国哈尔滨召开的“联合国教科文组织亚太地区特殊教育研讨会”上、1994 年 4 月在英国伦敦召开的“残疾儿童问题研讨会”上、1994 年 8 月在中国承德召开的“亚太地区改善农村幼儿教育环境国际研讨会”上、1994 年 10 月在英国曼彻斯特召开的“创造未来”国际研讨会上，介绍幼儿一体化教育开展情况。

1995 年，举办幼儿一体化教育第三期师资培训班。是年 11 月 26 日至 12 月 15 日，以英国曼彻斯特大学教授梅尔·安思考、英国救助儿童会一体化教育顾问霍简琳、中央教科所副研究员华国栋等为成员的评估组对幼儿一体化项目进行评估。评估结果表明，安徽省幼儿一体化教育项目的成效是显著的，达到项目预期目标。即：在普通幼儿园内招收少量轻度弱智幼儿接受教育，使社区、家庭了解、接纳残疾儿童，使其适应正常社会生活。具体成效体现在：1500 名幼儿受益，其中残疾幼儿 65 人；残疾幼儿的素质得到提高，普通幼儿发展良好，幼儿关系亲密和谐；培训一批项目教师，共有 170 人次，此外还有 230 人次参加研讨会，120 多人次到外地交流、学习，12 人次赴香港幼儿园考察；提高了社区对一体化教育的认识，家长成为合作的伙伴；积累一定的经验，扩大了项目范围。

1997 年，举办幼儿一体化教育第四期师资培训班，开展实验的幼儿园达到 68 所。参加在印度召开的“全纳教育国际研讨会”介绍安徽开展的幼儿一体化教育项目。1998 年，选择合肥市琥珀山庄第一幼儿园、芜湖市实验幼儿园、铜陵师范附属幼儿园、凤阳县海宁幼儿园等 4 所幼儿园开展肢体残疾幼儿一体化教育实验。选择合肥市双岗小学、安庆市高琦小学、铜陵师范附属小学、芜湖市绿影小学等 4 所小学开展一体化教育幼小衔接实验。是年 12 月，省教委和英国救助儿童会签订《关于 1996 年至 1998 年 3 月安徽省一体化教育项目及其扩展的协议书》，到 2000 年，项目幼儿园扩大到 100 所，并开展其他类型残疾幼儿的一体化教育和一体化教育的幼小衔接实验。1999 年,省教委分五片举办全省一体化教育师资培训班,合肥市、六安地区、巢湖地区为一片,在合肥市举办;芜湖市、马鞍山市、黄山市、宣城地区为一片,在芜湖市举办;阜阳市、亳州市、宿县地区为一片,在阜阳市举办;蚌埠市、淮南市、淮北市、滁州市为一片,在淮南市举办;安庆市、铜陵市、池州地区为一片,在铜陵市举办。2002 年,省教育厅决定在全省推广残疾幼儿一体化教育。

2011 年,中国残联认真贯彻教育向两头延伸的方针,开展针对学前教育的救助项目,主要是彩票公益金项目试点工作。安徽省试点的有合肥、安庆、马鞍山、亳州、芜湖、宣城 6 个市,在幼儿园就读的残疾儿童每名救助 3000 元,共救助安徽省 90 万元,救助学龄前残疾儿童 300 人。

残疾儿童少年义务教育　为满足残疾儿童少年接受义务教育的需要,安徽省坚持多种形式发展特殊教育。积极探索建立以随班就读和特教班为主体,以特殊教育学校为骨干的特殊教育发展格局。“八五” 规划中,全省对盲、聋、弱智教育分类提出建校、办班和开展随班就读的不同要求。盲教育:在全省范围内开展盲童随班就读,同时分江南(安庆)、江淮(合肥)和淮北(亳州)三片布点建校,部分特殊教育学校积极创造条件附设盲班;聋教育:普通中小学接受语训后聋童或有残余听力聋童随班就读,聋童人数较多的乡(镇)办班,县建校;弱智教育:大量轻度弱智儿童进入普通学校随班就读,中度弱智儿童人数较多的乡镇办班,县(市)建弱智儿童学校。2003 年,全省基本形成以随班就读为主体、以特教学校为骨干的办学格局。三类残疾儿童少年入学率城市和农村分别达 90% 和 80%。

随班就读　随班就读是指将符合条件的残疾儿童少年安置在普通班级,使其与普通儿童一起接受教育的形式。这种形式有利于残疾儿童少年就近入学、有利于残疾儿童少年回归主流社会,是残疾儿童少年接受义务教育的主体。全省残疾儿童少年随班就读的探索始于 20 世纪 80 年代末期,最早是从盲童开始的。怀宁县江镇双溪小学的盲童随班就读开创了全省残疾儿童少年随班就读工作的先河。

1991 年,省教委等 8 部门联合印发《关于发展特殊教育的几点意见》,提出为提高特殊教育办学效益,方便残疾儿童就近入学,要积极进行盲童在普通学校随班就读的试验,组织安排有残余听力的聋童到普通学校随班就读;各地应尽最大可能实行弱智儿童就近入学,随班就读。1992 年,全省残疾儿童少年随班就读工作现场会在安庆市召开。与会代表参观双溪小学,并听取学校的经验介绍。此次会议之后,全省残疾儿童随班就读步入全面发展阶段。

1994年,承担国家教委——联合国儿童基金会“对有特殊教育需要儿童教育”项目,进一步就农村地区残疾儿童少年随班就读工作进行积极探索,取得不少经验。全省已入学残疾儿童中,80% 以上在普通学校随班就读。为加强对随班就读的管理,省教委于 1997 年印发《安徽省残疾儿童少年随班就读基本要求》,从招生、教学、师资、管理等

4个方面，对随班就读的相关事项作出具体规定。1999年，省教委印发《关于切实做好今明两年残疾儿童少年入学工作的通知》，要求各地大力组织残疾儿童少年入学，特别是要动员符合条件的残疾儿童少年进入普通学校随班就读。

2003年，根据教育部的统一部署，全省确定肥西县、霍山县、铜陵市铜官山区、池州市贵池区和阜阳市颍州区等5个县（区）作为国家随班就读支持保障体系实验试点县（区）。2004年8月19—21日，省教育厅在黄山市举办随班就读工作支持保障体系实验县（区）及省联系学校（园）骨干人员培训班。系统讲授随班就读的基本知识，随班就读学生的基本特点，随班就读学生的课程与教学，随班就读的学校管理与评价等。各实验县（区）分管特教工作的基教科长、特教教研员，以及5个项目学校及省联系学校（园）分管随班就读工作的校长（园长）、从事随班就读教育的骨干教师参加培训。

为提高实验的科学性，省教育厅专门划拨随班就读课题专项研究经费，并与华东师范大学学前教育与特殊教育学院（以下简称华师大特教学院）建立合作关系，将建立随班就读支持保障体系工作作为2004年的一项重点课题来研究。课题由分管副厅长和华师大特教学院的常务副院长主持，有关处室的负责人、华师大特教学院的博士、教授（副教授）以及部分基层从事特教研究或教学人员参加。

2005年，全省确定定远县等12个县为省级试点县。省教委印发《安徽省残疾儿童少年随班就读省级实验县（区）工作方案》和《安徽省残疾儿童少年随班就读工作基本要求》，探索建立完善随班就读工作支持保障体系。各实验县（区）均建立随班就读工作支持保障体系三级管理网络，形成由县（区）政府统一领导和各有关部门分工负责、教育部门负责组织实施、学校具体落实的管理体系。县（区）政府成立特殊教育领导小组，由分管副区长任组长，教育、民政、残联、财政、人事、卫生等部门主要领导为成员，成员单位各负其责，形成合力；县（区）教育局成立领导组和工作组，由主要领导负总责，分管领导亲自抓，基教科、教研室具体抓落实，做到职责明确、责任到人；各中心学校成立相应的组织，确定一名校长（或副校长）具体负责实验工作，并成立特教教研组，选派责任心强，业务过硬、经验丰富的教师从事随班就读工作，同时要求其他教师必须树立特殊教育观念，积极配合学校做好随班就读工作。为加强对学校随班就读工作的指导，各实验县（区）教育局均成立"县（区）教研室中心教研组"，在教研室设立随班就读中心教研组，配备专职教研员，与特教学校密切配合，带领各校开展随班就读教科研活动。中心教研组定期或不定期对各校进行巡回检查、指导。

各地在省课题组的指导下，普遍加强随班就读教育教学工作的研究。全省残疾儿童少年随班就读逐步形成三种主要形式，一是完全的普通班级，即残疾儿童少年和普通儿童少年混合编班，所有教学任务均由普通学校的教师承担；二是有巡回辅导教师的普通班级，即残疾儿童少年一般在普通班级接受教育，同时在一定范围内有一名经过专门训练的特殊教育教师负责特殊教育工作；三是有辅导教室的普通班级，即随班就读残疾儿童少年较多的学校为残疾儿童少年设置专门的教室，配备专门的教师，残疾儿童少年在普通班级不能完成的任务，在辅导教室里接受专门的训练或课前辅导，同时在辅导教室里对残疾儿童少年进行缺陷矫正，或者进行劳动技术和职业教育。

特殊教育班 特教班也是残疾儿童接受义务教育的主要形式。1985 年 11 月，省教育厅印发《关于试办智力落后儿童辅读班（校）的几点意见》，要求各省辖市和有条件的地区，先试办一个弱智儿童辅读班，设在普通小学内；条件较好的市应积极筹办辅读学校，1986 年暑期招生、开课。试办取得经验后，再逐步推开。到 1990 年，全省有弱智儿童辅读班 20 个，辅读学校 1 所，在校弱智儿童 200 多人。从 20 世纪 90 年代开始，在普及残疾儿童少年义务教育的过程中，根据残疾儿童少年的分布情况，城市的市区和残疾儿童少年较多的乡镇，积极在普通学校附设特教班，相对集中安置残疾儿童少年接受义务教育。特教班纳入所在普通学校统一管理，教学资源、活动场所共享。参照同类特殊教育学校的要求，开展教育教学，配备必要的教学设施和设备。截至 2011 年，全省特教班达到 200 余个。

特殊教育学校 1949 年前，安庆有盲哑学校 1 所，芜湖有私立聋哑小学 1 所。1952 年，安庆市重新成立盲哑学校。1957 年，原芜湖私立聋哑小学改为公办，定名为芜湖市聋哑学校。1958 年，蚌埠设立盲哑学校。1959 年，新建和扩建盲哑学校 5 所，入校盲哑儿童 270 人。1974 年，全省 6 所盲哑学校在校学生 644 人，教职工 104 人。1989 年，全省共有合肥、芜湖、安庆、蚌埠、马鞍山和宣城等地、市，及亳州、巢湖、来安、砀山、旌德、泗县、铜陵、宿县等县（市）盲聋哑学校 14 所。

各地在兴建特教学校时，采取新建、改建或先在普通学校、儿童福利机构内办特教，再逐步发展成为特教学校等办法，重点办好几所特教学校，并使其成为当地特教的师资培训中心、教学研究中心和随班就读工作的巡回指导中心。1990 年，安徽省有聋校 13 所、盲校 2 所、培智学校 3 所，附设培智班 17 个。“八五”期间，要求 100 万以上人口的县必须建一所特教学校。到 1993 年 6 月底，全省已建有各类特教学校 25 所，特教班 27 个，在校学习的残疾儿童少年 7125 人。1994 年，安徽省聋校 23 所、盲校 4 所、培智学校 7 所，有盲生 25 人、聋生 2312 人、弱智 447 人。到 1995 年，全省共有特教学校 54 所，其中盲聋合校 3 所、聋校 34 所、培智学校 9 所、综合性特殊教育学校或特教中心 8 所；特教班 89 个，其中盲班 6 个、聋班 18 个、培智班 65 个。与 1990 年相比，校数和班数分别增加 2 倍和 4.24 倍。“九五”期间，在普及九年义务教育的过程中，要求 30 万人口以上的县都应建特教学校，并明确规定在验收时实行一票否决。1997 年，省教委颁发《安徽省特殊教育学校常规管理基本要求》，从校园管理、教师管理、学生管理、教育教学管理、行政工作管理等 5 个方面对特殊教育学校的管理做出具体规定。从 2001 年开始，三类残疾学生呈下降趋势，一些残疾学生采取就近随班就读。为此，2003 年对全省教育机构进行重新调查摸底，并根据特殊教育事业的发展，进行学校布局调整，对特教学校予以整合。一部分成为特殊教育中心，实施综合性教育；一部分进行合并。2008 年，国家发改委启动《中西部地区特殊教育学校建设规划项目》。提出“通过建设，项目学校将达到或基本达到国家颁布的特殊教育学校建设标准和设备配置要求。基本满足残疾儿童少年接受义务教育的需求。”对新建学校中央补助投资380万元，改扩建学校中央补助投资280万元。在中央补助投资经费中，80万元作为配置设备仪器专用，由省级统一采购。安徽省首批有合肥市、亳州市、安庆市三所学校获得实施，其后每年不断安排。截至2011年，安徽省各市有特教学校62所。市级学校多由市教育行政部门直管，仅巢湖市、宿州市聋校和蚌埠市培智学校由市辖区管理。县级学校多由县直管，少数特教学校由乡镇中心校或学区代管。特教学校的内部管理，实行校长负责制。

1990—2011年安徽省部分年度特殊教育学校统计表

表4–5

年度	聋校（所）	盲校（所）	培智学校（所）	小计（所）
1990年	13	2	3	18
1993年	–	–	–	25
1994年	23	4	7	34
1995年	34	3（盲聋合校）	17	54
2011年	30	27（盲聋合校）	5	62

安徽省特殊教育学校教师情况统计表（2010年）

表4–6

市	特教学校名称	教师数量（人）						校长	特教专干
		总数	中专	大专	本科及以上	特教专业	非特教专业		
合肥	合肥市特殊教育中心	98	5	39	54	21	77	李长东	肖云辉
	肥东县特教学校	19	4	8	7	4	15	陈宗文	
	肥西县聋人学校	18	3	5	10	11	7	赵宜勇	
	长丰县特教学校	5	–	3	2	1	4	樊宗凯	
淮北	淮北市特殊教育学校	36	–	14	22	7	29	武兴玲	赵忠好
亳州	亳州市特殊教育学校	53	8	22	23	10	43	李　刚	王继彦
	涡阳县特殊教育学校	17	–	8	9	9	8	宋　丽	
	蒙城县特殊教育学校	31	2	19	10	21	10	高　伟	
宿州	宿州市特殊教育中心	60	–	27	33	14	46	贺　莉	杨梅生
	九小特教部	16	5	6	5	4	12	马　云	
	砀山特教学校	22	5	6	11	6	16	于恩洲	

续表 4–6

市	特教学校名称	教师数量（人）						校长	特教专干
		总数	中专	大专	本科及以上	特教专业	非特教专业		
宿州	灵璧聋童学校	21	5	9	7	13	8	商　辉	杨梅生
	萧县特教学校	43	7	33	3	8	35	于宇树	
	泗县特教学校	27	4	10	13	11	16	王广涛	
蚌埠	怀远县特殊教育学校	8	–	4	4	4	4	刘必利	周晓艳
	固镇县特教学校	11	–	7	4	8	3	王保胜	
	五河县特教学校	8	5	2	1	2	6	王　芹	
	蚌埠市特殊教育中心	35	7	13	15	19	16	李春祥	
	蚌埠市培智学校	25	4	18	3	–	25	陈超英	
阜阳	阜阳市特殊教育学校	56	4	22	30	18	38	刘士俊	周　鹏
	阜南县特殊教育学校	17	4	12	1	1	16	徐兰英	
	临泉县特殊教育学校	11	1	6	4	4	7	黄子坤	
	太和县特殊教育学校	5	1	3	1	–	5	刘　敏	
	太和县启聪特校（民）	9	5	4	–	4	5	薛银环	
	界首市特殊教育学校	17	2	15	–	7	10	宋　旭	
淮南	淮南市特殊教育学校	24	3	13	8	5	19	陈国怀	孙宜群
滁州	滁州市特殊教育中心	23	9	12	2	9	14	李永乐	姚立生
	全椒县特殊教育学校	12	4	8	–	7	5	许朝根	
	定远县特教学校	13	1	4	8	3	10	谢庆贵	
马鞍山	马鞍山特殊教育学校	52	8	30	14	15	37	刘传德	孙宗发
	当涂县特殊教育学校	8	–	6	2	3	5	詹正生	
六安	六安市特殊教育中心	23	5	4	14	5	18	周仁祥	严仍江
	舒城县特殊教育学校	16	2	3	11	5	11	李保川	
	霍山县特殊教育学校	13	–	5	8	4	9	董昌涛	
	金寨县县聋哑学校	15	6	7	2	5	10	林志超	
	霍邱县聋哑学校	15	2	10	3	6	9	薛　群	
	叶集特教学校	2	0	2	0	1	1	李正武	
	寿县特殊教育学校	12	–	5	7	3	9	卞修泉	

续表 4-6

市	特教学校名称	教师数量（人）						校长	特教专干
		总数	中专	大专	本科及以上	特教专业	非特教专业		
巢湖	巢湖市特殊教育学校	25	–	18	7	12	13	李玉林	汪祥贵
	庐江县特校	3	1	1	1	2	1	徐金叶	
	含山聋哑学校	4	4	–	–	4	–	杨祖才	
芜湖	芜湖市聋哑职业学校	40	6	11	23	12	28	徐菊玲	谢　芬
	芜湖市培智学校	28	7	11	10	5	23	张敬平	
	芜湖市盲人学校	26	0	20	6	4	22	席蔚菁	
	芜湖县启智学校	3	1	2	–	–	3	刘金娣	
	繁昌县特教学校	6	1	2	3	1	5	方咸秀	
池州	池州市特殊教育学校	24	3	10	11	12	12	方达成	武　慧
	东至县特殊教育	8	–	2	6	5	3	张亦成	
宣城	宁国市特殊教育学校	5	–	4	1	2	3	庞新华	胡小玲
	广德县特教学校	14	2	7	5	3	11	汪来娣	
	宣城市特殊教育中心	27	7	13	7	7	20	廖彩成	
	旌德县聋人学校	6	–	2	4	2	4	江家平	
铜陵	铜陵市特殊教育学校	31	3	11	17	10	21	曹厚平	
安庆	安庆市盲哑学校	45	5	25	15	25	20	孙常青	柯　旻
	桐城市育才学校	10	–	3	7	7	3	姚　文	
	枞阳县特殊教育学校	6	–	4	2	2	4	王荣贵	
	宿松县特教学校	4	–	1	3	4	–	陈定安	
	望江县特殊教育学校	10	2	7	1	2	8	袁四娥	
	太湖县特殊教育学校	9	–	7	2	6	3	吴中文	
	潜山县特殊教育学校	21	7	10	4	5	16	程　祥	
	怀宁县特教中心	7	3	4	–	2	5	何祥贵	
黄山	黄山市特殊教育学校	22	–	13	9	13	9	方小芬	苏红红
	歙县特殊教育学校	2	–	2	–	2	–	王　琳	
合计	62 所学校、1 个特教部	1282	173	614	495	427	855		

安徽省特殊教育学校学生情况统计表（2010 年）

表 4-7

市	学校名称	学生数量（人）						
		总数	小学	初中	高中	聋	弱智	盲
合肥	合肥市特殊教育中心	445	174	79	192	406	–	39
	肥东县特教学校	81	47	34	–	81	–	–
	肥西县聋人学校	56	40	16	–	56	–	–
	长丰县特教学校	47	47	–	–	30	17	–
淮北	淮北市特殊教育学校	198	142	41	15	150	48	–
亳州	亳州市特殊教育学校	288	154	71	63	258	11	19
	涡阳县特殊教育学校	183	147	36	–	156	27	–
	蒙城县特殊教育学校	198	133	65	–	198	–	–
宿州	宿州市特殊教育中心	221	85	67	69	221	–	–
	九小特教部	42	31	11	–	–	42	–
	砀山特教学校	85	55	30	–	76	9	–
	灵璧聋童学校	61	41	20	–	61	–	–
	萧县特教学校	64	64	–	–	53	11	–
	泗县特教学校	90	63	27	–	90	–	–
蚌埠	怀远县特殊教育学校	30	30	–	–	30	–	–
	固镇县特教学校	76	55	21	–	61	15	–
	五河县特教学校	56	56	–	–	56	–	–
	蚌埠市特殊教育中心	133	67	66	–	133	–	–
	蚌埠市培智学校	72	45	27	–	–	72	–
阜阳	阜阳市特殊教育学校	348	243	92	13	348	–	–
	阜南县特殊教育学校	102	82	20	–	102	–	–
	临泉县特殊教育学校	60	60	–	–	60	–	–
	太和县特殊教育学校	29	29	–	–	26	3	–
	太和县启聪特校（民）	74	74	–	–	34	39	1
	界首市特殊教育学校	77	77	–	–	63	14	–
淮南	淮南市特殊教育学校	156	121	35	0	156	0	0
滁州	滁州市特殊教育中心	115	76	39	–	108	7	–
	全椒县特殊教育学校	71	56	15	–	49	22	–
	定远县特教学校	60	60	–	–	60	–	–

续表 4–7

市	学校名称	学生数量（人）						
		总数	小学	初中	高中	聋	弱智	盲
马鞍山	马鞍山特殊教育学校	262	170	92	–	112	150	–
	当涂县特殊教育学校	8	8	–	–	8	–	–
六安	六安市特殊教育中心	164	121	43	–	164	–	–
	舒城县特殊教育学校	91	62	29	–	79	12	–
	霍山县特殊教育学校	44	28	16	–	44	–	–
	金寨县县聋哑学校	77	42	35	–	77	–	–
	霍邱县聋哑学校	86	73	13	–	86	–	–
	叶集特教学校	12	12	0	0	12	0	0
	寿县特殊教育学校	33	14	19	–	33	–	–
巢湖	巢湖市特殊教育学校	168	120	48	–	168	–	–
	庐江县特校	17	17	–	–	17	–	–
	含山聋哑学校	11	9	2	–	11	–	–
芜湖	芜湖市聋哑职业学校	170	69	52	49	170	–	–
	芜湖市培智学校	102	69	33	–	–	102	–
	芜湖市盲人学校	144	23	–	121	–	–	144
	芜湖县启智学校	15	12	3	–	–	15	–
	繁昌县特教学校	13	13	–	–	–	13	–
池州	池州市特殊教育学校	121	101	20	–	99	22	–
	东至县特殊教育	41	41	–	–	38	3	–
宣城	宁国市特殊教育学校	7	7	–	–	–	7	–
	广德县特教学校	64	49	15	–	39	25	–
	宣城市特殊教育中心	111	73	38	–	98	13	–
	旌德县聋人学校	2	2	–	–	2	–	–
铜陵	铜陵市特殊教育学校	127	58	69	–	76	51	–
安庆	安庆市盲哑学校	320	101	108	111	210	–	110
	桐城市育才学校	66	45	21	–	56	10	–
	枞阳县特殊教育学校	31	25	6	–	31	–	–
	宿松县特教学校	32	27	5	–	32	–	–
	望江县特殊教育学校	13	13	–	–	4	9	–

续表 4–7

市	学校名称	学生数量（人）						
		总数	小学	初中	高中	聋	弱智	盲
安庆	太湖县特殊教育学校	48	28	20	–	48	–	–
	潜山县特殊教育学校	78	55	23	–	70	8	–
	怀宁县特教中心	22	22	–	–	20	2	–
黄山	黄山市特殊教育学校	120	71	49	–	94	26	–
	歙县特殊教育学校	10	10	–	–	10	–	–
合计	62 所学校、1 个特教部	6148	3944	1571	633	5030	805	313

第三节　普通中等职业教育、高等教育和成人教育

根据残疾人的残疾类别和接受能力，残疾人教育采取普通教育方式或特殊教育方式。20 世纪 80 年代，残疾人教育基本处于小学阶段和初中阶段，高中阶段的普通教育基本上是空白，普通职业技术教育刚刚起步，高等教育仍在试点阶段。进入 90 年代，“八五”期间安徽省共有 100 多名残疾青年被各类院校录取。2007—2011 年，共有 1200 多名残疾考生高考时被录取。

普通中等职业教育　改革开放前，安徽大多数中等职业学校没有开设适合视力残疾、听力言语残疾人的专业，适合轻度肢体残疾人的专业也很少。同时，由于当时中等职业学校毕业生实行按专业对口分配的原则，视力残疾、听力言语残疾、肢体残疾三类学生由于身体条件所限，分配就业十分困难，从而影响了各类职业学校对这三类残疾学生的录取。1981 年，劳动人事部和卫生部印发《技工学校招生体检标准及执行细则》。此后，于 1984 年、1988 年对体检标准和执行细则进行过修订和补充规定，对残疾考生身体条件的体检标准仍要求过严，实际上所有类型的残疾考生基本被排除在普通中等专业学校或技工学校之外。

随着残疾人职业教育的发展，适合不同类型残疾人的职业教育内容也越来越多。不同类型的残疾人可以根据自身特点选择适合自己的专业，学到一些实用的技能技术，解决自身就业问题。适合听障生的职业教育较多，除部分对听觉有特别要求的行业之外，工业、农业、手工业、服务业等健全人能做的很多听力言语残疾人都可以做。国内听障人传统的职教项目有木工、金工、瓦工、缝纫、编织、刺绣、雕刻、印刷、理发、修理、种植、园艺等。适合肢体和智力残疾人士的职业教育是一些比较简单的手工艺，如缝纫、刺绣、编织、纸工、粘贴工、编篮筐、园艺、烹饪、原料及产品装运、产品包装等。

2002 年 10 月，省政府批准《关于进一步推进特殊教育改革和发展的意见》，要求积极开展劳动技能和职业教育，增强残疾学生对社会的适应能力。根据不同的残疾类别和残疾程度，从学生自身特点出发，积极推行在职业高中阶段有效渗透职业技能和劳

动技能教育的探索。安徽省对残疾人所进行的职业技术教育以短期培训为主，真正符合入学条件、有机会进入中等职业教育机构（中专、职校、技校）就读的残疾人仍然很少。

普通高等教育 20世纪80年代初，仅有极少数残疾考生能够通过体检这一关进入高校就读，绝大多数残疾考生因高考体检标准过严和毕业分配困难等原因无法进入高等院校学习。1987年4月，第一次全国残疾人抽样调查，按当时统计口径，全省11周岁以上残疾人中，有大学文化程度的仅占0.0039‰。1989年起，安徽省开始有聋哑学生考入长春大学特殊教育学院。在1992年全国高校招生中，安徽省27名达线残疾考生录取26人。“八五”期间，安徽省共有136名残疾青年被各类院校录取。近年来经过不懈的努力，安徽省残疾考生高考录取率呈逐年上升之势。2007—2011年，安徽省特殊教育学校毕业生考取高等教育学校人数每年均在200人以上。通过参加全国统一高考进入普通高等院校学习的主要是肢体残疾考生。而视力残疾、听力言语残疾考生一般是通过高等院校附设的特殊教育机构完成高等教育学习。

2007—2011年安徽省残疾考生高考录取人数统计表

表4-8

年度	人数（人）
2007	201
2008	203
2009	273
2010	274
2011	285
合计	1236

成人教育 20世纪80年代后，盲人聋哑人协会和各地盲聋哑协会先后创办各种聋哑人文化、手语学习班，以及聋哑职工高小、初小的扫盲文化班。各地社会福利工厂普遍开展盲聋哑职工文化教育。与此同时，各类残疾青年也通过自学等形式提高自己的科学文化水平。1990年以后，有不少成年残疾人通过自学考试或电视大学等形式接受高等教育。

第四节 特殊中等职业教育与职业技术培训

20世纪80年代，安徽省特殊教育机构即开始探索职业教育的课程设计以及教学形式等，并取得一定经验。1990年，省培训中心成立。2008年，安徽省特殊教育中专学校成立。截至2011年，安徽省拥有60多所特殊教育学校，形成职业教育与培训网络。其中设有职业高中教育的有合肥市特殊教育中心等8所特殊教育学校。

特殊中等职业教育　全省特殊教育学校除按照国家颁发的教学大纲开齐课程，开足课时外，还积极开展对残疾人的劳动技术和职业教育，提高残疾人的生活自理能力、社会适应能力和职业能力。中高年级使学生掌握初步的劳动知识和劳动技能，同时积极创办职业初中和高中，涌现一批劳动技术和职业教育开展得有声有色的学校，在中高年级努力渗透职业教育因素，培养残疾人一技之长。其中宿州市特殊教育中心（曾用名宿州市聋人学校）、合肥市特殊教育中心（曾用名合肥市聋哑职业学校）、安庆市盲哑学校、安庆大二郎巷培智学校、芜湖聋校等特教学校在办学模式、课程设置、教学形式等方面都进行积极探索。合肥市聋哑职业学校从1983年开始就探索如何开展职业教育。1987年，创办残疾人职业教育，到90年代初，已建成职业初中、高中和中专等多种层次，开设缝纫、木工、工艺美术、电脑等专业，培养大批学有所长的人才。90年代，长春大学特殊教育学院等高校相继在安徽招收残疾学生，招生专业包括音乐、工艺美术、工业会计、企业管理、针灸推拿等。合肥市聋哑职业学校为长春大学特殊教育学院等高校输送20余名大学生。合肥市聋哑职业学校和宿州市聋人学校还承担国家“九五”规划科研项目，开展聋校职业教育的研究与实验。宿州市聋人学校是一所地处农村的特殊教育学校，自1988年创办之初，就积极探索职业教育之路，形成以校办厂（场）、以厂（场）促教、校厂（场）结合、产教结合的职业教育格局。并在1997年国家教委召开的全国特殊教育学校劳动技术和职业教育经验交流现场会上进行交流。

1998年，省教委在宿州市召开全省特殊教育学校劳动技术和职业教育经验交流现场会。这是第一次就特殊教育学校劳动技术和职业教育召开的全省性会议。各地、市教委的普（初、基）教科（处）长和特殊教育学校校长近90人参加会议。省教委副主任金汉杰在会上作题为《以劳动技术和职业教育为突破口，推进特殊教育的改革与发展》的报告。报告全面回顾全省特殊教育的发展形势及特殊教育学校劳动技术和职业教育的基本现状，并指出，近年来随着特殊教育事业的发展，全省特殊教育学校的劳动技术和职业教育也受到各地教育行政部门和特殊教育学校的重视，取得一定的成绩，主要表现在：政策引路，领导重视，特殊教育学校劳动技术和职业教育稳步推进；积极探索，大胆试验，特殊教育学校职业教育取得初步成效；精心策划，因材施教，构建劳动技术课的目标系列。同时报告指出，全省特殊教育劳动技术和职业教育还存在很多不足，问题不少，无法适应新形势的要求和残疾儿童少年的需要，主要表现在发展不平衡、师资比较缺乏以及经费投入严重不足等。报告要求，进一步提高认识，明确劳动技术和职业教育在特殊教育中的地位和认识；理清思路，明确重点，切实推进特殊教育学校劳动技术和职业教育。

2008年，省残联在省培训中心的基础上设立省特殊教育中专学校，作为普通中专学校，全日制在校生规模暂定为1000人，招收应历届初中毕业残疾人，学制3年，暂开设工艺美术、服装设计与工艺、计算机及应用（动漫设计与制作）等专业，面向全省招生。

典型特殊教育学校选介　安徽省设有中专或职业高中的特殊教育学校计9所，有省特殊教育中专学校、合肥市特殊教育中心、亳州市特殊教育学校、阜阳市特殊教育学校、宿州市特殊教育中心、淮北市特殊教育学校、芜湖市聋哑职业学校、芜湖市盲人学校、安庆市特殊教育学校。

安徽省特殊教育中专学校　建校。2008年由省残联、省教育厅组织省发展改革委员会、省教育厅、省民政厅等有关部门人员，对申办省特殊教育中专学校进行实地考察论证，并就该校批准问题书面征求省发展改革委、省财政厅、省编办意见。根据中国残联、教育部《残疾人中等职业学校设置标准（试行）》《中共安徽省委、安徽省人民政府关于进一步振兴职业教育的若干意见》和省教育厅《关于普通中专学校设置工作有关问题的通知》规定，经研究同意在省培训中心的基础上设立省特殊教育中专学校。学校隶属关系和经费来源渠道维持不变，为正处级建制。安徽省特殊教育中专学校属普通中等专业学校，全日制在校生规模暂定为1000人，招收应历届初中毕业残疾人，学制3年。开设工艺美术、服装设计与工艺、计算机及运用（动漫设计与制作）、盲人保健按摩等专业，面向全省招生。办学地点租用合肥飞跃学校新教学大楼。9月22日、23日，来自全省各地的86名残疾人新生入学。10月10日，省残联理事长张纯和为全校师生作以“诚毅”为题的演讲报告。

2009年4月15日，经政府采购，由省福彩中心捐助10万元建立的电脑室在省特殊教育中专学校落成并接受验收。5月13日，省委常委王秀芳带领有关部门领导，在省残联理事长张纯和、副理事长余向东、刘同鑫等人陪同下到校慰问全体师生并送慰问金1万元。随同部门领导有省民政厅副厅长周苏、省财政厅副厅长黄然、交通银行合肥分行纪委书记花俊、省教育厅职成处处长左其琨等。6月21日，学校搬入北二环省残疾人综合服务中心。9月，新加坡莱佛士教育集团向省特殊教育中专学校捐赠100万元，其中30万元用于购买学生高低床，70万元定向用于新校建成后图书馆建设。10月，光太集团向学校捐赠价值10万元的音响设备，校“光太”艺术团正式成立。是年年底，学校共投入30多万元，建成服装、电子、计算机和足疗4个实训室并投入使用。

2010年6月，学校图书馆价值6万余元的书架等设备到位，校图书馆正式建成并投入使用。次年，安徽韦尔图书经营有限公司总经理许巍为省特殊教育中专学校捐赠图书近3000册。2010年9月12日，省特殊教育中专学校举行开学典礼暨警民共建签字仪式，全体师生与合肥市公安局特警支队的部分警官参加仪式。9月15日，合肥市体育局向学校捐赠的价值3万元的健身路径安装并投入使用。11月26日，省特殊教育中专学校副校长余林与省汽车工业学校校长朱国苗在两校联合办学协议上签字，开始“校校”联合办学。

2011年1月，省特殊教育中专学校新校址13.9公顷土地各项证书获得批准。2月22日，省政府办公厅下发省政府专题会议纪要第21号《省特殊教育中专学校建设有关问题会议纪要》，明确学校新校建设的发展规划、建设用地指标及建设资金来源等问题，占地面积在13.9公顷基础上扩至28公顷。2月28日，省编委下发《关于省特殊教育中专学校机构编制的批复》,该批复明确:省特殊教育中专学校为全日制普通中等职业教育事业单位,正处级建制,列入全额预算事业单位管理序列,隶属省残联领导和管理,业务上接受省教育厅指导,保留省培训中心牌子。省特殊教育中专学校核定全额拨款事业编制 79 名,其中处级领导职数 3 名(校长 1 名,副校长 2 名)。原省培训中心 15 名差额拨款一并转为全额拨款,新增编制 64 名。3 月 22 日,省政府副省长唐承沛在省政府副秘书长宓建毅、省残联理事长张纯和、副理事长钱玉贵、合肥市副市长卢仕仁的陪同下到合肥磨店职教基地,实地察看并指导学校磨店校区规划建设。11 月 11 日,新校奠基仪式在合肥市磨店乡职教城召开。省委常委、副省长、省委宣传部部长唐承沛,中国残联副理事长程凯,省直各有关部门、省残联领导出席仪式。12 月,合肥市庐阳区政府向学校康复训练室捐赠价值一万元的肢体残疾和智力残疾康复训练器材。12 月 12 日,省编委下发《关于同意省特殊教育中专学校加挂安徽省残疾人体育训练指导中心牌子的批复》,批准在省特殊教育中专学校原职能基础上增设安徽省残疾人体育训练指导中心,负责全省残疾人竞技体育训练的指导以及全省残疾人运动员选拔、集训和参赛的组织工作,并核增全额拨款事业编制 10 名(其中副处级领导职数 1 名)。

教师配备及教研。2008 年 9 月 3—21 日,由于学校编制未批,为办学需要,经省残联党组、理事会同意,面向社会公开选聘 10 名教师并进行入职培训。

2009 年 3 月 27—29 日,安徽省 2009 年特教年会在蒙城特殊教育学校召开,省特殊教育中专学校徐桃坤、丁毅、汤俊峰、夏长秀参加年会,与全省特教系统的同仁共同研究探讨安徽省特殊教育发展大事。4 月 10 日,为加快提高教师教育教学水平,学校派夏长秀等 4 名教师在马鞍山观摩全省青年教师基本功大赛。4 月 28 日,省特殊教育中专学校开展专业及课程设置调研活动,对学校课程设置进行大幅度改革,提高专业课课程比例。9 月, 2009 级 147 名新生入学,再次选聘新教师 6 人。10 月 26 日,“皖台残疾人事业发展研讨会”在学校体育馆召开,参加研讨会的有台湾财团法人安居文教基金会董事、荣达国际顾问公司总经理、今喜旅行社总经理林中荣及台湾各残疾人协会的代表共 13 人;省残联理事长张纯和,副理事长余向东、钱玉贵,副巡视员陈顺云及相关处室人员、省残联各专门协会主席、扶残助残组织的代表及在合肥高校残疾大学生代表出席会议。11 月 23 日,安徽省特殊教育中专学校教师参观休宁职高、休宁贫民学校。

2010 年 5 月 20 日,马鞍山市首届“十佳青年教师”“马鞍山市十大杰出青年”、马鞍山市特殊教育学校语文高级教师胡晓平应邀为学校全体老师与听障学生上语文示范教学课。6 月 21 日,在省特殊教育中专学校副校长丁毅的带领下,学校教师叶云、张杨贵、周峰、江朝阳赴南京参加中国残联首届残疾人中职学校师资培训。7 月 29 日,由省特殊教育中专学校校长余林带队,学校 6 名教师赴京参加全国残联系统中专学校师资培训,教师刘姗姗在“精彩一课”比赛中摘取桂冠。9 月 1 日,省特殊教育中专学校组织教师手语水平测试,参加测试的教师 24 名。10 月,学校进行大幅度教学改革,提高班主任津贴,配备各顶岗实习班班主任,制订完善学校一系列规章制度,把文化课和专业课比例从原来的4 ∶ 6调整为3 ∶ 7或2 ∶ 8，外聘专业的优秀教师担任学校专业课老师。12月，从合肥市职业教育中心调职业教育经验丰富的庞春梗入校。2011年8月，学校面向全国公开招聘教师，在符合条件的968名考生中，通过笔试、专业测试、体检等程序，正式录取15名。8月1日开始，省特殊教育中专学校举办全体教职工为期一个月的暑期“充电”班。省残联党组书记、理事长张纯和作以“与新员工谈谈心”为主题的讲座。8月12日，邀请省教育厅高校学生处处长左其琨为学校教职工作题为《多元智能理论与特殊教育教学原则》的专题讲座。

学生活动。2008年10月22日，世界残奥会冠军、省特殊教育中专学校职工刘美丽回校与师生联欢，畅谈参加北京残奥会的感受。11月14日，李雁雁到校做励志报告。来自安徽池州的盲人青年李雁雁，在双目失明20年、留学苦读10年后获得博士学位，是迄今中国第一个盲人医科博士。12月31日，举办建校首届新年联欢会，并邀请省残联理事长以及省教育厅、省发改委、省财政厅等领导参加。2009年4月7日，学校开展突发事件安全知识教育活动，组织学生进行地震应急演练。10月31日，学校师生应邀参观中国科技大学机器人大赛，部分师生赴省图书馆参观。11月26日晚，举行学生演出，安徽省光太集团董事长王光太一行莅临学校观看演出。

2010年3月31日，台湾高雄市知名心理学推广讲师宋淑珍到学校做为期一个星期的义工，并为学生作题为“激发潜能与自我了解”的演讲。5月，举办爱国主义教育讲座，举行每周一升国旗仪式，举办庆祝五四青年节活动，组织师生到合肥市植物园春游，参观省科技馆，举办“榜样就在我身边——我的自强之路”励志讲座，举行首届寝室文化大赛，组织校“光太”艺术团赴万博科技职业学院专场演出，庆祝第二十次全国助残日联欢会等各类活动。10月21日，省特殊教育中专学校成功举办首届趣味运动会。11月5日，学校与共建单位——合肥市特警支队举行“双特”（特警和特校）篮球友谊赛。

2011年4月1日，清明节前夕，安徽省特殊教育中专学校全体师生到合肥市大蜀山烈士陵园，举行扫墓活动，深切缅怀先烈光荣事迹，接受革命传统教育。9月27日，学校举行以“爱我伟大祖国，庆祝新中国成立62周年”为主题的黑板报评比活动。10月28日，举办“安徽特教中专寝室设计大赛”评比活动，选出最佳创意奖、最佳温馨奖、最佳绿色环保奖、最佳文明奖、最佳友爱互助奖，使学生更加热爱维护自己的寝室。10月28—30日，省特殊教育中专学校举办校第二届趣味运动会。

助学与实习就业。2008年12月11日，省民政厅为能让残疾学生温暖过冬，向学校捐赠150床棉被。2010年3月，省特殊教育中专学校设立金额为10万元的“励志助学金”。3月15日，为让学生早日融入社会、适应工作岗位，学校开展学生顶岗实习就业工作，2008届78名学生全部找到实习岗位。其中，5名学生选择自主实习，73名学生选择学校推荐的顶岗实习岗位。5月16日，上海大唐盲人保健按摩有限公司在省特殊教育中专学校设立“大唐盲人按摩奖学金”，以奖励按摩专业品学兼优的盲人学生。此项奖学金将连续颁发10年,每年发放1万元。由学校每年评选出学习优秀、家庭贫困的盲生10名,每人每学年给予1000元的奖励。8月,学校盲人学生梅锐、李文生被长春大学录取,肢残学生程学廷被合肥师范学院录取,陈学挺被合肥师范学院录取,陈娟被滁州学院录取,倪娥被山东特校大专班录取。10月11日,为减轻残疾学生家庭负担,提升学生的荣誉感、归属感,展示新生新面貌,学校向339名学生免费发放春、秋两季校服共678套。11月22日,为确保学校第一届学生顺利就业,副校长丁毅等3人,赴苏州华信电子科技（吴江）有限公司寻求合作意向,安排学生实习及就业安置工作。11月24日,副校长余林一行12人赴肥东县安徽凯利粮油食品有限公司考察,为学生顶岗实习奠定基础。12月9—10日,副校长丁毅带领招生就业科负责人赴江苏省苏州吴江、太仓等地企业考察学生顶岗实习与学生就业情况。2010年12月10日,省政府决定对全省大中专学校全日制在校生中家庭经济困难的学生发放伙食补贴。省特殊教育中专学校在校学生330人,获得资助金额8040元。

2011年1月,省特殊教育中专学校积极救助因爱人意外车祸死亡陷入困境的学生程国会,送去交通银行助学金1000元和由部分教职工自发募集的6800元善款。1月14日,昆山联涛电子有限公司人事主管陈江平到校,招聘顶岗实习生。2009级学生电子电器应用与维修、计算机及应用等4个专业共70名学生报名参加面试,26人被录取。2月21日，2009级147名学生走上顶岗实习工作岗位。3月19日,由中国残疾人福利基金会主办,省残联、省残疾人福利基金会承办的爱心轮椅捐赠启动仪式在省特殊教育中专学校举行，10名学生代表接受捐赠轮椅。4月1日,针对在校残疾学生85%以上来自农村,家境十分贫困,或遭遇特殊灾难的实际情况,学校制定《安徽省特殊教育中专学校特殊困难学生救助管理办法》。5月4日,副校长余林、丁毅专程奔赴福建莆田泰盛包装有限公司,看望慰问学校顶岗实习学生,考察企业生产效益情况,商谈校企合作定向培养事宜。5月底,合肥大药房和太极集团领导向省特殊教育中专学校学生捐赠1053盒藿香正气液。6月3日,在传统节日端午节即将到来时,合肥市委统战部副部长、市工商联党组书记汪达升,安徽光太集团总部所在地方庙街道党工委书记李少安、安徽光太集团董事长王光太一行慰问全体师生,赠送采蝶轩订做的180份粽子、糕点等爱心礼物。11月10日,合肥方吉商贸有限公司总经理陈群及网络运营总监叶辉一行代表方吉公司到校,为学生捐赠345个电脑包。11月13日,众邦“LP-16”义工团队到校进行“手拉手”助学活动,并捐赠价值6万元的家庭照明实训设备。

作品获奖。2009年,学校教师夏长秀的国画作品在中国文联等部门联合举办的庆祝中华人民共和国成立60周年全国残疾人书法、绘画、摄影大赛获绘画类优秀奖。2010年,省特殊教育中专学校推拿按摩专业教师江朝阳在第三届全国盲人歌手及器乐独奏大赛上,摘得美声组一等奖桂冠。夏长秀获安徽省第四届残疾人职业技能大赛室内摄影第一名。2011年,安徽省特殊教育中专学校在省教育厅高中阶段“资助政策助我成长”征文活动中,选送的5篇文章全部获奖。省特殊教育中专学校在由省教育厅、省文化厅、省广电局、省残联共同举办的第六届全省特教学校学生艺术汇演评选中，选送舞蹈《雀之林》《美丽的传说》和《醉江南》分别获表演类舞蹈节目一等奖、二等奖和三等奖；歌曲《天之大》获得表演类声乐节目三等奖；本校老师朱劲松获个人奖项中的创编奖（舞蹈类）、辅导奖（舞蹈类）共四个奖项。在安徽省特殊教育科研论文评选中，李怀彬、庞春梗获二等奖；汤俊峰获三等奖。省特殊教育中专学校光太艺术团舞蹈《孔雀舞》获全国特教学校汇演一等奖。

合肥市特殊教育中心　原为合肥市西市区民办聋哑人业余文化学校，1963 年创办，1965 年改为全日制聋哑学校，1970 年改为公办，定名为合肥市聋哑职业学校，由西市区领导管理。当时有学生 78 人，分 5 个年级，教职工 13 人。1981 年改归合肥市教育局直接领导，校址由屯溪路迁到濉溪路，学校占地 1.33 公顷，校舍面积 2400 平方米。1985 年，学校发展到 13 个班，学生 188 人，教职工 48 人，被省教育研究会确定为全省特殊教育研究中心。1987 年学校创办残疾人职业教育，先后开设服装缝纫、木工油漆、工艺美术等专业。1994 年开设微机应用专业（职业中专）。2001 年，学校更名为合肥特殊教育中心。2002 年 9 月，学校残疾人综合高中开始招生，是安徽省第一所残疾人综合高中。2008 年开始重视艺术团的发展。2010 年艺术团舞蹈节目《柳妞扭》，不仅获得第十届全国魅力校园金奖，还入选中央电视台校园春晚栏目。2012 年在校生 483 人，34 个教学班。教职工 124 人，具备中、高级职称 53 人，市级骨干教师和学科带头人 5 人，具有研究生学历 5 人，心理咨询师 2 人，全国教育系统劳动模范 1 人，全国三八红旗手 1 人，全国优秀美术教师 1 人，受省市级以上表彰的先进个人 30 余人次。学校逐步形成高中教育、职业教育、康复教育和艺术教育四大办学特色，1989—2012 年为长春大学特殊教育学院、天津理工学院聋人工学院、北京联合大学特教学院、长沙特殊教育职业学院等高等院校输送 302 名大学生。还有更多的毕业生走上工作岗位，成为自食其力的劳动者。

亳州市特殊教育学校　亳州市特殊教育学校原名亳州市盲哑学校，亳州市盲哑学校前身为亳县盲哑学校，由县民政局于 1959 年创办，校址在城南人民北街的一所旧民房里，开设聋哑和盲童各 1 个班，招收盲、哑学生各 20 人，教职工 7 人。1978 年学校转由县教育局主管。1979 年学校迁到城西南角新址，占地 1.2 公顷。学校图书、仪器、医疗药物、职业训练设施及场地等均较齐全。聋哑班实行 8 年制，开设的课程有语文、数学、自然常识、体育、图画等，另外开设按摩、木工、理发、缝纫、针织、编织等职业技术训练课。1966 年“文化大革命”开始后，学校停课。1968 年 9 月复课，教师增加到 13 人。1975 年盲班停止招生。到 1985 年，已有 8 届毕业生计 122 人，其中哑生 88 人，盲生 34 人。1997 年购置一台简易听力检测计、一套耳模制作设备，1998 年购置一套 1 对 12 的有线语训系统，2004 年开设剪纸艺术课，2005 年配置一套无线语训调频系统。2011 年，学校有 15 个教学班，在校生 200 余人，其中聋生部 184 人；教职工 40 人，其中本科学历 16 人，专科学历 27 人，中师学历 7 人；中学高级教师 2 人，小学高级教师 26 人，中国特教研究会员2人,省特教研究会理事1人,学术委员1人。“十五”期间,先后有6名教师获“全国特殊教育先进工作者”称号,6名教师获省“先进教育工作者”称号,2名教师获省“模范教师”称号,3名教师获省“十五”特殊教育科学研究先进个人。1997—2011年,有56名聋哑儿童实现“铁树开花,哑巴说话”的愿望。其间,教师杜鹃《花戏楼》获2004年全国剪纸比赛银奖,职中班学生韩运运《福娃迎奥运》《年年有余》获2005年全国剪纸比赛银奖,张梅《雄鸡》获全国剪纸比赛铜奖。2007年、2008年学校制作3000多本剪纸挂历、台历,部分作品被作为外事礼品交流到美国、日本、澳大利亚、韩国等国家和中国香港、澳门等地。

阜阳市特殊教育学校　于1995年在原西城小学旧址创办,隶属于阜阳市教育局直管。2012年,校址位于颍西顺昌路,学校占地面积1.87公顷,有教学综合楼和学生宿舍楼两幢,建筑面积达7500多平方米,拥有标准化篮球场、具有长200米环形跑道的操场及一些室外体育活动设施。配置有微机室、律动室、语训室、单训室、测听室、图书室、广播室、实验室、仪器室、劳技室、手工室、美术室、体育室及按摩室等各种辅助教室。有在职教职工47人,其中小学高级教师6人,小学一级教师14人,省优秀教育工作者1人。有教学班l8个,设幼儿语前康复部、小学部、初中部,共分7个年级,在校聋生336人。学校是一所集聋儿学前康复教育、九年义务教育、职业高中教育及盲教育为一体的特殊教育学校,被安徽省教育厅列为骨干特殊教育学校之一。

宿州市特殊教育中心　宿州市特殊教育中心前身是宿州市聋人学校,创办于1988年。2008年,投资1000多万元在原城西中学校址新建宿州市特殊教育中心,占地面积近2.67公顷,建教学办公综合楼两幢和学生宿舍及食堂,建筑面积为7800平方米。2010年新校建成后,整合原宿州市聋人学校和培智学校,成为一所12年学制的特殊教育学校,能容纳400余名盲、聋、弱智儿童就读的特殊教育基地。2012年有班级19个,在校学生221人,教职工60人。1988—2012年,先后有8位教师获省级优质课奖,3位教师被省教育科学研究所评为“安徽省特殊教育科研先进个人”,获“全国教育系统先进个人”称号的教师1人,获“省级优秀教师”称号的2人。有500多名聋生接受教育,培养出46名聋人大学生,分别进入天津理工大学聋人工学院、北京联合大学特殊教育学院和中州大学特殊教育学院就读。聋生的书画作品,在全国和市区少儿书画比赛中获得三等奖以上的达5O多人次。其间,学校编排的舞蹈《明天会更好》于2007年在安徽省第五届特殊教育学校艺术汇演中获聋校舞蹈类一等奖,在第五届全国盲、聋、培智学校学生艺术汇演中获优秀奖。学生剪纸作品《清明上河图》于2008年参加省第二届残疾人工艺美术作品展获金奖。学校连续四届参加全省残运会共取得16枚金牌、10枚银牌、9块铜牌。

淮北市特殊教育学校　原名淮北市聋哑学校,建于1989年,位于淮北市南湖开发区董庄路中段。主要承担淮北市及周边地区听障和智障两类残疾儿童少年教育,另设聋人职业高中和残疾人就业培训部,是一所融聋儿语训、聋童教育、弱智教育、残疾人职业教育、教学教研及特教师资培训为一体的九年制义务教育学校。1992年，兴建一幢综合性教学楼。教学楼内设微机室、教工之家、图书室、阅览室、学生活动中心等功能室，配备近20台计算机和学生语训康复设备，以及校园广播电视系统。2011年，充实一批体育器材、教学设备、康复器材和图书资料。2012年拥有教职工47人，本科以上学历占90%以上，中级以上职称30人，高级职称4人，市级“教坛新星”1人，省级“教坛新星”1人。在由教育部主办的全国第四届中小学生书法大赛中，学生王群获得金奖，周雅欣等三位学生获得银奖。在由省教育厅、团省委联合举办的第二届全省青少年书画大赛中，王群获得金奖。在安徽省第二届特殊奥林匹克运动会上，学校选派的运动员取得12枚金牌、20多枚银牌的成绩。

芜湖市聋哑职业学校　芜湖市聋哑学校是省内历史最久的聋哑学校，创办于民国37年（1948年）春，开始为聋哑进修班，有学生10人；旋获芜湖县政府批准成立芜湖县私立聋哑学校，周慎为第一任校长。1949年秋，有学生44人，5个班，教师7人。次年，一度经费困难停课。1951年，组成新董事会，由芜湖市人民政府文教局接管，委派校长，校址复迁曾家塘。1952年8月，校址迁至中山路142号。1956年4个班，学生86人，教师11人，首届六年制毕业生8人。1957年，改为公办，定名为芜湖市聋哑学校，学制延伸为8年，学生学完规定课程，考试合格则为高小毕业，同年列为安徽省聋哑学校口语试点，设1个试验班。1958年，校址迁至赭山路18号，占地0.55公顷，建有男女学生寝室，办有木工厂、缝纫厂。1965年，有学生123人。1978年，有教职工34人（其中教师27人），12个班，学生243人，毕业生累计301人。继后，扩建学生食堂与办公室，学校建筑面积增为2720平方米。1989年，在校学生198人，开设10个班，课外开设美术、书法、缝纫、故事、舞蹈、围棋、排球、羽毛球等兴趣小组。2007年，学校迁入芜湖市冰冻街2号。2011年，学校开设16个教学班，在校学生数226人，教职工46人。除设基础学科外，还设有语言康复训练、工艺美术、服装设计、计算机等专业课。建有微机室、律动室、语训室、体育室、实验室、缝纫室、烹饪室、美容美发室、美工室等，逐步形成“学前—小学—初中—职业中专（高中）”为一体的特教办学模式。其间，学生赵锦艳于1993年9月考入长春大学特殊教育学院，成为安徽省第一位聋人大专生；学生张家金于1999年9月考入长春大学特殊教育学院工美系，成为安徽省第一位本科大学生；谢玲作为安徽省唯一一名中国残疾人艺术团的演员，1993—2011年，先后在20多个国家演出，被誉为“哑女舞后”。

芜湖市盲人学校　原名芜湖市盲人按摩学校，旧址位于芜湖市九华中路310号，1979年由盲人教育家席蛮侨创办，是一所集盲童班、中专预科班、按摩中专班为一体的专门盲校，全国唯一的民办盲校。2006年更名为芜湖市盲人学校，又名芜湖市光明职业技术学院。2008年，芜湖市政府在鸠江区清水街道以西划拨10.07公顷土地，作为扩建盲校的新校址。以芜湖市盲人学校办学资源为基础，建设一所包括盲童幼儿教育，盲人九年义务教育，盲人按摩、盲人计算机、盲人钢琴调律、盲人手工艺等专业的中专职业教育，盲人按摩专业大专教育的综合性盲校。新校区总建筑面积69503平方米，一次性规划，分步实施，总投资约1.2亿元。一期工程于2010年11月10日开工，2011年8月底之前竣工。是年9月，盲校迁入新校区，继续进行二期工程建设。2012年，学校有教职工56人，本科以上学历占80%以上，中级以上职称26人，高级职称7人。班级12个，在校学生212人。该校是安徽省盲人按摩职业技能鉴定所，全国百姓首选20佳民办招生、教育诚信示范学校。2009年，获教育部、民政部、中国残联联合授予的"全国优秀特殊教育学校"。校长席蔚菁先后获安徽省第二届"江淮十大杰出青年"、安徽省第三届"江淮十大女杰""三八红旗手"等称号，获安徽省"五四"青年奖章，被评为"全国助残模范""全国志愿者助残先进个人"，当选为第九届、第十届、第十一届全国人大代表。

安庆市特殊教育学校　前身是成立于1951年的社会民办盲人读书社和聋哑人文化补习班，1952年11月由政府接管改为公办，定名为"安庆市盲哑学校"。当时设有4个教学班级（其中盲1个、聋3个），学生44人（其中盲9人、聋35人），教职工7人，校址初设在马公祠，1953年迁至铁佛庵，1954年秋迁至荣升街7号，占地面积0.11公顷。1988年，经市政府批准投资500余万元开始征地建设，并于1993年11月全面搬迁至菱湖南路155号。1993年5月经市政府批准成立"安庆市盲哑职业中学"，成为一个学校两块牌子，从小学、初中义务教育阶段到高中（中专）职业教育为一体的特殊教育学校。2011年1月，更名为"安庆市特殊教育学校"（安庆市职业技术学院特殊教育部）。学校设有多媒体教室、课件制作室、聋人语训室、律动室、美术室、盲人按摩室、图书资料室、微机室（盲、聋教分开设立）等基础教育教学设施设备，修建有盲人专用通道和风雨走廊。学校一直是盲、聋教育合校，盲生分小学、初中、中医按摩职业中专三个学段，聋生分小学、初中、职业教育（工艺美术、玉雕工艺等）中专三个学段。2011年，有教学班级22个，在校生349人。有教职工55人，其中，本科以上学历29人，专科学历18人，特殊教育专业毕业的24人，高级职称6人，中级职称22人。办学元老、盲人教师陶素珍被列入《华夏妇女名人大辞典》和《全国残疾名人大辞典》，李珊、齐东云、张贤发等10余人次获全国优秀教师、全省优秀教师等称号。学校先后有82名盲、聋毕业生考取长春大学特教学院、北京联大等高等院校（其中盲11人、聋71人）。盲人职业中医按摩班除一部分升入高校继续深造外，其余全部就业。聋人工艺美术专业班毕业生全部升入高校学习，玉雕工艺专业班毕业生包就业。盲人中医推拿毕业生在各省、市人才市场供不应求。

职业技术培训　1990年4月11日，省培训中心经省编办批准成立，朱守友任中心主任，朱炎端任中心副主任。省培训中心成立后，在全省开展残疾人短期职业技术培训工作。1991年7月，省培训中心举办首届残疾人系列培训班，对来自全省80名残疾人进行历时半年的服装裁剪与工艺、工艺美术培训。学员学成后很快就自己开业，或招集残疾人共同创业，成为当地残疾人学习技能的带头人。1992年5月，省培训中心举办第二期服装、工艺美术培训班，来自全省120名残疾人参加培训。同年9月，举办无线电维修培训班，40名残疾人参加培训。1993年6月，省培训中心举办服装、工艺美术、摄影、无线电维修、自行车维修5个专业培训班，来自全省的203名残疾人参加培训。残疾人盛洁学业完成后回到家乡开办“盛洁照像馆”，成为当地残疾人的榜样，带动一大批残疾人创业就业。1994年9月，省培训中心举办服装、工艺美术、摄影、无线电维修4个专业培训班，来自全省的150名残疾人参加培训。1995年5月，省培训中心举办服装、工艺美术、摄影、无线电维修4个专业培训班，来自全省的140名残疾人参加培训。

1996—1997年，培训经费困难，培训业务处于停滞状态。

1998年恢复培训业务。是年3月，省培训中心与巢湖羽毛球厂联合举办制作羽毛球培训班，20人参加培训。培训结束后，20名残疾人留巢湖羽毛球厂工作。同年7月，省培训中心与合肥市体育学校联合举办工艺美术培训班，60人参加培训。8月，省培训中心与利辛望林服装公司合作，举办服装培训班，80人参加培训。10月，省培训中心与合肥天华服装厂联合举办服装培训班，参加培训的40人在培训结业后全部留厂工作。

1999年11月，省培训中心举办服装、工艺美术、摄影、无线电4期专业培训班，来自全省的80余名残疾人参加培训。

2000年，《安徽省盲人保健按摩行业管理规定》颁布实施。同年5月，省培训中心在合肥市举办全省保健按摩师初级职业技能培训班，58名盲人参加培训。并先后于7—10月举办4期盲人职业培训班，学习按摩手法、人体经络与解剖、中医理论、病情诊断等，学会十四经络以及掌握全部穴位，共培训盲人176人，95%的学员通过学习成为自食其力的劳动者。7月5—31日，省培训中心与合肥市游泳学校合作，举办暑期书画残疾人少儿培训班，19名残疾儿童参加培训。

2001年3月26日至4月26日，省培训中心举办全省保健按摩师中级职业技能培训班，有63名盲人参加培训，98%的学员获得中级按摩师证书。

2002年，省培训中心为适应市场用工需求，专门派两名教师到北京学习家政服务技能，并于3月20日开办首期家政服务员培训班，培训残疾人及健全人40名。4月20日至5月20日，举办全省保健按摩职业技能培训班，46名盲人参加培训，全部获得初级按摩师资格证书。9月24—26日，省培训中心举办全省残疾人职业技能竞赛赛前培训班，为即将参加安徽省残疾人职业技能竞赛的9名残疾人进行技能辅导、指导。

2003年5月11—23日，举办第二届全国残疾人职业技能竞赛安徽选手赛前培训班，共15人参加。9月下旬，省培训中心举办赴宁波务工的残疾职工岗前培训，共培训约70人。10月，省培训中心举办获奖残疾人书法、国画研修班，参训人员为1999年全省残疾人书画作品展和2002年“新世纪杯”首届全国残疾人书法绘画大赛一、二、三等奖获得者，以及部分优秀奖获得者，共计23人。

2004 年 5 月 12—18 日，举办全省首届电动自行车维修班，共计 30 人参加培训。同时与绿源电动车公司结成帮扶单位，免费为残疾人进行培训。5 月 20 日至 11 月 27 日，举办 6 期全省按摩师（初、中、高级）培训班，共计 309 人参加培训。通过几个月的培训，309 位盲人从此成为自食其力的劳动者。5 月 24 日至 7 月 10 日，在合肥市飞跃学校举办电动自行车维修培训班，共计 30 人参加培训。本次培训由绿源电动车公司派技术人员前来授课，收到很好的培训效果。6 月 8—15 日，举办"在祖国怀抱里"全国残疾人摄影大赛赛前创作培训班，为期 15 天，共计 20 人参加培训。11 月 29 日至 12 月 29 日，举办首期全省残疾人手机维修班，共计 30 人参加培训，其中 10 名残疾人被省联通公司录取在维修部工作。

2005 年 1 月 10—30 日，省培训中心举办残疾人服装电动缝纫工培训班，共计 40 人参加培训。5 月 18 日至 6 月 28 日，省培训中心举办全省残疾人家电维修培训班和第二期服装电动缝纫工培训班，54 人参加培训。10 月 1—9 日，省培训中心与安庆盲哑学校联合举办首届全省盲人计算机培训班，36 名盲人参加培训。10 月 19 日至 11 月 28 日，省培训中心为帮助残疾人提高技能水平，举办全省残疾人盲人保健按摩师中级培训班，通过培训 32 人拿到中级保健按摩师证书。10 月 26 日至 12 月 4 日，来自全省的 27 名残疾人参加手机维修培训班。

2006 年 3 月 9 日至 4 月 15 日，举办第十四期全省盲人初级按摩师和第二期残疾人电动车修理培训班，共培训 57 人。3 月 23 日至 4 月 21 日，举办全省残疾人第五期电动缝纫工培训班，培训残疾人 33 人。5 月 12 日至 6 月 20 日，举办全省盲人高级按摩师培训班，67 人拿到由省劳动保障厅颁发的高级按摩师证书。5 月 22 日至 6 月 16 日，举办全省盲文知识培训班，24 人参加培训。8 月 30 日至 9 月 28 日，举办全省残疾人电脑应用与维护培训班，来自全省 30 名残疾人在培训班里学到电脑应用与维护技能。10 月 12 日至 11 月 28 日，省残联举办第十六期盲人初级按摩师培训班，43 名参加培训的学员均取得省劳动保障厅颁发的资格证书。11 月 28 日至 12 月 28 日，省残联举办全省足部按摩培训班，参加培训残疾人 41 人，结业后学员就业情况良好。

2007 年 3 月 23 日，省残联"万人培训工程"启动仪式暨盲人按摩（中级）班、家电维修班开办仪式在合肥飞跃学校举行。省残联副理事长余向东、省劳动保障厅培训处负责人等出席仪式并作讲话。新华社安徽分社、省电视台、省人民广播电台、安徽日报等多家媒体给予高度关注和报道。4 月 25 日至 5 月 15 日，全省残疾人羽毛球制作培训班在巢湖市安徽宏盛羽毛制品有限公司开班。5 月 10 日至 6 月 11 日，全省第十九期盲人按摩初级班在肥开班，140 名残疾学员参加培训并全部实现就业。8 月 27 日，全省第二十期盲人按摩师（中级）培训班开班，53 名盲人接受培训。11 月 12 日，省培训中心举办全省残疾人美发师（初级）培训班，12 名肢体残疾人得到培训，走上就业岗位。11 月 30 日，省培训中心与安庆万利云种猪养殖基地联合举办残疾人种猪养殖技术培训班，30 名残疾人通过培训掌握种猪养殖技术。

2009 年 4 月 7 日，省培训中心举办的全省盲人按摩师（中级）培训班开班，来自全省的 52 名盲人参加培训，98% 的盲人获得中级按摩师证书。

2010 年 12 月 18 日，进行安徽省 2010 年度初级保健按摩师培训与考试，来自全省各地的 26 名残疾学员在省培训中心完成初级盲人保健按摩技能培训与技能鉴定。

1991—2011 年，全省先后成立残疾人职业教育与培训机构 17 个，共 10 万人次残疾人接受职业技能培训，培训对象涵盖肢体残疾、视力残疾、听力言语残疾和智力残疾等各类适龄的残疾人。

职业技能竞赛 1989 年 5 月 11 日，安徽省首次在全省范围内推荐 5 名聋哑人和 9 名肢残人组成的代表队，参加在武汉举行的全国第一届残疾人职业技能竞赛大会。

2000 年 4 月 10 日，在全国残疾人技能选拔赛中，安徽省选手程传豹获柳编项目第一名，夏长秀获蜡染项目第三名，江涛获计算机程序设计特别奖。是年 8 月 13 日，在捷克共和国首都布拉格举办的国际残疾人职业技能比赛中，安徽省选手程传豹获柳编项目比赛第二名。

2001 年 11 月 24 日，省残联和劳动社会保障厅在合肥联合举办安徽省首届盲人按摩技能比赛。

2007 年 5 月 8—9 日，省残联举办第三届全省残疾人职业技能竞赛，共设立网页制作、海报设计等 10 个项目，选拔 28 名选手参加 8 月在西安举行的第三届全国残疾人职业技能大赛。

2010 年 11 月 13—15 日，第四届全省残疾人职业技能竞赛在合肥市举行，全省 17 个地市的 18 个代表团、132 名竞赛选手和裁判员、工作人员 220 多人参加。省人社厅副厅长、竞赛组委会副主任林海宣读组委会表彰决定，向取得竞赛前三名的张良等 29 名选手颁发证书，授予合肥市等 9 个代表团“优秀组织奖”、滁州市等 9 个代表团“道德风尚奖”。本届竞赛还设立竞赛拼搏奖，向徐亮等 7 名参赛选手颁发证书。

第五节　盲文和中国手语推广

盲文和手语是盲人和聋哑人与外界交流，参与社会生活的主要工具，也是其接受教育的重要手段。同时，学习和应用盲文和手语是人们在社会生活中，特别是在公共服务行业应该具备的一种知识和技能。

盲文推广 盲文或称点字、凸字，是专为盲人设计、靠触觉感知的文字。国际通用的点字由 6 个凸起的圆点为基本结构组成，称六点盲文，是由法国盲人路易·布莱尔（Louis Braille，1809—1852）于 1829 年创造的盲文体系，故又称布莱尔盲文。布莱尔盲文的“点”是由锥子扎在厚纸上，形成平、凸两种形状，供失明人士触摸辨认。1874 年，布莱尔盲文传入中国，由英国传教士与中国盲人合作，制定“康熙盲字”。康熙盲字是一种代码性质的盲文，以两方盲符的排列组合，组成 408 个号码，代表汉语的 408 个音节，故又俗称“408”。20 世纪初，中国除东北以外的地区开始流行“心目克明”盲文。“心目克明”盲文以南京地区官话为标准，有 18 个声母、36 个韵母，声韵双拼为一个音节，再加上另一个盲符标调。1953 年起，全国普遍推广《新盲字方案》。《新盲字方案》是盲人黄乃于 1952 年通过调整过去的点字字母符号，提出一个以注音字母为基础、采用分词方法拼写普通话的新方案，故也称拼音盲文。《新盲字方案》以普通话为基础、北京语音为标准，采用分词连写方法拼写普通话。在盲文出版工作的配合下，于 1953 年年底起在全国统一推广应用。

1975 年，国家盲文工作者提出盲文改革，并历经十几年的研究和探索，在原有拼音盲文基础上确定现行“汉语双拼盲文”方案。“汉语双拼盲文”以两方盲符拼写汉语的一个实有音节，即带调音节。带调音节声方在左，韵方在右。声方有声母、半声母、介母和零声符；韵方有韵母、零韵母和调号。“汉语双拼盲文”是使用汉语拼音来表示中文的，由三个方块分别代表声母、韵母和星号组成一个发音。

1988 年省残联成立，下设盲人聋哑人协会，即在各地开展视力残疾人文化教育，并通过各种知识竞赛促进盲文的学习与推广。1989 年 9 月 30 日，省残联首届盲人培训班在芜湖盲校举行，共培训盲人 16 人，学制 3 个月。

1995 年 5 月，中国残联、国家教委、民政部、国家语言文字工作委员会和新闻出版总署决定在全国试行推广“汉语双拼盲文”。1996 年 4 月，中国残联、国家教委、民政部、国家语言文字工作委员会、新闻出版总署 5 部门联合印发《汉语双拼盲文“九五”实施方案》。同年省残联、省教委、省民政厅、省新闻出版局联合转发《汉语双拼盲文“九五”实施方案》。决定在 1996—2000 年推行“汉语双拼盲文”。1996 年 10 月，省残联黎世华参加中国残联举办的汉语双拼盲文培训班。

1997 年 3 月 23 日，安徽省成立汉语双拼盲文推行工作领导小组，领导小组组长由省残联副理事长冯银华担任。省培训中心负责对盲人进行汉语双拼盲文培训，至 2011 年年底共培训盲人 3000 多人，培训工作人员 200 多人。省残联还依托安庆盲校、芜湖盲校对盲人开展培训，1996—2011 年，两所学校共培训盲人 2000 多人。各地陆续举办汉语双拼盲文培训班，开展对视力残疾人的汉语双拼盲文培训，并给参加培训并经考试合格的视力残疾人颁发结业证书。全省盲聋哑学校对在校盲生全部实行汉语双拼盲文教学。

中国手语推广　手语又称手势语，是聋哑人交际时使用的语言。1949 年以前，由于没有统一的聋哑人手势语，安徽省各地的听力言语残疾人一般使用当地听力言语残疾人约定俗成的手势语进行交流。这类手势语以地方方言为基础，在不同地区、不同人群当中差异很大。

20 世纪 50 年代开始，国家有计划、分步骤地实施聋哑人手语的规范和统一工作。1956 年，教育部颁布《聋哑学校手势教学班级教学计划（暂行草案）》。1959 年，经国家内务部、教育部和中国文字改革委员会批准，在全国试行《聋哑人通用手语草图》。

《聋哑人通用手语草图》共4辑，收入2000个手势词。1979年，民政部、教育部和中国文字改革委员会根据试行情况，对聋哑人通用手语草图进行修订，定名为《聋哑人通用手语图》，同时批准在全国进一步试行和推广。《聋哑人通用手语图》包括4辑，共收入3000个手势词。1990年，中国聋人协会根据1987年全国第三次手语工作会议的决定，对《聋哑人通用手语图》进行修订，定名为《中国手语》。《中国手语》共收入3300个手势词。1994年出版《中国手语续集》，新增2266个手势词。1987年12月31日，安徽省聋儿语言听力康复中心成立，省残联系统开始开展手语教育，同时在各地推动聋哑人通用手语普及教育工作。1996年起，省残联陆续在残联系统工作人员和有关部门工作人员中培训手语，各地（市）残联陆续举办残疾人工作者中国手语培训班，获得培训结业证书的残疾人工作者，还按其本人基础工资加职务工资之和的15%享受国家规定的特殊教育津贴费。1998年6月上旬，省培训中心举办手语培训班，各地市残联残疾人工作者40人参加培训。根据地（市）、县残联要求，同年10月又举办第二期手语翻译培训班，30人参加培训。2000年2月2日至3月3日，省培训中心举办手语培训班，来自全省各地、市（县）残联工作者约90名参加培训。2000年，省残疾人康复研究中心与英国儿童救助基金会合作的全省第一个"中英聋儿双语教学实验班"正式开班。截至2000年年底，全省共有200多名残疾人工作者参加《中国手语》培训。

2002年8月16日，成立安徽省残联手语培训指导中心。此后，除继续对残疾人工作者培训《中国手语》外，还对残联系统以外的人员进行培训。2003年9月中旬，省残联举办手语培训班，64人参加培训。2004年6月中旬，省培训中心帮助铜陵市残联举办为期15天的残疾人工作者手语培训班，铜陵市各县、区残联共计29人参加培训并取得合格证书。2004年，应安徽省农业大学社会人文学院的请求，省培训中心在安徽农业大学举办为期4周手语培训班，在校大学生共计43人参加培训。2005年，省培训中心帮助淮南市残联、六安市残联分别举办为期15天的残疾人工作者手语培训班，共计59人经过培训考试取得合格证书。2007年10月21日至12月26日，省培训中心面向社会举办3期免费常用中国手语培训班，来自社会各界157人参加学习。2011年3月8日，由省残联主办，省残联教就处、省特殊教育中专学校承办的省残联系统干部手语培训班开班，37名来自全省各地市、县区残联的工作人员参加培训。1987年至2011年年底，省培训中心手语培训残疾人6000多人。

第六节　特殊教育救助

自1998年起，安徽省对贫困残疾儿童少年接受义务教育、贫困残疾高中生以及贫困残疾大学生就学，采取资助、救助措施。

资助贫困残疾儿童少年　1998年5月，省教委根据教育部基础教育司《关于在部分地区开展资助贫困残疾儿童少年接受义务教育试点的通知》的要求，在各地申报的基础上,确定宣州市、旌德县和郎溪县为资助试点单位,开展资助贫困残疾儿童少年接受义务教育的试点工作。试点内容主要有免除家庭贫困残疾学生的杂费、教材费,对家庭经济困难的寄宿制残疾学生提供生活补贴。试点目标是,到 1999 年年底,试点县三类残疾儿童少年义务教育入学率分别达 85% 以上,在校残疾学生的辍学率不高于当地普通学校的平均水平;在特殊教育学校就读的学龄残疾学生能接受九年义务教育,在普通学校附设特教班就读和随班就读的学龄残疾学生能接受当地政府规定年限的义务教育。经过一年多的试点,积累了多渠道筹集资金、提高残疾儿童少年入学率和巩固率、提高特殊教育质量等经验。2000 年,试点单位扩大到 10 个县。

2000—2003 年,实施国家"中西部地区盲童入学项目",全省受益盲生 1198 人。2000 年启动李嘉诚赞助的"长江新里程计划", 2004 年资助安徽省义务教育阶段贫困盲童 1490 人,每人 2500 元,共资助经费 372.5 万元,盲童义务教育阶段入学率,提高到 57.43%。

2002—2006 年,由中国残疾人福利基金会发起的、以救助中西部地区因贫失学适龄残疾儿童少年为重点的"扶残助学春雨行动"在全国范围实施,资助标准为每人每年 1500 元,用于购买教材及学习用品,缴纳住宿费、伙食费、杂费等。

在中央财政的支持下,中国残联启动"彩票公益金助学项目",安徽省从 2003—2007 年连续 5 年资助 2000 多名贫困残疾儿童少年就学,资助经费 435 万元。从 2005 年开始,国家免费教科书政策惠及所有市级特殊教育学校的残疾儿童少年。

资助贫困残疾高中生 2007—2011 年,中国残联实施"交通银行——通向明天助学计划",对贫困残疾高中生开展助学, 5 年间共资助安徽省高中生 1370 人,资金 137 万元,每人每年标准 1000 元。

救助贫困残疾大学生 2003 年 6 月 9 日,省残联、省财政厅、省教育厅联合印发《安徽省救助贫困残疾大学生暂行办法》。该办法规定,救助贫困残疾大学生,实行入学(或毕业)一次性救助和学年救助相结合。具体标准为:考取大学专科的中度以上贫困残疾大学生一次性救助 1000 元,轻度的为 800 元。考取本科的中度以上贫困残疾大学生一次性救助 1500 元,轻度的为 1000 元;专科升本科的按本科标准补齐。新考取的中度以上贫困残疾研究生一次性救助 2000 元,轻度的为 1500 元。参加高等教育自学考试,大学专科毕业的中度以上残疾人,一次性救助 1500 元,轻度的为 1000 元;本科毕业的中度以上残疾人,一次性救助 2000 元,轻度的为 1500 元。升入普通高等院校的在校贫困残疾大学生,从第二学年起,每学年救助 500 元。在校的贫困残疾大学生每学年只能申请救助一次。截至 2011 年,共支持 5000 余名贫困残疾大学生完成学业。

2007—2011 年安徽省救助考取大学的贫困残疾人情况统计表

表 4–9

年度	一次性救助人数	学年救助人数	金额（万元）
2007	201	155	23
2008	203	161	25.23
2009	273	265	35.1
2010	274	299	35
2011	285	395	39.15
合计	1236	1275	157.48

第七节　特殊教育师资

安徽省在特殊教育中，对特殊教育学校（班）教师的资质有明确的要求，并多次举办全省特殊教育师资培训班、特殊教育学校校长培训班和特殊教育管理干部培训班。

师资培训暨教职工待遇　在发展残疾儿童少年义务教育的过程中，全省始终把培养和培训特殊教育师资作为一项重要工作来抓。明确规定特殊教育学校（班）的教师，必须具备中师毕业以上学历，并经过特殊教育专业培训。从事残疾儿童少年随班就读的教师，也必须经过特殊教育专业培训。1986 年 8 月，省教委举办为期 1 周的弱智教师培训班，邀请上海市银春铭、汤盛钦讲授弱智教育学，来自合肥、安庆等市的 10 多名教师参加学习。是年，参加培训的教师所在市在 11 所小学开办 11 个弱智儿童辅读班。从 1990 年开始，每年都要举办全省特殊教育师资培训班。1989 年，在合肥师范学校附设特殊教育师范班，每年招生 40 人，主要培养聋教育教师。从 1994 年开始，特殊教育师范班改由肥西师范学校办。之后，不断扩大招生能力，每年可以培养盲、聋和弱智教育教师 120 人。2002 年，肥西师范特师部又由中专升格为五年制大专。每年举办特殊教育师资培训班，年均培训教师 400 人左右。为提高特殊教育教师的待遇，安徽省对在特教学校和特教班从事特殊教育的教职工，每月发给职务工资 15% 的特教津贴，同时执行提高职务工资 10% 的待遇。在特殊教育学校（班）工作满 5 年并从特教岗位上退休的教职工，这项补贴还计入退休工资基数。2004 年，省编委明确特殊教育学校师生比为 1 ∶ 4，特殊教育办学队伍有了规范和保障。

校长培训　为提高特殊教育学校校长的业务能力和管理水平，于 1996 年，举办全省特殊教育学校校长培训班。1999 年又举办提高班，邀请国内知名的特殊教育专家到安徽省讲授当代特殊教育的发展趋势、特殊教育学校的管理等方面的内容。

管理干部培训　全省所有市和大多数县（市、区）都配备有特殊教育专（兼）职干部。1998 年，在安庆市太湖县举办为期 5 天的全省特殊教育管理干部培训班，各地、市、县（区）近百名特殊教育专（兼）职管理干部参加培训，省教委副主任金汉杰参加培训班开幕式并讲话。培训班系统传授特殊教育基本知识、特殊教育管理、特殊教育政策法规及残疾儿童少年筛查鉴定等内容。

第五章　劳动就业

在省残联成立以前，安徽省农村残疾人就业情况没有发现记录。城镇残疾人就业情况，据首轮《安徽省志·民政志》记载：1959 年，全省城镇盲人、聋哑人（不包括肢残人）5736 人中，从事各种手工业劳动 3867 人，其中参加固定生产组织 374 人。1974 年，全省城镇盲人、聋哑人 4267 人，安排就业 1566 人，其中国营企业事业单位 526 人、街道生产组 1040 人，就业人数占盲、聋、哑人数 36%。1978 年，全省城镇 18 ~ 30 周岁有劳动能力的盲人、聋哑人 3190 人中，安排就业 1305 人，其中国营单位 520 人，其他方面 785 人，占盲、聋、哑人数 40.9%。1983 年 10 月，民政部、劳动人事部要求各地根据党和国家“三结合”（即民政部门举办社会福利工厂安置、劳动部门介绍或组织指导就业、街道组织生产）的劳动就业方针，继续采取民政部门举办社会福利工厂安置、劳动部门介绍或组织指导就业、街道组织生产等多条渠道，积极地、逐步地解决城镇盲聋哑残青年就业问题。1987 年全省城镇有劳力残疾人就业 4955 人，其中社会福利工厂 3288 人，街道分散安置 1388 人。

省残联成立后，开展残疾人就业状况调查，采取在福利企业中集中安排就业，在机关、团体、企事业组织、城乡经济组织中按比例安排就业，扶持残疾人个人创业等多种方式促进残疾人就业。

第一节　残疾人就业状况

1993 年，省残联、省残疾人福利基金会通过深入到全省 16 个地市、50 多个县、市，调查残联企业、残疾人个体私营企业、厂矿办的残疾人企业，以及康复、劳动就业、特教等工作，并与广大残疾人和基层残疾人工作者进行座谈。通过调查，已就业的残疾人只占 38%。残疾人劳动就业率偏低，残疾人劳动就业稳定性较差，劳动就业层次不高，由于受残疾影响和外界障碍，已就业的残疾人 96% 以上只能从事服务业、修理业、加工业等体力劳动，从事脑力劳动的还不足 4%，远远低于全国脑力劳动者占 8% 的水平。

2006 年 12 月 30 日，省政府新闻办公室主持召开安徽省第二次全国残疾人抽样调查主要数据新闻发布会。根据调查数据显示，安徽省残疾人占总人口的比例为 5.85%，据此推算 2006 年 4 月 1 日零时安徽省各类残疾人的总数为 358.6 万人。全省就业年龄段残疾人总计 130.03 万人，其中男 70.37 万人，女 59.66 万人；城镇就业年龄段残疾人27.1万人,其中男15.2万人,女11.9万人。农村就业年龄段残疾人102.93万人,其中男55.17万人,女47.76万人。

安徽省15周岁及15周岁以上在业残疾人仅占全省同年龄段在业人数的3.23%,其中,男性占3.79%、女性占2.61%。各类残疾人就业率远低于同年龄段的健全人。

在业残疾人中,15周岁及15周岁以上残疾人在业人群男、女性别比为163.40 : 100,女性残疾人在业率远低于男性残疾人在业率。如按行业比较,男、女性别比最大的是在机关事业单位工作及技术人员中的残疾人,比例高达760 : 100;其次为从事商业、服务业的残疾人,比例为500 : 100,再次为从事生产、运输设备操作人员及有关的残疾人,比例为330.77 : 100,第四为从事农、林、牧、渔、水利业者的残疾人,比例为138.26 : 100。在业残疾人当中,女性残疾人职业构成也远不如男性残疾人。如在商业、服务业工作人员中男、女性残疾人的性别比是500 : 100,在机关事业单位及技术人员当中,这一性别比则达760 : 100,而在各类专业、技术人员中,男、女性残疾人的性别比更是高达633.33 : 100。

在业残疾人当中以从事农、林、牧、渔、水利业者为最多,占在业残疾人总数的82.44%,其余依次为从事生产、运输设备操作人员及有关者占8.55%,从事商业、服务业者占6.72%,从事专业技术人员者占1.12%,从事办事人员和有关人员者占0.71%,从事国家机关、党群组织、企业、事业单位负责人者占0.36%,其他占0.10%。

在未就业残疾人中,男女比例为100 : 140.51,其中城镇未就业残疾人占未就业20.66%,男女比例为100 : 137.06。农村未就业残疾人远大于城镇未就业残疾人,女性未就业残疾人多于男性未就业残疾人,农村残疾人和女性残疾人就业难度更大。

从未就业残疾人的类型看,未就业残疾人中所占比例依次是无劳动能力者,占70.73%。其他类型依次是:料理家务者占16.46%,离退休者占8.90%,由于单位原因失去工作者占1.23%,其他占1.08%,在校学生占0.87%,毕业后未工作者占0.33%,本人原因失去工作者占0.33%,因承包土地被征用者占0.08%。

未就业残疾人的主要生活来源状况及构成。未就业残疾人主要生活来源分为:靠离退休金者占8.90%,靠领取基本生活费者占6.41%,靠家庭其他成员供养者占82.34%,靠财产性收入者占0.13%,靠保险收入者占0.08%,其他占2.15%。大部分未就业残疾人的主要生活来源还要靠家庭供养。

第二节　残疾人多形式就业

在城市残疾人就业的主要渠道有在福利企业中集中就业,在机关、团体、企业事业组织、城乡经济组织中按比例就业,因地制宜、因人而异、机动灵活的自愿组织起来就业、个体就业及社区就业。在农村实现就业的主要渠道有残疾人根据自身特点,参加种植业、养殖业或家庭手工业等多种形式的生产劳动以及在乡镇企业和村办企业按比例安排就业。

2010年，全省城镇残疾人就业人数为172546人，按比例就业32132人，占18.62%；个体及其他形式就业108777人，占63.04%。全省农村残疾人就业人数为1077308人，从事农业生产劳动的848616人，占78.77%。2010年在残联系统的就业培训服务机构参加职业技术培训人数中，城镇的为8205人，农村实用技术培训的17319人。登记的实际失业人数为11033人。

城镇残疾人集中就业 集中就业是指残疾人在各类福利企业、工疗机构和盲人按摩医疗等单位劳动就业。福利企业是集中安排残疾人就业的具有福利性质的特殊生产单位。据省民政厅统计，1986—2004年全省先后共录用各类残疾人1.1万多名，其中民政直属福利企业录用2000多人。2001—2004年，平均每年新批福利企业50家。2003年，全省福利企业共完成产值22亿元，同比增长30%，实现利税1.7亿元，同比增长13%。截至2004年年底，全省共有福利企业618家，在岗残疾人职工7000多人，人均年工资达到5600元。大部分福利企业为城镇户口的残疾职工办理养老保险和医疗保险，对生病的农村户口残疾职工，给予一定的医疗补助。

1990年年底，全省共兴办经济实体29个，年产值804万元，年利润52.55万元，安置残疾人267名。省残联以直接投资和挂靠等形式，兴办合肥保险箱厂、合肥压膜厂和合肥星火家具厂3个企业，共安置21名残疾人就业，年产值200多万元，利润20多万元。淮北市残联以挂靠形式，兴办福利综合厂、福利印刷厂、福利五金批发部3个经济实体，安置12名残疾人就业，年产值20万元，利润4万元。马鞍山市残联兴办的市福利铸造厂，安置10名残疾人就业，产值达19万元；开办的飞虹五金商店，安置8名残疾人就业，销售额达15万元，利润1.9万元。

1991年3月9日，省政府办公厅召开合肥地区部分大中型企业负责人座谈会，就兴办福利企业和安置残疾人就业等情况交流经验，总结三条好办法，即以大中企业带福利小厂；大中企业所需零件在同等质量的前提下，优先安排福利厂生产；福利小厂由政府部门主办，与大中企业挂钩，实行配套生产等。截至1991年年底，全省残联组织共兴办福利企业72家，年产值1470.85万元，利润达116.57万元，安置残疾人656人。省残联的直属企业在1990年的基础上又有所发展，年产值约50万元，利润10万元，新招收残疾人10人。省残联还本着“取之于民、用之于民”的原则，把有限的资金用来扶持地方福利企业，以投资合股的形式与黄山市残联各投资5万元兴办“梦笔书斋”（包括房地产权），年纯收入1万元。

1992年，全省残联按照国家的规定，兴办以安排残疾人劳动就业和弥补残疾人事业经费不足为目的的经济实体。省残联兴办1个公司、2个厂、2个店，安置残疾人就业。淮南市残联兴办1个小煤矿，年收入近5万元，有挂靠企业6家，安排18名残疾人就业。宿县地区社会福利企业发展到38家，安置残疾人410人，创年产值2500万元，获利润200多万元。芜湖市残联社会筹集30万元，兴办全省首家福利事业公司——安达福利事业公司，安置残疾人24人，占职工总数的52%。

1993年，省政府批转《安徽省残疾人事业“八五”计划纲要》，指出进一步办好社会福利企业，民政部门、残疾人组织和街道、乡镇要坚持以安排残疾人就业为办厂方向，政府有关部门要制定措施，扶持社会福利企业的生存和发展，发展盲人推拿医疗事业，1996年以前每个地、市都要建立工疗站。省残联按照“以社会各界捐助为基础，以创办经济实体使基金增值为主导”的方针，制定关于兴办经济实体方案，并同省工商局、省税务局联合制订《关于兴办残联企业若干问题的规定》，争取有关部门的支持，理顺残联办企业的关系，使各级残联兴办经济实体有政策依据和保证，以调动各级残联办企业的积极性。省残联在对原有直属企业进行整顿、调整的基础上，兴办机关劳动服务公司、安徽省华夏服饰公司，解决安徽省残疾人用品商店的承包问题。同时，采取参股、联办、挂靠等方式，发展直属企业。新办的直属企业一年可获利50多万元。1993年6—9月份，赵怀寿、张汶祥等带队分别赴全省各地调研、检查、指导、发动。先后考察13个地市、30多个县（市）、100多个残疾人组织办的企业和残疾人私营企业、个体户。10月，省残联在淮南市召开全省残联兴办经济实体座谈会。省残联主席团主席赵怀寿在会上作题为《兴办残联企业，促进我省残疾人事业更快发展》的讲话，从以经济建设为中心的理论高度论述办经济实体的重要性、必要性、可行性，指明办经济实体的方向、途径、任务和目标。会议交流各地办经济实体的做法和经验，参观淮南市残联、凤阳县残联办的5家企业。全省残联企业蓬勃发展，涌现出7位残疾人私营企业主。他们是黄山市的安徽省黄山烟草商标印刷总厂厂长许新生、宣州市的安徽省宣州市黄渡机械厂厂长汪礼龙、霍邱县的洪集乡经营汽车运输和精米加工厂的姚启宏、临泉县的安徽省临泉县保健食品厂厂长柳西久、颍上县的残联同济实业有限公司总经理朱忠合，凤阳县的福利粮油食品加工厂贸易总公司总经理张学礼和凤阳县府城镇经营旅社服务业、烟酒日杂批发的盲人水巨洋。这些私营企业主大多数都有百万元以上的资产。据不完全统计，各地、市、县残疾人组织直接办的各类经济实体由换届时的72个发展到1993年的137个，安置残疾人就业871人，累计创利润139万元。

到1994年年末，发展残疾人经济取得明显成效，全省共有残联企业238家，比上年增加101家；安置残疾人1049人，比上年增加178人；销售收入7334.6万元，实现利税748.566万元；地市县残联共获纯利润314.4万元，比上年增长141.8%，超额完成年初制定的300万元目标。铜陵市全市22家残联企业，安置残疾人100人，年销售额825万元，实现税利123.3万元，残联获纯利润22.23万元；滁州市残联在清理挂靠企业的同时，选择有效益的企业进行投入，将其转制为残联企业，全市残联企业达33家且大多有较好的效益；旌德、当涂、芜湖、宿县、枞阳、阜南、萧县等县和铜陵市狮子山区办的残联企业效益明显、潜力较大，发展势头也很好。1994年，全省有残疾人个体私营企业13200家，从业残疾人14400人。

1996年，省残联将一些具备条件的附属企业改制为股份合作制企业，把康复扶贫与发展残疾人经济有机地结合起来，重点扶持效益好、辐射面大、能直接带动脱贫致富的项目。1996年全省残联企业422家，比1995年增长10%；安置残疾人3870人，比1995年增长10.6%；全年销售收入19393万元，实现利税1343万元，分别比1995年增长9.3%、10.8%。

至1997年年底，全省残联企业有422家，实现销售收入2亿元，利税1540万元，安置3870多名残疾人就业，保持上年的发展水平；全省残疾人个体私营企业发展到5.5万家，就业人员8万多人，分别比上年增长147%和162%；全省50万元资产以上的私营企业34家，比上年增长79%，资产百万元以上的有12家。

2003年审批福利企业23家，集中安置残疾人就业237人。在同年福利企业的改制中，铜陵市为全市福利企业中333名残疾职工办理养老保险和医疗保险，为符合退休年龄的15名残疾职工办理社会保障，使他们能按月足额领取退休金。

2004年8月，全省残疾人劳动就业工作电视电话会议提出，不断推进福利企业的改制力度，切实维护残疾人的合法权益，加大对福利企业的改制力度，积极落实国家对福利企业的优惠政策。

2007年2月，国务院颁发《残疾人就业条例》。6月，财政部、国家税务总局联合下发《关于促进残疾人就业税收优惠政策的通知》。同时，国家税务总局、民政部、中国残联下发《关于促进残疾人就业税收优惠政策征管办法的通知》，民政部下发《关于印发〈福利企业资格认定办法〉的通知》，将集中安排残疾人就业单位的概念延伸至政府和社会依法兴办的残疾人福利企业、盲人按摩机构和其他福利性单位，鼓励社会各界兴办残疾人福利企业。安徽省在实施国家关于残疾人集中就业和福利企业政策规定的同时，积极落实福利企业税收优惠政策，推动福利企业发展，促进残疾人集中就业。

2009年，全省各类福利企业个数为400多家，安排各类别残疾人集中就业近8000人；2010年和2011年，全省各类福利企业数皆近500家，安排各类别残疾人集中就业皆有8000余人。

城镇残疾人按比例就业 1991年5月15日，《中华人民共和国残疾人保障法》正式颁布实施，明确规定分散按比例安排残疾人就业的内容，具体比例数由各省按各自实际自行规定。

1996年2月1日，《安徽省按比例安排残疾人就业办法》经省政府第92次常务会议通过。3月27日，省长回良玉签署该办法，以省政府第71号令公布，自1996年10月1日起施行。“办法”规定：有本省常住户口、符合国务院规定的残疾标准、已到法定就业年龄、本人有就业要求、有一定劳动能力、生活能自理的无业残疾人，为按比例安排就业的对象。本省行政区域内的机关、团体、企业（包括国有企业、集体企业、合资企业、外资企业、乡镇企业、私营企业，下同）事业组织、城乡集体经济组织（以下统称用工单位）按不低于本单位上一年度在职职工（含合同制工、临时工）总数的1.5%的比例安排残疾人就业（一名盲人按两名残疾人计算）。各级残疾人劳动就业服务机构负责对用工单位按比例安排残疾人就业情况进行审查，向达不到规定比例的单位发出《残疾人就业保障金交款通知书》（以下简称通知书，《通知书》由省残联统一印制）。单位收到《通知书》后，应按规定向残疾人劳动就业服务机构交纳残疾人就业保障金。逾期不交或不足额交纳的，除限期补交外，并按日加收5%的滞纳金。

2002年12月4日，省政府法制办公室召开省政府71号令修改论证会。2004年5月24日，省长王金山主持召开省政府第13次常务会议，审议并原则通过《安徽省按比例安排残疾人就业办法》修改草案。5月30日，省政府以165号令印发《安徽省按比例安排残疾人就业办法》，7月1日正式实施。6月22日，省政府新闻办就《安徽省按比例安排残疾人就业办法》的贯彻实施召开新闻发布会。8月18日，省政府召开贯彻实施省政府165号令电视电话会议。副省长徐立全出席会议。8月18—24日，省政府法制办公室、省劳动社会保障厅、省财政厅、省统计局、省残联共同举办《安徽省按比例安排残疾人就业办法》学习培训班。165号政令规定：本省行政区域内的国家机关、社会团体、企业、事业单位和其他社会组织（以下统称用人单位）按不低于本单位上一年度从业人员总数的1.5%的比例安排残疾人就业。未安排残疾人就业和安排残疾人就业未达到规定比例的用人单位，按年度交纳残疾人就业保障金。每少安排一名残疾人，按当地县级以上统计部门统计的上一年度本地区从业人员年平均劳动报酬标准交纳残疾人就业保障金。用人单位安排残疾职工差额不足一人的可免予安排，仍需按差额比例计算并交纳残疾人就业保障金。

2005年9月7日，省残联、省劳动社会保障厅联合印发《关于将按比例安排残疾人就业纳入劳动保障监察的通知》，2006年10月26日至11月6日，省政府法制办公室、省地税局、省财政厅、省劳动社会保障厅、省统计局、省残联联合开展按比例安排残疾人就业执法督查。

2010年，全省城镇残疾人就业人数为172546人，按比例安排就业32132人，占18.6%，其中本年度新安排就业人数3323人。通过依法实施按比例安排就业，分散到社会各单位就业的残疾人累计就业人数增加不明显。

2011年，全省城镇残疾人就业人数为183811人，按比例安排就业31041人，占16.9%，其中本年度新安排就业人数3134人。

个体就业创业与万人就业工程　扶持残疾人个人创业，是残疾人实现稳定就业和脱贫致富的重要途径。从2007年开始，省残疾人福利基金会就在省内池州等地，试点扶持残疾人兴办个人私营企业和对残疾人个人创业进行帮扶。在此基础上，是年3月23日，省残联“万人就业工程”启动仪式在合肥举行。3月28日，省委组织部、省财政厅、省残联联合印发《安徽省残疾人“万人就业工程”实施方案》，无偿扶持安徽省城乡有就业愿望、有就业能力、有就业条件，在就业年龄段（16～60周岁）尚未就业或就业基础极其脆弱的贫困残疾人从事种植、养殖、加工、修理、餐饮、盲人医疗按摩等行业和职业。在全省扶持11500名残疾人，每人无偿提供1000元资金。2008年6月19日，省委组织部、财政厅、省残联联合印发《安徽省残疾人“万人就业工程”实施方案》，进一步完善扶持的方式方法。8 月 5 日，省残疾人福利基金会三届第二次理事会决定在当年投放 10 万元扶持 100 户残疾人发展个私经济的基础上，从 2009 年开始，每年拿出 20 万元，在全省扶持 200 个残疾人个体户，并归纳 10 大类、80 种适合残疾人发展的小项目，引导残疾人自主就业。2007—2011 年共投入扶持资金 5670.45 万元，扶持 56004 名残疾人创业就业。

2007—2011 年安徽省残疾人“万人就业工程”实施情况统计表

表 5-1

单位名称	2007 年度		2008 年度		2009 年度		2010 年度		2011 年度	
	扶持人数（人）	扶持资金（万元）	扶持人数（人）	扶持资金（万元）	扶持人数（人）	扶持资金（万元）	扶持人数（人）	扶持资金（万元）	扶持人数（人）	扶持资金（万元）
合肥市	1000	100	1300	130	2000	200	2200	220	2200	220
淮北市	1000	100	600	60	300	30	400	40	400	40
亳州市	600	60	600	60	500	50	500	50	500	50
宿州市	600	60	500	50	400	40	400	40	400	40
蚌埠市	500	50	500	50	400	40	400	40	400	40
阜阳市	900	90	900	90	700	70	700	70	700	70
淮南市	600	60	1200	120	1200	120	600	60	600	60
滁州市	1000	100	900	90	700	70	600	60	600	60
六安市	900	90	900	90	700	70	600	60	600	60
马鞍山市	400	40	400	40	400	40	500	50	500	50
巢湖市	600	60	600	60	500	50	500	50	500	50
芜湖市	600	60	1000	100	1000	100	800	80	800	80
宣城市	600	60	500	50	400	40	300	30	300	30
铜陵市	402	40.2	501	50.1	550	82.5	551	82.65	300	45
池州市	600	60	500	50	400	40	300	30	300	30
安庆市	900	90	900	90	800	80	700	70	700	70
黄山市	500	50	600	60	500	50	300	30	300	30
合　计	11702	1170.2	12401	1240.1	11450	1172.5	10351	1062.65	10100	1025

盲人按摩就业　盲人按摩就业一直是视力残疾人就业的一个主要途径。20 世纪 60 年代，省及安庆等地盲人、聋哑人协会就注重培训盲人按摩医生，筹建按摩诊所。1989 年，合肥、芜湖、安庆、淮南、马鞍山、亳县、铜陵、繁昌、宣州、泾县、宿州等市、县先

后建立 32 所盲人按摩诊所和按摩医院。2009 年,开办保健按摩培训班 23 期,培训盲人 674 人。通过培训,其中 387 人获得盲人保健按摩初级职称，236 人获得盲人保健按摩中级职称，51 人获得盲人保健按摩高级职称。至 2009 年年底,全省有各类盲人按摩机构 520 多个,盲人按摩从业人员达 2100 余人,经过培养、培训的盲人按摩人员就业率达到 100%。其中,医疗按摩机构 42 家、按摩学校 3 所、从事盲人医疗按摩人员 115 人。

在技术职称认定初期,安徽省对盲人医疗按摩师技术职务的认定,是与正常人的医疗技术职称资格认定一起进行的。由于盲人的生理条件实际上难以满足相应职称认定的要求,安徽省一直没有开展对盲人医疗按摩人员的技术职称评定。1997 年,中国残联、人事部、卫生部、国家中医药管理局出台《关于盲人医疗按摩评聘专业技术职务有关问题的通知》,对医疗技术人员职称认定予以规范。2007 年 10 月,省残联、省人社厅、省卫生厅联合印发《安徽省盲人医疗按摩初、中级专业技术资格评审标准条件(试行)》。2008 年 3 月,安徽省正式开始盲人医疗按摩专业评定技术职称申报工作。8 月 29—30 日,安徽省在合肥市邮政宾馆举行首届盲人医疗按摩专业中初级职称评审考试。来自全省 16 个市的 120 名盲人和低视力残疾人分别参加盲人按摩医士、医师和主治医师 3 个级别的考试。本次考试由安徽省盲人医疗按摩专业中初级职称评审委员会举办,省残联牵头承办。为此省残联专门成立考评领导小组,具体负责考评工作事务。考试方法采取理论和实践相结合,并采取新盲文、老盲文、大汉字(弱视者)3 种文字类型。考前在网上公布考试复习提纲,考后进行考试成绩公示。9 月,组织 8 名专家对达到合格线的盲人进行评审,产生医士 40 名、医师 20 名、主治医师 23 名,并在网上对评审结果进行公示。

2009 年 8 月 18 日,省残联下发《关于开展盲人医疗按摩专业技术资格评审工作的通知》,对全省 84 名盲人开展盲人医疗按摩职称培训、考试和评审。同年 12 月 20 日至 12 月 25 日,省特殊教育中专学校在合肥进行盲人医疗按摩人员专业技术资格考试及学习交流活动。84 名盲人通过考试,产生主治医师 14 名、医士 28 名、医师 42 名。

同年 8 月,中国残联、卫生部、人力资源和社会保障部联合印发《盲人医疗按摩人员管理办法》,规定从 2010 年起盲人医疗按摩人员必须参加全国统一考试、统一阅卷、统一发证后方可参加职称评审,省残联、省卫生厅、省人社厅、联合转发卫生部等 4 部门印发的《盲人医疗按摩管理办法》。2010 年,又转发《关于贯彻实施〈盲人医疗按摩管理办法〉的意见》到各县市区残联和卫生、人事部门,转发《盲人医疗按摩人员考试暂行办法》并提出 9 条贯彻意见。按照中国残联《关于成立全国盲人医疗按摩人员考试委员会的通知》,省残联、省卫生厅、省人社厅联合下文,成立“安徽省盲人医疗按摩人员考试领导小组”,下设办公室,具体负责盲人医疗按摩人员考试的各项事务。制定《安徽省盲人医疗按摩人员考试考务工作实施方案》和考务人员、考官配置方案。成立保密组、后勤组、考务组、安全医疗保障组。制定《安徽省盲人医疗按摩人员考试考务人员职责》《安徽省盲人医疗按摩人员考试安全保密管理细则》《安徽省盲人医疗按摩人员考试违规处理规定》等，组织32名信息录入员，参加中国残联在西安举办的盲人医疗按摩人员考试考务管理系统培训考试，下发《关于做好全省盲人医疗按摩人员考试报名工作的通知》，确定71名资格合格人员参加考试。组织3名中医学院专家，赴京参加中国残联组织的师资培训，组织34名考务人员和考官，参加中国残联赴安徽省进行的考务人员和考官的培训。

2010年11月20日，安徽省2010年度保健按摩师中、高级“国家职业资格”考试考务工作在省特殊教育中专学校进行。全省48名残疾考生参加盲人保健按摩师中级、高级两个级别的国家职业资格考试。考试期间国家中医药管理局副局长李大宁，在省残联理事长张纯和、省中医药管理局局长董明培的陪同下，对安徽省考试工作进行现场巡考、督察和指导，省卫生厅、省中医药管理局、省人社厅等有关负责人也一同参加巡视。2011年，56名盲人报名参加考试，两年间有32名盲人取得资格证书。

其他形式就业 其他就业形式包括公益性岗位就业、专场招聘会、就业援助、劳务输出、就业推介、基地带动等，这些都是灵活安排残疾人就业的渠道和方式。

2005年始，安徽省出现通过网络服务、网络销售等形式就业的残疾人，其中最具代表性的是合肥市蝶恋品牌服饰创始人、CEO——崔万志。崔万志是安徽合肥人，出生于1976年，因患有小儿麻痹症，导致下肢残疾，妻子李丽梅从小失聪。2001年，崔万志开一个网吧，开始接触到电子商务。2008年，注册蝶恋公司。该公司是专门从事电子商务、网络零售的公司。发展到2011年，有电子商务运营团队110人，直接带动创业就业员工500人左右，公司残疾人员工占20%左右。是年，被评为全球网商30强。

2006年8月22日，省残联、省民政厅、省财政厅、省劳动社会保障厅联合印发《关于在全省开展选聘社区残疾人专职委员工作的通知》，在全省城市社区开展选聘残疾人专职委员工作，让残疾人就近就便在社区公益岗位就业。截至2011年年底，全省有13000名残疾人在残疾人专职委员岗位上工作。蚌埠市将残疾人就业工作主动与社区就业工作平台对接，充分利用社区公共资源，积极开辟服务性岗位，优先安排残疾人就业，在各社区先后开发卫生保洁、车棚管理、便民值班等适合残疾人的工作岗位，禹会区为57名有劳动能力的残疾人解决就业问题。

2008年，太湖县人朱林寿，在太湖县建设五千年文博园，文博园内创建一座残疾人艺术馆，吸纳30多名残疾人进行艺术创作。残疾员工的主要作品有烙画、千瓷画、干草画等，作品在艺术馆里陈列，并参加全国残疾人职业技能竞赛、美展。

2008年5月16日，省残联、合肥市残联联合主办残疾人就业现场招聘会。2009年1月16日，省暨合肥市举办2009年首场残疾人就业招聘会。24家用人单位为残疾人提供170多个岗位，300多位残疾人参加招聘，达成就业意向110人。5月17日，省暨合肥市残联在省博物馆举办2009年第二次残疾人专场招聘会，64家企业共提供450多个招聘岗位，达成就业意向308人。2009年9月29日，省残联、合肥市残联与合肥市经济技术开发区社会管理局在海恒社区联合举办“省暨合肥市首届送岗位进社区残疾人用工招聘会”,达成就业意向23人。12月30日,省残联、合肥市残联、包河区残联联合举办“省暨合肥市第二次送岗位进社区残疾人用工招聘会”,达成就业意向31人。

2010年,省残联按照人力资源和社会保障部、中国残联《关于开展2010年就业援助月活动的通知》和中国残联《2010年残疾人就业援助月活动实施方案》的要求,采取多种灵活形式开展援助活动。省残联与省人社厅等部门联系沟通,研究制定就业援助月活动的工作方案,并联合下发《关于开展2010年就业援助月活动的通知》,对就业援助月活动等各项工作进行部署,明确目标和任务,提出具体要求。省残联与省、合肥市人力资源和社会保障部门协商,于2010年1月10日,在合肥市人民广场共同举办“2010年就业援助月活动启动仪式”,活动主题是“就业援助进家入户,帮您解决就业困难”。省残联、合肥市残联在活动期间组织举办不同形式的残疾人就业招聘会,510家用人单位提供1万多个就业岗位,3000多名残疾人参加应聘,达成就业意向近1000名。与此同时,全省各地组织开展40多场残疾人就业专场招聘会、残疾人就业培训会等专项服务活动,2000多家用人单位、5万多名残疾人参会。

全省各地积极探索不同类型的劳务输出,把残疾人集中输送到外地企业。2007年,省残联与江苏、浙江、湖南等地企业联系,根据其用人需求量,组织安排残疾人岗前培训和劳务输出。2007—2011年,蚌埠市先后将532名残疾人输送到江浙经济发达地区的企业务工,并每年对残疾人外出务工集中的单位进行不定期的跟踪走访服务,了解他们的工作强度、生活环境及工资福利情况,帮助他们与厂方协调相关问题,维护他们的合法权益,为他们提供一个宽松、稳定的在外务工环境。如在浙江嘉兴一家大型福利企业就安置80多名蚌埠籍的残疾青年,不少优秀的残疾人已成为该企业的管理人员和生产车间的班组长、业务骨干。安庆市建立省外就业培训基地,于2007—2011年先后向江苏、福建、浙江、上海等地福利企业输送残疾人3500余人次。省残疾人劳动就业服务中心从合肥、六安、黄山、池州、阜阳、滁州、淮南等市、县选招一批残疾程度较轻、文化程度较高,有一定特长的残疾人,举行4次残疾人用工招聘会,陆续输送260名残疾人分赴浙江宁波力隆集团、嘉兴吉安纸容器有限公司等企业就业,招收的残疾职工主要在技术含量相对低、安全系数高的装配工、杂务工等岗位工作。一经录用,按岗论酬,人均月收入在500～1200元不等。企业免费为残疾职工提供住宿条件,并按国家规定办理养老和意外伤害保险。走上工作岗位的残疾人都懂得珍惜来之不易的机会,勤恳工作,有的通过自身努力,被聘任到管理、财务、保管等重要岗位。

相当一部分残疾人由于自身和家庭的原因,不适合到离家较远的地方就业,各级残联组织就因地制宜打造基地带动就业。如合肥市,全市通过基地实现就业的残疾人达730余人。蜀山区以“开店设摊”等形式帮助残疾人个体从业,打造6条“残疾人就业示范一条街”、53个残疾人就业示范点。截至2011年,全省开创残疾人扶贫基地124个,直接安排残疾人就业6590人,带动残疾人就业1220人。

2011 年，安庆市残联针对多数聋儿家庭十分贫困、无力承担聋儿训练期间的生活开支等情况，实施“在训聋儿陪读母亲就业工程”。将市开发区一家以手工制作工艺品为主的企业确定为“无就业能力残疾人亲属就业实训基地”，安置 25 名聋儿陪读母亲集体上岗，每月人均收入在 1500 元以上。

第三节　就业服务机构与信息网络

残疾人就业服务机构是为残疾人就业提供服务的专门机构，接受劳动部门的业务指导，是国家劳动就业服务体系的组成部分。1996 年，成立省残疾人劳动就业服务中心，至 2011 年全省各市、县皆成立残疾人就业服务机构。自 2005 年始，省及各级残疾人就业服务机构开始建设残疾人就业信息网。

就业服务机构　1996 年 8 月 12 日，省编办批复同意成立省残疾人劳动就业服务中心，为省残联直属副县级事业单位。首任中心主任魏云惠。当年，省残联转发省编办批复，要求各地成立残疾人劳动就业服务机构。2007 年 11 月 21 日，省编委同意将省残疾人劳动就业服务中心由副处级升格为正处级。2009 年，开始推进机构规范化建设。按照中国残联《关于进一步加强残疾人就业服务机构规范化建设的实施意见》的要求，省残疾人劳动就业服务中心对全省残疾人就业服务机构的名称、编制、性质、职能、级别、内设机构、服务面积等情况进行调查。调查结果显示，安徽省市级残疾人就业服务机构名称有 4 种，即残疾人劳动就业服务部、残疾人就业管理办公室、残疾人劳动就业服务中心、残疾人劳动就业指导中心。工作人员 72 人，其中有编制的 63 人，无编制的 9 人。在 17 个调查单位中，全额拨款事业单位 7 个，占 41.12%；差额拨款事业单位 3 个，占 17.65%；自收自支单位 3 个，占 17.65%；其他 4 个，占 23.53%。17 个调查单位的基础设施，用于服务的面积平均约为 317.94 平方米，最大的为 3000 平方米，最小的仅为 15 平方米。其中有 9 个单位租场地开展就业服务。

2010 年，着手制定就业服务机构岗位设置具体实施方案。依照省人社厅核准的岗位设置方案的精神，结合省残疾人劳动就业服务中心工作人员配备的实际需要，兼顾现有人员结构状况，制定《省残疾人劳动就业服务中心岗位设置实施方案（草案）》，对岗位情况、岗位任职条件、岗位设置实施名称、等级、职责任务、岗位的聘用和补充、岗位设置的实施方法、步骤及组织领导等内容作出具体规定。

2011 年，省残联联合省编办、省发改委、省人社厅、省财政厅，出台《关于加强残疾人就业服务能力建设的通知》，加强各级残疾人就业服务机构人员队伍和服务环境建设，规范就业服务机构工作程序，明确工作职责和服务要求。

就业信息网络　2005 年前，就业服务机构依靠人工收集、查询用工信息，技术手段落后，掌握用工信息少。为提供快捷、方便的服务，组建残疾人就业信息网，对规范残疾人就业服务管理，搭建残疾人就业服务现代化平台，提高残疾人就业服务效率和水平起着重要的作用。2005年,省及各级残疾人就业服务中心组织实施残疾人就业软件开发工作,完善用人单位的档案资料及就业服务设施。对用人单位的档案资料认真核查,输入电脑存档。省残疾人劳动就业服务中心完善就业大厅基本服务设施,安装电子信息查询触摸屏,将有关政策法规和就业信息等内容输入系统,搭建新的残疾人就业信息平台。

2006年始,全省残疾人就业服务机构开始筹建残疾人就业信息网络。购买和安装《残疾人就业信息管理系统》软件,做好档案管理,建立用人单位信息库。争取与税务、劳动、人事部门联网,做到资源共享。截至2011年年底,信息库已录入用工单位1400余家,残疾人就业资料400多人,录入收缴保障金票据150个单位,残疾人求职登记信息44名。

2007年7月,省残联与《安徽市场报》合作,在该报开辟"残疾人就业绿色通道"专栏,为残疾人与各用人单位搭起一个供需平台。

2010年年初,残疾人就业管理软件开发就绪。省残疾人就业服务中心派员全程协助参与该系统的就业年审、残疾人求职、用人单位招聘信息管理三个模块的开发,经过反复修改和论证,综合管理系统于2011年年初正式投入使用。

2011年开始,开展城镇残疾人就业和职业培训实名制管理工作。全省组织各乡镇、社区残疾人工作者按《城镇残疾人就业和职业培训状况调查登记表》的要求,进行有针对性的调查摸底。从1月开始,各县、乡、村三级残联工作人员深入困难残疾人家庭,了解重点援助对象的就业需求,确保就业援助对象准确、无漏,为就业困难对象提供"一对一"的服务和帮扶。共走访登记残疾人员家庭12000多户,登记各类适龄城镇残疾人12590人,其中实现稳定就业的5636人。通过家庭申报、社区走访,实名制掌握城镇就业年龄段残疾人就业、失业底数和培训需求。各市、县、区在开展就业援助登记后,对辖区登记的残疾人均按照残疾类别、求职岗位等内容进行分类归纳,按照相关规定进行登记认定,确定需要就业培训帮扶人员名单,为新增就业残疾人建立台账,进而开展有针对性的形式多样的就业援助。登记信息与省残疾人基本信息数据系统完成系统间的数据对接,实现一次录入、自动生成、信息共享。

组织实施基层残疾人就业指导员远程培训工作。为进一步贯彻《中共中央国务院关于促进残疾人事业发展的意见》和国务院办公厅转发《关于加快推进残疾人社会保障体系和服务体系建设的指导意见》,抓好残疾人专职委员队伍建设,培育基层残疾人工作者队伍,提高为残疾人服务的能力,按照中国残联的统一部署,经过多次与各市残联劳动服务机构协商,在一个月内完成培训指标任务258人,并组织集中收看开学典礼网上直播,全面落实就业指导员远程培训工作。截至2011年年底,在线学习学员共有139人。

第六章　扶贫与社会保障

20世纪80年代中期始，国家在全国范围内开展有组织、有计划、大规模的扶贫工作，实现从救济式扶贫向开发式扶贫的转变。1994年，国务院出台《国家八七扶贫攻坚计划》，实施后至1998年已使300万名贫困残疾人解决温饱。此时，贫困残疾人仍约占全国贫困人口的三分之一，事关国家扶贫攻坚的全局。为此，国务院扶贫开发领导小组、中国人民银行、财政部、中国农业银行、中国残联共同制定《残疾人扶贫攻坚计划（1998—2000年）》。安徽省及时召开扶贫工作会议，实施康复扶贫贴息项目，制订并实施农村残疾人扶贫开发等计划，组织实施扶贫工作。2001年，国务院扶贫办、财政部、中国人民银行、中国农业银行、中国残联共同制定印发《农村残疾人扶贫开发计划（2001—2010年）》。安徽省残联会同有关单位制定《安徽省农村残疾人扶贫开发规划（2001—2010年）》，把农村残疾人扶贫进一步纳入各级人民政府扶贫工作计划，予以实施。

社会保障是维系社会稳定的社会安全制度。20世纪50年代，《高级农业生产合作社示范章程》明确“五保”的内容。1984年，《安徽省农村五保户供养暂行规定》出台，规定供养农村“五保”户制度。至1998年年底，全省所有的地级市、县级市及县城全部建立城市居民最低生活保障制度。1999年，国务院颁布的《城市居民最低生活保障条例》在全国正式实施。2002年，安徽省颁布施行《安徽省城市居民最低生活保障实施办法》。2004年，安徽省建立农村特困群众生活救助制度。2005年在淮南等市开展建立农村低保制度的试点工作，继而在全省率先出台《淮南市农村居民最低生活保障试行办法》。2007年，安徽省政府在《关于实施十二项民生工程促进和谐安徽建设的意见》中，位列第一项的即是“建立农村居民最低生活保障制度”，并下发《安徽省农村居民最低生活保障暂行办法》。最低生活保障制度在安徽覆盖全省城市和农村居民。

改革开放以后，国有企业改革力度加大，传统的单位保险已不能适应改革的需要，非公有制企业或个体户养老保险问题如何解决也需要国家统筹考虑。通过逐步探索，国务院于1997年颁布《关于建立统一的企业职工基本养老保险制度的决定》，安徽省政府于同年12月印发《安徽省统一企业职工基本养老保险制度实施方案（试行）》，规定各类城镇企业的所有职工及城镇个体劳动者，均要参加城镇职工基本养老保险，统一企业职工养老保险制度。

第一节　农村残疾人扶贫与社会保障

安徽省历来重视对农村残疾人扶贫，开展扶贫试点，发展扶贫经济，制定并实施扶贫规划，采取帮带等多项措施，予以扶贫。在全省农村建立居民最低生活保障制度、"五保"户供养制度等社会保障制度，解决农村贫困残疾人基本生活问题。并开展新型农村社会养老保险试点工作等。

农村残疾人扶贫　1988 年以前，安徽省主要是通过单一救济方式解决农村贫困残疾人基本生活问题，使这一社会最底层人群的生活状况达到当地人群中等生活水平及偏下的程度。

1988—1993 年，随着农村改革的深化，经济的发展，党和政府更关注农村贫困残疾人的生活困难。农村残疾人扶贫实现 3 个转变：即由单纯"输血式"救济式扶贫向扶持有劳动能力的贫困户发展生产、提高有劳动能力贫困残疾人自身"造血"功能转变；由单纯依赖政府行政手段扶持为主向政府力量和社会力量共同以经济手段扶持为主转变；由扶助贫困残疾人农户发展自给性生产向重点扶持贫困县发展上规模的农业产业化企业，以安置、扶持、带动贫困残疾人增加经济收入为主转变。同时，也开始由单纯扶持贫困残疾人家庭发展种养殖业向发展第二产业、第三产业转变。1992 年，省残联开始协商省农行、省扶贫办在全省部分地区试点康复扶贫贷款贴息项目的实施，即根据国家确定的贫困县经营场所在农村的农业产业化企业安置贫困残疾人的数量，确定对该企业给予一定额度的康复扶贫贴息贷款，所需贴息资金由中央财政供给。

1994—2000 年，随着经济发展提速，贫困线的标准不断提高，农村贫困残疾人与同一地区其他农民的收入进一步拉大，已经脱贫的残疾人农户返贫现象比较严重。面对这一问题，国家为实现共同富裕的目标，国务院于 1994 年 3 月出台《国家八七扶贫攻坚计划（1994—2000 年）》（"八七"的含义是：对当时全国农村 8000 万贫困人口的温饱问题，力争用从 1994 年到 2000 年计 7 年左右的时间基本解决）。1994 年 6 月 2 日，安徽省全省康复扶贫工作会议在铜陵县召开，省政府残工委副主任、省残联主席团副主席张汶祥出席会议并讲话，省财政厅、省农行、省扶贫办负责人参加会议。1995 年 6 月 9—15 日，由中国残联、中国农业发展银行共同主办的全国残疾人康复扶贫工作会议在铜陵市召开，国务院扶贫开发办、中国人民银行、中国农业发展银行、财政部、中国残联等部门领导，各省、自治区、直辖市和计划单列市农业发展银行、残联负责人出席会议，安徽省副省长杨多良出席会议。这两次会议的召开，标志着党和政府对农村残疾人的扶贫工作上升到扶持政策制定、具体扶持措施必须落实的重要阶段，残联在农村贫困残疾人的扶贫开发工作中承担越来越多的作用。当年，也是省残联正式实施康复扶贫贴息贷款项目予以开发式扶贫的开始，此后每年贷款额度逐年增加。

1996 年 10 月 19 日，在全省扶贫开发工作会议上，省委书记卢荣景指示："在扶贫工作中要把对残疾人的扶持作为一项重要内容，认真抓好。对有劳动能力的残疾人，要在资金、技术上给予重点帮扶，逐步增强他们自强、自立、自我发展能力。”省长回良玉强调：“应当高度重视残疾人贫困户的温饱问题。各地都要把有劳动能力的残疾人贫困户列为扶持对象，帮他们尽快摆脱贫困。”

1998 年 4 月，国务院扶贫开发领导小组、中国人民银行、财政部、中国农业银行、中国残联共同制定《残疾人扶贫攻坚计划（1998—2000 年）》。同年 10 月，国务院残疾人工作协调委员会、国务院扶贫开发领导小组办公室、中国人民银行、财政部、中国农业银行、中国残联联合下发《关于印发〈农村残疾人扶贫开发实施办法（1998—2000 年）〉的通知》。安徽省残联协商相关部门积极贯彻文件精神，使农村残疾人扶贫开发工作进入一个新阶段。各地开始明确任务指标，摸清扶持对象数量，增加资金投入，实行目标责任制管理。各级政府明确残疾人扶贫开发工作的指导方针为：政府主导安排资金由扶贫办统一组织实施，有关部门、妇联、共青团、信用社、扶贫社等开展多种形式的扶贫活动，扶贫经济实体、扶贫基地辐射带动贫困残疾人户，党政机关、团体、企事业单位定点包乡、包村，党员、干部结对包户，开展“四帮一带”（帮助筹措资金、帮助落实优惠政策、帮助选好项目、帮助学好技术，带动贫困残疾人脱贫）活动。5 月 12 日，省人大常委会副主任吴天栋、省政府副省长杨多良、省政协秘书长胡继铎及省扶贫办、中国人民银行安徽省分行、省财政厅、省农行、省残联等省直单位负责人，出席全国残疾人扶贫攻坚电视电话合肥分会场会议。5 月 17 日，安徽省开展主题为“扶贫解困”第八次全国助残日活动。

安徽省各级人民政府及相关部门在执行《国家八七扶贫攻坚计划》期间，于 1994—2000 年，直接扶持贫困残疾人到人到户，使用资金 20 余万元，扶持 850 户贫困残疾人发展种养殖业和庭院经济；实施康复扶贫项目贷款 27 个，落实康复扶贫贷款 3000 万元，扶持贫困残疾人 5400 人，其中实现脱贫 4800 人。

2001 年，国务院扶贫开发领导小组办公室、财政部、中国人民银行、中国农业银行、中国残联共同制定印发《农村残疾人扶贫开发计划（2001—2010 年）》。安徽省残联会同有关单位制定《安徽省农村残疾人扶贫开发规划（2001—2010 年）》。安徽省计划明确提出，在 10 年内对农村 40 万名绝对贫困残疾人及 30 万名返贫及低收入残疾人，扶持帮助其中 80% 有劳动能力且尚未解决温饱的贫困残疾人基本解决温饱问题，提高生活质量和综合素质，缩小贫富差距，为实现共同富裕创造条件。这一时期，安徽省农村残疾人扶贫进一步纳入各级人民政府扶贫工作计划，统筹安排、统一组织、同步实施，并予以特别扶助。是年 4 月 18 日，省残联被列入省扶贫开发领导小组成员单位。

2003 年，省残联在无为等 4 县开展农村贫困残疾人家庭住房情况调研活动，2004 年 5 月 18 日，全省首批农村残疾人危房改造工作动员会在合肥举行。2004 年 11 月 11—15 日，中国残联教育就业部主任尚英春到安徽省检查危房改造工作，省残联理事长赵国屏陪同。2004—2005 年，由中国残联与安徽省残联共同组织实施中国残联专项彩票公益金农村贫困残疾人危房改造项目,政府补助资金 978 万元,受益农户 1684 户。2006—2010 年,由中国残联、财政部以及安徽省残联、省财政厅共同组织实施残疾人事业专项彩票公益金农村贫困残疾人危房改造项目,政府补助资金 6548 万元,受益农户 11950 户。

2004—2010 年安徽省残联实施政府补助改造住房主要项目情况统计表

表 6-1

项目名称	项目实施年份	组织实施项目的中央部门和省级部门	政府补助资金（万元）		受益农户（户）	
			中央部门	地方部门	计划受益农户数	实际受益农户数
中国残联专项彩票公益金农村贫困残疾人危房改造项目	2004	中国残联、省残联	250	385	1000	1059
中国残联专项彩票公益金农村贫困残疾人危房改造项目	2005	中国残联、省残联	140	203	500	625
残疾人事业专项彩票公益金农村贫困残疾人危房改造项目	2006—2007	中国残联、省残联、省委组织部	1050	1863	4200	4889
残疾人事业专项彩票公益金农村贫困残疾人危房改造项目	2008	中国残联、财政部、省残联、财政厅	575	807	2300	2490
残疾人事业专项彩票公益金农村贫困残疾人危房改造项目	2009	中国残联、财政部、省残联、财政厅	500	572	2000	2208
残疾人事业专项彩票公益金农村贫困残疾人危房改造项目	2010	中国残联、财政部、省残联、财政厅	500	681	2000	2363
合计			3015	4511	12000	13634

2005 年 5 月 17 日,省政府办公厅转发省民政厅等部门《关于进一步加强扶助贫困残疾人工作意见的通知》。该通知从农村贫困残疾人的基本生活保障、康复、教育、就业、权利保障等方面提出 18 条要求,在政策制定、制度建立、资金落实、措施实施等方面给予细化,明确各级政府及部门责任。

2008 年 1 月 15 日,省残联、省卫生厅和省财政厅联合下发省政府民生工程《2008 年贫困白内障患者免费手术实施意见》。是年 8 月,《安徽省康复扶贫贷款管理体制改革实施意见》出台,农村贫困残疾人发展生产获得资金扶持的渠道进一步拓宽。落实中央康复扶贫贴息项目贷款额度过亿元、到户贷款额度超千万元,扶持和带动近万名农村贫困残疾人脱贫。

2009 年 7 月 13 日,省住建厅、省发改委、省财政厅、省民政厅、省国土资源厅、省扶贫办、省残联联合印发《关于安徽省农村危房改造试点工作的实施意见》,每户资助不少于 5000 元，农村贫困残疾人危房户、无房户受益数量大幅度增加。是年，省政府出台《安徽省贫困重度残疾人生活特别救助实施办法》，凡享受最低生活保障待遇、残疾等级在二级以上的重度残疾人，属农村户口的每人每月救助 30 元。贫困重度残疾人除享受低保的普惠政策外，还享受特别救助的特惠政策。

2010 年，将重度残疾人生活特别救助作为民生工程的重要内容之一，在中部地区率先制定贫困重度残疾人生活特别救助制度，建立稳定的救助保障机制。全省 39.1 万名贫困重度残疾人得到救助，基本上实现应助尽助。到 2011 年年底，农村贫困残疾人温饱、居住，康复、教育、就业等方面需求得到政府最基本的保障，政府有关部门对农村贫困残疾人的扶贫工作服务体系基本完善，农村贫困残疾人扶贫开发工作与各项社会保障工作得到进一步的有效衔接。

2009—2010 年，省残联组织实施全省农村残疾人扶贫开发规划（2001—2010 年）检查验收评估。

典型年安徽省农村残疾人、贫困残疾人数量变化统计表

表 6–2

指标	单位	2001 年	2005 年	2008 年	2009 年	2010 年
农村残疾人数	万人	231	258.29	266.48	264	260
贫困残疾人数	万人	77.8	59.6	42.69	–	–
绝对贫困残疾人数	万人	24.1	23.4	18.48	–	–
低收入残疾人数	万人	31.35	30.45	29.16	28.44	27
解决温饱残疾人数	万人	7.4	8.5	3.2	6	8
返贫残疾人数	万人	1.4	1.3	1.3	1.12	1
扶持残疾人数	万人	14.8	10.4	4.09	10.22	20
残疾人危房改造需求户数	户	200000	180000	170000	160000	150000

说明：2009 年起，贫困残疾人数与绝对贫困残疾人数合二为一，只有一个扶贫标准（国家新的扶贫标准为年人均纯收入 1196 元），只填“低收入残疾人数”一栏

典型年安徽省农村残疾人扶贫工作资金投入统计表

表 6–3

指标	单位	2001 年	2005 年	2008 年	2009 年	2010 年
残疾人扶贫资金总量	万元	527.6	436.0	1169.8	2292.11	3000.0
财政投入残疾人扶贫资金总量	万元	240	53.4	522.8	936.01	1200.0
社会帮扶残疾人扶贫资金总量	万元	287.6	382.6	647	1356.1	1800.0

续表 6-3

指标	单位	2001 年	2005 年	2008 年	2009 年	2010 年
中央康复扶贫贷款累计发放总额	万元	460	1780	1875.0	2928.5	3000.0
残疾人到户贷款总量	万元	–	–	316.0	1095.5	1500.0
农村残疾人实用技术培训经费投入总量	万元	456.0	304.0	504.0	548.66	600.0
残疾人扶贫基地投入资金总量	万元	71.6	132.0	558.8	387.35	600.0

典型年安徽省农村残疾人扶贫项目及效果统计表

表 6-4

指标	单位	2001 年	2005 年	2008 年	2009 年	2010 年
康复扶贫贷款项目数	个	7	14	15	20	20
康复扶贫贷款扶持残疾人数	人	6036	3806	1500	1254	1500
康复扶贫贷款到户扶持残疾人数	人	–	–	120	123	150
实用技术培训残疾人数	人	38000	17000	25163	22691	25000
残疾人劳动转移人数	人	5360	6745	7300	6847	7000
残疾人扶贫基地建设数目	个	19	14	44	28	21
扶贫基地扶持残疾人人数	人	6036	3806	4117	13603	5000
结对帮扶残疾人人数	人	78853	370603	18354	14399	20000

农村五保供养 农村五保供养是指依照国务院颁布的《农村五保供养工作条例》规定，在吃、穿、住、医、葬方面给予村民的生活照顾和物质帮助。五保供养对象系指老年、残疾或者未满 16 周岁的村民，无劳动能力、无生活来源又无法定赡养、抚养、扶养义务人，或者其法定赡养、抚养、扶养义务人无赡养、抚养、扶养能力的，享受农村五保供养待遇。农村五保供养包括下列供养内容：供给粮油、副食品和生活用燃料；供给服装、被褥等生活用品和零用钱；提供符合基本居住条件的住房；提供疾病治疗，对生活不能自理的给予照料；办理丧葬事宜。农村五保供养对象未满 16 周岁或者已满 16 周岁仍在接受义务教育的，应当保障他们依法接受义务教育所需费用。农村五保供养对象的疾病治疗，应当与当地农村合作医疗和农村医疗救助制度相衔接。农村五保供养标准不得低于当地村民的平均生活水平，并根据当地村民平均生活水平的提高适时调整。

至 1978 年年底，全省农村有“五保”户 158262 户、187805 人。至 1980 年，各地按照民政部“依靠集体,勤俭办院,民主管理,敬老养老”的方针和“入院自愿,出院自由”的原则,逐年兴办农村敬老院。同年5月,全省普查农村“五保”户吃粮、穿衣、住房、治病、零用钱以及家庭副业、身体状况等基本精况。经复查,全省共有“五保”户182684人,占农村总人数0.4%。分散供养49334人,占“五保”户人数27%,其中亲友代养44571人,采用留口粮田等其他形式供养4763人。1984年4月,省政府制发《安徽省农村五保户供养暂行规定》,该规定明确:丧失或基本丧失劳动能力、无依无靠、无生活来源的老年人、残疾人和未成年孤儿,均属“五保”对象。

1987年3月,省民政厅报经省政府批准,对农村“五保”对象再次普查登记。经普查,全省农村共有“五保”对象173218户、195446人。其中,分散供养的178411人,占“五保”总人数的91.3%;集体统筹供给且生活有保障的占90.4%。普查中,改变划田代耕“五保”户20740人、应保未保6397人;指定专人照料35125人,划田代耕和其他形式供给的占3.2%,符合“五保”条件而未保或缓保的占6.5%;“五保”户生活供给标准年人均达318.89元,比上年增长11.6%。

1989年,全省实行“五保”的共17.8万人,分散供养的“五保”户生活费年人均358.75元。各地共兴办农村敬老院2192所,入院老人20806人,占“五保”户总人数的10.6%。其中六安、巢湖、蚌埠、淮南、马鞍山等市,乡乡办有敬老院。其形式有乡办、村办、数村联办、专业户个体办。建院资金以依靠集体、依靠群众为主,国家补助为辅。全省院民年人均生活费415.7元。宁国县14所敬老院123名“五保”老人年人均764元,高于当地一般群众生活水平。1187个乡（镇）建立以敬老院为依托的五保服务网络。

1997年,全省农村五保人员206879户,220821人,其中分散供养164497户176450人,集中供养41303人。

1999年年底,全省农村统计共有“五保”对象20.99万户、22.57万人,其中残疾人1.84万人,孤儿3343人。以农村基层组织集体统筹供养为主的人数占86.1%,全年供养金额1.96亿元,年人均1243元;当年为“五保”户修建房屋1.98万间。全省有37个县普及乡镇统筹供养,有1543个乡镇建立“五保”服务网络,受到服务的“五保”对象15.24万人。各地不仅在吃、穿、住、医等方面保证“五保”户的基本生活,而且经常为“五保”老人进行各种“送温暖”活动。敬老院达2187所,其中乡镇办2169所,个人办18所。有67个县（市、区）的乡镇普及敬老院,占全省总县（市、区）数的83.5%。全省敬老院供养3.5万户、3.69万人,其中:残疾人4157人,孤儿527人。入院“五保”对象年人均供养标准为1440元,比上年提高6.4%。

1999年全省实行税费改革前,全省“五保”对象的供养经费在“村提留或乡统筹费中列支”。年人均供养标准:集中供养为1489元,分散供养为1080元。全省实行税费改革后,“五保”对象的供养经费从农业税附加和农业特产税附加（简称“两税附加”）中列支,规定两税附加的比例最高不得超过税改后农业税正税的20%。2000年年底,安徽省共有“五保”对象28.3万人,其中已保人员22.7万人,应保未保人员5.6

万人。在已保人员中敬老院集中供养的有3.4万人,年人均供养标准为1404元;分散供养的有19.3万人,年人均供养标准为833.6元。无论集中供养还是分散供养的,年人均供养标准均比税费改革前低,敬老院难以为继。为此,省民政厅对全省17个市中的9个市进行重点调查,并专题报告省长许仲林。根据省领导批示,省委办公厅、省政府办公厅于2000年10月下旬下发《认真做好农村五保户生活安排、受灾地区农业税减免和切实加强农村水、电等生产经营性费用收取管理工作的紧急通知》,强调农业税附加等村级集体资金以及财政转移支付对村级的补助资金要首先用于农村“五保”户的供养。随后,下发关于加强“五保”供养工作的配套文件,强调“严格安排使用村级资金,确保五保户的生活水平在农村税费改革后不下降,不低于当地村民的一般生活水平”。2001年7月,省民政厅组织3个组对宿州市泗县19个乡镇进行全面调查,并向省政府专题报告。9月,省财政厅下发《关于补助五保户供养专项经费的通知》。以2000年各地上报的数字22.7万人为基数,省财政从2001年起,每年给“五保”户年人均400元的专项补助,当年拨款9040万元。2001年年底,全省有“五保”对象245382户、274002人。其中,1961个农村敬老院(因撤并乡镇,敬老院比上年有所减少)集中供养32480户、34090人;散居供养175728户、193118人;应保未保人员37174户、56794人。全省“五保”供养整体覆盖率达83%,集中供养人员年人均供养标准为1494元,散居供养人员年人均供养标准为1042元。

2007年,省政府将全省农村“五保”供养对象提标工作列入全省民生工程。省级财政对全省“五保”对象进行专项补助,从2006年人均500元提高到年人均850元,“五保”对象年人均供养标准不低于1200元,不低于当地农村居民的一般生活水平。除省级财政年人均补助850元外,其余350元由地方财政配套打卡支付到位。2007年年底,经过省民政厅、省财政厅联合调查摸底,全省共有“五保”供养对象45.7万人,占全省农业人口8.9‰。45.7万名“五保”对象中有56415名残疾人。

截至2011年年底,全省享受“五保”供养的人数达到45万余人,其中有5万余名残疾人。供养标准增加到年人均1200元以上。马鞍山市、铜陵市、芜湖市等增加到2400元以上,“五保”对象生活费实现社会化发放。

农村居民最低生活保障　农村居民最低生活保障(以下简称农村低保)制度是农村社会保障中最低层次的保障,是政府为农民设立的最后一道安全网。安徽省2005年通过试点,建立农村低保制度,2007年有农村残疾人12.6万人纳入保障范围。2010年农村已纳入最低生活保障范围的残疾人318518人,占应纳入最低生活保障的74.76%。2011年农村已纳入最低生活保障范围的残疾人352313人,占应纳入最低生活保障的82.69%。

制度建设　农村低保制度是指以保障农村居民最低生活为目的,科学合理地确定最低生活标准,然后对其家庭成员年人均收入低于最低生活保障标准的给予差额补助。农村低保制度是从农村特困群众生活救助制度演变而来的。2004年,省政府办公厅下发《关于建立和完善农村特困群众生活救助制度的意见》。对年人均收入低于625元，不符合“五保”条件、无劳动能力、生活常年特别困难的鳏寡孤独家庭，因残、因病、因伤丧失主要劳动力的家庭，以及因灾致使生活常年特别困难的家庭实施救助。2005年，全省累计支出农村特困救助资金1.2亿元，全省有39万户92万名农村特困人员享受到年均130元的定期定量生活救助。中国共产党十六大报告提出“有条件的地方，可以探索建立农村最低生活保障制度”，安徽省于2005年在淮南等市开展建立农村低保制度的试点工作。淮南市在全省率先出台《淮南市农村居民最低生活保障试行办法》，对家庭年人均收入低于720元的困难群众实施农村低保，为在全省建立农村低保制度积累了有益的经验。当年，淮南、芜湖、铜陵、马鞍山等市的27个县（市、区）初步建立农村低保制度，符合条件的农村贫困残疾人享受这一政策的保障。

2007年1月5日，省政府下发《关于实施十二项民生工程促进和谐安徽建设的意见》，决定从2007年开始，启动和实施十二项民生工程，着力提高城乡居民社会保障水平。其中位列第一项的即是“建立农村居民最低生活保障制度”，即在现有农村特困群众救助制度基础上，建立全省农村居民最低生活保障制度，将家庭年人均收入低于683元的绝对贫困人口纳入低保范围，给予每人每年平均260元补助，并随着经济社会发展水平的提高，逐步扩面提标，使农村困难群众的基本生活得到稳定保障。所需资金由省与市、县财政按7∶3比例负担。省政府成立以常务副省长孙志刚为组长和相关厅局主要负责人为成员的贯彻落实解决民生问题十二项政策措施协调小组，并于3月下旬召开全省实施十二项民生工程会议，省政府与各市政府签订工作目标责任状。省政府还下发《安徽省农村居民最低生活保障暂行办法》及《关于农村低保实施步骤的通知》；各地制定《农村居民最低生活保障实施方案（细则）》。当年6月底，全省农村就有141.8万人纳入保障范围，其中残疾人12.6万人。

2008年年初，省政府召开全省农村低保工作会议，全省17个省辖市市长出席会议。按照省委、省政府统一部署，到3月底，提前一个月完成提标扩面工作任务。全省共有186.18万人纳入保障范围，其中省财政补助年人均纯收入低于860元保障线以下的人口180.11万人，地方财政自筹资金保障6.07万人，保障覆盖面由2.74%扩大到3.5%。11月，省财政厅、省民政厅下发《安徽省农村居民最低生活保障资金管理暂行办法》。

2009年，省民政厅、省财政厅、省监察厅、省委省政府信访局、省审计厅联合下发《关于2009年农村低保提标扩面实施意见》，根据省政府第27次常务会议决定，从2009年4月1日起，农村低保再次实行提标扩面，保障标准由860元提高到不低于1000元，省财政补助保障覆盖面由3.5%提高到4%。

保障对象与标准　2007年3月，省政府办公厅转发省民政厅、省财政厅《安徽省农村居民最低生活保障暂行办法》。该办法规定持有安徽省农业户口的农村居民，凡共同生活的家庭成员年人均纯收入低于户籍所在地农村低保标准的，均有权享受本办法规定的农村低保待遇。共同生活的家庭成员是指具有法定赡养、扶养或抚养关系的人员，主要包括：祖父母（外祖父母）、父母（岳父母或公婆）、配偶、子女、孙子女（外孙子女）以及其他具有法定赡养、扶养或抚养义务关系的人员（含已迁往学校的大中专在校学生和服现役义务兵）。符合农村低保条件的家庭，根据其家庭条件的不同实行分类施保。丧失和严重缺乏劳动能力的，无生活来源、其法定赡养人和抚（扶）养人没有赡养、抚（扶）养能力的，按当地农村低保标准全额救助；大病重残、单亲困难家庭，按略低于当地农村低保标准救助；遭遇天灾人祸或其他原因造成家庭生活特别困难的，按当地农村低保标准差额救助。有下列情形之一的，不能享受农村低保待遇：家庭成员有使用移动电话、摩托车（或非经营性机动车辆）、计算机等非基本生活必需品的；两年内购买商品房或高标准装修现有住房的；经常出入餐饮、娱乐等高消费场所的，因赌博、吸毒、嫖娼等违法行为而造成家庭生活困难且尚未改正的；安排子女择校就读或子女在义务教育期间入收费学校就读的；在法定劳动年龄内有劳动能力（在校学生除外），无正当理由不参加生产劳动的；不按规定如实申报家庭收入，无特殊原因连续两次不按时领取低保金的，或不按规定参加低保待遇年度审核的；其他按当地政府规定不予批准享受低保待遇的。

"办法"对农村低保标准确定，财力相对较弱、农民人均收入相对较低的地区，可从不低于国家绝对贫困线的标准起步；财力相对较强、农民人均收入相对较高的地区，可按照当地维持农村居民基本生活所必需的衣、食、住费用，适当考虑用电、燃料等所需费用确定，并随着当地生活必需品价格变化、经济发展和农村居民生活水平提高适时调整。具体标准由市、县（区）民政部门会同财政、物价、统计等部门制定，报本级人民政府批准并报上一级人民政府及省级人民政府民政部门备案后执行。同时规定农村居民家庭收入是指以年为单位，共同生活家庭成员的货币收入和实物收入（折合货币收入）的总和。县（市、区）民政部门应会同相关部门制定统一的农村居民家庭收入核算评估办法，并根据市场价格的变化适时进行调整。自农村低保制度建立到2009年，安徽省历经两次提高标准。2008年，保障标准由683元提高到860元；2009年年底，保障标准由860元提高到1000元。

管理与监督　农村最低生活保障的管理既要严格规范，又要从农村实际出发，采取简便易行的方法。做到制度完善、程序明确、操作规范、方法简便，保证公开、公平、公正。实行动态管理，做到保障对象有进有出，补助水平有升有降。要与扶贫开发、促进就业以及其他农村社会保障政策、生活性补助措施相衔接，坚持政府救济与家庭赡养扶养、社会互助、个人自立相结合，鼓励和支持有劳动能力的贫困人口生产自救，脱贫致富。

完善现行农村低保申报、核实、审批程序和制度。申请享受农村低保待遇的居民，先向户籍所在地村委会提出书面申请，由村委会核实报送所在地乡镇政府审核汇总，报送区县民政局审批，凡符合资格条件的由民政局将低保资金下拨乡镇直至村委会，低保户每月到村委会领取低保金，并由村委会张榜公布享受低保待遇的农户名单。民政部门每年会同乡镇和村委会对享受农村低保待遇的家庭收入情况进行复审，如果家庭收入发生变化，要作出对这些家庭停发、减发或增发低保金的决定和手续。这个过程要通过地方低保条件变成法定程序，县（区）、乡、村任何一级政府不得以任何理由增减这一程序的任何环节，保证农村低保制度的规范运行，方便低保对象了解农村低保工作的流程。

农村残疾人医疗及社会养老保险 2009年1月8日，省残联、省卫生厅、省劳动保障厅和省财政厅联合印发《关于对参加新型农村合作医疗和城镇居民基本医疗保险的残疾人装配辅助器具给予补助的意见》规定，对全省参加新型农村合作医疗保险的持证下肢残疾人及7周岁以下（含7周岁）听力障碍儿童装配下肢假肢和配备助听器。经费来源为新型农村合作医疗保险基金。对参加新型农村合作医疗的持证下肢残疾人装配下肢假肢按30%的比例给予补助，最高补助额每具大腿假肢为1200元，每具小腿假肢600元。对参加新型农村合作医疗7周岁以下听力障碍儿童配备助听器按30%的比例给予补偿，最高补助额为1800元。随着新型农村合作医疗筹资标准的提高，可逐步提高补助标准。2010年2月，省委、省政府下发的《关于贯彻〈中共中央、国务院关于加大统筹城乡发展力度进一步夯实农业农村发展基础的若干意见〉的实施意见》规定：“对农村重度、贫困残疾人参加新农合个人缴费，由农村医疗救助资金承担”。2011年，农村参加新型农村合作医疗的残疾人2793608人。

2009年12月25日，省政府印发的《安徽省人民政府关于开展新型农村社会养老保险试点工作的实施意见》规定：对农村重度残疾人等缴费困难群体，试点地区政府应按照最低缴费标准为其代缴全部养老保险费。全省第一批新型农村社会养老保险试点12个县（市），农村地区总人数6707434人，其中16～59周岁的人数4343182人。涉及农村残疾人392385人，参保人数127525人。各试点地区残联均落实重度残疾人按最低标准由财政代缴保费的优惠政策。各地残疾人参保进度已达同地区健全人参保同一水平。其中，金寨县参保进度最快，6000余名重度残疾人全部参保；当涂县重度残疾人领取养老金不与子女是否参保捆绑，只要年满60岁即可领取基础养老金。同时对享受低保的重度以下残疾人由财政按最低标准代缴60%的保费。2011年，全省农村残疾人参加新型农村社会养老保险759740人，占符合参保条件的82.25%。各县区均落实了重度残疾人按最低标准由财政代缴保费的优惠政策。

第二节 城镇残疾人社会保障

安徽省实施的城镇残疾人社会保障主要有城市居民最低生活保障，城镇职工养老保险，基本医疗保险以及残疾人托养服务等。

城市居民最低生活保障 城市居民最低生活保障制度来源于社会救济制度。20世纪90年代，对传统社会救济制度进行改革，逐步形成城市居民最低生活保障制度。它与传统社会救济相比，在救济范围、救济标准、救济资金、救济程序、管理体制等方面都发生根本性的变化。经过多年的实践，这项制度已经形成一套比较完善的法律法规制度和规范的管理体系。初步形成以保障范围的确定、保障标准的制定与调整、保障资金的来源与管理、审核审批工作程序、管理体制与运行机制为主要内容的制度框架。

组织机构与制度建设　安徽省城市居民最低生活保障制度建设工作于1995年起步，自1997年推行，到1998年12月31日，全省所有的地级市、县级市及县城全部建立城市居民最低生活保障制度。1999年9月28日，国务院以第271号令正式颁布《城市居民最低生活保障条例》，10月1日起施行。该条例的颁发，标志着中国城市最低生活保障制度正式走上法制化轨道，城市最低生活保障工作进入全面实施和规范管理的新阶段。从1999年起，中央财政开始对中西部地区和老工业基地实施城市最低生活保障资金专项转移支付，当年安排4亿元，这一举措缓解了经济欠发达地区低保金紧张的局面，有力促进"应保尽保"目标的实现。

2001年9月15日，省政府下发《关于进一步加快完善城市居民最低生活保障制度的通知》，强调进一步提高认识，把加快完善城市居民最低生活保障制度作为一项政治任务切实抓紧抓好。切实采取措施，确保完成今明两年城市居民最低生活保障目标任务。2001年全省城市居民最低生活保障人数要达到18万人，占非农业人口的1.5%；2002年要力争使城市居民最低生活保障人数占非农业人口的比例不低于全国平均水平；并随着财力的增加，逐步扩大覆盖面。是年9月，省财政安排低保资金4000万元，用于低保扩面。全省各级政府和民政部门加大工作力度，到2001年年底，全省纳入低保人数由2000年年底的10.4万人，增加到71.2万人。

2002年3月20日，省政府第105次常务会议通过《安徽省城市居民最低生活保障实施办法》，4月26日以第144号政府令发布，2002年6月1日起实施。该办法规定城市居民最低生活保障工作实行各级政府负责制。县级以上人民政府民政部门负责本行政区域内城市居民最低生活保障的管理工作。财政部门按照规定落实城市居民最低生活保障资金。统计、物价、审计、劳动保障、人事等部门按照各自职责做好城市居民最低生活保障的有关工作。工商行政管理、税务、教育、卫生、建设等部门对保障对象在就业、个体经营、义务教育、医疗、住房等方面给以必要的扶持和照顾。县级人民政府民政部门以及街道办事处和镇人民政府（统称管理机关）负责城市居民最低生活保障的具体管理审批工作。居民（社区）委员会受管理机关的委托，负责辖区内城市居民最低生活保障申请受理、调查核实、民主评议、汇总上报等日常管理、服务工作。同时要求县级以上人民政府民政部门、镇人民政府和街道办事处应有工作人员从事城市居民最低生活保障工作。

2002年5月23日，省政府办公厅发出《关于进一步做好城市居民最低生活保障工作的通知》。要求"各地要在机构改革中，进一步加强低保工作力量，配备适量专职人员，所需编制由市、县政府自行调剂解决。每个街道办事处、城关镇和居委会配备1名专职低保工作人员"。并明确，对没有实现低保工作目标和不能按时发放低保金的地方，按照省政府《目标管理奖惩办法》的规定，予以“一票否决”。许多地方结合社区建设，对低保对象实行以差额救助为主体，辅之以临时救济、政策扶持、社会互助、提供再就业的配套措施，强化社区服务功能，使社区组织成为开展低保工作的重要力量。截至2002年6月底，全省有92万名城市贫困人口纳入低保范围，基本实现应保尽保目标。是年12月，省政府颁布《实行城市居民最低生活保障工作责任制及责任追究的暂行规定》，对各市、县人民政府及省政府各部门、各直属单位共同做好低保工作提出明确要求。强调城市居民最低生活保障工作实行各级政府负责制，各级政府主要负责人负总责，分管负责人具体负责。县级以上民政部门负责本行政区域内城市居民最低生活保障的管理工作。财政部门按照规定落实城市居民最低生活保障资金。统计、物价、审计、劳动保障、人事等部门各负其责，行政监察部门负责监督监察。规定省政府按季度通报各市、县城市居民最低生活保障工作和资金发放情况，对不能按时足额发放城市居民最低生活保障金的市、县人民政府予以通报批评，并责成该市、县政府主要负责人说明情况，提出限期解决措施。各级政府要把城市居民最低生活保障工作列入目标管理考核范围。不能按时足额发放城市居民最低生活保障金的，该市、县政府及其有关部门当年目标考核不得评为优秀等次。各级财政部门必须将应当承担的城市居民最低生活保障资金按时足额拨付到位，不得挤占、挪用、拖欠，并会同有关部门加强对城市居民最低生活保障资金使用情况的监督检查。

截至2003年年底，全省累计保障1268万人次（月均保障105.7万人），支出城市居民最低生活保障资金6.3亿元（其中中央和省财政拨款5.27亿元）。在基本实现城市居民最低生活保障对象应保尽保后，安徽省城市居民最低生活保障工作的重点由扩大保障面转为完善制度和规范管理、提高工作质量和管理水平。各地按照省政府要求，完善各项制度，严格按制度办事，在规范操作、强化管理、沟通协商、监督检查等方面下功夫，真正做到低保标准科学、合理，低保对象有进有出，补助水平有升有降，群众监督及时有效，工作程序公开公正。

2007年，全省支出城市居民最低生活保障金12.09亿元。其中，中央财政资金7.99亿元，比2006年的6.81亿元增长17%；人均月补差100元，比2006年的75元提高25元，增长33%。安徽省城市居民最低生活保障人数居全国第9位，补差水平居第19位，资金使用总量居第8位。

2011年，城镇残疾居民纳入最低生活保障范围的96089人。

保障对象与标准　根据国务院《城市居民最低生活保障条例》规定，城市居民最低生活保障制度的保障范围：“持有非农业户口的城市居民，凡共同生活的家庭成员人均收入低于当地城市居民最低生活保障标准的，均有从当地人民政府获得基本生活物质帮助的权利。”为操作方便，各地在实践中还以分类的方法来确定保障的范围，一般分为：无生活来源、无劳动能力、无法定赡养人或抚养人的居民，俗称“三无对象”；领取失业救济金期间或失业救济期满仍未能重新就业，家庭人均收入低于最低生活保障标准的居民;在职人员在领取工资或最低工资,进入再就业服务中心的下岗人员领取基本生活费、离退休人员领取退休金和养老金以后,家庭人均收入仍低于最低生活保障标准的居民;原民政部门管理的特殊救济对象,家庭人均收入低于最低生活保障标准的人员;其他家庭人均收入低于最低生活保障标准的人员。

2002年4月26日,省政府发布的《安徽省城市居民最低生活保障实施办法》规定,本省行政区域内持有非农业户口的城市居民,以及远离城市的军工、矿山企业的非农业人口,凡共同生活的家庭成员人均收入低于当地城市居民最低生活保障标准的,均有权获得本办法规定的城市居民最低生活保障待遇。为操作方便,各地在实际中以分类的方法来确定保障范围,一般分为:无生活来源,无劳动能力和无法定赡养人或抚养人的居民,俗称"三无对象",即传统上的由民政部门一直给予社会救济的对象;领取失业救济金期间或失业救济期满仍未能重新就业,家庭人均收入低于当地最低生活保障标准的居民;在职人员在领取工资或最低工资,进入再就业服务中心的下岗人员领取基本生活费、离退休人员领取退休金和养老金以后,家庭人均收入仍低于最低生活保障标准的居民;原民政部门管理的特殊救济对象,如20世纪60年代精减退职职工、国民党起义投诚人员、归侨、因工致残人员等,家庭人均收入低于最低生活保障标准的人员;从未在国有、集体、企事业单位工作过,靠打零工、摆小摊养家糊口的城市居民;由残疾、疾病或其他原因造成生活困难的城市居民。

2009年9月,省政府公布的《安徽省城市居民最低生活保障工作操作规程(试行)》规定,凡申请享受城市低保待遇的家庭必须具备持有本地非农业户口,并且共同生活的家庭成员月人均收入低于本地城市低保标准的条件。有下列情况的家庭和人员,不能享受城市低保:外地来本地就读的在校学生;有劳动能力,且能自食其力者,无正当理由,经两次介绍拒绝就业的;家庭中拥有汽车和近期新购的非生活必需高档消费品,以及饲养名贵宠物的;不配合或拒绝家庭收入调查的;子女上学高额择校或对子女大额投资进行专业培养的;非正常原因调整住房和购置商品房的(指非拆迁原因在3年内调整住房或购买商品房、新建房以及对住宅进行高档装修);拥有高值收藏品或持有大额有价证券等金融资产的;无正当理由,家庭水、电、气、通讯费支出明显高于正常水平的;无正当理由连续3个月未支取城市低保金的;连续6个月未进行续保申请登记的;在享受最低生活保障待遇期间有赌博、吸毒等行为且尚未改正的;在享受最低生活保障待遇期间,在就业年龄段内,有劳动能力和劳动条件,无正当理由拒绝参加由街道办事处、社区居委会组织的公益性劳动的;日常消费水平明显高于本地最低生活保障标准的。

全省各地为规范管理,建立保障对象分类管理制度、城市低保档案管理制度、低保信息计算机联网制度以及城市低保对象参加公益劳动制度等。在分类管理制度中,把视力残疾中的一、二级盲,智力残疾中的一、二级,肢体残疾中的一、二级,以及精神残疾(正在住院治疗期)等重度残疾人员,与"三无"对象、重点优抚对象和患重病人员本人作为A类家庭管理,对此类家庭和人员按年审核。

城市低保标准是实施低保制度的重要依据，是政府保障城市贫困人口的基本生活而制定的救助标准。国务院《城市居民最低生活保障条例》规定，由各地人民政府按照当地维持城市居民基本生活所必需的衣、食、住费用，并适当考虑水电燃煤（燃气）费用以及未成年人的义务教育费用确定。

2002年4月26日，省政府发布的《安徽省城市居民最低生活保障实施办法》规定，城市居民最低生活保障标准，由市、县人民政府依照国务院《城市居民最低生活保障条例》第六条规定合理确定。其家庭收入是指具有法定的赡养、扶养、抚养关系且共同生活的家庭成员的全部货币收入和实物收入。包括：工资、奖金、津贴、补贴、补助；退（离）休费、养老保险金、失业保险金、下岗职工基本生活费、职工遗属生活费；赡养费、扶养费、抚养费；投资和经营性收入；继承的遗产和接受的赠与；其他劳务收入；县级以上人民政府确定的其他收入。其中优抚对象的抚恤金、补助金；住房公积金、独生子女费、见义勇为奖金；丧葬费等不计入家庭收入。计算家庭收入，应按照申请人申请享受城市居民最低生活保障时前3个月家庭收入的平均数额计算。

2008年，安徽省进一步明确城市居民最低生活保障标准家庭收入的测算办法，规定家庭收入是指共同生活的家庭成员合法所得的各种货币和实物收入的总和。包括：工资、奖金、补贴、津贴和各类劳动收入；养老金、基本生活费、失业保险金、遗属生活补助费；一次性安置费、经济补偿金或生活补偿（助）费；储蓄存款及利息，有价证券及红利收入；特许权使用收入、租赁收入、接受的馈赠和继承的遗产收入；赡养费、扶养费、抚养费；经县级以上民政部门认定，其他应计入的家庭收入。不计入家庭收入的项目包括：义务兵家属优待金，优抚对象、见义勇为人员享受的各类抚恤金、补助金、护理费、保健费，对国家、社会和人民做出突出贡献人员，政府给予的一次性奖励金，市级以上劳动模范退休后享受的荣誉津贴；退役士兵自谋职业的一次性经济补偿金；因工（公）负伤人员的工伤医疗费、护理费、一次性伤残补助金、残疾辅助器具费；在校学生获得的奖学金、助学金、生活津贴、困难补助等；计划生育奖励费、独生子女费；住房公积金、廉租住房补贴；丧葬费；临时性的社会救助款物；经县级以上民政部门认定，其他不应计入的家庭收入。对初次申请城市低保待遇的家庭，应根据其申请前3个月的家庭平均收入确定家庭收入；对已享受低保待遇的家庭进行动态管理核查时，应根据其此前3个月的家庭平均收入核定家庭收入。同时还规定，核实家庭收入可采取个人申报、入户调查、单位和邻里走访、信函索证、部门协同、跟踪消费、街道或社区评议、行业评估等办法进行。

安徽省城市低保月人均标准自2003年逐年提高，各年保障标准为：2003年148.37元，2004年161.87元，2005年172.54元，2006年188.69元，2007年195.3元，2008年215.43元，2011年273.77元。

管理与监督　2002年4月26日，省政府发布的《安徽省城市居民最低生活保障实施办法》规定，城市居民最低生活保障所需资金，由各级人民政府列入财政预算，纳入财政社会保障补助资金专户，实行专项管理，专款专用。民政部门根据本年度核定的保障对象所需资金向同级财政部门提出下一年度的城市居民最低生活保障资金支出计划，经财政部门审核后纳入财政预算。财政部门应当按照核准的支出预算据实拨付，保证使用。省级财政根据各地财政状况、投入情况和最低生活保障任务，通过专项转移支付给予必要的补助。鼓励社会组织和个人为城市居民最低生活保障提供捐赠、资助。所提供的捐赠资助由民政部门负责接收，全部用于当地城市居民最低生活保障。

2002 年 12 月 10 日，省政府关于印发《实行城市居民最低生活保障工作责任制及责任追究的暂行规定》的通知，规定城市居民最低生活保障工作实行各级政府负责制，各级政府主要负责人负总责，分管负责人具体负责。县级以上民政部门负责本行政区域内城市居民最低生活保障的管理工作。财政部门按照规定落实城市居民最低生活保障资金。统计、物价、审计、劳动保障、人事等部门各负其责，行政监察部门负责监督监察。必须保证财政预算安排的城市居民最低生活保障资金按时足额到位。必须建立城市居民最低生活保障资金专户，对城市居民最低生活保障资金实行专项管理，专款专用；必须按照省政府规定的比例落实城市居民最低生活保障配套资金。社会组织和个人为城市居民最低生活保障提供的捐赠、资助，必须全部用于城市居民最低生活保障，纳入低保资金专户；必须保证按时足额发放城市居民最低生活保障金，并将发放情况按月汇总，经市、县政府主要负责人签字后，分别报上一级民政部门、财政部门，不得虚报、瞒报；必须将城市居民最低生活保障的政策公开、资金公开、保障对象公开，规范操作程序，接受群众监督；必须加强督促检查，建立举报制度，及时解决城市居民最低生活保障工作中存在的问题，防止因城市居民最低生活保障金不能按时足额发放等问题而引发影响社会稳定的事件。各级财政部门必须将应当承担的城市居民最低生活保障资金按时足额拨付到位，不得挤占、挪用、拖欠，并会同有关部门加强对城市居民最低生活保障资金使用情况的监督检查。

同时规定，市、县政府及其有关部门，以及省政府有关部门有下列情形之一的，给予其主要负责人、分管负责人和直接责任人行政记过或者记大过处分；情节严重的，给予降级或者撤职处分：预算安排的城市居民最低生活保障资金不能按时足额到位的；具备财力保障或上级已对其财力缺口进行补助后，由于不按时足额发放或不按规定发放城市居民最低生活保障金等原因，引发影响社会稳定事件的；挤占、截留、挪用、拖欠城市居民最低生活保障资金的；虚报、瞒报城市居民最低生活保障金发放情况的。从事城市居民最低生活保障管理审批工作的人员有下列行为之一的，给予行政记过或者记大过处分；情节较重的，给予降级或者撤职处分；情节严重的，给予开除处分。构成犯罪的，依法追究刑事责任：对符合享受城市居民最低生活保障待遇条件的家庭，拒不审批、无故拖延审批的；对不符合享受城市居民最低生活保障待遇条件的家庭，批准其享受城市居民最低生活保障待遇的；玩忽职守、徇私舞弊，或者贪污、挪用、扣压、拖欠城市居民最低生活保障款物的。

根据国务院要求，自 2002 年起，城市低保资金实行专户管理，财政部和中国人民银行为此专门下发通知。2009 年 9 月，省政府公布《安徽省城市居民最低生活保障工作操作规程（试行）》规定，城市居民最低生活保障所需资金必须纳入各级财政预算。财政部门根据预算按月拨付，保证使用。市、县（市、区）民政部门每年 11 月底前，根据保障对象情况和各级应分担的比例，测算并提出下一年度用款计划，经同级财政部门审核和人大批准后列入预算。城市低保资金管理严格按照《安徽省城市居民最低生活保障资金管理办法》执行，实行专户管理，专款专用，确保资金不被挤占挪用。市、县（市、区）民政部门在年度预算执行过程中，若遇到保障对象增加和保障标准调整而需增加资金，应根据实际情况，编制预算调整方案，经同级财政部门审核，报本级政府批准后，追加预算。民政部门每年年初根据实际工作需要，提出当年所需城市居民最低生活保障工作业务经费预算，经同级财政部门审核批准后拨付。实行城市低保金社会化发放，委托银行等金融机构按月代发城市低保金。民政部门要会同财政、审计、纪检监察等部门，做好保障金的管理发放情况检查工作。对查出的违法、违纪行为，按照省政府《实行城市居民最低生活保障工作责任制及责任追究的暂行规定》严肃处理。

城镇职工养老保险 城镇职工养老保险政策经历 1984—1990 年社会统筹探索阶段，1991—1996 年社会统筹与个人账户相结合改革阶段，1997—2000 年养老保险制度统一并轨阶段，以及 2001 年以后进一步改革完善阶段。

参保范围和对象 1984 年，安徽省始建社会养老保险制度，同年在部分国有企业新招的工人中实行社会养老保险办法。1986 年 7 月，国务院颁布《国营企业实行劳动合同制暂行规定》（以下简称《暂行规定》）等 4 个劳动制度改革文件。同年 11 月，省政府颁发《安徽省国营企业实行劳动合同制实施细则》（以下简称《实施细则》）。《暂行规定》和《实施细则》规定，对新招收的劳动合同制工人实行社会保险养老制度，用人单位和职工个人分别按月缴纳养老保险费，劳动合同制工人退休后由社会保险机构发给养老费，改变由企业负责本单位职工养老责任的制度。1986 年，安徽省在蚌埠市、马鞍山市、蒙城县、舒城县组织国营企业固定职工退休费用社会统筹试点。1987 年 5 月，国家体改委、劳动人事部发布《关于转发〈退休费用社会统筹工作座谈会纪要〉的通知》，指导各地组织开展国营企业职工退休费用社会统筹。是年，安徽省在全省各市、县逐步推行。到 1989 年 8 月，全省 88 个市、县（区）全部实行这项改革。截至 1990 年年底，参加统筹的国营企业固定职工达到 120.9 万人，占全部固定职工的 75.7%，其中残疾人职工 6.4 万人。

1989 年 10 月，国务院颁布《全民所有制企业临时工管理暂行规定》，1991 年 12 月，省政府出台《安徽省全民所有制企业临时工管理实施细则》，规定全民所有制企业从城镇招工的临时工实行养老保险办法，城镇集体企业临时工可参照执行。

1991 年 4 月，国务院颁布《关于企业职工养老保险制度改革的决定》（以下简称 33 号《决定》），33 号《决定》规定按照“以收定支、略有结余、留存部分积累”的原则在全民所有制企业建立社会养老保险制度。1992 年 6 月，省政府以省长 37 号令颁布《安徽省企业职工养老保险暂行规定》,规定安徽省及中央在皖的全民所有制企业固定职工都必须参加当地养老保险,费用社会统筹,建立社会养老保险制度。1997年7月,国务院颁布《关于建立统一的企业职工基本养老保险制度的决定》(以下简称26号《决定》),省政府于同年12月印发《安徽省统一企业职工基本养老保险制度实施方案(试行)》(以下简称63号文件),规定各类城镇企业的所有职工(含外商投资企业中方职工)及城镇个体劳动者均要参加城镇职工基本养老保险,实行企业化管理的自收自支事业单位,也要参加并执行企业养老保险制度。

2003年,省政府办公厅批转省劳动保障厅、省财政厅、省农垦事业管理局《关于省属农垦企业参加基本养老保险的实施意见》,规定自2003年7月1日起,全省农垦企业职工参加属地企业职工基本养老保险。

2005年3月,省劳动保障厅、省人事厅下发《关于机关事业单位临时工作人员参加企业职工基本养老保险有关问题的通知》,规定与各级各类机关、事业单位、社会团体和驻皖部队签订劳动合同或存在事实劳动关系的长期临时工以及编制外聘用的工作人员,参加企业职工基本养老保险。是年12月,省劳动保障厅、省财政厅印发《关于解决未参保集体企业退休人员基本生活保障问题的通知》,规定由各级社会保险经办机构对未参保集体企业退休人员按当地低保标准发放基本生活费,共计60019人,各市在执行过程中相继出台办法允许未参保集体企业退休人员通过补缴养老保险费的办法参加企业职工基本养老保险,基本解决集体企业职工养老保险问题。

到2005年年底,全省养老保险参保人数已达472万人,其中残疾人23.7万人,占5%。享受养老保险待遇的人数为124.76万人,其中残疾人6.2万人。养老保险基金支出105.26亿元。

2005年12月,国务院颁布《关于完善企业职工基本养老保险制度的决定》(以下简称38号《决定》)。2006年8月,省政府印发《关于完善企业职工基本养老保险制度的决定》(以下简称59号文件),规定安徽省城镇各类企业职工,实行企业化管理事业单位职工,民办非企业单位从业人员,社会团体、基金会聘用专职人员,城镇个体工商户和灵活就业人员,与机关、事业单位形成劳动关系的非在编人员,均须参加企业基本养老保险。

基金筹集和比例　依照国务院《国营企业实行劳动合同制暂行规定》,养老保险基金实行国家、企业、个人三方共同负担原则,养老保险基金遵照“以支定收、略有节余、留有部分积累”的办法由各市、县负责筹集。养老保险基金实行专户储存,专款专用,除用于支付企业退休人员基本养老待遇和提取一定比例管理费用之外,结余基金主要用于购买由国家发行的社会保险基金特种定向债券,营运所得收益全部并入基金。新劳动合同制工人实行养老保险制度,企业按照招用职工工资总额的18%,职工个人按本人标准工资的3%缴纳养老保险费。

自1986年起,全省各地试行国营企业职工退休费用社会统筹,按以收定支原则筹集养老保险费，具体筹集比例有各市、县政府根据本地养老保险负担情况确定。自1992年起，企业职工个人逐步开始缴费，多数市、县采取个人定额缴费办法，缴费数额一般为每月2～3元，也有部分市、县按本人标准工资的1%～2%缴纳。

1986—1997年，全省16个省辖市采取以企业职工工资总额加离退休人员退休费总额为基数，按照各市、县人民政府规定比例征收养老保险统筹基金，仅有马鞍山市采取以在职职工工资总额为基数的方式征收养老保险费。各地征收比例在15%～28%，其中征收比例最高的蚌埠市为28%，最低的淮北市为15%。

1997年12月，《安徽省统一企业职工基本养老保险制度实施方案（试行）》规定：到2000年，全省企业缴费费率统一到20%，现企业缴费费率高于20%的要逐步降低到20%，低于的要逐步达到20%。职工个人从1998年1月1日起按本人上年度月平均工资的4%缴费，以后每两年提高1个百分点，最终达到8%。城镇个体劳动者按全省上年度职工月平均工资的16%缴纳养老保险费。

1998年7月根据省政府《安徽省企业职工基本养老保险基金实行收支两条线管理实施细则（试行）》规定，全省养老保险基金全部纳入同级财政专户管理，各级养老保险经办机构不得从基金中提取费用，所需经费由同级财政全额供给。

2000年，国务院下发《关于切实做好企业离退休人员基本养老金按时足额发放和国有企业下岗职工基本生活保障工作的通知》。该通知规定，为应对养老保险基金收支矛盾，国家财政逐年加大对养老保险基金的财政补充，增加专项转移支付数额。同年8月，国家建立“全国社会保障基金”，管理财政预算拨款、国有股减持划入资金、投资收益、股权资产、以其他方式筹集的资金，其中包括养老保险基金，扩大养老保险基金的筹集渠道。

2005年，中央财政仅对安徽省养老保险基金转移支付就达到21.1亿元，占当年全省养老保险基金总收入124.78亿元的16.9%。养老保险基金的建立实现了职工养老由企业保障向由社会保障的转变。至2005年，全省积累的养老保险基金可支付7个月的养老金，累计结余59亿元。同年12月，国务院发布《关于完善企业职工基本养老保险制度的决定》，规定个人缴费比例统一调整为8%；参加基本养老保险的城镇个体工商户、灵活就业人员缴费基数为当地上年度在岗职工平均工资，缴费比例为20%，其中8%记入个人账户。单位缴纳基本养老保险费的比例为20%。

享有者条件　自1978年起，就能够享有养老保险待遇人员的年龄、工作年限、缴费年限等条件有明确规定。

年龄及资历条件。1978年，全国人大通过颁布的《关于工人职员退休退职暂行规定》《关于安置老弱病残干部暂行规定》，规定企业职工退休必须具备的条件：男年满60周岁，女干部年满55周岁，女工人年满50周岁，工作年限满10年以上，或因病完全丧失劳动能力，对从事高空、井下、有毒有害、特别繁重体力劳动的工人（包括工作条件相同的基层干部），可提前5年退休。1995年，国务院颁布《关于深化改革企业职工基本养老保险制度的决定》,将退休条件原规定工作年限满 10 年调整为缴费年限满 15 年。安徽省对此予以贯彻,并明确对实施养老保险制度改革之前(即 1996 年 1 月 1 日之前)参加工作、连续工龄(包括缴费年限)满 10 年的人员,仍可享受基本养老保险待遇,按月领取养老金。2002 年,省政府根据全省企业职工基本养老保险改革进展实际,按照国务院关于建立统一企业职工基本养老保险制度决定精神,将退休条件统一规定为缴费年限满 15 年以上,对缴费不满 15 年的但因病、因残完全丧失劳动能力的,可予以退职。2006 年,根据国家新的政策规定又取消退职规定。

岗位规定条件。1992 年 9 月,劳动部《关于试行全员劳动合同制有关问题处理意见的通知》规定,企业试行全员劳动合同制后,职工办理退休、退职手续的,应按其现工作岗位规定条件执行。由于女职工过去区分干部、工人身份,退休年龄不同,在执行中出现较多矛盾。2003 年 7 月,省劳动保障厅印发《关于企业女职工退休年龄有关问题的通知》规定:国有、集体企业中原为干部身份的女职工,已经到工人岗位连续工作满二年,且达到 50 周岁以上的,可按女工人的退休条件申请办理退休;原为干部身份的女职工,年龄达到 50 周岁以上,有下列情况且经本人申请,可按照女工人的退休条件办理退休:下岗进中心领取基本生活费、与企业协议保留养老保险关系、办理企业内部退养、因企业破产或解除劳动合同失业均满二年以上,下岗出中心后未能再就业的。原身份是工人的女职工,已经聘用到管理(技术)岗位连续工作满二年以上的,用人单位可按照女干部的退休条件为其申请办理退休。2006 年 9 月,省劳动保障厅按照《安徽省人民政府关于完善企业职工基本养老保险制度的决定的实施意见》,规定参保企业中的女工人,年满 50 周岁,经本人申请,单位同意,可以在 55 周岁前办理退休。

离休费保障机制。2000 年,中共中央办公厅转发中组部等部门《关于落实离休干部离休费、医药费的意见》,要求各地一次性补发拖欠离休干部的离休费,建立离休费保障机制和财政支持机制。同年,省委组织部等部门下发《关于确保离休干部离休费发放的实施意见》,对安徽省企业离休干部离休费确保发放,按照"单位尽责,社会统筹,财政补助"原则,建立保障机制。按此要求,凡有离休干部企业必须在 2000 年年底前按规定参加当地社会养老保险,过去欠缴养老保险费的要补缴,拖欠离休人员的离休费全额补发,确实困难的企业,财政适当补助。凡国家、省规定(包括新增加的)离休干部离休费、生活补助费项目,纳入社会保险基金支付范围确保发放。

待遇标准　1986 年国务院《暂行规定》规定劳动合同制工人退休后,退休费标准,根据缴纳退休养老基金年限长短、金额多少和本人一定工作期间平均工资收入的不同比例确定,对缴纳退休养老基金年限比较短的工人,其退休养老费用可以一次发给。省政府《实施细则》具体规定:缴纳退休养老基金满 10 年的,享受本企业原固定工人的退休待遇;缴纳退休养老基金不满 10 年,发给一次性生活补助费。企业离休人员离休费计算按本人在职时原工资的 100% 发给。

1995 年国务院《关于深化改革企业职工基本养老保险制度的决定》,确立企业职工基本养老保险实行社会统筹与个人账户相结合的原则。省政府在贯彻此决定时，规定安徽省职工基本养老金按社会性养老金和个人账户养老金两部分计发。

1997年国务院26号《决定》规定，将社会性养老金改为基础养老金，标准为各省上年度职工月平均工资的20%，个人账户养老金月标准为本人账户储存额除以120。参保人缴费年限累计不满15年的，退休后不享受基础养老金待遇，其个人账户储存额一次支付给本人。办法实施前参加工作、实施后退休的人员，按照新老办法平稳衔接、待遇水平基本平衡等原则，在发给基础养老金和个人账户养老金的基础上再发给过渡性养老金。据此省政府63号文件规定，月基本养老金由基础养老金、个人账户养老金、过渡性养老金、调节金构成。

2005年，国务院38号《决定》对养老金计发办法进行改革，规定对建立养老保险社会统筹和个人账户相结合制度之后参加工作的参保人员，累计缴费满15年的，退休后按月发给基本养老金，基本养老金由基础养老金和个人账户养老金组成。2006年，省政府59号文件制定安徽省过渡性养老金具体计发办法。自2006年1月1日起，安徽省职工基本养老金构成由基础养老金、个人账户养老金、过渡性养老金三部分构成。2011年，城镇残疾职工参加养老保险40180人。

城镇残疾人医疗及其他社会保障 2009年1月8日，省残联、省卫生厅、省劳动社会保障厅和省财政厅联合印发《关于对参加新型农村合作医疗和城镇居民基本医疗保险的残疾人装配辅助器具给予补助的意见》规定，对全省参加城镇居民基本医疗保险的持证下肢残疾人及7周岁以下（含7周岁）听力障碍儿童装配下肢假肢和配备助听器。经费来源为城镇居民基本医疗保险基金。每五年对参加城镇居民基本医疗保险的持证下肢残疾人装配的普通大腿假肢每具定补2000元，小腿假肢每具定补1000元，7周岁以下听力障碍儿童配备助听器每只定补2400元，平均每年分别补助400元、200元、480元。2011年，城镇残疾职工参加医疗保险44225人，城镇残疾居民参加城镇居民医疗保险643259人。

2011年8月22日，省政府印发的《安徽省人民政府关于开展城镇居民社会养老保险试点工作的实施意见》规定：对城镇重度残疾人、独生子女死亡或伤残（三级以上）后未再生育夫妻（女方年满49周岁）、节育手术并发症人员（三级以上）等缴费困难群体，试点县政府应按照最低缴费标准为其代缴全部养老保险费。2011年，城镇残疾居民参加养老等保险人数合计204223人。

残疾人托养服务 2007年始，安徽省即采取依靠政府，动员社会力量，进行建立残疾人托养服务机构的试点，将托养与生活技能培训、就业训练和简单劳动有机结合，提供多方面的公益服务和特殊保障，并对托养机构采取资助措施，以推动残疾人托养服务事业的发展。

托养服务机构试点 2007年，安徽省在经济较发达的合肥市、铜陵市进行托养服务机构建设试点。设立合肥市残联精神病防治康复工疗站、铜陵市智力和精神残疾人

安养工疗康复中心。

合肥市残联精神病防治康复工疗站由合肥市残联与中铁四局集团第四医院合作设立，为非营利性残疾人康复服务机构。中铁四局集团第四医院提供该院内一幢约440平方米房屋，并按照精神病康复工疗站的模式及拟开展的项目内容进行建设、装修；市残联出资购置康复训练器材、视听设备。该机构设音乐沙龙、乐厨房、女红坊、巧手苑、健身俱乐部、工作室、图书资源阁等，以精神病早期干预治疗、开放式心理治疗、结构式家庭心理治疗等方式服务，可同时容纳60余名患者参加简单且多人的集体手工劳动、参加形式多样的文体娱乐活动，逐步改善其因遭遇社会歧视排斥、住院封闭管理等因素而造成自闭、孤独、自卑状况，逐步增强其与他人的沟通能力、主动融合社会能力、自我从业能力，为他们早日回归社会、真正自食其力奠定坚实的基础。

铜陵市智力和精神残疾人安养工疗康复中心由铜陵市残联依托市第三人民医院（铜陵市精神病专科医院）、市新光印刷厂筹建。总投入30多万元，市残联一次性投入资金6万多元，其中2.5万元用于购置康复器材，3.6万元用于房屋维修、配备桌椅（每年还将投入2万元资金用于医务人员的护理费用）；第三人民医院将一幢542平方米的平房腾出作为康复托养中心用房，投资5.2万元用于厂房的维修；市新光印刷厂投入18.63万元购置生产设备，配备彩印机、自动纸杯机、冲片机、训练器、商用单车、跑步机以及棋牌桌、家庭影院等设施。中心设有教学室、训练室、康复室、工疗室、娱疗室，以健身和功能康复训练为主要康复项目（制作一次性卫生饮水纸杯项目作为工疗康复中心的主要功能康复训练科目），以阅读、棋牌、交流、音像视听为主要娱乐项目，达到了解精神卫生知识及自我管理训练目的。为保证工疗康复中心规范运作，市残联和市第三人民医院联合制定《铜陵市精神病人安养工疗实施方案》，对进站条件、人员选取、操作流程等都作出明确规定。要求企业负责每天安排简单劳动，加强管理、确保安全，免费为工疗康复人员提供午餐，每月为他们发放50元的交通补贴费；医院防治科安排医务人员对工疗康复对象进行日检查、周评估，建立个人体检康复档案、经常保持与工疗康复对象的监护人联系和交流。并建立工疗人员档案台账制度、工作人员手则、工疗康复人员手则、日常工作制度、训练活动计划、家长（亲属）联系制度等。

阳光家园计划　2009年12月23日，省残联、省财政厅关于印发《安徽省实施阳光家园计划2009—2011年残疾人托养服务项目方案》的通知规定，2009—2011年对地方各级政府有关部门及残联兴办的公益性智力、精神和重度残疾人托养机构，其他社会组织和个人兴办的不以营利为目的的智力、精神和重度残疾人托养机构，享受低保且无业的智力、精神和重度残疾人居家托养家庭进行资助。补助资金主要用于各地开展残疾人托养服务工作，包括补充残疾人职业康复训练、技能培训、无障碍环境、生产生活等服务设施设备，补贴受托养残疾人生活费用，购买为受托提供的社会服务，培训管理和服务人员等。补助标准为：符合居家托养条件的精神、智力和重度残疾人每人一次性资助500元。资助居家托养残疾人家庭的资金支出比例不得低于资金总额的40%。对运营半年以上、提供日间照料或寄宿制托养服务、托养符合条件的残疾人 10 人以上的托养机构,可对其职业康复训练、技能培训、无障碍环境和生产生活等服务设施设备改善,以及购买为受托提供的社会服务、培训管理和服务人员,给予其按托养残疾人数一次性资助 1200 元。

2009—2011 年共下拨资金 2096 万元,资助 22924 名残疾人。其中，2009 年度下拨资金 710 万元,资助 8000 名残疾人;2010 年下拨资金 696 万元,资助 7500 名残疾人;2011 年下拨资金 690 万元,资助 7424 名残疾人。

2011 年,全省建立 160 个托养服务机构,在机构托养各类残疾人 2298 人,较 2009 年增长 67%。其中:智力残疾人 592 人,精神残疾人 684 人,其他残疾人 1022 人。享受家居托养服务的残疾人 19738 人。

第七章　文化体育

1949年以前,安徽省残疾人由于身体和经济条件所限,很少有以文学艺术作为日常娱乐活动的,有条件真正从事文学艺术创作者更少。一些有演唱技艺的盲艺人,往往只能将其作为养家糊口、赖以生存的手段,被称为“丐艺术”“苦难艺术”。他们穿走于街巷市井之间,演唱所得仅能糊口,甚至生活朝不保夕。1949年以后,大部分视力残疾人陆续参加集体生产劳动,盲艺人不再需要以卖唱为生。曲艺演唱则成为视力残疾艺人施展艺术才华的舞台,更多的盲艺人参加业余曲艺组织,成为长期活跃在群众艺术舞台上的文艺骨干。随着改革开放的深入,社会文明程度的提高,越来越多的残疾人艺术人才脱颖而出。安徽各地涌现出为数众多的残疾人作家和文学工作者,以及不少残疾人书法家、画家、雕刻家、摄影家和特艺人才。他们当中有的加入各级作家、书法家、美术家、摄影家协会,有的作品被国内外有关机构所收藏,有的进入专业艺术团体,有的出版长篇小说和作品专辑。同时,残疾人群众性文艺活动也越来越活跃。各地城市、乡村在每年全国性、地区性重大节庆活动和举行“全国助残日”“国际残疾人日”等活动时,都积极组织各类残疾人参与,为社会各界献上残疾人自己的节目,以宣传残疾人和残疾人事业。各地残联和宣传文化部门还不定期地举办残疾人摄影、绘画展览,举行歌咏大赛,丰富残疾人的业余文化生活。从事专业或业余艺术活动的不仅有视力残疾人、听力言语残疾人、肢体残疾人,还有多重残疾人。安徽的智障人书画、肢残人口书足书和雕刻、聋哑人书画摄影以及各类残疾人的文学创作、舞台艺术等,都得到较快的发展。

残疾人参加体育活动在安徽历史上也少有机会。20世纪50年代,阜阳等地组织过伤残人参加的体育锻炼、聋哑人体育竞赛。60年代,芜湖市举行过聋哑人田径运动会。80年代后,伤残人体育受到全社会的特别关注,有组织的体育锻炼和体育竞赛越来越多,并参加全国首届伤残人运动会,有的残疾人体育运动员开始走出国门。2006年2月23日,《安徽省残疾人体育集训队运动员选拔集训管理暂行规定》出台。2006年10月17日,经省政府同意,由省人事厅、省体育局、省残联、省农委、省教育厅、省民委、省财政厅7家联合下发《安徽省有突出贡献的运动员教练员奖励暂行办法》,将残疾人体育纳入竞技体育范畴,明确对残奥会、残疾人世界锦标赛、远南（亚洲）残运会、全国残运会等重大体育赛事中获得金、银、铜牌的运动员、教练员给予精神和物质奖励。2007年10月29日,省政府办公厅印发《关于进一步加强残疾人体育工作的意见》。2011年7月7日,省人社厅、省残联、省体育局、省财政厅联合印发《关于有突出贡献的残疾人运动员教练员参照健全人同级赛事奖励标准同等奖励的通知》。这些规定、办法、意见的出台对安徽残疾人体育事业产生重大影响。

第一节 残疾人文化

20世纪80年代末，安徽省开始出现残疾人从事文学艺术活动。1985年，省民政厅、省盲人聋哑人协会举办安徽省第一届残疾人文艺会演。1989年，举办全省首届残疾人书画工艺美术作品展。1988—2011年，安徽先后举办6届残疾人文艺汇演、5届特殊教育学校学生艺术汇演，同时选拔优秀节目先后参加6届全国残疾人艺术汇演、5届全国特殊教育学校学生艺术汇演，并取得良好成绩。其间，安徽省还成功承办第五届全国残疾人艺术汇演（安徽赛区），以及开展残疾人文化周、读书日等多种文化活动。

残疾人文学艺术 安徽从事残疾人文学艺术活动最早出现于20世纪80年代末，此后涌现出许多优秀残疾人作家、书画家等。

残疾人文学 残疾人文学代表人物有芜湖的李幼谦、淮北的于黎、池州的江建军、巢湖的赵娅萍、铜陵的章和信、池州的周伯文、安庆的刘璟等。

李幼谦，女，芜湖人，肢残。1980年加入安徽省作家协会，2010年加入安徽省评论家协会，2011年成为中国散文家协会会员，曾经担任过9年的芜湖市作家协会副主席，现任芜湖作协名誉主席。从1974年开始在《安徽日报》副刊发表小说，至2011年在多种报刊杂志上发表200多万字的文学作品，被收入50多本书中。先后发表中篇小说《事业》《多事之秋》，中篇传记文学《纨绔子弟》，长篇散文《佛果飘香》《不悔的航程》《追寻那个宋元之交的乱世佳人》，长篇小说《抗婚》。其间，1995年在“跨世纪文艺研讨会”上，中篇小说《模特开店》获三等奖；2005年在《人民文学》“爱与和平征文”中，《与白鹭为邻》获优秀奖；2009年，长篇散文《追寻那个宋元之交的乱世佳人》获《中国作家》创作年会交流评比一等奖；同年，短篇小说《苏太太与她的狗儿们》获得第二届散文学会全国文学征文活动小说类一等奖。

于黎，女，淮北人，幼年患小儿麻痹后遗症双下肢残疾。2000年，由作家出版社出版散文诗集《最后的回眸》，作品入选中国第一部残疾作家文集《为了生命的美丽》《残红有梦》《让我们拥抱世界》等作品集。2008年10月，由中国文艺出版社出版其纪实作品《给我一双翅膀》。现为安徽省作家协会会员、中国残疾人作家联谊会会员、淮北市残联历届代表。

江建军，男，1978年3月应征入伍至池州市贵池县武警中队。1986年5月18日，在抓捕持枪劫持人质的战斗中双眼负伤失明。1990年开始学习写作。2008年当选为池州市作家协会理事。2010年《假如面对海伦·凯勒》获中国盲人协会、中央人民广播电台和中国残疾人杂志社《盲人月刊》联合举办的“我读书、我受益、我快乐”征文一等奖；2011年在作家出版社出版个人散文自选集《点亮翅膀》，在中国盲文出版社出版盲文版散文集《我是“男一号”》;同年12月,被安徽省作家协会接收为会员,先后三次出席全国盲人文学笔会。截至2011年年底,发表文学作品100多篇,省级以上获奖作品20多篇。

赵娅萍,女,巢湖人,自幼因病致使双下肢残。少年始耽于文学迷宫不能自拔,处女作《致爱神》发表于1983年第2期《安徽文学》。此后,在全国各报刊上发表诗歌、散文略计50万字。先后自学取得汉语言文学专业大专和本科学历。1985年,在安徽《诗歌报》上发表的《赠别》一诗曾被《诗选刊》和《1986年全国报刊诗歌集粹》诗集收入,并被省广播电台文艺部多次朗诵。另有短诗被安徽文艺出版社出版的《相思红豆》诗集收入。散文《夜有博大的温柔》被安徽文艺社出版的《春风、阳光、足迹》散文集收入。两次影评被巢湖电影公司推荐送出参赛,分别获全国三等奖和全省一等奖。2005年,自费出书《渴望真诚》文集。2008年,获安徽省散文学会全省一等奖,代表作品《我只取一瓢饮》。

章和信,男,铜陵人,1972年因工铁水炸入双眼而失明。1978年,他在住院治疗期间结识一位盲文老师,在盲文老师的指教下自学盲文。学会盲文后努力创作,1979年处女作《盲人恋歌》发表。后来在《中国冶金报》《诗歌报》、香港《诗双月刊》《人民文学》、展望出版社的《放飞希望》《中国盲人月刊》《中国盲童文学》《振风》《铜草花》《安庆报》《铜陵报》等报刊发表诗作百余首。代表作《黑色曝光录》,于2005年获《人民文学》和中国残联共同举办的“爱与和平”文学征文大赛二等奖。先后两次获铜陵市政府颁发的文学创作成果二等奖。2010年,著《钢铁是这样炼成的》诗歌集。1982年被铜陵市文联吸纳为铜陵市作家协会会员,1999年成为中国残疾人作家联谊会会员,1986年作为铜陵市委、市政府组织的先进人物报告团成员巡回演讲。2006年,被铜陵市政府评为残疾人自强模范。

周伯文,男,池州人,孤儿,2岁时患小儿麻痹症导致双腿残疾。1992年,散文《如何不想你》在市作家协会与《池州日报》社联合举办的纪念“5·23”讲话发表50周年征文中获优秀奖。1994年,在第10期《中国残疾人》上发表小说《拜访》。1995年,在第8期《中国残疾人》上发表散文《紧握你的手》。从此,在《安徽文学》《中国社会报》《中国教育报》《中国妇女报》《中国广播报》《中国邮政报》《中国工商报》等30多家报刊发表180多篇文学作品。2000年,散文《感受真情》获“胡玉美杯”全国新世纪散文大赛佳作奖。2002年,散文《电话是个宝》获《池州日报》社与市电信局联合举办的“我与电信”有奖征文二等奖,同年出版散文集《感受真情》。2003年被安徽省作家协会吸收为会员。2004年,作为安徽省残疾人作家代表,出席北京中国残疾人作家联谊会成立大会,并成为中国残疾人作家联谊会第一批会员。2011年,《党,给了我第二次生命》获省残联举办的“庆祝建党90周年”读书征文二等奖。有多篇作品被中国残联结集出版,如《放牛的孩子》被《放飞希望》一书收入,《善良人家》被《收获感动》一书收入,《九天的邻居》被《为了生命的美丽》一书收入。

刘璟，女，安庆人，全身90%以上部位瘫痪，仅右手三个手指能动。2006年，考入安庆师范学院外国语学院。2009年12月，其翻译的美国华裔盲人女作家Shirley Cheng（郑星）的英文小说《公主传奇》，由安徽大学出版社出版。曾获“中国大学生自强之星”提名奖、全国大学生职业生涯规划大赛特等奖等。

残疾人书法　残疾人书法代表人物有程振德、董陈、赵靖、杨峰等。

程振德，男，铜陵人，3岁时因病而丧失听力，导致语言表达能力极差。从小酷爱书画艺术，在姐姐的关爱下，潜心于钟繇、二王、钟绍京、颜真卿、柳公权、褚遂良、赵孟頫、文征明等名家的碑帖。擅长微楷、小楷书法艺术。历时两年多，耗费300余支毛笔，于1997年夏完成在2.2平方米的宣纸上用微楷撰抄《红楼梦》全书巨作。这一作品在国内属首创。2000年首届全国群众书画摄影大展获铜奖，2003年加入中国书法家协会。

董陈，男，滁州人，1959年因患得小儿麻痹症，双腿萎缩，失去行走能力。1991年篆刻作品入选全国第二届篆刻艺术展，1992年作品入选全国第四届中青年书法篆刻作品展览，2003年在全国暨华东区残疾人技能成果展中获得优秀奖，2006年参展西泠印社第六届篆刻艺术评展获得优秀奖，2009年在庆祝中华人民共和国成立60周年全国残疾人书法、绘画大赛中获得书法类优秀奖。曾两次获得滁州市残疾人自强模范奖，连续18次获得先进工作者。1997年5月任中国书法家协会会员，安徽省书法家协会理事。2005年任中国残疾人书法家联合会执行委员。

赵靖，男，定远人。1988年，在因工事故中，不幸痛失双臂，后用嘴衔笔习书、练画。1995年入展入集安徽省书法家协会爱国诗词书法展及第三届全省残疾人书画大赛一等奖，1997年入展入集世界华人书画展。1998年创办“赵靖书画艺术中心”，先后培训书画人才4000多人。2002年首届全国残疾人书法绘画摄影大赛中草书、隶书两件作品分别获铜奖、优秀奖。2003年首届中越书画联谊赛金奖，参加全国第六届残运会特殊技能展示获特别奖。2006年，作为特邀嘉宾应邀在北京参加第四届世界吉尼斯颁证会。2009年10月，应邀赴澳门参加庆祝中华人民共和国成立60周年和澳门回归10周年“和谐献礼”双庆活动，并代表海峡两岸各地残疾人士，向澳门特区行政长官何厚铧赠送口书作品。2010年6月，作为世博会安徽省特艺人才代表在上海世博会生命阳光馆展示才艺。其中书法、国画作品各两件，被世博生命阳光馆永久珍藏。同年，入选安徽书法家皖军100强。先后成功举办“建国50周年书画展”“建党80周年书画展”“赵靖书画培训中心教学成果汇报展”等一系列书画活动。现为中国书法家协会会员、香港国际文化交流协会会员、安徽省书法家协会会员。

杨峰，男，定远人，因患小儿麻痹后遗症，致下肢瘫痪，依靠双拐行走或以自助车代步。自幼酷爱书法，在书法创作上，以大篆为主，兼攻行草。作品曾多次入选全国、省、市、县级书法大展，数十幅获奖作品发表于《中国书法通讯报》《中国书画报》《青少年书法报》《青少年书法杂志》《书法报》等多家专业类报刊。作品被收录于《翰墨中国》《中国楹联会员大典》《中国残疾人书法家优秀作品集》,在安徽新世纪大展、安徽省临帖大展、安徽省硬笔书法展中获三等奖。现为中国楹联学会会员、中国残疾人书画联谊会会员、安徽省书法家协会会员、滁州市书法家协会理事。

残疾人绘画　残疾人绘画代表人物有桂遂平、李艾平、夏长秀、吴鹏凯等。

桂遂平,男,池州人,肢体残疾。1968年开始自学美术、书法。创作的版画作品先后在挪威、瑞典、西班牙、德国等国家展出,曾获《纪念毛泽东同志〈在延安文艺座谈会上的讲话〉发表60周年全国美展》佳作奖;中国文化部群星奖优秀奖;中国美协、中国残联主办的首届全国残疾人书画大赛铜奖;安徽省文化厅群星奖一等奖等。篆刻作品曾获安徽篆刻展二等奖等。编辑出版《莲花佛国》等邮票珍藏册七部、《历代名人咏池州》诗集一部。1988年被评为工艺美术师。现为中国版画家协会会员,中国美术家协会藏书票研究会会员,安徽民进开明书画院副院长,安徽省书法家协会理事,安徽省美术家协会会员,安徽篆刻研究会会员。

李艾平,又名爱平,号拐李,男,宣城人。出生10个月后患上小儿麻痹症,造成下肢残疾。曾深造于南京艺术学院和北京荣宝斋画院程大利山水画工作室名家班。1993年获中国美协、书协“北京2000年奥林匹克第一届国际绘画、书法艺术展”优秀奖,1994年获第二届枫叶奖“国际水墨画大展”优秀奖,1999年获中国文联“庆祝建国五十周年暨澳门回归祖国全国书画大展”铜奖,2009年获民政部、国家广播电影电视总局、中国文联、中国残联“庆祝建国六十周年全国残疾人书画大赛”银奖。于2000—2009年,出版《李艾平画集》《李艾平山水画册》《李艾平精品画集》《李艾平山水画集》。并于2007年在江苏宜兴、深圳举办“李艾平山水画展”。曾被中国文联命名为“海峡两岸德艺双馨艺术家”,中华全国总工会授予“全国自学成才积极分子”,共青团安徽省委授予“省新长征突击手”称号。现为北京荣宝斋画院程大利工作室画家,台北故宫书画院客座教授,中国国家书画院副院长,安徽省残疾人美术家协会副秘书长。

夏长秀,男,合肥人,因右臂残疾,故练习左手书画。2002年12月,获中国美术家协会和中国残联举办的“新世纪杯”首届全国残疾人书法、绘画、摄影大赛绘画类优秀奖,同时获安徽省一等奖。2005年7月,《牡丹图》入选中国残疾人优秀美术作品集。2006年7月,国画作品《硕果累累》入选第四届“北京2008”奥林匹克文化节系列活动之“中国残疾人优秀书画作品展”。2010年,获安徽省第四届残疾人职业技能大赛室内摄影第一名,同时获安徽省技术能手称号。现在安徽省特殊教育中专学校工作,中国残疾人书法家、美术家联谊会会员,安徽省书法家、美术家协会会员,二级美术师。

吴鹏凯,画名山鹏,男,黄山人,肢残。1998年10月,在安徽安庆举办个人画展。2001年12月,在北京中国美术馆举办个人画展。作品《民居系列之三》《民居系列之四》被中国美术馆收藏,作品《山高水长》被毛主席纪念堂收藏。现为黄山市残联副理事长,安徽省美术家协会会员,中国残疾人美术家协会会员,安徽省残疾人美术家协会副会长,一级美术师。

残疾人工艺 残疾人工艺代表人物有刘晓川、顾红森、徐石生、仝廷艳等。

刘晓川，女，宿州人，幼时失聪，六岁开始即在安徽省举办的少儿书画展中多次获奖，并多次参加全国少儿画展。11岁时，国画作品《欢迎您好朋友》入选于《中国少年报》《儿童书报》创刊纪念性大型书册并获奖。1995年，出席“世界妇女大会”才艺表演，3000多件剪纸作品被来自世界各地200多个国家的专家、学者、友人及同仁收藏，被评为中国传统民间美术百名女能手。1996年，剪纸组画《八年抗战》被中央军委收藏，军委副主席张震题词。2003年，应邀参加文化部在黑龙江省举办的中国剪纸艺术节，在希望的田野里民俗系列剪纸作品获金奖，同时本人被命名为新中国剪纸艺术家。2010年，应邀参加在上海举办的世博会，在生命阳光馆展示剪纸工艺，现场剪出标志性的体裁“水宝”1000余件，赠送各国来宾以作纪念。刘晓川的剪纸艺术归纳为民间节庆吉祥系列、神话寓言系列、传统民间戏曲人物系列、现代生活系列、当代新潮流系列、火社图腾变形脸谱系列、历史故事和现代战争历史系列组画剪纸。现为安徽省残联委员、安徽省美术家协会会员、中国剪纸学会会员、中国儿童造型艺术委员会会员。就职于宿州市埇桥区群众文化艺术馆。

顾红森，合肥人，听力残疾，安徽省书画学院国画系毕业。1981年，在合肥青年职工美术展上，《敦煌》国画获优秀奖。1993年，在省艺术家协会主办的“顾红森雕刻艺术展”上深受中外艺术界称赞。2007年，在第三届省残疾人职业技能竞赛中获一等奖，并获省技术能手称号。是年，在“一品徽韵·首届全国文化纪念品博览会”工艺精品大赛上，竹雕《江山多娇》获优秀奖，《佛手》获金奖；竹雕《梅兰竹菊》《牧牛图》《大好河山》在安徽省工艺美术60年精品大展中分别获金、银、创新奖。曾获“全国职工自学读书活动积极分子”称号。现为中国工艺美术学会会员、安徽省工艺美术学会会员、中国高级工艺美术师。

徐石生，男，马鞍山人，自幼肢残。酷爱剪纸艺术，其剪纸作品曾先后多次在全国、省、市级大奖赛和美展上获奖，并有百余幅作品被国家、市博物馆购藏。作品先后入选《中国民俗剪纸》《全国商业职工书画作品选》等多部刊物，其中《巧剪百猪》《中国龙》《中国凤》《龙舞》等作品被中央、省、市电视台多次报道。艺术成就被《中国当代美术家名人录》《中国现代美术家人名大辞典》《中国剪纸艺术人名大典》《安徽当代美术家人名作品图录》等收录。现为中华民族文化促进会剪纸艺术委员会会员、中国残疾人美术家联谊会会员、安徽省美协会员、安徽省和县剪纸非物质文化遗产传承人。

仝廷艳，女，安庆人，1974年因高烧用药不当导致耳聋。曾就读于安庆市盲哑学校、合肥市聋哑学校。1996年，长春大学特教学院美术系毕业。系安庆市特殊教育学校高级教师、安庆市美术家协会会员，获装饰美工职业技术证书和双师型教师资格证书。她创作的工笔画、油画、编织壁挂等作品参加全国和安徽省残疾人职业技能比赛、安徽省女教职工书画展等比赛，数十次获奖。

残疾人书画、摄影、工艺展 1989年起，省残联开始举办工艺美术作品展活动，为残疾人提供“平等、参与、共享”展示平台。1989—2010年,残疾人作品先后多次参加省内外比赛,取得优异的成绩。

1989年10月1日,举办全省首届残疾人书画工艺美术作品展。合肥等9个地、市残联精选作品102幅(件)参加展出。评出一等奖4个、二等奖11个、三等奖16个。

1998年5月16日,省残疾人书画美术作品展在省博物馆展出。展出活动由省残联主办,省残疾人美术家协会与《活着》杂志社承办。全省17个地、市的270幅残疾人创作的书法、绘画作品参展。

1999年5月15日,省残疾人书画工艺美术作品展在省博物馆展出。共展出残疾人书法、绘画、篆刻、刺绣、纺织、剪纸等作品240幅。12月19日,省残疾人画家黄山市吴鹏凯(肢残、画名山鹏)在省博物馆举办个人画展。

2004年,省残联与省摄影家协会联合举办安徽省首届“残疾人在祖国怀抱中”摄影大赛,在200多幅作品中评出44件获奖作品,并组织30幅作品参加全国摄影比赛。

2006年3月3日,省残联与省特殊教育工作委员会、省图书馆联合举办“心之声——安徽省听障学生美术工艺作品展”。全省23所特殊教育学校,共展出国画、素描、水粉、书法、工艺、电脑设计等类作品229件。3月20日,省残联组织文化作品参加全国智障学生美术书法作品展。指导和帮助芜湖市培智学校作品参赛,获二等奖1个,优秀奖7个和优秀组织奖。7月,省残疾人书画家邢培林、史铭、吴鹏凯、赵靖的作品收录《中国残疾人优秀书画作品展》,作为2008北京奥林匹克文化节宣传赠品。

2008年7月8日,省残联第二届“残疾人在祖国怀抱中”摄影大赛进行评选,在200多作品中评出一等奖4个、二等奖9个、三等奖22个。夏长秀的《言传身教》、武鹏的《我赢了》、陈昂的《盲人拔河——有劲》获一等奖。35件获奖作品参加第四届“残疾人在祖国怀抱中”全国摄影展。8月下旬,会同省教育厅、省文联举办省第二届残疾人工艺美术作品展,共评选出45件优秀作品,其中一等奖10件,二等奖、三等奖、优秀奖各20件。

2009年4月14日,推荐10人参加中国残联举办的“绽放艺术成就奖”评选活动,铜陵的程振德获“绽放艺术成就奖”提名奖,滁州的赵靖获“绽放艺术成就奖”激励奖。7月10日,省残联、省文联推荐57幅作品参加新中国成立60周年全国残疾人书法、绘画大赛,其中宣城市广德县残疾人李艾平的国画《赫墨粉披写秋色》获国画银奖,周昌素的《救灾》获少儿组特别奖,8幅作品获优秀奖,10幅作品获鼓励奖。

残疾人文化组织　成立安徽省残疾人美术家协会、安徽省特殊艺术委员会。

安徽省残疾人美术家协会　(见第一章社会团体)

安徽省特殊艺术委员会　省特殊艺术委员会成立于2005年1月5日。省残联副理事长邓成标为主任,省残联、省教育厅、省文化厅业务处室负责人为副主任,省文化厅、省文联、省音乐家协会、省舞蹈家协会、省艺术馆、省话剧团、省黄梅戏剧团、省艺术研究所负责人及专家、学者为委员。工作宗旨:发展特殊艺术,展示残疾人艺术才华和精神风貌；丰富残疾人精神文化生活，不断提高残疾人文化素质及全面参与社会能力；激励自强精神，倡导助残风尚，培育文明进步的社会环境，促进社会主义两个文明建设。其工作内容和工作方法是团结从事残疾人特殊艺术的文艺工作者，交流特殊艺术工作经验，繁荣残疾人题材文艺创作，规划指导残疾人文化艺术工作；协调组织残疾人文艺演出，指导、辅导和支持各地群众性残疾人文化艺术活动；开展各类残疾人特殊艺术培训工作，提高残疾人艺术水平；组织残疾人特殊艺术的评选及表彰活动。

残疾人艺术汇演 省残联成立后，从事音乐、舞蹈活动逐渐成为残疾人参与社会文化生活、共享社会物质文化成果的重要渠道。视力残疾人、听力言语残疾人、肢体残疾人和智力残疾人积极参加各种音乐、舞蹈训练和演出，努力展示自身价值，为自己带来自信，为社会带来欢乐。全省各地残疾人娱乐活动逐渐发展成为有组织、有领导的专项活动。1988—2011 年，全省共举办 6 届残疾人艺术汇演和 5 届特殊教育学校学生艺术汇演，参加 6 届全国残疾人艺术汇演和 5 届全国特殊教育学校学生艺术汇演。

参加全国残疾人艺术汇演 1988 年 11 月 28 日，省残疾人艺术代表团参加第二届全国残疾人艺术调演（华东区）。全省参赛 7 个节目分别获奖。其中花鼓灯舞蹈《哑妞乐》获一等奖，哑剧小品《争光》等 5 个节目获三等奖，芭蕾舞《心中的旋律》获优秀奖。

1993 年，省残联组织 11 个节目参加第三届全国残疾人艺术汇演。蚌埠市聋哑少年表演的花鼓灯舞蹈《哑妞乐》获二等奖，聋哑姑娘谢玲随中国残疾人艺术团两次出访演出。

1997 年，在第四届全国残疾人艺术汇演中，安徽省有 9 个节目获奖。

2001 年 8 月 15 日，第五届全国残疾人艺术汇演（第三赛区）在合肥举办，省残联负责第三赛区组委会工作。上海、浙江、湖北、福建、江西、安徽等五省一市，400 多名残疾人演员参加声乐、器乐、舞蹈、戏曲小品、智残综合等 5 个类别的比赛，评出一等奖 19 个、二等奖 30 个、三等奖 43 个、优秀奖 11 个。

2005 年 8 月 5 日，省残联组织安徽省残疾人艺术代表团参加第六届全国残疾人艺术汇演武汉赛区的艺术汇演，获一等奖 1 名、二等奖 5 名、三等奖 2 名、优秀奖 2 名和组织奖。同时，还组织推荐 3 位盲人和 3 位肢残人分别参加全国盲人和肢残人首届声乐大赛并获得两个三等奖，盲人王湘君获安格雅姿杯新人奖。

2009 年 8 月 21 日至 25 日，由教育部、民政部、文化部、国家广播电影电视总局和中国残联共同举办的第七届全国残疾人艺术汇演（江苏赛区）在南京举行。安徽省参演的 10 个节目中，有 7 个节目获奖。其中省特殊教育中专学校盲人老师江朝阳演唱的《最后的华尔兹》获得声乐一等奖，安庆市盲哑学校老师李国忠演奏的笙独奏《湘江春歌》获得器乐类二等奖，合肥市特殊教育中心编排的舞蹈《柳妞扭》获得舞蹈类三等奖、小品《特殊答辩》获得小品类三等奖，淮南市肢残演员池友演唱的《重头再来》、池州市肢残演员姚萍演唱的《梅兰芳》获得声乐类三等奖，宿州市肢残演员代志峰演奏的唢呐《打枣》获得器乐类三等奖。

参加全国特教学校学生艺术汇演　1992年10月，在由文化部、国家教委、中国残联联合举办的全国部分省市盲校、聋校文艺调演中，芜湖市15岁聋哑姑娘谢玲主演的芭蕾舞《北风吹》，获二等奖，并入选中国残疾人艺术团，随团出访。

1995年，省残联组织节目参加第二届全国盲校、聋校艺术汇演。

2004年1月，12个节目代表安徽省参加全国第四届盲、聋、培智学校学生艺术节目评选，有6个节目获奖。合肥市特殊教育中心编排的小品《机器人》获三等奖，舞蹈《快乐的恰恰》、声乐《童年的回忆》获优秀奖；芜湖聋校编排的舞蹈《茉莉花》获优秀奖；安庆盲校编排的声乐《阳光下的我》获优秀奖；六安聋校编排的《采蘑菇的小姑娘》（智残综合节目）获鼓励奖。

2007年10月，第五届全国盲、聋、培智学校学生艺术汇演有6个节目代表安徽省参加全国评选，其中有2个获二等奖，1个节目获三等奖。

2011年8月，由教育部、文化部、国家广播电影电视总局、中国残联共同举办的第六届全国特教学校艺术汇演评选中，安徽省报送的13个节目中5个节目获奖。安徽省特殊教育中专学校《雀之灵》获舞蹈类一等奖，合肥市特教中心《在那东山顶上》《俏兰花》获声乐类、舞蹈类二等奖，合肥市特殊教育中心《秦川叙事》和安庆市特殊教育学校音乐剧《do __ re __ mi》获器乐类和小品类三等奖。

举办全省残疾人艺术汇演　1988年9月6日，省残联举办第二届全省残疾人艺术汇演。合肥、宿县、蚌埠、芜湖、安庆、马鞍山、黄山、淮北、铜陵等9个代表队51个节目参加汇演。蚌埠市获团体一等奖，芜湖市获团体二等奖，马鞍山市获团体三等奖。

1993年3月27日，省残联举办第三届全省残疾人艺术汇演。评出一等奖4个、二等奖9个、三等奖22个。

1997年，省残联举办第四届全省残疾人艺术汇演。

2001年6月14日，省残联与省文化厅、省民政厅、省教育厅、省广播电视厅共同举办第五届全省残疾人艺术汇演。全省11个市80多名残疾人演员参加汇演。在选送的5大类33个节目中，评出特别奖1个、一等奖6个、二等奖14个、三等奖12个。

2005年6月，省残联、省文化厅、省教育厅共同举办第六届全省残疾人艺术汇演声乐器乐选拔赛。全省57名选手参加评选，共评出声乐、器乐两类作品一等奖13个、二等奖18个、三等奖26个。合肥、芜湖、蚌埠、滁州、安庆、马鞍山、淮南、淮北、阜阳、宣城、宿州、巢湖、六安、亳州14个市残联获组织奖。

2009年5月25日，省残联举办第七届全省残疾人艺术汇演。全省17个市以及省特殊教育中专学校报送声乐、器乐、舞蹈、戏剧小品作品102件，共有423名残疾人参加汇演。共评选出49件获奖作品，其中声乐类《父老乡亲》《跟你走》《最后的华尔兹》，器乐类《打枣》《乡歌》《梅花新调》，舞蹈类《花鼓心声》《柳妞扭》，戏剧小品类《天涯情缘》等9件参赛作品获一等奖，《拉住妈妈的手》等18件参赛作品获二等奖，《卓玛》等22件参赛作品节目获三等奖，蚌埠市残联等11个单位被授予组织奖。

举办全省特教学校学生艺术汇演　1995年，省残联与省教委共同举办第二届全省盲校、聋校艺术汇演。1999年，省残联举办第三届全省盲校、聋校艺术汇演。2004年1月，省残联与省教委共同举办第四届省盲、聋、培智学校学生艺术汇演，共评选出23件获奖作品。2007年5月，省残联、省教育厅、省文化厅和省广电局联合举办第五届全省盲、聋、培智学校学生艺术汇演，共评选出23件获奖作品。其中，舞蹈类一等奖2件，二等奖5件，三等奖7件；综艺类（含声乐、器乐、戏剧小品、戏曲）一等奖1件，二等奖2件，三等奖3件；智残人综合类节目有2件作品获启智奖，3件作品获鼓励奖。

2011年4月，省残联与省教育厅、省文化厅、省广电局共同举办第六届全省特教学校学生艺术汇演。共评选出45件获奖作品。其中，表演类一等奖8件，二等奖14件，三等奖18件；智障人综合节目类有5件作品获启智奖。合肥、安庆、蚌埠、六安、宿州、马鞍山、淮南、亳州市残联和省特殊教育中专学校获组织奖。

残疾人文化活动　为丰富残疾人文化生活，安徽省逐渐为残疾人提供个性化服务，开展残疾人文化活动周、残疾人读书日等活动。

残疾人文化活动周　2010年8月，省残联、省文化厅联合组织举办全省残疾人文化活动周活动。围绕“绽放生命 共享阳光”的活动主题，组织各地残疾人广泛开展党和政府扶残政策宣传活动，残疾人“自尊、自信、自强、自立”教育活动。并开展各种残疾人特殊艺术创作和展示活动，组织各种文艺演出、电影展映、文化助残结对、全民健身等活动。其中，安庆市区分不同类别、年龄残疾人生理心理特点和不同区域残疾人基本需求，围绕自强、助残两个层面，紧扣“绽放生命 共享阳光”主题，分别以“红、绿、橙、蓝、紫”5种颜色寓意活动，设计“唱响红色之歌、开启绿色之旅、传递橙色之情、举办蓝色之约、畅谈紫色之梦”五大系列活动，努力惠及残疾学童、残疾青年、残疾老人不同年龄，肢残人、聋人、盲人不同类别，城市社区、农村城镇、偏远乡村不同地域的残疾人。蚌埠市举办象棋、乒乓球比赛，组织残疾人开展读书、交流心得体会等活动，并结合城市建设，带领残疾人观看“蚌埠城西出口改建工程”的开工典礼，让残疾人感受家乡的变化，市残联向市特殊教育中心赠送价值3000元科普类、教学类图书。2011年7月，省残联、省文化厅联合举办全省第二届残疾人文化周活动。本届文化周活动以开展城市社区和农村乡镇残疾人文化活动为主要形式，在残疾人相对集中的社区、残疾人服务机构、特殊教育学校、福利企业以及各类公共文化服务场所，因地制宜地组织残疾人开展文艺演出、展览展示、电影展映、文化助残等形式多样的活动。

残疾人文化进社区　“残疾人文化进社区”项目建设，依托社区公共文化设施和场地，组织开展多种形式的文化活动，展示残疾人文化艺术成果，不断提升残疾人享有公共文化服务的水平，引导广大残疾人积极参与社会活动。项目以因地制宜、内容丰富、重在参与和就近的原则开展活动。主要开展群众性健身活动、文艺演出，读书看报，声乐、器乐、棋牌比赛，书法、绘画、摄影、工艺美术作品展览等。2009年5月，全省推荐20个社区为全国“文化进社区”试点单位；2010年3月，全省又推荐20个社区为全国“文化进社区”试点单位。截至2010年年底,全省共有40个社区为全国“文化进社区”试点单位。

残疾人读书日活动 2008年8月,省残联会同《安徽商报》、安徽省图书馆、安徽省残疾人论坛、安徽省青年志愿者协会发起“残疾人读书日活动”。给残疾人搭建一个交流的平台,让残疾人朋友走入社会,共享爱的美好与和谐。首次活动,安徽省著名作家、残疾人的知心朋友苗秀侠为残疾朋友们讲述读书对人生的重要性,参观省图书馆借阅部和中国百年体育大型图片展,有的残疾朋友还现场办理借阅证,大家在活动中深深体会到社会各界对残疾人的关爱。

是年9月6日是北京2008残奥会开幕的日子。近百名全省各地的残疾读者及家属来到安徽省图书馆,参加以“迎残奥——为中国健儿加油”为主题的残疾人读书日活动。这次活动的主旨是让残疾人读者与奥运会“零距离”接触,点燃他们心中的奥运热情,盲人朋友“摸一摸祥云火炬”的心愿得以实现。活动从介绍体育运动以及残奥会的知识开始,有趣的互动游戏、有奖竞猜问答使得气氛活跃热闹,而祥云火炬、5个大福娃、残奥会吉祥物福牛的到来,更是把活动的气氛推向高潮。盲人读者戴鸣说,“今天是我最幸福的一天”。10月11日,读书日活动点燃心中的光明——送变电杯“残奥在心中”征文大赛在省图书馆举行。收到来自全国各地残友的50多篇稿件,评出一、二、三等奖。12月6日,以“人生如书 与书相伴”为主题的残疾人读书日活动在省图书馆举行。自强不息的无腿大学生王雷与安徽省第一批自学成才的残疾人会计师郑德进行主讲。让残疾人更加坚信世上没有救世主,自己才能拯救自己。

2009年1月7日下午,安徽残疾人读书日开展特殊的活动——“读书 迎春”联谊会。省残联理事长张纯和,省文化厅党组成员、纪检组长姚安海,分别在联谊会上致辞。他们肯定了读书日活动在为残疾人搭建爱心平台、提供阅读服务方面所取得的成绩,也呼吁社会各界关注残疾人文化教育事业。联谊会上,残疾朋友写说弹唱各显身手,无臂书法家赵靖现场书写“学海凭鱼跃,书林任鸟翔”送给省图书馆,省图书馆向春芽互助协会流通点赠牌并赠送部分书刊。联谊会还请来残奥冠军刘美丽和侯春晓,为大家展示精湛的球艺。12月2日,以“祖国在我心中”征文比赛为主题的残疾人读书日活动在省图书馆举行。此次读书征文活动收到全国各地征文30多篇,残疾朋友们在征文中用各种形式讴歌在祖国怀抱中幸福生活。安庆市张虹虹的《阳光暖暖》获一等奖;合肥阚卫星的《祖国》和芜湖胡陵艳《最美的永恒》获二等奖;舒城陈艳的《那只手》、合肥郑德的《有一个声音最难忘》和刘建国的《祖国如歌如诗如画》获三等奖。

2010年4月3日,以“残健携手,励志人生”为主题的残疾人读书日活动在省图书馆举行。来自台湾的心理咨询师宋瑞珍列举许多残疾人自立自强的典型事例,激励在场的残疾人朋友们笑对人生、不怕困难,不向命运屈服,做一个快乐的人、自食其力的人、对社会有用的人,演讲结束后她还和合肥的残疾人朋友进行现场互动交流。12月4日,在第五届全国特奥运动会上取得金牌的5位运动员来到安徽省图书馆东二楼报告厅，参加以“全国特奥冠军宣讲访谈会”为主题的残疾人读书日活动。参加活动的有200多人，其中有经常参加读书日活动的残疾朋友，有来自合肥工业大学和安徽经管学院的大学生，也有闻讯赶来的合肥多家媒体记者。主持人对几位小选手的家长、教练进行现场采访，几位小选手还当场秀起轮滑和立定跳远。此次读书日活动使社会更多人关注、关心、帮助智障这一特殊群体。

2011年3月，省残联组织开展“生命中的太阳——残疾人喜迎建党90周年”读书征文评选活动。从161篇征文中评出一等奖10篇、二等奖18篇、三等奖25篇和优秀奖34篇。4月23日，为迎接“世界读书日”，由省残联、市残联、省图书馆主办，省青年志愿者协会服务总队协办，残疾人读书协会承办的“牵手残疾人，走进图书馆”——第21期“爱与和谐”残障人士读书文化日活动在省图书馆举行。省文化厅社文处副处长杨琳艳主讲题为“让公共文化服务阳光温暖残障群体”的讲座；省图书馆馆长易向军向省特殊教育中专学校赠书600册；省图书馆副馆长林旭东宣布“省图书馆送书进残疾人家庭”计划和名单；有近200名残疾人在志愿者帮扶下参观省图书馆。

盲人图书室建设　2004年，省残联与省文化厅联合下发《关于在公共图书馆设立盲人阅览室的通知》。此后，合肥、铜陵开设盲人阅览室。省暨合肥市残联联合发起捐书建室活动，社会捐出5000册各类书籍在蜀山区竹荫里社区建成残疾人图书室。2005年5月15日，安徽省图书馆开设面积300多平方米、有盲文书籍200册的盲人阅览室。2009年5月16日，安徽省图书馆盲人阅览室举行揭牌仪式并正式对外开放。阅览室面积约100平方米，配置有视频助视器、盲文刻印机、盲文点显器等硬件设备及盲文读屏软件，旨在为残障人搭建一个读书、上网、交流的服务平台，满足他们对图书、知识的渴望。至2010年年底，全省省市两级公共图书馆建有11个盲人阅览室。

其他文化活动　1993年，省残联和省电视台、蚌埠电视台联合创作、拍摄反映残疾人生活的电视剧《梦中的云》。省残联邀请专业作家和业余作家共同编写20万字报告文学《阳光 春风 足迹》。1999年举办全省世界残疾人日卡拉OK大奖赛。2001年12月2日国际残疾人日前夕，省暨合肥市残联、合肥文艺台、省假肢矫形中心在合肥工业大学共同举办爱心演唱会，工大学子、文艺台节目主持人和来自全省各地的残疾人演员同台献艺，共庆节日。2005年，开展全省残疾人作家、美术家、书法家和摄影家调查活动，建立残疾人特殊艺术人才库。截至2010年年底，安徽省残疾人加入市级以上各文化专门协会的有作家13人、美术家14人、书法家11人、摄影家3人。2009年11月12日，省残联商请省新闻出版局关于将有关残疾人书籍纳入省“农家书屋”工程采购计划。

2010年6月23日上午，生命阳光馆安徽活动周开幕。生命阳光馆位于上海世博会主题馆中，面积1200平方米，是世博会159年历史上首次设立的残疾人馆。生命阳光馆的主题是“消除歧视，摆脱贫困，关爱生命，共享阳光”，诠释胡锦涛提出的“让关爱的阳光照亮每一个残疾人的心灵”的理念，体现对生命的尊重，彰显残疾人追求平等、共创美好未来的远景。6月23—27日，安徽省5位残疾人展示各自才艺。赵靖用不同书体口书近200幅作品或赠或捐。张祥贵脚书80幅作品,赠送观众达62件。聋人严友骏千锤百烙2幅作品。聋人刘晓川赠送观众790件剪纸作品。王恒臂画50件作品,赠送观众40件。5位参展人员为表达对世博会生命阳光馆的感谢,把从家里带来的或现场创作的最好作品捐赠给生命阳光馆。赵靖捐赠书画作品4件;刘晓川捐赠剪纸作品八个系列近30件;张祥贵捐赠书法作品1件;王恒捐赠国画作品2件;严友骏捐赠烙画作品4件;共计41件作品。世博会生命阳光馆举行捐赠仪式,副馆长龚伯荣接受捐赠,为5位艺术家颁发证书,并合影留念。活动期间,省委书记张宝顺,省委副书记、省长王三运,上海市政协主席冯国勤,安徽省委常委、合肥市委书记孙金龙,省委常委、宣传部部长臧世凯,省委常委、省委秘书长詹夏来,省军区司令员许伟,省人大常委会副主任胡连松,省政府副省长倪发科,省政协副主席王鹤龄,省政府秘书长梁卫国到生命阳光馆看望5位残疾人艺术家。

第二节　残疾人体育

20世纪50年代,安徽省阜阳等地组织过伤残人参加的体育锻炼、聋哑人体育竞赛。当时,在安徽省革命残废军人休养所(位于桐城县)休养人员身残志不残,积极锻炼身体,增强自理能力,为社会继续作贡献。他们最喜爱自行车和篮球活动,并经常开展比赛。60年代,芜湖市举行过聋哑人田径运动会。至80年代后,伤残人体育受到全社会的特别关注,有组织的体育锻炼和体育竞赛越来越多。在城市街道社区、农村乡镇开展简便易行的田径、游泳、自行车、举重、乒乓球等健身活动,经常参加体育活动、体育锻炼的有肢体残疾人、听力言语残疾人、视力残疾人,也有智力残疾人甚至脑瘫患者等。各地特教学校校园体育也日趋活跃,开展盲人定向行走、田径、门球、乒乓球和聋儿航模、韵律操等有特色的体育项目,积极探索有益于开发智残儿童潜能的体育、娱乐项目。1981—1985年,举行4次全省伤残人田径、篮球、乒乓球等项目的比赛,参加人数达545人次。1984年4月,安徽省伤残人体育协会在合肥成立。同年7月,举行全省首届伤残人运动会,10月还承办并参加全国首届伤残人运动会。随着越来越多的残疾人运动员得以参加各种级别、各种层次的残疾人运动会,甚至登上世界残疾人奥林匹克运动会最高领奖台,为国争光,他们的拼搏精神鼓舞着广大残疾人积极、主动参与体育活动和体育锻炼,一些市、县及残疾人福利企业建立残疾人体育组织,组织业余体育集训队伍,开展形式多样的体育活动和交流,残疾人群众性体育活动越来越活跃。

进入21世纪,伴随着残疾人事业的迅速发展,安徽省残疾人群众性体育活动进入发展时期。各市(地)、县(市、区)因地制宜开展各种适合残疾人参与的体育比赛活动,调动残疾人参加体育锻炼的积极性,促使各类残疾人树立自尊、自信、自强、自立的信心,积极参与社会生活、增强身体素质。残疾人参与体育活动和体育运动,对社会形成理解、尊重、关心、帮助残疾人的良好风尚也起到推动作用。

残疾人体育组织 建有安徽省残疾人体育协会、安徽省特奥委员会等体育组织(见第一章第二节省残联主管社会团体条目)。

残疾人运动员选拔 省残联与省体育局联合于1993年4月20日，在合肥市举办残疾人田径、游泳、乒乓球、射击锦标赛，通过比赛选拔优秀运动员，参加1994年在北京举办的第六届远东及南太平洋地区残疾人运动会。省残联与省体育局于2001年5月28日，在全椒县举行全省第三届残疾人乒乓球、举重两项选拔赛。并成立滁州赛区组委会，省残联理事长邓成标任组委会主任，省体育局副局长高维岭、滁州市副市长王静任副主任，省残联副理事长高泽海任秘书长。2001年6月18日，全省第三届残疾人田径、游泳、羽毛球、柔道等4项选拔赛在铜陵市举行。赛区组委会主任由省残联理事长邓成标担任，副主任由省体育局副局长高维岭、铜陵市副市长束庆涛担任，省残联副理事长杨维谱任组委会秘书长兼仲裁委主任。全省17支代表队的运动员、教练员、裁判员、工作人员共200多人参与此次赛事。2009年12月7日至2010年1月28日，省残联会同省体育局开展安徽省残疾人运动员选拔活动。17个市30多个县、区1023名残疾青少年参加本次活动，近百人被选入参加试训。其中，2010年1月20—21日，省残联党组成员、副理事长刘同鑫赴阜阳看望参加选拔活动的残疾青少年和工作人员，指导残疾人运动员选拔工作。2010年5月，安徽省残疾人象棋选拔赛在合肥市举行。本次选拔赛历时2天，全省近30名残疾人运动员进行角逐。省残联副理事长刘同鑫出席颁奖典礼并为第一名获奖选手颁发荣誉证书。本次选拔赛是安徽省首届残疾人象棋选拔赛。

举办、参加运动会 1984—2011年，举办省残疾人运动会5届，举办省特奥运动会2届。参加全国残疾人运动会8届，并参加远东及南太平洋地区残疾人运动会、残疾人奥林匹克运动会、全国特奥会等数届。

举办安徽省残疾人运动会 1984年，安徽省首届伤残人运动会在合肥市举行。全省各地市277名残疾人运动员参赛。参赛运动员分截肢、盲人、聋哑3类残疾人，共设田径、游泳、乒乓球3个大项目。获金牌前3名的是：芜湖市（32枚）、蚌埠市（19枚）、阜阳地区（17枚）。获“精神文明队”称号的是芜湖市和徽州地区代表队。30名运动员和裁判员获精神文明先进个人。

1999年，安徽省第二届残疾人运动会在合肥市举行。全省17个市281名残疾人运动员参赛。参赛运动员分视力残疾人、听力残疾人、智力残疾人和肢体残疾人4类，设田径、游泳、举重、射击、乒乓球、羽毛球、盲人柔道等7个大项94个小项。获团体总分前8名的是：滁州市、铜陵市、淮南市、阜阳市、宿州市、淮北市、安庆市、蚌埠市、合肥市(并列)。获“体育道德风尚奖”的代表团是：合肥市、滁州市、宿州市、黄山市、六安市、蚌埠市、巢湖市、淮北市、芜湖市、马鞍山市、池州地区、宣城地区、淮南市。另有41名运动员、13名裁判员获个人体育道德风尚奖。

2003年，安徽省第三届残疾人运动会在合肥市举行。全省17个市316名残疾人运动员参赛。大会设田径、游泳、羽毛球、乒乓球、举重、盲人柔道、聋人篮球 7 个大项，157 个小项。获金牌前 8 名的是：合肥市（25 枚）、滁州市（17 枚）、巢湖市（15 枚）、宿州市（14 枚）、阜阳市（14 枚）、铜陵市（12 枚）、淮南市（11 枚）、芜湖市（10 枚）。举重项目有两人两次超全国纪录。

2006 年，安徽省第四届全省残疾人运动会在合肥市举行。本届残运会是安徽省残疾人运动史上规模最大、参赛运动员最多、影响最广的一次盛会，也是安徽省备战全国第七届残运会，实现"残奥争光"计划的预演和练兵。来自 17 个市的 359 名运动员角逐田径、游泳、举重、柔道、聋人篮球、羽毛球、乒乓球 7 大项目的比赛，共决出 171 枚金牌、146 枚银牌、144 枚铜牌。获"优秀组织奖"的是：合肥市、黄山市、淮北市、巢湖市、铜陵市、滁州市；总分前 6 名的是：合肥市、淮北市、铜陵市、黄山市、巢湖市、安庆市；大会评选出恽伟平等 20 名"优秀运动员"。省政府副秘书长谢广祥主持大会开幕式，副省长文海英宣布开幕，以主题为"和谐共进"的文艺演出赢得省领导和观众一致肯定。9 月 17 日晚，在合肥邮政宾馆举行闭幕式并颁发各项奖励。

2010 年 7 月，安徽省第五届全省残疾人运动会在合肥市举行。本届运动会由省政府主办，省残联、省体育局、合肥市政府承办。运动会设田径、游泳、举重、乒乓球、羽毛球、射击、柔道 7 个大项，近 200 个小项。主赛场设在合肥市老体育馆，分赛场设在合肥体育运动学校、合肥市特殊教育中心。17 个代表团运动员 315 人，大会竞委会及裁判员 145 人，工作人员 306 人，志愿者 100 人，媒体记者约 35 人，规模约 900 人。

参加全国残疾人运动会（伤残人运动会） 1984 年 10 月 5—14 日，全国第一届伤残人运动会在合肥市举行。大会设游泳、田径、乒乓球 3 个项目。安徽代表团一队和安徽代表团二队共 42 名运动员参赛，共获 23 枚金牌、24 枚银牌、22 枚铜牌。

1987 年 8 月 23—30 日，全国第二届伤残人运动会在河北唐山市举行。大会设田径、游泳、轮椅篮球、轮椅竞速、乒乓球 5 个项目。安徽代表团 30 名残疾人运动员参加田径、游泳、乒乓球 3 个大项比赛，共获奖牌 41 枚，团体总分列全国第九位。有 7 人打破 11 项全国伤残人运动会纪录。女子截肢运动员化桂云获乒乓球女单（A8）金牌；男子截肢运动员王海青（阜南）获 400 米自由泳（A6）金牌；女子盲人运动员刘前玲获标枪（B4）金牌。

1992 年 3 月 16—25 日，全国第三届残疾人运动会在广州市举行，大会设田径、游泳、乒乓球、射击、举重、轮椅篮球 6 个竞赛项目。安徽代表团 34 名残疾人运动员参加田径、游泳、乒乓球、举重项目比赛，共获 5 枚银牌、7 枚铜牌，总分名列第 27 位。

1996 年 5 月 10—15 日，全国第四届残疾人运动会在大连市举行。大会设田径、游泳、乒乓球、射击、举重、盲人柔道、轮椅篮球、盲人门球 8 个大项 395 个小项。安徽代表团 35 名残疾人选手参赛，共获 6 枚金牌、5 枚银牌、7 枚铜牌。谢金巧以 36.28 米的成绩打破 33.22 米标枪（LAF4）世界纪录。

安徽省残疾人运动员参加全国第四届残疾人运动会获金牌情况一览表

表 7–1

运动员	项目	级别
潘孝暾	铁饼	C6
	铅球	C5
刘前玲	标枪	B3
	铅球	B3
谢金巧	标枪	LAF4
郑守勇	标枪	A3

2000 年 5 月 6—14 日，全国第五届残疾人运动会在上海市举行，大会设田径、游泳、乒乓球、射击、举重、羽毛球、盲人柔道、轮椅网球、盲人门球、轮椅篮球、坐式排球 11 个竞赛项目。参赛运动员分为视力残疾、听力残疾、肢体残疾、智力残疾 4 类。安徽代表团共获 4 枚金牌、9 枚银牌、8 枚铜牌，3 人打破全国纪录。

安徽省残疾人运动员参加全国第五届残疾人运动会获金牌情况一览表

表 7–2

运动员	项目	级别
潘孝暾	铅球	F36
占少爱	举重	67.5 公斤
刘美丽、任桂香、王彩丽	乒乓球女团	TT9
张学明	飞镖（表演项目）	

2003 年 9 月 16—24 日，全国第六届残疾人运动会在南京市举行，大会设田径、游泳、举重、射击、射箭、乒乓球、羽毛球、自行车、盲人柔道、盲人门球、坐式排球、轮椅网球、篮球（轮椅、聋人）、轮椅击剑 14 个比赛项目。安徽代表团 48 名残疾人运动员参加田径、乒乓球、举重、游泳、柔道、羽毛球项目的比赛，共获 8 枚金牌、8 枚银牌、9 枚铜牌，3 人打破全国纪录。举重运动员王键以 182.5 公斤打破他自己保持的 180 公斤全国纪录；钱可人刷新女子 200 米（T60 级）全国纪录；金牌列全国第 20 位。安徽代表团获“体育道德风尚奖”。12 名残疾人运动员获个人“体育道德风尚奖”。

安徽省残疾人运动员参加全国第六届残疾人运动会获金牌情况一览表

表 7–3

<table>
<tr><th>运动员</th><th>项目</th><th>级别</th></tr>
<tr><td rowspan="2">任桂香</td><td>乒乓球女单</td><td>TT5</td></tr>
<tr><td>乒乓球公开赛</td><td>TT1 ～ TT5</td></tr>
<tr><td>任桂香</td><td rowspan="2">乒乓球女团</td><td rowspan="2">TT 3 ～ TT5</td></tr>
<tr><td>王彩丽</td></tr>
<tr><td>刘美丽</td><td>乒乓球女单</td><td>TT9</td></tr>
<tr><td>吕红艳</td><td>田径 1500 米</td><td>T11</td></tr>
<tr><td>钱可人</td><td>田径 200 米</td><td>T60</td></tr>
<tr><td>王　键</td><td>举重</td><td>56 公斤</td></tr>
<tr><td>占少爱</td><td>举重</td><td>82.5 公斤</td></tr>
</table>

2007 年 5 月,第七届全国残疾人运动会在云南昆明市、玉溪市举行。大会共设 20 个竞赛项目，35 个体育代表团参赛,参赛运动员 2269 人,是全国残疾人运动会历史上规模最大、参赛面最广的一次盛会,是中国残疾人体育发展水平的一次集中展示,也是北京残奥会之前的一次预演。国务院副总理、国务院残疾人工作委员会主任回良玉出席开幕式、宣布开幕,并接见各代表团领导成员和运动员代表。国际残奥会主席菲·克雷文致电祝贺。安徽代表团由 66 人组成,其中残疾人运动员 38 人,参加田径、举重、游泳、射击、乒乓球、羽毛球等 6 个大项、99 个小项的比赛,共获得 14 枚金牌(含雅典残奥会金牌带入 5 枚)、7 枚银牌、8 枚铜牌。本届运动会获 9 枚金牌,超上届 1 枚。打破 1 项世界纪录、3 项全国纪录。安徽省残疾人体育代表团及 13 名运动员获“体育道德风尚奖”。

安徽省残疾人运动员参加全国第七届残疾人运动会获金牌情况一览表

表 7–4

<table>
<tr><th>运动员</th><th>项目</th><th>级别</th></tr>
<tr><td rowspan="3">钱可人</td><td>女子田径 100 米</td><td>T60</td></tr>
<tr><td>女子田径 200 米</td><td>T60</td></tr>
<tr><td>女子田径 400 米</td><td>T60</td></tr>
<tr><td rowspan="2">葛媛媛</td><td>女子田径铁饼</td><td>F40 级</td></tr>
<tr><td>女子田径铅球</td><td>F40 级</td></tr>
<tr><td>刘美丽、侯春晓、王彩丽</td><td>女子乒乓球团体</td><td>TT6–TT10 级</td></tr>
<tr><td>潘孝暾</td><td>男子乒乓球单打</td><td>TT7 级</td></tr>
<tr><td>王　键</td><td>举重</td><td>56 公斤</td></tr>
<tr><td>曲福春、李卫国</td><td>男子羽毛球双打</td><td>BMSTL2</td></tr>
</table>

2011 年 9 月 13 日，经省政府领导同意，成立第八届全国残疾人运动会安徽代表团，省政府副省长唐承沛任团长。安徽代表团由 77 人组成，2011 年 10 月在第八届全国残疾人运动会上，安徽团 54 名运动员参加田径、举重、乒乓球、羽毛球、飞镖、象棋、射击、游泳 8 个大项的比赛，共获 8 枚金牌、9 枚银牌、10 枚铜牌和“体育道德风尚奖”。

安徽省残疾人运动员参加全国第八届残疾人运动会获金牌情况一览表

表 7-5

运动员	项目	级别
王　键	男子举重	56 公斤级
张世腾	男子田径三级跳	T60
潘孝暾	男子乒乓球单打	TT7
康国锋	男子田径铁饼	F42
王　平	女子羽毛球单打	BMW2
白　娟	女子羽毛球单打	BMW3
王平、郭蕊	女子羽毛球双打	BMW2
白娟、周俊青	女子羽毛球双打	BMW3

参加远东及南太平洋地区残疾人运动会（简称“远南运动会”） 1986 年，第四届远南运动会在印度尼西亚举行。安徽省残疾人运动员化桂云获乒乓球女单（A8）金牌和标枪、铅球项目 2 枚银牌。1994 年，第六届远南运动会在北京举行。安徽选手获 2 枚金牌、6 枚银牌。男子举重运动员王键获 48 公斤级推举金牌和力举银牌；盲人女选手刘前玲（B3）获铅球项目金牌 1 枚和标枪、铁饼项目 2 枚银牌；田径运动员许李友获截肢 A7 级 1500 米和 5000 米 2 枚银牌；女子举重运动员刘芳获 67.5 公斤级银牌。1999 年，第七届远南运动会在泰国曼谷举行。安徽省 5 名残疾人运动员参赛，获 7 枚金牌、2 枚银牌、2 枚铜牌。女子乒乓球运动员刘美丽获 3 枚金牌，任桂香获 1 枚金牌、1 枚银牌，男子田径运动员潘孝暾获 2 枚金牌、1 枚银牌，还获乒乓球项目 1 枚铜牌，男子举重运动员王键获 1 枚金牌，男子田径运动员郑守勇获 1 枚铜牌。2002 年，第八届远南运动会在韩国釜山举行。安徽选手获 5 枚金牌、1 枚银牌、1 枚铜牌。乒乓球运动员任桂香获 TT5 级单打、团体、公开级 3 枚金牌，刘美丽获 TT9 级团体金牌、单打银牌和公开级铜牌，乒乓球运动员王彩丽获 TT8 级团体金牌。2006 年，第九届远南运动会在吉隆坡举行。安徽举重运动员王键于 11 月 27 日摘得 56 公斤级金牌。2010 年，第一届亚洲残疾人运动会（前身是远南运动会）在广州举行。安徽 4 名运动员参加 2 个大项、4 个小项的比赛，共获得 2 枚金牌、1 枚铜牌。

参加残疾人奥林匹克运动会　截至 2010 年，安徽省残疾人运动员参加第八、十、十一、十二、十三届残疾人奥林匹克运动会（以下简称残奥会）5 届残奥会。1988 年，第八届残奥会在韩国汉城举行。本届残奥会是安徽省第一次参加残奥会。安徽选手化桂云获女子乒乓球 A8 级团体第一名、女单第一名和女双第二名。1996 年 8 月，第十届残奥会在美国亚特兰大举行。安徽选手王键获男子力举银牌。2000 年 9 月，第十一届残奥会在澳大利亚悉尼举行。3 名安徽残疾人运动员参加乒乓球、举重项目比赛，共获 2 枚金牌、2 枚银牌、1 枚铜牌。2004 年 9 月，第十二届残奥会在希腊雅典举行。3 名安徽残疾人运动员参加乒乓球、举重项目比赛，共获 5 枚金牌。2008 年 9 月，第十三届残奥会在北京举行。3 名安徽运动员参加乒乓球、举重项目比赛，共获 2 枚金牌、1 枚银牌、1 枚铜牌和 1 个第 5 名。

安徽残疾人运动员参加残奥会成绩统计表

表 7-6

<table>
<tr><th>届别</th><th>运动员</th><th>项目</th><th>名次</th></tr>
<tr><td rowspan="3">第八届</td><td rowspan="3">化桂云</td><td>乒乓球女团</td><td>第一名</td></tr>
<tr><td>乒乓球女单</td><td>第一名</td></tr>
<tr><td>乒乓球女双</td><td>第二名</td></tr>
<tr><td>第十届</td><td>王　键</td><td>男子举重 52 公斤</td><td>第二名</td></tr>
<tr><td rowspan="5">第十一届</td><td rowspan="2">刘美丽</td><td>乒乓球女团 TT6+TT10</td><td>第一名</td></tr>
<tr><td>乒乓球女单 TT9</td><td>第二名</td></tr>
<tr><td rowspan="2">任桂香</td><td>乒乓球女团 TT4+TT5</td><td>第一名</td></tr>
<tr><td>乒乓球女单 TT5</td><td>第二名</td></tr>
<tr><td>王　键</td><td>男子举重 52 公斤</td><td>第三名</td></tr>
<tr><td rowspan="5">第十二届</td><td rowspan="2">刘美丽</td><td>乒乓球女单 TT9</td><td>第一名</td></tr>
<tr><td>乒乓球女团 TT6–TT10</td><td>第一名</td></tr>
<tr><td rowspan="2">任桂香</td><td>乒乓球女单 TT5</td><td>第一名</td></tr>
<tr><td>乒乓球女团 TT5</td><td>第一名</td></tr>
<tr><td>王　键</td><td>男子举重 52 公斤</td><td>第一名</td></tr>
<tr><td rowspan="5">第十三届</td><td rowspan="2">刘美丽</td><td>乒乓球女团 TT6–TT10</td><td>第一名</td></tr>
<tr><td>乒乓球女单 TT9</td><td>第二名</td></tr>
<tr><td>侯春晓</td><td>乒乓球女团 TT6–TT10</td><td>第一名</td></tr>
<tr><td>侯春晓</td><td>乒乓球女单 TT10</td><td>第三名</td></tr>
<tr><td>王　键</td><td>男子举重 52 公斤级</td><td>第五名</td></tr>
</table>

举办安徽省特奥运动会　2004年9月7—9日，安徽省首届特殊奥林匹克运动会（以下简称特奥运动会）在合肥市举行。全省 17 个市共 197 名智障运动员参赛，年龄在 8 ~

20岁。大会设田径、乒乓球、篮球3个大项近100个小项。

2008年11月8—9日，安徽省第二届特奥运动会在淮北举行。本届特奥运动会设田径、篮球、足球、乒乓球、羽毛球、高尔夫球、举重、轮滑、自行车9个大项215个小项，17个市代表团的313名运动员参加比赛。在赛场上，运动员发挥潜能、挑战自我，充分体现“我参与、我胜利、我快乐”的运动会主题。裁判员既带着对特奥运动员的深厚感情，又谨守本届特奥运动会的竞赛规程规则及9个项目的单项规程，坚持公正执裁。经过激烈角逐，共决出金牌215枚、银牌215枚、铜牌205枚。110名运动员获“体育道德风尚奖”。在淮北的3天时间里，特奥运动员们一直生活在呵护、关爱、快乐和幸福之中。特奥运动会成为他们盼望已久的盛大节日，成为他们展示才华、勇敢表现的舞台。

参加全国特奥运动会 1987年全国首届特奥运动会在深圳市举行，1991年全国第二届特奥运动会在福州市举行，这两届特奥会安徽省未能参加。

2002年9月，第三届全国特奥运动会在陕西省西安市举行，大会设田径、乒乓球、足球、游泳、举重、保龄球6大项目。安徽省体育代表团共31名智障运动员参加田径、乒乓球、举重、足球、保龄球5个项目比赛。获13枚金牌、13枚银牌、14枚铜牌。

2006年7月29日至8月4日，第四届全国特奥运动会在黑龙江省哈尔滨市举行。安徽特奥代表团由53人组成，参加田径、举重、乒乓球、足球、篮球、轮滑等6个大项的比赛，获9枚金牌、13枚银牌、15枚铜牌。安徽代表团及足球队获“体育道德风尚奖”，赵金龙等13名运动员获“优秀运动员”称号。

2010年9月18—25日，第五届全国特奥运动会在福建省福州市举行。本届特奥运动会设立田径等11个比赛项目，以及特奥研究论坛、青少年高峰论坛、运动员健康计划、家庭领袖论坛、大学计划等5项非体育项目。安徽代表团由81人组成。其中，47名运动员参加滚球、保龄球、乒乓球、羽毛球、举重、足球、篮球、田径、轮滑、柔道10个大项的比赛，共获30枚金牌、19枚银牌、10枚铜牌。与上一届相比，安徽代表团总人数增加28人，运动员增加11人，参赛项目增加4个，金牌增加21枚，规模和成绩均创安徽省历史之最。

参加世界特奥运动会 世界特奥运动会是专门针对智障人士开展的国际性运动训练和比赛。世界特奥会每两年举办一届，夏季和冬季交替举行。特奥运动会运动员智商在70以下。1999年6月，第十届特奥会在美国举行。安徽首次参赛，4名智障运动员获3枚金牌、1枚银牌、1枚铜牌。盛芳获2枚金牌，胡伟林获1枚金牌；付军获1枚银牌；康苗苗获1枚铜牌。2007年10月2—11日，第十二届夏季特奥会在上海举行。10月2日，安徽省政府副秘书长谢广祥应邀出席开幕式。10月11日，安徽省副省长文海英应邀出席闭幕式。安徽省共10名特奥运动员，参加田径、举重、乒乓球3个大项的比赛，获11枚金牌、4枚银牌、4枚铜牌。比赛期间，马鞍山市特奥运动员周游在“世界特奥家庭论坛”上代表全国特奥运动员发言。

参加亚太地区特奥运动会 1996年11月8—11日，亚太地区（亚洲地区和太平

洋沿岸地区的简称）首届特奥运动会在上海举行。安徽省14名智障运动员参赛，共获9枚金牌、4枚银牌、5枚铜牌。

参加世界轮椅运动会　1999年10月12日，参加在新西兰举办的世界轮椅运动会，安徽省运动员任桂香获TT5级单打、双打、公开级、团体乒乓球4枚金牌。2003年11月下旬，参加在新西兰举办的世界轮椅运动会，任桂香获女子乒乓球TT5级团体、公开级、单打、双打4枚金牌。王健获男子举重56公斤级金牌。

参加单项锦标赛　1998—2011年，参加全国残疾人体育单项锦标赛20次，参加世界残疾人体育单项锦标赛7次，并数次参加远南地区、亚洲、欧洲体育单项锦标赛。

参加全国残疾人体育单项锦标赛　2001年8月10日，在福州举行的全国残疾人乒乓球锦标赛上，安徽省运动员潘孝暾、刘功强获男子TT6–TT10级团体金牌；刘美丽、侯春晓获TT6–TT10级团体金牌；任桂香获TT5级单打金牌。刘美丽还获TT9级单打第3名、公开级第2名，侯春晓获TT10级第3名。2004年3—7月，组队参加全国田径、举重、柔道、游泳、乒乓球、足球（脑瘫）6个项目的比赛，获金牌9枚、银牌10枚、铜牌2枚和道德风尚奖。2005年3—11月，组队参加全国射击、田径、举重、游泳、乒乓球、羽毛球、硬地滚球、脑瘫足球锦标赛，共获11枚金牌、17枚银牌、11枚铜牌及组织奖和“体育道德风尚奖”。2005年8月7日，在大连举行的全国特奥田径锦标赛上，安徽省代表队获10枚金牌、12枚银牌、15枚铜牌和体育道德风尚奖。2006年3月16—18日，在广西南宁举行全国残疾人举重、乒乓球锦标赛。安徽省代表队共22人，其中举重运动员7人，乒乓球运动员8人，工作人员7人。举重成绩1枚金牌、4枚银牌、1枚铜牌，团体总分第三名；乒乓球成绩5枚银牌、1枚铜牌，团体总分第七名。两项均获“体育道德风尚奖”。2006年3月27日至4月2日，在甘肃兰州举行全国盲人门球锦标赛。安徽省代表队共17人，其中运动员12人，工作人员5人，获“体育道德风尚奖”。2006年4月12—17日，在四川成都举行全国硬地滚球、射击锦标赛。安徽省代表队共13人，其中硬地滚球运动员4人，射击运动员4人，工作人员5人，两项均获“体育道德风尚奖”。2006年4月16—22日，在浙江嘉兴举行全国坐式排球锦标赛。安徽省代表队共11人，其中运动员9人，工作人员2人，获“体育道德风尚奖”。2006年6月11—15日，在广东肇庆举行全国残疾人田径锦标赛。安徽省代表队共15人，其中运动员9人，工作人员6人，共获4枚金牌、3枚银牌、1枚铜牌，获“体育道德风尚奖”。2006年6月17日，在大连举行全国残疾人飞镖锦标赛，比赛设站立组、轮椅组、聋人组三组。安徽省运动员张学明摘得站立组金牌，李良义、周腾山包揽轮椅组冠亚军。2006年8月7—13日，在辽宁沈阳举行全国聋人足球锦标赛。安徽省代表队共12人，其中运动员9人，工作人员3人，获“体育道德风尚奖”。2006年8月17—23日，在黑龙江省哈尔滨市举行全国脑瘫足球锦标赛。安徽省代表队共14人，其中运动员9人，工作人员5人，获“体育道德风尚奖”。2006年10月9—14日，在海口举行全国特奥高尔夫球锦标赛，安徽省3名特奥运动员参加比赛，获2枚金牌、1枚铜牌。2006年11月26日，在大连

市举行全国特奥保龄球锦标赛。安徽省马鞍山特奥运动员叶宗安、马西民分别获得男子 B1、女子 B2 组金牌，周游、马海辉、金雷获得银牌，马申冈获得铜牌。2009 年 7 月 3—5 日，在福建武夷山举行全国残疾人乒乓球锦标赛。来自福建、安徽等 17 个省市、地区的 73 名残疾人乒乓球运动员进行 19 小项（10 个级别）的角逐，参赛运动员均为 18 岁以下的残疾青少年。安徽省男子残疾人乒乓球运动员夺得 2 枚金牌和 1 个第五名的成绩。其中，胡二广夺得男子 TT8 级单打冠军，并与小将丁昊密切配合夺得男子 TT6–TT10 级团体冠军，丁昊获得男子 TT9 级单打第五名。2009 年 6 月 22—26 日，在内蒙古自治区呼和浩特市举行全国残疾人举重锦标赛。内蒙古自治区等 19 个省、市（区）代表队 100 名参赛运动员进行 20 个小项（男、女各 10 个级别）的激烈角逐。安徽省参赛代表队 9 名运动员，其中男子运动员 5 名、女子运动员 4 名，新选运动员占 89%。获得 1 枚金牌、1 枚银牌、1 枚铜牌，团体总分名列第七，并获"体育道德风尚奖"。安徽省残疾人举重运动员雅典残奥冠军王键夺得男子 52 公斤级冠军，并以 173.5 公斤成绩破全国纪录。新手吕亮亮、杨婷先后夺得男子 48 公斤级亚军、女子 52 公斤级季军。2010 年 4 月 16—20 日，在中国残疾人体育训练中心举行全国残疾人举重锦标赛，30 多个代表队参赛。安徽省 2 名举重运动员取得 1 枚金牌、1 枚银牌，并获体育道德风尚奖。其中，安徽省残疾人举重运动员、雅典残奥冠军王键夺得男子 52 公斤级冠军，并以 180 公斤成绩破该项全国纪录和雅典、北京两届残奥会记录；小将杨婷夺得女子 56 公斤级亚军。2010 年 5 月 7—13 日，在石家庄市举行全国残疾人乒乓球锦标赛，来自全国 15 个代表队 150 多名运动员参赛。安徽省获得团体总分第七名。其中，男子 TT8 级团体第一名，男子 TT10 级第三名，女子听力双打第四名，男子听力团体第五名，男子 TT7 级潘孝暾单打第二名，TT10 级胡二广第三名，女子 B1 级吴珊珊单打第五名。同时，获"体育道德风尚奖"运动队。2010 年 7 月 8 日至 7 月 13 日，在北京举办全国残疾人田径锦标赛。安徽省由 8 位运动员组成的代表队参赛，夺得 1 枚金牌、3 枚银牌、3 枚铜牌。2010 年 5 月 10—17 日，在西安市举行全国残疾人射击锦标赛。参加比赛的有 13 个代表队 110 多名运动员。安徽省获"体育道德风尚奖"运动队，射击运动员刘鹏飞获得男子 25 米手枪第六名。2010 年 7 月 27—29 日，在北京举行全国残疾人飞镖、象棋锦标赛。安徽省飞镖代表队获得团体第三名，运动员张学明获得男子站立组第二名。

参加世界残疾人体育单项锦标赛　1998 年 10 月 24 日，参加在法国巴黎举办的世界残疾人乒乓球锦标赛，安徽省运动员刘美丽获 TT9 级金牌、公开级银牌。1999 年 12 月 8 日，参加在西班牙举办的世界残疾人乒乓球锦标赛，安徽省运动员任桂香获 TT5 级单打、团体、公开级 3 枚金牌。2006 年 5 月 1—12 日，参加在韩国汉城举行的世界残疾人举重锦标赛，王键勇夺 56 公斤级桂冠，占少爱 90 公斤级、巨孝齐 52 公斤级第六名。2006 年 5 月 13 日，参加在德国举行的世界残疾人田径锦标赛，恽伟平获 100 米第二名（11 秒 45），200 米第三名（23 秒 74），这是安徽省男子残疾人运动员在田径项目上的

第一次突破。2007 年 5 月 28 日至 6 月 3 日,安徽省女子乒乓球运动员刘美丽在斯洛伐克世界残疾人乒乓球锦标赛上,夺得女子团体 TT6-TT10 级金牌，TT9 级单打、公开级 2 枚银牌。2007 年 11 月 29 日至 12 月 6 日,在马来西亚举办的世界残疾人举重锦标赛上,安徽省残疾人举重运动员王键获亚洲级金牌、世界公开级金牌。2010 年 10 月 25 日至 11 月 3 日,在韩国光州举行世界残疾人乒乓球锦标赛。安徽女子残疾人乒乓球运动员刘美丽、侯春晓获得 2 枚金牌、1 枚银牌、2 枚铜牌。

参加远南地区、亚洲、欧洲体育单项锦标赛　1999 年 9 月 1 日,参加在中国台北举行的第二届远东及南太平洋地区伤残人乒乓球锦标赛,安徽省运动员任桂香获公开级金牌,刘美丽获 TT9 级团体金牌、公开级银牌。2001 年 9 月 4 日,参加在香港举行的亚洲地区残疾人乒乓球锦标赛,安徽省运动员任桂香获 TT5 级、公开级、团体 3 枚金牌,刘美丽获 TT9 级团体金牌,公开级银牌。2006 年 10 月 15 日,在北京举办全日空国际马拉松赛暨第十届亚洲马拉松锦标赛。安徽省残障运动员任耀参加大赛,是其中唯一的一位残疾人运动员。在万余名马拉松运动员的角逐中,任耀最终以 2 小时 49 分 12 秒的成绩跑完全程,名次位居第 111 名。2007 年 6 月 11 日,参加在雅典举行的欧洲残疾人举重锦标赛,安徽省残疾人举重运动员王键获得男子 56 公斤级举重金牌。

参加其他竞赛　在 2001—2007 年,参加在国内、外举办的积分赛、公开赛、邀请赛计 6 次。

参加积分赛　2001 年 11 月 8 日,在中国台北举行的残奥会积分赛上,安徽省运动员任桂香获 TT5 级团体、单打、公开级 3 枚金牌;刘美丽获 TT9 级银牌、公开级铜牌。2007 年 11 月 12—17 日,在韩国世界残疾人乒乓球残奥积分赛上,侯春晓获得 TT6-TT10 级团体金牌,刘美丽获得女子 TT9 级单打银牌、公开级铜牌。2007 年 12 月 5—9 日,在克罗地亚世界残疾人乒乓球残奥积分赛上,侯春晓获得 TT10 级单打、TT6-TT10 级团体、公开级 3 枚金牌,刘美丽获得女子 TT9 级单打金牌、团体银牌、公开级铜牌。

参加公开赛　2006 年 6 月 14—18 日,世界残疾人乒乓球公开赛在波兰举行,安徽省女子 TT9 级乒乓球运动员刘美丽获 TT6-TT10 团体第一名,单打、公开级第三名。2007 年 3 月 17—20 日,约旦残疾人乒乓球公开赛在安曼举行。安徽省女子 TT9 级运动员刘美丽获得团体金牌、单打金牌、公开级银牌。TT10 级运动员侯春晓获得团体、单打 2 枚银牌。

参加邀请赛　2006 年 11 月 26 日,东丽杯国际马拉松邀请赛在上海举行。安徽省残疾人运动员任耀,取得 2 小时 45 分 23 秒的成绩,在 1.7 万名健全马拉松运动员中位居第 54 名。

群众性体育活动　20 世纪 90 年代,安徽陆续出现残奥项目训练基地,培养一批残疾人优秀运动员。2006—2010 年,省残联创办特奥训练（服务）基地、特奥示范社区,开展特奥融合等活动,让残疾人接触社会、融入社会。其间,涌现出省残联等 7 个“2006—2010 年全国特奥工作先进单位”,省残联胡丽华等 12 位“2006—2010 年全国特奥工作先进个人”,周游等15位“2006—2010年全国优秀特奥运动员”。2010年9月13日,中国残联、国家体育总局对其予以表彰。

残奥项目训练基地　20世纪90年代,安徽涌现一批残奥项目训练基地。如:宿州市残疾人乒乓球训练基地,合肥市田游学校残疾人游泳运动队,蚌埠市体育局残疾人田径和乒乓球运动队,安庆特教学校盲人门球运动队,淮北体育局残疾人射击队,铜陵残疾人飞镖队,省体育局残疾人举重、乒乓球、田径运动队等。

特奥融合活动　2006年10月13日,在合肥市建设小学举行安利特奥志愿者服务基地揭牌仪式。安利特奥志愿者服务基地的宗旨是通过志愿者有组织的自愿服务,为智障儿童提供参与社会活动搭建平台,为残障儿童进行体育锻炼提供机会。省残联副理事长余向东、合肥市残联理事长冉京德、蜀山区残联负责人、安利上海总监、长跑健将王军霞等到会。安徽参加第四届特奥运动会金牌获得者周游等6名特奥运动员给王军霞献红领巾和书画,王军霞和周游等特奥运动员联合签名,并与特奥运动员一起进行投篮、跳远、乒乓球等体育游戏比赛活动。2006年10月14日,“2006安利纽崔莱健康跑”——为2007年世界特奥会加油在合肥市鸣枪,万余名健康跑运动员参加活动。合肥市建设小学20名特奥运动员和王军霞一起参加起跑仪式,并合影留念。2010年5月9日,省残联在马鞍山市电视台演播厅举行“阳光男孩、特奥冠军”——智障周游才艺展示爱心演出、周游奖品爱心拍卖、有关企业捐赠活动。中国特奥委员会为此活动专门发来贺电,省残联副巡视员陈顺云为周游颁发“安徽省特奥形象大使”匾牌。

全民健身助残工程　2006年4月13日,全民健身助残工程体育器材,包括跑步机、乒乓球桌、单杠、双杠等,发送合肥等7个市。

特奥训练(服务)基地　2006年6月29—30日,省特奥委员会派员到芜湖市、马鞍山市特教学校举行省特奥运动训练基地挂牌仪式。特奥训练(服务)基地主要是为残障人士从事体育训练提供科学的指导,同时定期组织开展体育项目训练活动。

“全国特奥日”活动　2007年7月20日,“全国特奥日”活动座谈会在合肥市举行,合肥安利分公司分管领导,省残联宣文处全体人员以及部分市、区残联领导、特奥运动员、教练员参会。

残疾人特奥示范社区　特奥示范社区的宗旨是组织残障人开展丰富多彩的体育活动,让残障人士接触社会、融入社会、体验快乐、分享快乐。2006年11月10日,合肥市瑶海区合浦北村居委会举办创建特奥示范社区培训班,参加培训班的特奥运动员近30名。2007年1月23日,中国残联命名合肥市合浦北村社区、马鞍山市梨花社区为第一批“全国特奥运动示范社区”。同年5月3日下午,特奥社区活动在庐阳区红星路小学举行,“东方神鹿”王军霞和“特奥大使”徐闯参加活动。

残疾人体育重要会议及活动　2000年11月1日,安徽省参加悉尼残奥会运动员归来,11月4日,省政府召开获奖运动员欢迎会。副省长卢家丰在省政府贵宾室接见运动员,向他们表示祝贺,感谢他们为全省人民争光,勉励他们再接再厉,在今后比赛中再创佳绩。省残联邓成标、高泽海、杨维谱、张纯和,省妇联、省体育局、民政厅等领导参加接见并与运动员合影留念。11 月 14 日,省残联、省体育局联合表彰为第十一届残奥会作出贡献的宿州市残联等 8 个先进单位,刘美丽等 3 名运动员,王筋等 3 名教练员,朱守友等 6 名先进工作者。

2004 年 10 月 2 日,参加第十二届雅典残疾人奥运会的安徽省两名获奖运动员刘美丽、王键凯旋归来。省政府举行欢迎仪式并召开座谈会。副省长徐立全代表省政府讲话,省残联、省体育局、省民政厅、省总工会、团省委、省妇联等部门的负责人参加会议。10 月 19 日,省委、省政府在稻香楼宾馆举行庆功表彰大会,在合肥的 8 位省委常委及省人大、省政府、省政协的负责人及中国残联理事长汤小泉出席大会。省委副书记王昭耀代表省委、汤小泉代表中国残联分别讲话。大会对残奥会获奖运动员及有功单位进行表彰。

2006 年 1 月 28 日,省残联副理事长张纯和到残疾人举重集训队,与春节在训的举重运动员们一起吃年夜饭,勉励残疾人运动员刻苦训练、为省争光。运动员也纷纷谈计划、定目标、表决心。2 月 5 日春节上班第一天,省体育局局长张国荣、副局长高维岭一行 5 人到省残联拜年,并就残疾人体育相关问题:省第四届残疾人运动会,残疾人体育大赛运动员、教练员的奖励,残疾人体育训练基地,残疾人运动员在省体育局集训等进行沟通。8 月 22 日,省残联、省体育局联合表彰为第四届全国特奥运动会安徽代表团作出贡献的单位和个人。授予马鞍山市残联等 5 个单位“突出贡献奖”称号,获“优秀运动员”称号 8 人,获“优秀教练员”称号 7 人,获“优秀工作人员”称号的 3 人。10 月 16 日,全省体育系统先进集体、先进工作者、“十五期间”群众体育先进单位、先进个人表彰大会在合肥召开,省残联被评为“十五期间”群众体育先进单位。

2007 年 1 月 18 日,省体育局、省残联联合召开备战第七届全国残疾人运动会教练员训练计划报告会。省体育局副局长高维岭、省残联理事长张纯和,以及省体育局群体处、省残联宣文处全体人员出席会议。举重、田径、游泳、乒乓球、射击 5 个项目的教练员逐一汇报训练计划。5 月 9 日,第七届全国残疾人运动会安徽代表团出征云南。省政府副秘书长谢广祥等赴昆明看望运动员。5 月 18 日,省政府向安徽省代表团发去贺电。11 月 9 日,全省残疾人体育工作会议在合肥举行。中国残联副主席、党组书记王新宪,中国残联理事、体育部主任、亚洲残奥委员会副主席贾勇,省政府副省长、省政府残工委主任文海英,省政府残工委成员单位负责人,各市政府残工委主任、体育局局长、残联理事长以及部分残疾人运动员、教练员代表等参加会议。会议对安徽省 2003—2006 年全国残疾人体育工作 5 个先进单位、8 个先进个人和在第七届全国残疾人运动会获奖运动员、教练员进行表彰。11 月 10 日,中国残联党组书记王新宪,中国残联理事、体育部主任贾勇在合肥考察指导工作。省委常委、合肥市委书记孙金龙会见王新宪一行。

2008 年 5 月 4 日,安徽省优秀残疾运动员刘美丽获共青团中央颁发的“第十二届中国青年五四奖章”。5月29日，北京残奥会开幕倒计时100天纪念日，省残联副理事长刘同鑫在宣文处负责人等陪同下，专程到北京市海淀区体育馆看望慰问安徽省残奥运动员刘美丽、侯春晓，并向中国残联理事、中国残联体育部主任贾勇介绍安徽省残疾人体育现状及残奥运动员备战情况。

2009年10月17日，全国群众体育先进单位、先进个人及体育系统先进集体、先进工作者表彰大会在山东济南召开。国家体育总局对近年来在群众体育工作方面做出突出贡献的先进单位和个人进行表彰。安徽省残联作为“全国群众体育先进单位”受到表彰。

承办全国性残疾人体育赛事 2003年11月，省残联在合肥承办中国特奥会主办的第四期国家级教练员培训班。安徽省17个市教练员、运动员家长、工作人员近百人参加培训，中国残联领导、国际特奥会官员、亚太地区特奥会官员出席培训班。2005年10月14日，举办全省残疾人体育医学分级培训班，中国残奥中心竞赛部主任、教授王刚予以教学。全省17个市残联宣文科长及合肥市特教学校体育教师参加培训班，并赴云南昆明考察残疾人体育工作。2005年12月3日，省残联承办第三期全国特奥运动员领袖计划培训班，上海、江西、山西、河南、湖北、浙江、安徽的特奥运动员、教练员和国际特奥会东亚赛区项目负责人安娜及中国特奥会官员20多人参加培训班。2007年4月14—15日，中国特奥家庭支持联络网合浦北村社区活动、特奥运动员健康营养活动获得圆满成功，中国特奥会副秘书长张天伦、省体育局副局长高维岭、省残联副理事长余向东等参加本次活动。2009年7月2—4日，2009年全国盲人门球裁判员培训班在合肥举行。培训班由中国残联、中国残奥委员会主办，安徽省残联、安徽省残疾人体育协会承办。旨在为举办2009年7月21—24日全国特殊教育学校女子盲人门球联赛（安徽、四川、天津3个分赛区）顺利进行提供保障，提高中国盲人门球裁判员执裁能力和水平。安徽省残联副理事长刘同鑫出席开班仪式并致辞。中国残联体育部顾问、2008年北京奥组委特聘专家华清滂、中国残奥管理中心项目主管付娟、中国残疾人体育协会特聘讲师授课。来自全国16个省、市（区）的38名体育专业人士参加培训，历时3天。

安徽残奥冠军简介 安徽残奥冠军有刘美丽、王键、侯春晓3人。

刘美丽，女，肢残，1983年6月生，汉族，中共党员，本科学历，籍贯萧县，肢残，现在省特殊教育中专学校工作。主要成绩及荣誉：2000年、2004年、2008年蝉联第十一届、第十二届、第十三届3届残奥会乒乓球项目冠军，先后获得全国“五一劳动”奖章、全国“五四青年”奖章、全国“三八红旗手”等称号。获省政府授予的“安徽省先进工作者”称号，享受省劳模待遇。获省体育局授予的“江淮体坛50杰”称号。1990—2010年，获全国及以上比赛金、银、铜牌共计130多枚。2010年，在广州第一届亚洲残运会上，获1枚金牌，被大会组委会评为“体育道德风尚奖”和优秀运动员。

1998年，在法国举行的世界残疾人乒乓球锦标赛上取得单打第一名，公开级第二名。1999年，在泰国举行的第七届远南运动会上取得团体、单打、公开级3个第一名。

2000 年，在悉尼举行的第十一届残奥运动会上取得团体第一名，单打第二名。2002 年，在韩国举行的第八届远南运动会上取得团体第一名，单打第二名，公开赛第二名。同年，在台北举行的世界残疾人乒乓球锦标赛上取得团体、单打、公开级 3 项第一名。2003 年，在南京举行的第六届全国残疾人运动会上取得单打第一名，团体第二名，公开级第二名。2004 年，在雅典举行的第十二届残奥会上取得团体、单打第一名。2006 年，在瑞士国际残疾人乒乓球锦标赛上取得团体第一，单打第三，公开级第三。2008 年 9 月，北京第十三届残奥会女子 TT6-TT10 级团体金牌，女子 TT9 级单打银牌。2009 年 10 月，在约旦亚洲乒乓球锦标赛上，获 TT6-TT10 级公开赛、TT6-TT10 级团体、TT9 级单打 3 项第一。2009 年 11 月，在巴西利亚残疾人乒乓球公开赛上，获 TT6-TT10 级公开赛、TT9 级单打、TT6-TT10 级团体 3 项第一。2010 年 10 月，在韩国光州世界残疾人乒乓球锦标赛上，获 TT6-TT10 级团体第一、公开赛第二、单打第三。2010 年，在北京 ITTF 中国残疾人乒乓球公开赛上，获 TT6-TT10 团体第一、TT6-TT10 级单打和公开赛第三。2010 年 12 月，在广州亚洲残运会上，获乒乓球团体冠军。

王键，男，1976 年 5 月生，汉族，籍贯淮北，脊髓损伤(小儿麻痹后遗症)举重运动员，56 公斤级。2000 年 10 月，在悉尼残疾人奥运会上获得男子 56 公斤级铜牌。2003 年 9 月，在南京举行的全国第六届残运会上，夺得举重男子 56 公斤级金牌。2004 年 10 月，在雅典残奥会上摘得男子 56 公斤级冠军。2006 年 5 月，获得世界第四届残疾人举重锦标赛男子 56 公斤级冠军；同年 11 月，在马来西亚举行的第九届远南残运会上，夺得男子 56 公斤级冠军。2007 年，在云南昆明第七届残疾人运动会上获 56 公斤级别第一名。2008 年，在中国北京残奥会上获 56 公斤级别第五名。2008 年，在马来西亚举办的亚洲举重锦标赛上获 56 公斤级别第一名。2009 年，在内蒙古举办的全国残疾人举重锦标赛上获 52 公斤级别第一名，并破全国纪录。2010 年，在北京举办的全国残疾人举重锦标赛上获 52 公斤级别第一名。2010 年，在中国广州亚残会上获 52 公斤级别第三名。

侯春晓，女，1988 年 8 月生，汉族，籍贯萧县。肢体残疾，参赛项目为乒乓球，医学和功能分级为 TT10 级。2003 年，在南京举行的第六届全国残疾人运动会上取得团体第二名，单打第三名。2005 年，在南京举行的全国残疾人乒乓球锦标赛上取得团体第一名。2006 年，在南宁举行的全国残疾人乒乓球锦标赛上取得团体第二名，单打第二名。2007 年，在约旦举行的世界残疾人乒乓球公开赛上取得团体第二名，单打第二名。2007 年，在德国举办的世界残疾人乒乓球公开赛上取得团体第一、单打第二。2007 年在克罗地亚，获世界残疾人乒乓球公开赛团体第一、单打第一、公开第一。2008 年，参加北京残奥会乒乓球比赛，获单打第三、团体第一。2009 年在约旦，获残疾人乒乓球亚锦赛单打第二、团体第二。2010 年在韩国，获残疾人乒乓球锦标赛团体第一、公开第三。

第八章　宣传与对外交流

在推动安徽省残疾人事业发展的进程中，宣传与倡导工作始终发挥着重要的作用。从1991年起，每年的“全国助残日”活动得到全社会的广泛关注和积极参与。无论地方党、政、军领导，还是政府各职能部门、企事业单位和社会各界，通过参与“全国助残日”“国际残疾人日”等活动更加了解残疾人的状况和需求，更加理解和支持残疾人和残疾人事业。同时，安徽各地还在每年“国际聋人节”“国际盲人节”“世界精神卫生日”“全国爱眼日”“全国爱耳日”举行系列活动，宣传残疾人事业和社会职责。各地报刊、电台陆续开辟有关残疾人和残疾人事业的专栏、专题，电视台设立电视手语新闻节目。新闻媒体加大残疾人与残疾人事业宣传报道，组织采编力量推出一大批意义深、影响大的新闻作品，并在全国、省残疾人事业好新闻评奖活动中获奖。其间，省残联与海内外基金会以及残疾人组织等进行多次交流。

第一节　宣　传

省残联成立后，采取多种形式进行宣传。如利用活动节日开展宣传，采取电视电话会、新闻发布会宣传，组织拍摄电影、电视剧、电视专题片宣传，办刊物宣传，组织新闻单位在新闻媒体上报道宣传等。

活动节日宣传　20世纪90年代开始，安徽各地通过多种形式开展与残疾人和残疾人事业相关的活动节日宣传活动，主要有“全国助残日”“国际残疾人日”，以及“国际聋人节”“国际盲人节”“世界精神卫生日”“全国爱眼日”“全国爱耳日”等。

全国助残日　1990年12月28日，第七届全国人民代表大会常务委员会第十七次会议通过《中华人民共和国残疾人保障法》（以下简称《残疾人保障法》）。《残疾人保障法》规定每年5月第三个星期日，为全国助残日。从1992年起，“全国助残日”实行主题活动。1991—2010年，安徽先后开展20次“全国助残日”活动。

1991年5月19日，开展第一次“全国助残日”活动。由中共中央宣传部、民政部、司法部、国家教委、文化部、卫生部、广播电影电视部、中华全国总工会、全国妇女联合会、共青团中央、中国人民解放军总政治部和中国残联联合组织开展，活动主要内容是“宣传《残疾人保障法》”。安徽开展的主要活动有：5月14—21日，省政府决定在全省范围内开展“残疾人保障法宣传周”和“助残日”活动。14日上午，由省直单位暨合肥市政府、市直单位等16个单位参加，在省政府办公厅召开宣传《残疾人保障法》协调会，决定于5月14—21日在全省范围内开展“《残疾人保障法》宣传周”和“助残日”活动，并明电通知各地认真开展活动。副省长杜宜瑾就《残疾人保障法》的实施发表电视讲话，要求各级政府一定要认真组织学习、宣传、贯彻，使这项法律落到实处。全省16个地（市）以及所辖县（市、区）均采取不同形式开展丰富多彩的助残活动。蚌埠市、宿州市、肥东县和砀山县等许多市、县政府领导发表电视讲话；合肥市、池州地区、滁州地区等地、市领导亲自部署助残日活动。助残日当天，全省约有3.8万多名干部、群众参加活动，设立咨询、宣传点826个，散发《残疾人保障法》，“三康”“特殊教育”“职业培训”等有关宣传材料12万份，为残疾人做好事6万多件，有1万多名残疾人走上街头为民服务48961件，拆款7.34万元。

1992年5月17日，开展第二次“全国助残日”活动。首次提出活动主题是“走进每一个残疾人家庭”。安徽省决定5月14—20日为活动宣传周。其间，省人大常委会副主任杜宏本，省政府副省长杜宜瑾，省政协副主席腾茂桐、李继祥，在省残联负责人陪同下，到困难残疾人家中进行看望慰问，并送去慰问品和慰问金。省残联在《安徽日报》开辟宣传专栏，在安徽人民广播电台、电视台开辟《我与残疾人保障法》宣传专栏。全省各地围绕“走进每一个残疾人家庭”活动主题开展活动，省及地（市）、县（市、区）均采取新闻发布会、座谈会、文艺演出、宣传站、流动宣传车等多种形式予以宣传。全省共有7名省级领导、76名地市级领导、40多名县级领导以各种形式参加助残日活动，有40多名党政领导发表广播、电视讲话，召开各种座谈会156次。各级领导共走访残疾人家庭11300余户，各级残联所属福利企业让利销售额达20余万元。

1993年5月16日，开展第三次“全国助残日”活动。活动主题是“扶助与共进”。全省有2名省级领导、80多名地市级领导参与活动；副省长杨多良等50名各级党政领导发表电视（广播）讲话；召开各种报告会、座谈会等200多次；各级领导走访慰问残疾人1600多户；为残疾人办好事、实事3万多件次；各级残联企业让利销售额达30多万元。有600多名残疾人走上街头，以一技之长回报社会。

1994年5月15日，开展第四次“全国助残日”活动。活动主题是“我们同行——为‘远南’残疾人运动会献爱心”。助残日期间，省市有关领导前往省体委慰问正在集训的安徽省参加远南运动会的运动员和教练员，并召开“全国助残日”活动座谈会，围绕活动主题，深入宣传残疾人事业。

1995年5月21日，开展第五次“全国助残日”活动。活动主题是“一助一，送温暖”。当天，省政府副省长杨多良在安徽电视台、安徽人民广播电台发表讲话，省、市领导深入到特困残疾人家庭、合肥福利院和聋儿语训班进行慰问，安徽电视台安排一次专题文艺节目演出。

1996年5月19日，开展第六次“全国助残日”活动。活动主题是“预防残疾，增进健康”。省残联会同卫生部门及省直几家医院在“全国助残日”当天，围绕残疾预防的方针、政策、法规内容，开展主题咨询活动，提高社会对残疾预防和康复工作的重视，引起社会的关注。

1997 年 5 月 18 日，开展第七次“全国助残日”活动。活动主题是“助残与自强”。“全国助残日”前夕，省残联对全省自强模范暨扶残助残先进集体和个人通报表彰。全省各级残联联合有关部门举行残疾人事业、法律宣传咨询，举行残疾人文艺演出、残疾人书画展，开展残疾人回报社会大行动等各种活动。

1998 年 5 月 17 日，开展第八次“全国助残日”活动。活动主题是“扶贫解困”。“全国助残日”前，省人大常委会副主任吴天栋、省政府副省长杨多良、省政协秘书长胡继铎及省扶贫办、中国人民银行安徽省分行、省财政厅、省农行、省残联等省直单位负责人，于 5 月 12 日出席全国残疾人扶贫攻坚电视电话会合肥分会场会议。“全国助残日”期间，全省各级残联以及各有关部门举行宣传、咨询活动。

1999 年 5 月 16 日，开展第九次“全国助残日”活动。活动主题是“无障碍与视觉第一”。“全国助残日”前，省政府副省长卢家丰在安徽电视台、安徽人民广播电台发表题为“积极推行无障碍设施建设，进一步做好视觉第一工作”的讲话。省残联在花园街设立宣传活动中心，开展围绕主题、安徽省按比例安排残疾人就业办法、耳聋的预防等内容宣传咨询和助残活动。合肥市残联在市府广场设立宣传咨询点，并在活动现场向 100 名盲人赠送盲杖、开展法律咨询和义诊活动。

2000 年 5 月 21 日，开展第十次“全国助残日”活动。活动主题是“志愿者助残”。省政府副省长卢家丰、合肥市副市长杨振坦及省、市残联负责人在合肥慰问特困残疾人家庭。“全国助残日”期间，全省各地开展走访慰问残疾人家庭，相关部门在各地同时开展志愿助残活动。

2001 年 5 月 20 日，开展第十一次“全国助残日”活动。活动主题是“深入贯彻保障法，携手迈入新世纪”。省政府副省长卢家丰于 16 日晚与 20 日晨，分别发表电视、广播讲话。全省各地通过召开座谈会，在广场举行大型宣传和咨询活动、走访和慰问残疾人等多种形式纪念《残疾人保障法》颁布实施十周年。

2002 年 5 月 19 日，开展第十二次“全国助残日”活动。活动主题是“关注基层残疾人工作，保障残疾人基本生活”。省暨合肥市开展一系列活动。全省各级开展走访慰问当地残疾人组织和贫困残疾人，为基层残联和残疾人办实事、办好事；各地人民政府残工委召开会议，研究解决基层残疾人工作中的困难。

2003 年 5 月 18 日，开展第十三次“全国助残日”活动。活动主题是“发展残疾人事业，共同奔赴小康”。全省各地结合本地实际，开展形式多样的扶残助残活动。助残日期间，各级领导带头走访慰问，帮助残疾人解决生产和生活中存在的困难和问题，带去党和政府对残疾人的关心和温暖。

2004 年 5 月 16 日，开展第十四次“全国助残日”活动。活动主题是“情系我的兄弟姐妹，帮扶贫困残疾人”。5 月 13 日，省人大常委会副主任高福明到省残联调研。

5月16日，省领导高福明、合肥市市长郭万清等参加助残日活动。

2005年5月15日，开展第十五次“全国助残日”。活动主题是“平等共享，促进残疾人就业”。当日，省暨合肥市残联在市府广场举办主题为“平等共享，促进残疾人就业”的活动。省领导王明方、高福明、徐立全、卢家丰看望并慰问参加助残活动的法律援助工作者和残疾人工作者。

2006年5月21日，开展第十六次“全国助残日”活动。活动主题是“真实的了解，真挚的关爱”。5月15日，省暨合肥市在合肥市花园街、市府广场设立大型宣传活动中心，围绕主题开展一系列宣传咨询活动。省人大常委会副主任高福明看望慰问参加助残日活动的残疾人和残疾人工作者。助残日期间，省残联和台北曹氏基金会向贫困残疾人捐赠2000辆轮椅。

2007年5月20日，开展第十七次“全国助残日”活动。活动主题是“维护残疾人权益，共建和谐社会”。当日，省暨合肥市残联在市府广场联合举行宣传咨询活动。省政府副省长文海英在省残联理事长张纯和、合肥市副市长雍成翰陪同下参加助残日活动，走访慰问贫困残疾人，全省向贫困残疾人发放轮椅3412辆。

2008年5月20日，开展第十八次“全国助残日”活动。活动主题是“牵手残疾人，走进残奥会”。5月18日，省暨合肥市围绕助残日主题，举行“残疾人法律援助进社区、进家庭”活动。

2009年5月17日，开展第十九次“全国助残日”活动。活动主题是“关爱残疾孩子，发展特殊教育”。当日，省暨合肥市残联围绕活动主题开展系列活动。省委常委王秀芳在省残联理事长张纯和、省民政厅副厅长周苏、省财政厅副厅长黄然、交通银行合肥分行纪委书记花俊及省教育厅等部门负责人陪同下，前往省特殊教育中专学校慰问全体师生，对全省残疾人事业发展状况进行专题调研。省残联、民盟安徽省委举办“扶残助残”法律知识讲座。省图书馆残障人士阅览室、活动室正式对外开放。省暨合肥市残联在省博物馆举办“省暨合肥市2009年第二次残疾人专场就业招聘会”。

2010年5月14日，开展第二十次“全国助残日”活动。活动主题是“加大扶持与救助力度，帮扶农村贫困残疾人”。省暨各市残联围绕活动主题精心策划一系列助残活动。当日，省委常委、省总工会主席王秀芳到合肥市庐阳区看望慰问农村特困残疾人，为他们送去党和政府的关怀与温暖。《安徽日报》头版头条发表《同享一片蓝天——我省残疾人事业发展纪实》文章，全面报道安徽省残疾人事业发展情况。5月16日，由省残联、合肥市残联及合肥市有关县区残联、街道在杏花公园广场共同主办全国助残日残疾人就业招聘会。19家用人单位参加，提供各类就业岗位近120个，有近600位残疾人及亲属参加招聘会，现场达成就业意向近200人。各市也根据活动主题，开展形式多样、内容丰富的活动。

国际残疾人日　1976年，联合国大会宣布1981年为“国际残疾人年”，并确定“国际残疾人年”活动主题为“全面参与和平等”。1982年，联合国宣布1983—1992年为“联合国残疾人十年”。1992年10月14日，为纪念“联合国残疾人十年”，联合国第四十七届大会通过决议，确定每年12月3日为“国际残疾人日”。决议要求世界各国政府和有关组织将残疾人事业放在优先地位，采取更有力、更广泛的行动与措施，以求实现“联合国残疾人十年”和《关于残疾人和世界行动纲领》，建立一个“人人共享的社会”。同年12月3日，亚太经济社会理事会发动亚太残疾人十年会议在北京召开，数百名中外残疾人和会议代表举行联欢共同欢度第一个“国际残疾人日”。此后，每年“国际残疾人日”期间，安徽各地均相应举办各种庆祝活动，活动一般以小型、分散为主。2000年12月3日，省暨合肥市举行“国际残疾人日”庆祝活动。2001年12月2日，省暨合肥市残联、合肥文艺台、省假肢矫形中心在合肥工业大学联合举办“国际残疾人日”爱心演唱会，工大学子、文艺台节目主持人和来自全省各地的优秀残疾人演员同台献艺，共庆节日。2010年12月3日上午，安庆市残联与安庆市电视台《看点800》栏目联合主办“与坚强同行——关爱残疾人义助行动”，动员社会各界给予残疾人更多的关爱和支持。

国际聋人节　1957年，世界聋人联合会决定每年9月最后一个星期日为国际聋人节。1997年9月28日，中国残联为激励广大残疾人特别是聋人奋发向上、自强自立、平等参与社会生活，要求全国各地开展庆祝活动。活动的主题是：“奋发向上、自强自立、平等参与社会生活，为社会主义物质文明和精神文明建设贡献力量”。安徽省残联就全省庆祝活动作出具体安排，提出明确要求，并通知各地认真开展活动。2001年8月，中国残联要求各地残联高度重视“两节”（即“国际聋人节”“国际盲人节”）的庆祝活动，将其作为常规工作纳入聋人协会日常管理，具体庆祝活动内容和活动形式不求统一，可根据各地实际情况组织安排。要通过国际聋人节活动，进一步动员广大聋人走出家门，走入社会，广泛参与社会生活，共享社会文明成果。2001年起，安徽聋人协会和各地残联在国际聋人节前后均组织多种形式的庆祝活动，如举行聋人文艺演出、书画展览，举行聋人球类、棋类、田径等体育比赛等。

国际盲人节　又称“白手杖节”。1984年世界盲人联盟确认每年10月15日为国际盲人节。2001年8月，中国残联要求各地残联高度重视“两节”（即“国际盲人节”“国际聋人节”）的庆祝活动，将其作为常规工作纳入盲人协会日常管理，具体庆祝活动内容和活动形式不求统一，可根据各地实际情况组织安排。要通过活动，进一步动员广大盲人走出家门，走入社会，广泛参与社会生活，共享社会文明成果。2001年起，安徽盲人协会和各地残联在国际盲人节前后均组织多种形式的庆祝活动，如组织走访慰问各地盲人、残疾人工作者、游览市容市貌，组织盲人开展回报社会服务活动等。2008年，由合肥市安庆路街道盲人推拿师朱士莉发起，合肥市首支盲人志愿者服务队——甜蜜蜜盲人按摩队成立。四川地震期间，帮助照顾四川地震伤员。此后，每年盲人节前后，“甜蜜蜜”残疾人志愿者服务队，开展残疾人志愿服务进社区，服务社区里的残疾老人。从2008年建队初期18名残疾人志愿者，发展到服务总队，已有54名残疾人志愿者。这些特殊的志愿者用他们的爱心和自己在特殊教育学校学到的一技之长为许多需要帮助的人提供志愿服务，队长朱士莉获“合肥市优秀志愿者”称号，他的事迹获安徽省精神文明“十佳事迹”。

世界精神卫生日　1991年，尼泊尔向世界卫生组织提交第一份“世界精神卫生日活动”的报告。后来，世界卫生组织将每年10月10日定为世界精神卫生日。2000年是第九个世界精神卫生日，也是中国大规模开展精神卫生日宣传活动的第一年。自2000年以来，根据活动主题安徽省在“世界精神卫生日”举行各种形式的宣传活动。其主题分别是：“健康体魄＋健康心理＝美好人生”（2000年），“精神卫生：消除偏见，勇于关爱”（2001年），“精神健康：从了解开始”（2002年），“抑郁影响每个人”（2003年），“儿童、青少年精神健康：快乐心情，健康行为”（2004年），“身心健康、幸福一生”（2005年），“健身健心，你我同行”（2006年），“健康睡眠与和谐社会”（2007年），“同享奥运精神，共促身心健康”（2008年），“行动起来，促进精神健康”（2009年），“沟通理解关爱、心理和谐健康”（2010年）。

全国爱眼日　1992年9月25日，天津医科大学眼科教授王延华与流行病学教授耿贯一首次向全国倡议设立“全国爱眼日”。次年5月5日，天津首次举办爱眼日宣传活动。1996年，卫生部、教育部、共青团中央、中国残联等12个部委联合确定每年6月6日为“全国爱眼日”，同时将其列为国家节日之一。1996年起，全国各地均在“全国爱眼日”前后开展各种形式的主题宣传活动。每年安徽各地残联和卫生部门均在“全国爱眼日”开展主题宣传活动，组织医务工作者接受眼疾患者咨询并进行义诊。历年活动主题分别为：“保护儿童和青少年视力”（1996年），“老年人眼保健”（1997年），“预防眼外伤”（1998年），“保护老年人视力，提高生活质量”（1999年），“动员起来，让白内障盲人重见光明”（2000年），“早期干预，减少可避免的儿童盲症”（2001年），“关爱老年人的眼睛，享有看见的权利”（2002年），“爱护眼镜、为消除可避免盲而努力”（2003年），“防治屈光不正及低视力，提高儿童和青少年眼保健水平”（2004年），“预防近视，珍爱光明”（2005年），“防盲治盲，共同参与”（2006年），“防盲进社区，关注眼健康”（2007年），“明亮眼睛迎奥运”（2008年），“珍爱视界之窗”（2009年），“关注贫困人口眼健康，百万工程送光明”（2010年）。

全国爱耳日　1998年3月，在政协第九届全国委员会第一次会议上，社会福利组15名委员针对中国耳聋发病率高、数量多、危害大、预防薄弱的现实，提出《关于建议确立爱耳日宣传活动》的提案。后经中国残联、卫生部等10个部门于1999年共同商定，每年3月3日为“全国爱耳日”，在全国开展主题活动。2000年第一次举行“全国爱耳日”宣传活动。2000—2010年“全国爱耳日”宣传主题分别为：“预防耳毒性药物致聋”（2000年），“减少耳聋发生，实施早期干预”（2001年），“听力助残——救助贫困聋儿”（2002年），“提高人口素质，减少出生听力缺陷”（2003年），“防聋走进社区”（2004年），“全社会共同关爱老年人——健康听力，幸福生活”（2005年），“预防听力损伤和耳聋，人人享有健康听力”（2006 年），“珍爱听力，快乐成长”（2007 年），“奥运精彩——我听到”（2008 年），“正确使用助听器”（2009 年），“人工耳蜗——重建听的希望”（2010 年）。“全国爱耳日”期间，安徽各地均开展各种大型宣传咨询活动。其间，在第二次“全国爱耳日”活动之际，省暨合肥市残联、省属各大医疗单位组织 40 多名专业医务人员在合肥市花园街开展宣传、咨询活动。

电影广播电视宣传 采用电影、电视专题片、电视剧以及电视手语节目、新闻报道、广播电台专题节目等形式予以宣传。

电影 1998 年，省委宣传部、省文化厅、安庆市人民政府和安徽省电影发行放映总公司以从大城市回到乡村发展农业、免费培训困难群体的盲人汪世龙、万利云夫妇的事迹为蓝本，联合摄制的黄梅戏电影《山乡情悠悠》，在全国公映。该影片获 2000 年度中国电影华表奖。

电视专题片 1993 年，滁州市拍摄残疾人电视专题片《菱角山的呼唤》，反映党委、政府和社会各界对残疾人的关怀照顾。1995 年，由省残联、新华社联合拍摄一部大型纪实性电视专题片《情满江淮》，全面反映省残联成立 7 年间残疾人康复、教育、就业、发展经济及文化活动等方面取得的显著成绩。全片播出时间 40 分钟，先后在中央电视台、安徽电视台播出。

电视剧 1997 年，合肥有线电视台和安徽亚太影视发展有限公司摄制一部描写残疾儿童生活的电视剧《我们班的歌》。该剧是根据张文才的小说《走上荧屏的少年》改编的，它展现残疾儿童平等参与生活的场景，体现全社会对残疾人的关爱和理解。

电视手语节目 2000 年 1 月 2 日，安徽省第一个电视手语新闻节目在安徽卫视《新闻观察》栏目开播。《新闻观察》是以标准中国手语和普通话同时播报的新闻栏目，于每个星期日中午 12 时 30 分播出，时长为 15 分钟。该节目力求通过准确的手语翻译，为听力言语残疾观众了解时事政治和新闻信息提供方便。截至 2003 年年底，该节目共播出手语节目 220 多期，总时长 3300 多分钟。自 2004 年始，在安徽电视台公共频道《每周新闻综述》栏目开设手语。2007 年 5 月 14 日，省政府第 53 次常务会议原则通过《安徽省优待扶助残疾人规定》，并以省政府 202 号令发布，其中规定“有条件的电视台开办手语节目”。继安徽电视台开办电视手语节目之后，截至 2011 年，合肥电视台、铜陵电视台、马鞍山电视台等 13 家电视台相继开办电视手语新闻节目，电视手语新闻从而成为听力言语残疾人信息交流无障碍的重要渠道。

电视新闻报道 2010 年 2 月，中央电视台记者高伟强到安徽省黄山市、安庆市就贫困重度残疾人生活特别救助等重点工作进行采访。中央电视台新闻联播对安徽省特困救助和危房改造，朝闻天下、新闻频道对安徽省的无臂高中生张连兴、戴军颂进行重点报道，引起社会的关注，两位学生分别被安徽、山东的两所大学录取，并给予特殊照顾和关爱。

广播电台专题节目 1992 年 12 月 2 日，由省残联与安徽人民广播电台联合举办

“自强之歌”专题节目。节目以反映各级残疾人组织开展工作的情况、社会各界扶残助残情况、各类残疾人先进事迹为主，稿件体裁包括新闻、报道、通讯、工作经验等。每周播出一次，重播一次。截至2011年年底已连续播出20年。1992年7月始，合肥人民广播电台举办《同有这片蓝天》特别节目。节目通过《连心桥》《残联之窗》《与你同行》《自强之歌》《资讯》《报摘》，着重关注残疾人的工作、生活、学习等信息及相关政策的传递，由李文、闻罡、张澄、潘俊、宋智玲主持。由原来的45分钟分别历经60分钟，10分钟，30分钟的改版。1993年春，主持人以节目的名义组织20名残疾人去董铺岛春游，很多残疾人朋友第一次走出家门，激动得哭了。1996年夏，在新世纪大厦与“爱之桥”婚介所联合举办大型残健单身联谊会，让许多残疾人朋友第一次意识到，自己也有追求爱情的权利。2009举办“我坚强、我快乐”“生命中的太阳”残疾人征文比赛。节目组在20年中，曾经无数次出资帮助过来合肥没有返程车票的残疾人朋友、因家庭纠纷而意欲寻短见的朋友，鼓励、撮合残疾人大胆追求健全人并与之组建家庭，给数千朋友回复各种咨询的信件，做着许多今天被称作“志愿者”的工作。节目覆盖合肥、六安、淮南、金寨，以及河南、湖北等地，得到残疾人朋友和社会各界的充分认可。1996—2010年，《她与我们共有一片蓝天》《戴小川和他的小川热线》《同一个世界、同一个梦想》《邵强的悲喜人生》分别获第三届各地广播电台残疾人节目展播二等奖、第四届中国残疾人好新闻三等奖、2008年度残疾人事业好新闻评选二等奖、第九届各地人民广播电台残疾人节目展全国二等奖。

电视电话会及广播电视讲话　1992年11月10日，省残联主席团主席赵怀寿就全省捐赠工作发表广播电视讲话。1994年8月30日，省人大八届常委会第十二次会议通过《安徽省实施〈中华人民共和国残疾人保障法〉办法》，赵怀寿就此项工作在安徽人民广播电台、安徽电视台发表讲话。1995年9月10日，赵怀寿就贯彻《安徽省实施〈中华人民共和国残疾人保障法〉办法》一周年发表广播电视讲话。1996年2月4日，赵怀寿发表《为本世纪残疾人实现小康而努力奋斗》的广播电视讲话，向广大残疾人及其亲属致以节日的慰问，向关心支持残疾人事业的朋友表示感谢，向各级残疾人工作者致以节日的问候。1997年2月4日，赵怀寿发表《扎实工作，加快残疾人奔小康进程》广播电视讲话，向广大残疾人致以节日的问候。2002年10月31日，建设部、民政部、中国残联、国家老龄委在北京联合召开全国无障碍设施建设电视电话会议。省政府副省长、省残联主席团主席卢家丰出席安徽分会场会议。2004年6月22日，省政府新闻办就《安徽省按比例安排残疾人就业办法》的贯彻实施召开新闻发布会。2010年4月26日，安徽省召开残疾人基本情况调查动员电视电话会议。中国残联党组书记、理事长王新宪，省政府副省长唐承沛出席会议并发表讲话。会议由省政府副秘书长、残疾人基本情况调查协调小组组长宓建毅主持。省残联理事长张纯和做调查工作安排，省统计局负责人结合部门职责发言，合肥市政府负责人介绍调查经验。

报刊宣传　主要采取在省级报纸上开辟关于残疾人和残疾人事业的专栏，利用中国残联以及中国残疾人基金福利会主办的刊物等形式进行宣传，并且省残联还创办《安徽残疾人》《活着》等刊物。

利用报纸宣传　1993年，省残联与《安徽青年报》合作开设《七彩人生》专栏，集中反映优秀青年，特别是农村残疾青年创业致富的先进事迹，当年发表征文22篇。同年，省残联与《安徽日报》合办“强者之歌”征文活动，发表30多篇反映残疾人先进事迹的文章。1994年开始，省残联与《安徽日报》合作，在《安徽日报》开设残疾人专栏《自强之歌》，集中反映安徽省各条战线上的优秀残疾人自强典型和社会扶残助残典型，截至2011年，发表文章400多篇。2005年，《安徽商报》开设《关注残疾人》栏目。2006年，《安徽市场报》开设《就业通道》栏目等。至2010年，安徽各种报纸先后开设残疾人和残疾人事业专栏30个。

利用刊物宣传　1989年年初，省残联创办机关内刊《安徽残疾人》。全国政协副主席、中国佛教协会会长赵朴初题写刊名。创刊以来，集中宣传残疾人工作的方针、政策以及《中华人民共和国残疾人保障法》，报道重大活动，交流工作经验，反映事业发展情况，宣传扶残助残先进单位和个人，弘扬残疾人自强不息的精神，反映残疾人的呼声。主要栏目有：卷首语、事业要闻、法规政策、工作动态、交流与研究、理事长访谈、人物风采、文艺栏目、它山之石、大事记，以及根据中心工作设置的一些临时性栏目。截至2010年12月，《安徽残疾人》共出版120期，

1996年，省残联成立《活着》杂志社。旨在宣传残疾人事业，弘扬人道主义，进一步动员社会理解、尊重、关心、帮助残疾人，团结教育残疾人发扬乐观进取精神，自尊、自信、自强、自立。杂志社自筹资金5万元作为开办经费，实行社长、主编负责制，具有独立法人资格。2002年3月21日，新闻出版总署批复同意省残联原内部刊物《活着》更名为《同行》，国内外公开发行。省残联决定将原《活着》杂志社更名为《同行》杂志社，社长杨旭秋，主编崔颖。

《中国残疾人》是中国残联主办的残疾人综合性刊物。旨在反映中国残疾人事业的发展，维护残疾人的正当权益，沟通残疾人与社会、残疾人与健全人之间的理解，指导各地残联及基层组织的工作。《三月风》杂志是中国残疾人基金福利会主办的文化综合性月刊，国内外公开发行。省残联于1993年8月1日，在滁州召开《中国残疾人》杂志发行工作会议。省残联主席团主席赵怀寿向大会发来贺电，杂志社副总编赵晓谦、编辑部主任谢志康、副主任陈新民、编辑曹跃进、省残联副理事长冯银华以及全省16个地、市的残联理事长、宣传干部参加会议。2009年《中国残疾人》杂志《人道中国》大型主题报道组来皖采访，当年第6期《中国残疾人》（安徽专辑）报道“人道的徽记”。2010年，安徽省征订《中国残疾人》《三月风》两刊工作进入全国第一阵营，受到中国残联的表彰，获得金牌奖励，并在江西省赣州召开的“两刊”征订工作会议上作经验交流发言。合肥、芜湖、淮南、阜阳、马鞍山、蚌埠、铜陵、池州、亳州9个市获得宣传征订工作市级先进，芜湖市镜湖区等11个县（区）获得宣传征订工作县级先进，合肥市进入

全国征订 50 强，居第 15 位。

网站宣传　省残联通过省政府采购方式，在中国残联信息中心的指导下，建设域名为 www.ahdpf.org.cn 的省残联官方网站，并在省残联机关办公楼内构建内部局域网。2003 年 12 月，省残联官方网站正式对外开放，成为省残联在新兴媒体上对外宣传、展示残联形象与业务的重要工具。局域网布线 80 个信息点，服务对象包括省残联机关、省残疾人劳动就业服务中心和省残疾人康复研究中心。网站主要栏目有网站公告、新闻动态、理事长信箱、事业简报、业务服务等，专题二级页面有第二次全省残疾人抽样调查和省残疾人康复研究。2009 年 5 月，省残联对网站进行改版，改版后于 7 月 1 日正式启用。网站以主站、二级站与专业频道相结合的方式在原有版面的基础上建设而成，主站是省残联网的门户，以中国残联 27 项细分指标为指导，为总站视图。二级站是省残联机关各处室以及直属二级机构部门级网站，主要包括省残联机关：办公室、组织人事联络处、康复处、基金就业处、维权处、宣文处、机关党委；省残联直属事业单位：省康复研究中心、省特殊教育中专学校（挂培训中心）、省就业服务中心、省辅助器具中心。专业频道是专业部门相同或相近业务信息的汇集，分别设为固定专栏和滚动专栏，固定专栏如残联大事记、残疾人监测、事业统计等，滚动专栏为残联开展的集中业务。改版后的网站扩大信息面，突出工作动态内容，密切与中国残联网站的信息互动，重点加强残联政策法规与业务项目的宣传介绍，并开通理事长信箱和网上咨询，部分地承担信访工作，方便残疾人与残联部门的信息沟通和联系。开辟《安徽省残疾人》杂志电子版，方便网络用户在线阅读。

举办座谈会、茶话会宣传　1992 年，电影《启明星》发行放映，省委宣传部、省广播电视厅、省民政厅、省残联等 9 部门举办《启明星》首映式，并举行座谈会。1996 年 1 月 31 日，省残联在合肥举行新闻界新闻茶话会。2010 年 2 月 26 日，省残联组织召开中央驻皖及省级主流新闻媒体残疾人事业新闻宣传工作座谈会，省委宣传部、省记协，人民日报、新华社、中央人民广播电台、工人日报、农民日报、中国青年报等中央驻皖新闻单位，以及安徽日报、安徽人民广播电台、安徽电视台、新安晚报、安徽商报、安徽市场报和中安在线等省级主流媒体共 20 多家新闻单位的领导和对口记者参加座谈会。

利用其他方式宣传　1991 年 1 月 21 日，邀请专业作家和业余文艺工作者，编写《阳光　春风　足迹》报告文学集，全书共 25 万字，出版 8000 册。由安徽文艺出版社发行。省委副书记、省长傅锡寿题写书名。省政协原主席、著名书画家张恺帆，省顾问委员会副主任侯永，省委常委、副省长邵明，省人大常委会原副主任、省残联名誉主席郑淮舟分别题词。副省长杜宜瑾作序。该书集中反映安徽省各条战线上残疾人自尊、自信、自立、自强的精神。1995 年 3 月 31 日，由中央宣传部、共青团中央、中国残联共同组织的“热爱组织、自强不息”巡回报告演出团抵达合肥，首场报告演出在安徽剧院举行，省委书记卢荣景、省长回良玉等 15 名省级领导出席报告会并观看演出。报告演出团在安徽省作 7 场演出，直接听众达 1.6 万人。2009 年 9 月 14 日，由安徽省残联、安徽省残疾人福利基金会、湖北舟舟交响乐团和安徽电视台联合主办，安徽电视网承办的《为生命喝彩》爱心助残交响音乐会在安徽大剧院举行。省委常委、宣传部部长臧世凯，省人大常委会副主任郭万清，省政府副省长倪发科，省政协副主席赵韩及省政府残工委成员单位的负责人观看演出。2010年，安徽省实施的贫困重度残疾人生活特别救助引起新华社、人民日报、农民日报、工人日报等中央媒体的关注。其中，新华社动态清样《安徽建立贫困重度残疾人救助保障机制》《安徽残联建议修改申请教师资格体检标准》，引起中央和省主要领导的高度重视，国务委员刘延东、省长王三运等主要领导分别作重要批示，维护残疾人的权益。农民日报安徽记者站站长夏树、工人日报安徽记者站站长陈华在调研安徽省的特困救助民生工程后，以个人名义写的《农村贫困重度残疾人救助急待"提标扩面"》，引起省长王三运、常务副省长孙志刚的关注，分别作重要批示，对安徽省特困救助"提标"起到重要的推动作用。

中国残疾人事业好新闻奖 1991年1月，中华全国新闻工作者协会和中国残联决定共同举办"中国残疾人事业好新闻"评选活动。参评作品内容要求是，反映残疾人事业的重大事件；反映残疾人康复、教育、就业、扶贫解困、文化生活、法制建设、无障碍建设的进展；反映残疾人自尊、自信、自强、自立的精神；反映全社会理解、尊重、关心、帮助残疾人的先进事迹和助残风尚；鞭笞歧视残疾人的社会弊端，触及残疾人事业发展的热点问题。内容真实、立题鲜明、文字简练。消息在1000字以内，通讯特写在3000字以内，评论在2000字以内，广播电视新闻在3分钟以内，广播电视专题节目在15分钟以内。1991—2005年，每两年评选一次；2006—2009年，每年评选一次；2010年以后改为每两年评选一次。1991—2010年，安徽省在"中国残疾人事业好新闻奖"评选活动中多次获奖。

自1991年7月的第一届至2003年11月的第七届"中国残疾人事业好新闻"的评选活动，安徽获奖作品资料缺。

第八届"中国残疾人事业好新闻"奖于2005年9月8日揭晓，220件作品（节目、单位）获奖。其中，特等奖4件，一等奖27件，二等奖35件，三等奖52件，另有102件作品（节目）获优秀奖。安徽人民广播电台钱耿华、杨学雷采录的《一个普通农民的特殊情结》获得广播类三等奖，安徽日报程千俊采写的《盲人鲍锋和他的盲人网站》获得通讯类优秀奖。

在"2006年度中国残疾人事业好新闻"评选中，安徽人民广播电台马骏、纪斌采录的《用双脚书写人生的坚强女孩》获得广播类三等奖，刘文庆、章炜、高天畅采录的《残疾人就业有政策》获得广播类优秀奖，黄山市电视台刘长胜、张健采编的《轮椅黄山行感动中国》，安徽日报石红星、王晓雨采写的《登上联合国讲台的残疾学生》获得通讯类优秀奖。

在"2007年度中国残疾人事业好新闻"评选中，安徽省上报的10件作品有4件获奖。其中，广播类作品《"蜘蛛人"的美丽心愿》获一等奖，电视类作品《走进无声的世界》

获二等奖，文字类作品《爱心照亮盲童人生路》获二等奖，广播类作品《爱的世界》获三等奖。

在“2008年度中国残疾人事业好新闻”评选中，安徽省报送的10件作品全部获奖。其中，文字类作品《“千手观音”中的美丽舞者》、广播类作品《迎接残奥会特别节目——同一个世界·同一个梦想》2件作品获得二等奖；电视类作品《双脚编织的梦想》《大琛的五环梦》，广播类作品《给自立自强一个支点》等3件作品获得三等奖；文字类作品《残疾证缘何成了香饽饽》《巨变·讲述》《特殊群体享受补贴》，电视类作品《爱心共奏助残区》，广播类作品《从盲哑学校到梦想剧场——汪洪同学访谈》5件作品获得优秀奖。

在“2009年度中国残疾人事业好新闻”评选中，安徽省上报的10件作品获得一等奖1个、二等奖5个、三等奖2个，省残联获得2009年度中国残疾人事业好新闻评选组织奖（北京、安徽等六省市获得组织奖）。安徽省上报的电视类作品《安徽：贫困重度残疾人救助工程成果显著》（作者：代鹏飞、王勇）获得电视类一等奖，电视类作品《聋哑少年失踪》（集体创作）、广播类作品《乘着音乐的翅膀一路前行》（作者：任连珍）、文字类作品《惠及四十万的民生工程——安徽省贫困重度残疾人生活特别救助工作调查》（作者：夏树）、文字类作品《残疾人无障碍先要健康人除障碍》（作者：金海燕）、摄影类作品《触摸春天》（作者：张延林）分别获得电视、广播、文字、摄影类二等奖，文字类作品《特别救助温暖残疾人》（作者：黄永礼）、摄影类作品《将康复送到残疾人家里》（作者：柳小林）分别获得文字、摄影类三等奖。

第二节　国际交流

1990—2011年，省残联参与接待国际友人来访2次。省残联派员出访日本、新加坡、马来西亚、泰国、越南、老挝、澳大利亚、德国、法国、瑞士等国家14次。

来访　1990年3月16日，国际爱德基金会副总干事丁立仁一行6人，在省委统战部海外联络处负责人陪同下，到省残疾人康复研究中心调研。省残联主席团主席张汶祥、理事长朱继华等陪同。

2007年12月25日，根据司法部和省法律援助中心的安排，澳大利亚弗林德斯大学教授弗朗西斯·里根、董丽莉来访，省残联维权处组织双方就残疾人法律援助方面的有关问题进行研讨交流。

出访　1991年7月23日，应日本全国肢残人父母联合会的邀请，省残联理事长朱继华于8月2日至9月2日赴日本考察残疾人康复、教育、就业等工作。

1998年10月6日至11月21日，应日本国际协力事业团（英文简称JICA）邀请，省残联副理事长张纯和参加在东京举办的亚太地区残疾人工作者培训。

1999年，省残联组团17个市及部分县、区残联理事长一行26人，赴新加坡、马来西亚、泰国考察残疾人事业。

2002年，省残疾人康复研究中心主任陈顺云考察越南、老挝残疾人事业。

2004年，省残联副理事长张纯和等3人考察澳大利亚残疾人事业。

2005年，省残联副理事长余向东等6人考察德国、法国残疾人事业。是年，省残联副理事长钱玉贵等6人考察日本残疾人事业。

2007年，省残联副理事长余向东等6人考察日本残疾人事业。

2009年，省残联副理事长刘同鑫等6人赴日本考察残疾人辅助器具及残疾人教育就业工作。

2010年，省残联副理事长钱玉贵等6人赴德国考察残疾人工作。是年10月，省残联组团赴德国考察残疾人工作。

2011年，省残联理事长张纯和等2人随中国残联赴瑞士、德国考察交流残疾人康复工作。是年，省残联副巡视员陈顺云等6人赴德国考察交流残疾人工作。同年，省残联组团市、县残联6人赴法国考察交流残疾人工作。

第三节　与港澳台交流

1992年1月8日，世界卫生组织香港康复合作中心课程主任希腊·贝维斯到安徽省残疾人康复研究中心，就聋儿康复工作进行交流。省残联主席团主席张汶祥会见贝维斯一行。

1999年5月14日，以香港司徒禄为团长、澳门何建华为副团长的国际狮子会港澳303区代表团一行14人，到皖视察“视觉第一中国行动”项目开展情况。

2006年1月28日，省长王金山代表省政府专门致信香港李嘉诚，问候新春，感谢李嘉诚资助800万元在安徽省实施“长江新里程”项目。

2006年5月，省残联接待台北曹氏家族一行5人到皖参加轮椅捐赠活动并考察九华山佛教圣地。

2007年6月21日，澳门弱智人士家长协会交流团一行，在会长刘玫瑰的带领下，到省残联进行工作交流。

2009年，省残联理事长张纯和率团赴台湾考察残疾人事业。

2010年，省残联副理事长刘同鑫率团赴台湾考察残疾人工作。

2010年10月20—24日，省残联理事长张纯和率领考察团一行13人，赴澳门参加“和谐献礼”交流庆典活动。澳门特别行政区长官何厚铧出席为此次活动举行的大型文艺联欢晚会，并与参加活动的部分代表合影。考察团一行参观澳门残疾人才艺展示，现场观摩听取介绍。

2011年，省残联副理事长钱玉贵率团赴台湾考察交流残疾人工作。

第九章　法规规章与维权

建立健全残疾人事业法律制度是残疾人事业持续、健康发展的保证。安徽省人大常委会、省政府根据《中华人民共和国残疾人保障法》的有关规定，结合安徽省实际，制定《安徽省实施〈中华人民共和国残疾人保障法〉办法》《安徽省残疾人保障条例》和《安徽省按比例安排残疾人就业办法》等法规规章，并开展多次执法检查与调研，推动安徽省有关残疾人的各项法规制度落实和有关业务的开展。

为维护残疾人合法权益，维护社会稳定，安徽省设立残疾人信访机构、法律援助机构等，专门负责残疾人信访工作，实施法律援助，帮助残疾人解决实际问题。在实际工作中涌现出一批“法律援助先进集体”“维护残疾人合法权益优秀律师”“维权示范岗”“维权先进个人”“信访工作先进集体”“信访工作先进个人”等。

第一节　法规规章

1990 年，全国人大常务委员会通过《中华人民共和国残疾人保障法》后，安徽省即着手制订实施办法以及涉及残疾人和残疾人事业的法规、规章。

地方性法规　1990—2011 年，通过《安徽省实施〈中华人民共和国残疾人保障法〉办法》《安徽省残疾人保障条例》《安徽省法律援助条例》等涉及残疾人和残疾人事业的 3 部法规。

安徽省实施《中华人民共和国残疾人保障法》办法　1990 年 12 月 28 日，第七届全国人民代表大会常务委员会第十七次会议通过《中华人民共和国残疾人保障法》。1993 年 11 月 5 日，省残疾人事业领导小组召开会议。会议由省政府副省长杨多良主持，领导小组全体成员，省残联主席团名誉主席、主席，在合肥的主席团副主席参加会议，会议审议《安徽省实施〈中华人民共和国残疾人保障法〉办法》。1994 年 8 月 30 日，安徽省第八届人民代表大会常务委员会第十二次会议通过《安徽省实施〈中华人民共和国残疾人保障法〉办法》。该办法是安徽省第一部专门为保障残疾人权益而立的地方性法规。1994 年 8 月 30 日公布并自公布日施行，办法全文共 34 条。

安徽省残疾人保障条例　2008 年 4 月 24 日，第十一届全国人民代表大会常务委员会第二次会议对《中华人民共和国残疾人保障法》进行修订。省政府法制办公室随后牵头成立《安徽省残疾人保障条例（草案）》修订起草小组，省残联维权处具体承担

最初的草案起草工作。2011 年 7 月 25 日，省政府召开第 80 次常务会议，省长王三运主持，会议原则通过拟提请省人大常委会审议的《安徽省残疾人保障条例（草案）》。2011 年 12 月 28 日，安徽省第十一届人民代表大会常务委员会第 30 次会议审议通过《安徽省残疾人保障条例》（以下简称《条例》），于 12 月 29 日安徽省人民代表大会常务委员会以第 41 号公告予以公布，自 2012 年 2 月 1 日起施行。该条例参照《中华人民共和国残疾人保障法》的体例，全文共分 9 章，分别在残疾预防，残疾人康复、教育、劳动就业、文化生活、社会保障、无障碍环境等多方面作出规定。《条例》结合安徽省实际，从多角度较全面地保障残疾人权益，其中有多处创新。《条例》规定，县级以上人民政府应当将残疾人事业经费列入财政预算，建立稳定的经费保障机制。县级以上人民政府民政部门应当在发行福利彩票筹集的本级公益金中，每年安排不低于 8%的比例，专项用于残疾人事业。县级以上人民政府应当建立残疾人康复救助制度，对贫困残疾人康复训练、辅助器具适配给予补贴；将贫困精神残疾人普通门诊治疗纳入统筹地区门诊慢性病（特殊病种）报销范围；将符合规定的残疾人康复医疗项目纳入城镇职工基本医疗保险、城镇居民基本医疗保险和新型农村合作医疗保险范围。享受最低生活保障的残疾人住院治疗的，应当降低其城镇职工基本医疗保险、城镇居民基本医疗保险或者新型农村合作医疗保险个人承担的住院费用起付标准。成年重度残疾人单独立户的，县级以上人民政府应当按照规定将其纳入低保范围。县级以上人民政府对享受最低生活保障后生活仍有困难的残疾人和农村五保供养的残疾人，应当采取其他措施给予特别救助。提供公共服务的企业事业单位应当按照规定减免贫困残疾人家庭生活使用的水、电、燃气、电话和有线电视收视等费用。《条例》要求，优先开展残疾儿童抢救性治疗和康复，实施 6 岁以下残疾儿童免费抢救性康复项目。家庭贫困的 6 岁以上残疾儿童的抢救性治疗和康复费用，由县级以上人民政府给予全额或者部分补助。普通高等学校全日制本专科在校残疾学生和贫困残疾人家庭的学生，中等职业学校残疾学生、特殊教育学校职业高中班和普通高中的残疾学生，全部享受国家助学金。考入普通高等学校的残疾学生，按照省有关规定享受一次性救助和学年救助。各类教育培训机构应当减免贫困残疾学生的学费、杂费、住宿费。对残疾学生实行减免费用的民办教育培训机构，政府应当给予补贴。国家机关、社会团体、企业事业单位和其他社会组织，应当按照不低于本单位上一年度从业人员总数 1.5%的比例安排残疾人就业。未按照规定比例安排残疾人就业，又未缴纳残疾人就业保障金的，由有关行政部门给予警告，责令限期缴纳；逾期仍不缴纳的，除补缴欠缴数额外，自欠缴之日起按日加收 5‰的滞纳金；拒不缴纳的，由有关机关依法强制执行。《条例》还规定，县级以上人民政府民政部门应当采取措施，对流浪乞讨的残疾人给予及时救助和妥善安置。禁止胁迫、诱骗、利用残疾儿童、少年乞讨或者组织残疾儿童、少年进行有害其身心健康的表演等营利性活动。

安徽省法律援助条例　2002 年 7 月 28 日，安徽省第九届人民代表大会常务委员会第三十一次会议通过《安徽省法律援助条例》。2009 年 4 月 22 日，安徽省第十一届人民代表大会常务委员会第十次会议对该条例的部分条款进行修订。修订后的《安徽省法律援助条例》共6章42条,其中第三章法律援助的申请和受理部分的第十九条规定对下列能够提供有效证明的申请人,法律援助机构应当认定其为经济困难,无需提交经济困难证明:领取最低生活保障金或者失业保险金的人员;享受农村五保供养待遇的人员;社会福利机构中由政府供养的人员;无固定收入的残疾人;依靠抚恤金、救济金生活的人员。

地方政府规章　1996—2011年,通过《安徽省按比例安排残疾人就业办法》《安徽省优待扶助残疾人规定》两部规章。

安徽省按比例安排残疾人就业办法　1996年2月1日,省政府召开第92次常务会议,省长回良玉主持,会议通过《安徽省按比例安排残疾人就业办法》。该办法全文19条。省政府于3月27日以第71号令发布,自1996年10月1日起施行。随着残疾人事业的发展,安徽省组织对该办法的修订。2004年5月24日,省政府召开第13次常务会议,省长王金山主持,会议通过修订后的《安徽省按比例安排残疾人就业办法》,于5月30日以省政府第165号令公布,自2004年7月1日起施行。该办法修订后,全文共18条,完善残疾人按比例就业机制,条款简练易操作。"办法"规定,县级以上残疾人联合会受本级人民政府委托,负责按比例安排残疾人就业的行政管理和行政执法工作。同级财政、税务、统计、劳动保障、民政和工商行政管理等部门予以配合。按比例安排就业的对象是有本省常住户口、符合中国残疾人实用评定标准、符合法定就业年龄、本人有就业要求、有一定劳动能力、生活能自理的无业残疾人。本省行政区域内的国家机关、社会团体、企业、事业单位和其他社会组织按不低于本单位上一年度从业人员总数的1.5%的比例安排残疾人就业。已在用人单位从业的伤残职工,经认定,计入本单位按比例安排残疾人就业比例。用人单位录用残疾人,在同等条件下,优先录用本单位职工的残疾人亲属。用人单位安排残疾人就业,应根据其知识、能力及生理、心理障碍等情况,安排适当的工种和岗位,在晋升、晋级、培训等各方面不得歧视残疾人。对未安排残疾人就业和安排残疾人就业未达到规定比例的用人单位,"办法"规定其按年度缴纳残疾人就业保障金。每少安排一名残疾人,按上一年度本地区从业人员年平均劳动报酬标准缴纳残疾人就业保障金。保证金征收主体为县级以上残联和地方税务机关,其中国家机关、社会团体、事业单位和其他社会组织由残联征收;企业由地方税务机关征收。用人单位在规定期限内未缴纳或未足额缴纳残疾人就业保障金的,税务机关或残联给予警告,逾期仍不缴纳的,可依法处以500～1000元的罚款、并加收滞纳金等处罚,拒不执行的,作出处罚决定的机关可申请法院强制执行。

安徽省优待扶助残疾人规定　2007年5月14日,省政府召开第53次常务会议,省长王金山主持,会议通过《安徽省优待扶助残疾人规定》。5月24日省政府第202号令公布,自2007年7月1日起施行。该规定全文共7章,分别为总则、劳动就业优待扶助、生活医疗优待扶助、文化教育优待扶助、其他社会保障优待扶助、法律责任、附则。

“规定”从包括国家机关考录公务员、国有企业和事业单位招聘职员在内的多方面规定优待扶助残疾人具体措施。“规定”明确：用人单位辞退残疾人职工、解除与残疾人职工的劳动合同或者服务协议，应当报当地县级以上残联备案。对依靠残疾人职工或者其配偶一人工资收入维持家庭生活的，用人单位非因单位撤销、解散、停产、破产，不得安排残疾人职工或者其配偶下岗。鼓励残疾人自愿组织起来就业或者自谋职业，对自主择业、自主创业的残疾人，按照国家规定给予信贷等方面扶持。持《残疾人证》在多个场所免费，如残疾人凭《残疾人证》进入公园、动物园、烈士陵园、文化馆、博物馆、美术馆、展览馆、体育场馆、文化活动中心和科技活动中心等公共文化体育场所，享受减免费用的优待。残疾人凭《残疾人证》免费进入收费公共厕所。残疾人凭《残疾人证》就医，挂号、缴费、化验、取药等予以优先，乡镇卫生院、社区医疗服务机构和县级以上公立医院应当减免普通挂号费；贫困残疾人凭《残疾人证》和县级以上残联出具的家庭贫困证明就医，二级以上公立医院适当减免医疗费。在义务教育阶段，适龄残疾儿童、少年和残疾人的子女应当就近入学。异地就学的残疾儿童、少年和残疾人的子女就学由流入地政府负责安排。家庭贫困的残疾学生、贫困残疾人的子女接受义务教育，免费领取教科书；属于寄宿生的，由当地人民政府补助生活费。普通高级中等学校、高等院校、成人教育机构等非义务教育的学校，不得拒绝招收符合国家规定的录取标准的残疾考生入学，并应当减免家庭贫困的残疾学生、贫困残疾人的子女的学费、杂费、住宿费。接受中高等教育的家庭贫困的残疾学生、贫困残疾人的子女，享受优先领取助学金的待遇，所在学校应当优先受理其国家助学贷款申请。考入高等院校的贫困残疾学生，按照省有关规定享受一次性救助和学年救助。

第二节 维 权

自 1999 年起，安徽省成立省法律援助中心残疾人工作处，各市、县（区）成立法律援助中心残疾人工作站，至 2011 年形成全省残联系统法律援助网络。同时，开展残疾人信访工作、实施维权行动等，使残联更贴近残疾人，帮助残疾人有效地解决实际问题。

法律援助机构 安徽省建有省法律援助中心残疾人工作处，市、县（区）法律援助中心残疾人工作站，以及残疾人法律救助工作站。

法律援助中心残疾人工作处（站） 1999 年 9 月 20 日，安徽省司法厅批复同意成立“安徽省法律援助中心残疾人工作处”（以下简称省法援中心残疾人工作处）。省法援中心残疾人工作处设置在省残联，2003 年 11 月前，与省残联办公室信访办一起合并挂牌办公；2003 年 11 月，省残联单设维权处后，省法援中心残疾人工作处职能调整到维权处。省法援中心残疾人工作处无专职人员编制，其职能主要依靠信访办工作人员兼任。为加强残疾人法律援助工作力度，省残联协调省法律援助中心在省法援中心残疾人工作处建立“律师接待日”制度，省法律援助中心安排专职律师每周到省残联

坐班一天，专门接待来访来电的有法律援助需求的残疾人，负责解答法律援助问题和安排法律援助工作。省法援中心残疾人工作处成立后，省残联和省法律援助中心要求各市、县（市、区）也相应成立“法律援助中心残疾人工作站”。至2011年年底，全省16个省辖市，所有县、市、区都按要求成立法律援助中心残疾人工作站，形成全省残疾人法律援助网络，符合法律援助条件的残疾人都可以在本县（区）寻求到律师，获得规范的法律援助。“十一五”期间，全省为各类残疾人提供法律援助服务10600起。2002—2009年，法律援助工作获得多项表彰。省法援中心残疾人工作处于2002年被司法部和中国残联表彰为“维权示范岗”，兼任省法援中心残疾人工作处主任王喜林被司法部和中国残联表彰为维权先进个人；省残联维权处于2007年被安徽省司法厅表彰为“全省法律援助先进集体”；胡钧等10人于2009年被省司法厅、省残联等部门授予“全省维护残疾人合法权益优秀律师”称号。

残疾人法律救助工作站　残疾人法律救助工作站是对符合条件的残疾人提供法律救助的协调服务机构，由最高人民法院、最高人民检察院、公安部、司法部、民政部、人力资源和社会保障部、教育部、卫生部、中国残联批准设立并进行业务指导和监督。同级人民法院、人民检察院、公安部门、司法行政部门、民政部门、人力资源和社会保障部门、教育部门、卫生部门、残联共同负责残疾人法律救助工作站的相关业务工作和管理。残疾人法律救助工作站设在同级残联。2008年，根据残疾人法律救助工作协调领导小组《关于申报残疾人法律救助工作站的通知》要求，安徽省铜陵市和舒城县被批准为国家第一批残疾人法律救助工作站。

法律救助维权行动　2003年8月，中国残联下发《关于开展“扶残维权行动”的通知》，省残联于2004年6月出台《安徽省残联关于对开展“法律援助维权行动”案件进行经费补贴的通知》，对2003年、2004年度的残疾人法律援助案件进行经费补贴，共补贴120个案件，补贴经费12万元，全部补贴到案件经办律师。

2005—2008年，省残联、省委宣传部、省人大内务司法委员会、省高级人民法院、省人民检察院、省司法厅、省公安厅、省政协社会和法制委等单位联合开展安徽省残疾人“法律救助维权行动”。其间，8个单位每年皆联合出台安徽省残疾人“法律救助维权行动”实施方案，明确各单位职责。

2008年2月，最高人民法院、最高人民检察院、司法部、公安部、民政部、人力资源和社会保障部、教育部、卫生部、中国残联9部门联合印发《〈残疾人法律救助“十一五”实施方案〉实施办法》，再次明确残疾人法律救助的内涵：残疾人法律救助不仅包括人民法院、人民检察院为残疾人提供的司法救助，法律援助中心为残疾人提供的法律援助，而且包括公安、司法行政、民政、人力资源和社会保障、教育、卫生、残联等部门和律师事务所、司法所（法律服务所）、人民调解机构、公证处等机构为残疾人提供的法律服务和帮助，还包括社会各界通过多种形式为残疾人提供的法律服务和帮助。

来信来访　1988年6月，省残联成立后开展残疾人来信来访接待工作，接待残疾人来信来访工作由群工处负责。2000 年，来信来访工作归属办公室，2004 年归属维权处。2005 年，将信访工作同法律援助结合起来，原归省残联办公室管理的信访办和“安徽省法律援助中心残疾人工作处”纳入维权处，同时要求各级残联将残疾人信访工作及法律援助工作站纳入残疾人维权工作范畴，统一规划和部署。

1990 年接待来访 710 件次。其中，涉及就业 202 件次，教育 105 件次，困难方面 87 件次，婚姻 11 件次，户口 32 件次，医疗 29 件次，康复 34 件次，维护权益 32 件次，其他 208 件次。典型信访结案近 10 例，帮助解决、解答残疾人困难和咨询的 484，约占总数 68.2%。

1991 年，省残联接待来访 476 人次，来信 444 件次。其中，反映生活困难 130 件次，就业 320 件次，教育 122 件次，婚姻 14 件次，户口 29 件次，维护权益 102 件次，医疗 25 件次，康复 25 件次，其他 153 件次。

1992 年，省残联接待来访 437 人次，处理来信 380 件次，内容涉及到残疾人就业、教育、婚姻、康复、医疗、诉讼、户口、生活等方面。

1993 年，省残联来信 1212 件，来访 577 人次。对典型案例、重大案例、领导批示案例，进行及时汇报，跟踪督查落实。

1994 年，省残联设立理事长信访接待日，完善信访制度，建立全省残联信访网络，及时查处典型案例。截至 12 月初，接待来信来访 980 件（次），受理较大案件 30 起，已结案、妥善处理 4 起集体访。是年，省残联群工处刘群获省委省政府信访局授予的“全省信访系统先进个人”称号，并予以通报表彰。

2003 年，省残联处理残疾人来信 153 件，接待来访 812 人次。

2004 年，省残联受理残疾人来信 135 件，来访 1021 件，接听电话 388 次。其中，涉及就业类 168 件次，教育类 58 件次，救济类 119 件次，康复类 53 件次，优惠政策 213 件次，申诉类 127 件次，裁、审结案 40 件次，借贷 4 件次，机动车 135 件次，建议类 2 件次，举报 1 件次，婚姻户口 2 件次，精神残疾 43 件次，非残 2 件次，其他 189 件次。处理集体上访 12 批 195 人次。其中，到省残联集体访 8 批 91 人次，到省委省政府信访局上访 3 批 78 人次，到市府广场（助残日）集体访 1 批 26 人次。全省残联系统接待来访 20134 人次，处理来信 2538 件次。12 月 15—17 日，第三次全国残疾人信访工作会议在黄山市召开。出席会议的有中国残联党组书记王新宪、国家信访局副局长王月宗、中国残联副理事长申知非、安徽省委省政府副秘书长朱勇，各省、自治区、直辖市残联的理事长、维权部主任和信访干部以及特邀地方政府代表共 150 余人。安徽省残联理事长赵国屏和副理事长余向东，省残联维权处负责人刘志渊及黄山市残联理事长余爱宝等 12 人参加会议。会议总结 5 年来全国残疾人信访工作，分析当前面临的形势和存在的问题，部署今后 5 年信访工作任务。黄山市残联等 3 单位获全国残疾人信访工作先进集体，芜湖市委市政府信访局接待科科长程克柱等 5 人获全国残疾人信访工作先进个人。

2005 年，省残联受理残疾人来信 93 件，来访 786 人次，接听电话 1280 起。其中，涉及救济100人次，就业121人次，教育48人次，康复39人次，优惠政策106人次，侵权84人次，裁、审结案28人次，借贷9人次，机动轮椅车91人次，残疾人驾驶汽车5人次，建议3人次，精神残疾15人次，非残2人次，其他135人次。处理集体访8批108人次。全省残联系统接待残疾人来访24804人次，处理来信5020件次。

2006年，截至11月30日，省残联本级处理来访463人次，来信75件次，集体访2批11人次。全省残联系统接待残疾人来访21648人次，来信783件次。集体访233批2368人次。接听残疾人热线电话呈上升趋势，全年接听咨询电话约1260次。

2007年，省残联本级一年处理信访723件次。其中来访557人次，来信82件次，集体访2批74人次，接听答复咨询电话千余次。全省残联系统受理残疾人信访量，初信727件（其中联名信12件），重复信6件；初访14814批次17465人次（其中集体访51批820人次），重复访223批334人次（其中集体访6批63人次）。5月，省委、省政府授予省残联"2006年度全省信访工作责任目标管理优秀单位"称号，并在全省予以通报表彰。

2008年，省残联机关接待处理残疾人来信来访673件次，与上年同期相比，下降10%。全省残联系统接待处理残疾人来访21195次，来信2356件，集体访18批226人次，接听咨询热线电话1248人次。7月，省委、省政府授予省残联"2007年度全省信访工作责任目标管理优秀单位"称号，并在全省予以通报表彰。10月，省委省政府信访局授予省残联维权处华树林"奥运会期间信访工作先进个人"称号，并予以通报表彰。

2009年，省残联机关接待处理残疾人来访104人次，来信66件次，集体访1批20人次，接听咨询热线电话800多人次。全省残联系统接待处理残疾人来访9800多人次，来信417件，集体访2批70多人次。7月，省残联决定授予合肥市残联等8个单位"2008年度安徽省残联系统信访工作责任目标管理考核优秀单位"称号，并予以通报表彰。12月15—17日，第四次全国残疾人信访工作会议在南京市召开。中国残联党组副书记、常务副理事长王乃坤，中国残联副理事长申知非，国家信访局副局长王耀东，江苏省副省长李小敏等出席会议并讲话。各省、自治区、直辖市残联的理事长、维权部主任和信访干部以及特邀地方政府代表共130余人与会，安徽省残联理事长张纯和、副理事长钱玉贵及维权处副处长刘海峰和维权处黎世华参加会议。会议的主要任务是：总结5年来全国残疾人信访工作，分析当前面临的形势和存在的问题，部署今后5年信访工作任务。铜陵市残联、安徽省残联维权处获"全国残疾人信访工作先进集体"称号，合肥市残联调研员孙家友等3人获"全国残疾人信访工作先进个人"称号。

2010年，省残联机关接待处理残疾人来访137人次，集体访6批53人次，来信1132件，接听咨询热线电话1600多人次。全省残联系统接待处理残疾人来访9006人次，来信310件，集体访89批1059人次。6月9—10日，安徽省全省残疾人信访工作会议在合肥召开。省残联党组书记、理事长张纯和，省委省政府信访局副局长赵和平出席会议并讲话。各市残联理事长、维权科负责人、信访专职干部、受表彰的先进集体和先进个人代表，各市信访局负责人和部分地方政府代表以及省残联机关各处室、直属单位负责人共120余人与会。省残联副理事长钱玉贵主持会议。省残联副巡视员陈顺云作《切实维护残疾人合法权益，为构建和谐安徽而努力奋斗》的工作报告。贵州省委副秘书长、贵州省信访局局长、全国精神残疾人及亲友协会主席潘健就残疾人信访工作作辅导报告。铜陵市副市长郭新，淮南市委市政府副秘书长、市信访局局长陆刚，合肥市残联调研员孙家友，芜湖市残联副理事长宋长生，六安市残联副理事长宋白菊，蚌埠市禹会区残联理事长徐玲，亳州市谯城区残联理事长沈小平，安庆市望江县残联理事长张文中分别代表地方政府和残联作典型发言和经验交流。会议表彰21个全省残疾人信访工作先进集体、16名全省残疾人信访工作先进个人。9月，全省信访工作会议在合肥召开，省委省政府授予省残联维权处黎世华“全省信访工作先进个人”称号，并予以通报表彰。省委、省政府授予省残联“2009年度全省信访工作责任目标管理优秀单位”称号，并在全省予以通报表彰。

2011年，省残联机关接待处理残疾人来访103人次，来信58件次，集体访4批43人次，接听咨询热线电话900多人次。全省残联系统接待处理残疾人来访7626批9489人次，来信219件，集体访90批1156人次。3月，省委、省政府授予省残联“2010年度全省信访工作责任目标管理优秀单位”称号，并在全省予以通报表彰。

残疾评定及残疾人证管理 残疾评定分别由民政部门、军队团以上机关、残联负责。《中华人民残疾人保障法》规定，残疾标准由国务院规定。《中国残疾人联合会章程》规定《中华人民共和国残疾人证》的发放与管理由残联负责。

残疾评定机构 民政部门。由民政部门认定的伤残范围包括：退出现役的革命伤残军人；革命工作人员，含国家机关工作人员、人民解放军队列编制内无军籍的正式职工和由国家财政补助的党派、团体工作人员；参战民兵民工。1957年6月起，人民警察负伤致残，也由民政部门评残发证。享受劳动保险待遇的人民警察伤残后，仍按劳动保险条例办理。

军队团以上机关。革命伤残人员当中的部队人员评残，由军队团以上机关批准。国家对经评定的革命伤残人员发给伤残证件。现役伤残军人的伤残证件，由军队团以上机关发给，称《革命残废军人抚恤证》；地方革命伤残人员的伤残证件，由省级民政部门发给，分别称《工作人员残废抚恤证》《人民警察残废抚恤证》《民兵民工残废抚恤证》。

残联。地方各级残联成立后，社会上各类残疾人的残疾类别、等级由县级以上医院评定残疾类别、等级后，再由县级残联核发残疾人证。根据中国残联《关于制发第二代中华人民共和国残疾人证的通知》要求，县级残联负责受理本辖区内申请人办证申请，指定、组织县级（含县级）以上医院或专门医疗机构进行残疾类别和等级评定，填发残疾人证并向市级残联报审，负责本级档案管理。第一次申办残疾人证的申请人和第一代残疾人证换领第二代残疾人证的申请人，县级残联对于残疾特征明显，依照残疾标准，易于认定残疾类别、等级者，可直接填写评定表，并在评定表中明确记录残疾特征和直观评价，评定时必须经过包括理事长在内的 3 人联合评定、签字；其他难以直接认定残疾类别、等级者，必须经县级残联指定的县级（含县级）以上医院或专门医疗机构评定，由县级残联指定的县级（含县级）以上医院或专门医疗机构填写评定表，要有明确的残疾评定结果。县级残联根据申请人的相关材料和县级残联指定的县级（含县级）以上医院或专门医疗机构作出的残疾评定结果进行初审，并将评定表相关信息录入残疾人人口基础数据库。市级残联负责审核所属县级残联的报送证件、残疾评定程序、结果等，承担批准职责。负责本级档案管理，检查监督所属县级残联办证工作。省级残联负责监督、检查发证工作。

残疾评定标准　在 1987 年全国残疾人抽样调查以前并无明确分级标准。1987 年，国务院批准进行第一次全国残疾人抽样调查。根据第一次全国残疾人抽样调查方案，抽样调查残疾人的类别包括视力残疾、听力言语残疾、智力残疾、肢体残疾和精神残疾；凡有两种或多种残疾的人，另列为多重残疾。按照第一次全国残疾人抽样调查领导小组印发的《全国残疾人抽样调查五类残疾标准》对各类残疾进行界定。

1992 年，劳动部、卫生部和中华全国总工会颁发《职工工伤与职业病致残程度鉴定标准（试行）》。该标准将职工伤残丧失劳动能力程度分为 10 级，其中一、二、三、四级为完全丧失劳动能力；五、六级为大部分丧失劳动能力；七、八、九、十级为部分丧失劳动能力。在对职工因病或非因工负伤致残后丧失劳动能力程度鉴定时，可以参照此标准办理。

1995 年，中国残联颁布《中国残疾人实用评定标准》。

2006 年，劳动和社会保障部颁布国家标准《职工工伤与职业病致残程度鉴定标准》，标准共分 10 级。一级至四级的为全部丧失劳动能力，五级至六级的为大部分丧失劳动能力，七级至十级的为部分丧失劳动能力。

2008 年，中国残联下发《关于制发第二代〈中华人民共和国残疾人证〉的通知》的附件中印发的《第二次全国残疾人抽样调查残疾标准》，将 1987 年第一次全国残疾人抽样调查时界定的听力言语残疾细化为听力残疾和言语残疾两类，定为视力残疾、听力残疾、言语残疾、肢体残疾、智力残疾和精神残疾 6 类，凡有两种或多种残疾的人，另列为多重残疾，并且确定残疾评定标准为国务院批准的《第二次全国残疾人抽样调查残疾标准》。中国残联于 1995 年制定的《中国残疾人实用评定标准》作废。

残疾人证管理　1990 年各地残联成立后，陆续自行印制、发放残疾人证。1996 年 4 月，中国残联决定统一制作和发放《中华人民共和国残疾人证》。7 月，中国残联在北京召开全国统一印制残疾人证工作会议。同年下半年起，安徽各地陆续换发由中国残联统一印制的《中华人民共和国残疾人证》。凡是符合《中国残疾人实用评定标准》的残疾人，不论是何原因致残，均发给《中华人民共和国残疾人证》。对于伤残军人，只要本人要求，同时又符合《中国残疾人实用评定标准》，也给予办理《中华人民共和国残疾人证》。《中华人民共和国残疾人证》是经国家批准的由中国残联统一制发的残疾人专用证件，实行省级残联统一编号。以地、市行政区域为编号单位，共编 6 位数，号前冠以省、自治区、直辖市简称。未成年残疾人和智力残疾人、精神残疾人要填写法定监护人姓名和联系电话。残疾人证的工本费由省级财政负担。各级残联向残疾人核发残疾人证时，一律不得收取费用。

2008 年，中国残联下发的《关于制发第二代〈中华人民共和国残疾人证〉的通知》规定：残疾人证是认定残疾人及残疾类别、等级的合法证件，是残疾人享受国家和地方政府优惠政策的重要凭证。统一制发第二代残疾人证是残疾人事业发展的需要，核发和管理残疾人证是党和政府委托各级残联的一项重要管理职能，各级残联务必高度重视，加强领导，精心组织，科学管理，抓好落实。同时规定，自本通知下发之日起，残疾人证按照新修订的《中华人民共和国残疾人证管理办法》实行管理，残疾评定标准确定为国务院批准的《第二次全国残疾人抽样调查残疾标准》。中国残联于 1995 年颁布的管理办法和《中国残疾人实用评定标准》作废。2010 年 1 月 1 日起，一律使用第二代残疾人证。已领取的第一代残疾人证有效期至 2009 年 12 月 31 日。

第二代残疾人证实行市、县两级管理发放制度。申请人本人（或法定监护人）向申请人户口所在地县级残联提出申请办理。残疾人证号以中华人民共和国居民身份证公民身份号码和残疾类别、残疾等级代码为基础，实行全国统一编码，编码格式一律实行 20 位编码，由 18 位公民身份号码加 1 位残疾类别代码和 1 位残疾等级代码组成。

残疾人办证过程中，凡残疾类别清楚、等级明显的，办证单位可简化办证手续直接予以发证；残疾不明显的，须持县级以上医院评残证明到办证单位办证；对重度残疾或行动不便的残疾人，一般由当地残联在村（居）委会协助下，上门办理残疾人证。残疾人领取残疾人证不受年龄限制，从零岁起到去世止，均可办理。有两种以上残疾的人，在残疾类别上以直接影响其行动较重的残疾为准。对个别暂时不愿领取残疾人证的残疾人，残联可先予统计、暂不发证，待残疾人本人有领证意愿时再予以办证。对于已经脱残、死亡的残疾人要及时注销、收回证件。残疾人证丢失后要办理补发手续。截至 2011 年 12 月底，全省共核发《中华人民共和国残疾人证》130 万本。

维权案例 1990 年，安徽大学教育工会王家恕因工致残，要求解决车子问题，省残联主席团主席张汶祥批示："群工处和安徽大学联系，尽可能帮助解决。"省残联群工处多次与校方联系，最后校方补助 1000 元买车子。

1990 年，马鞍山市向山区街道高位截瘫青年钱坚平给市委书记写信，要求自办"百草原书屋"，为残疾人学习和娱乐提供方便，希望帮助解决场所问题。经市残联配合市信访办做工作，马鞍山市向山硫铁矿决定将影剧院左侧 20 平方米房屋无偿提供使用。钱坚平如愿以偿。

1990 年，五河县回族残疾人马洪庆、马洪柱兄弟开饭馆。原供应平价粮油，年初突然停止供应。省残联派人前往协调，圆满地解决问题。

1990年，淮北市肢残青年孙克前，因恋爱被骗去800元钱，其父亲一气之下把他赶出家门。淮北市残联派员主动到其所在处，了解情况，然后根据孙克前会修家电的情况，帮他借款500元开办家电修理部。之后，他不仅每月收入300元左右，还帮助两个残疾青年学习家电维修技术，成为当地残疾人中的骨干。孙克前逢人就说："没有残联就没有我的今天，残联就是我的家。"

1990年，多次获省、国家伤残人运动会奖牌的来安县聋哑青年朱梅，就业问题一直没有解决，至28岁尚未成家。省残联信访办与当地政府联系，反复做有关部门工作，终于安排他在县粮油食品厂工作。

1990年，淮北残疾考生王占，中考498分，超过录取分数线27分，市招生办先后5次投档各中专学校，均被拒之门外。经市残联、市教委、市招生办和录取学校多次联系协商，终于解决他的入学问题。

省青草湖农场肢残学生徐艳，1990年中考成绩475分，高出录取分数线21分，因残疾而被拒收。1991年中考成绩515.5分，居全区第一名，仍遭到拒收学校的挑剔。当地残联工作人员两次赶赴宁国县"地区招生录取工作会议"驻地求情，感动了地教办，同意为其投档。之后接收学校又坚持要求宣城地区教委先行批示，两处意见相持不下。当地残联多次将情况向宣城地区行署分管副专员汇报，并得到专员的关心和支持。行署分管副专员指示地区教委和接收学校："今年是贯彻实施残疾人保障法的第一年，我们一定要付诸于行动，该生又品学兼优，不管几条理由都应当录取。"徐艳被录取后，其父激动地说："感谢党和政府，感谢残联组织，否则小女今年还是录取不了，其后果真难以想象……我一定教育孩子好好学习，以优异的成绩来报答党和政府。"

1991年5月8日，河南项城县两位盲人在安徽省临泉县算命时与当地一对村民夫妇发生争执并被殴打，导致7月份将发生一起跨河南省周口地区项城县与安徽省阜阳地区、淮南市、临泉县约2000名盲人群体上访的重大案件。省残联领导及群工处获悉后，在向安徽省政府办公厅、省政法委、省民政厅以及中国残联汇报的同时，主动与河南省残联联系。由于汇报及时，措施得力，终于使这起事件得以平息，受到省政府的表扬。

1992年，残疾人何世华发明的制茶机投产后，制作的茶叶平均每0.5公斤价格可提高10元以上，很受茶农欢迎。郎溪县水鸣乡农机厂为了占领市场，公然仿制，省残联理事长等人3次到水鸣乡协调无效。最后，通过合肥市中级人民法院处理，水鸣乡农机厂自认"停车罚款"，从而为残疾人何世华挽回经济损失超万元。

2001年，淮北市政府办公室召开有关部门协调会，明确取缔残疾人机动车在市区营运，将残疾人车主纳入低保（每月70元），由于低保金太低难以维持生计，残疾人车主仍然要求营运，形成偷偷营运、屡次被扣的现象。当该市残联接到省残联转发中国残联明传电报后，及时向市委、市政府汇报，与公安、交警大队联系、沟通，共商解决办法和具体措施，促使解决残疾人机动车营运问题。

2004年，因残疾人机动车问题引起的上访128件，主要表现为集体访。其中六安市最多，达 91 人次。3 月 2 日，舒城县李国金等 8 人来访，反映他们在合肥开机动车营运谋生多年，赶上合肥机动车上牌，外地车不准营运，致集体来访。省残联信访办对他们耐心疏导，说服他们回六安办牌、营运。他们到六安上牌后再在合肥从事营运，由于有正规牌照，得到交警许可。

太和县宫小村农民宫效喜因打工致盲，外出乞讨。2005 年，村人见宫效喜乞讨可致富，即有人租残疾儿童乞讨挣钱，后村人效仿的不少于 30 人。省残联理事长赵国屏获悉后，多次指示并亲自到太和县调查了解租赁残疾儿童乞讨致富事件，参加当地专案组案情分析，与当地党委领导交换意见，提出严惩犯罪嫌疑人的意见，使该事件得以依法严肃查处。

2006 年，黄山市祁门县聋人林忠奇因房屋继承权问题进行上访已经长达十几年。是年 4 月，他再次进京上访。为此，省残联委托祁门县残联查阅有关案件的法院判决书，同时还专门邀请省资深律师对本案进行研讨，最后形成“安徽省残联关于对林忠奇信访案例的意见”，上报中国残联，得到中国残联维权部的认可。

2007 年 4—12 月初，蚌埠市残疾人就机动轮椅车营运问题先后到蚌埠市政府集体上访 6 次，要求行使残疾人机动轮椅车代步权，并要求允许残疾人从事残疾人机动轮椅车营运。由于反映的问题久拖未决，12 月 21 日，蚌埠市残疾人刘世友等陆续从省委省政府信访局到省残联上访。根据残疾人反映的问题，省残联按照公安部等 7 部委《关于规范残疾人机动轮椅车运营问题维护社会稳定的意见》精神和“从实际出发、区别对待、规范管理、逐步淘汰”的原则，认为下肢残疾人的代步权必须维护，并应从实际出发，在切实保障残疾人生活的基础上逐步淘汰从事营运的残疾人机动轮椅车，规范残疾人机动轮椅车营运的管理。经省委省政府信访局召开联席会议，蚌埠市政府负责处理后续工作，省残联做好残疾人思想工作，使残疾人返回了当地。

第十章　综合服务设施与无障碍环境

残疾人综合服务设施，是指具有为残疾人提供各种服务功能和为残联提供办公条件的设施。自省残联成立后，全省各级残联综合服务设施建设发展较快。1988—2011年，省残联由租房办公发展到与省直机关合署办公，并建成省残疾人综合服务大楼。市县区级残联建成10个市残疾人综合服务设施，35个县（包括县级市）残疾人综合服务设施，27个区残疾人综合服务设施，占市县区数的60%。

安徽省无障碍设施建设始于1999年。是年，省建设厅、省残联联合《转发建设部、中国残联关于进一步推行无障碍设施建设的通知》，要求各级建委和残联严格执行《方便残疾人使用的城市道路和建筑物设计规范》，提高建设、设计、施工单位的自觉性。“十五”及“十一五”期间，安徽省开展无障碍城市创建工作。2006年，省建设厅、省民政厅、省残联联合印发《安徽省无障碍设施建设管理规定》，对在新建、改建、扩建城市道路、公共建筑、居住建筑、居住区等建设工程时，配套无障碍设施建设与管理予以规范。

第一节　综合服务设施

安徽省残疾人综合服务设施自省残联成立后，从无到有，逐步发展。截至2011年年底，省残联机关已经搬入省政务服务中心大厦，与省直机关合署办公，并拥有省残疾人综合服务大楼一幢，省残疾人康复和托养设施已立项建设。16个市残疾人综合服务设施已建10个，占63%；在建2个，占13%。56个县残疾人综合服务设施已建30个，占54%；在建4个，占7%。43个市辖区残疾人综合服务设施已建27个，占63%；在建3个，占7%。6个县级市残疾人综合服务设施已建5个，占83%。

省残联办公设施　省残联成立初期，办公用房是租用的。1988—1993年3月，承租省劳动厅招待所五楼16间房100多平方米作为办公室。“八五”期间，由于党中央、国务院高度重视残疾人事业的发展，国家计委拨出专款，用于补助省、自治区、直辖市残疾人基础设施建设。省残联努力协调，积极筹措建设资金，采取省政府支持一部分，基金会挤出一部分的办法，筹资在合肥市蒙城路桥附近新建一幢办公和宿舍楼，于1993年3月建成，共6层，建筑面积1432平方米，加上连体宿舍区的4间房300平方米左右，集省残联机关、省残疾人康复研究中心、省培训中心为一体开展工作。

1998 年，省残联购置位于合肥市沿河路的一幢地面 6 层、地下 1 层独立建筑。建筑面积 2313 平方米，将省残联机关、省残疾人劳动就业服务中心和省培训中心迁入办公。省残联机关用 3 层面积约 1500 平方米，省残疾人劳动就业服务中心用 2 层，省培训中心用 1 层。原综合楼由省残疾人康复研究中心使用。

2011 年 8 月，省残联机关办公场所搬入位于合肥市马鞍山路 509 号的省政务服务中心大厦，与省直机关 11 个厅局合署办公。省残联使用 36 间办公用房，面积约 2000 平方米。

省残疾人综合服务设施 省残联成立初期，没有为残疾人服务的综合服务设施。2007 年 12 月 29 日，位于北二环龙灯路的省残疾人综合服务大楼开工。省政府副省长文海英、省政府残工委主要成员单位的负责人等参加奠基仪式。2009 年 10 月，省残疾人综合服务大楼竣工。大楼建筑面积 8400 平方米，其中 7900 平方米由刚成立的省特殊教育中专学校使用，500 平方米供省残疾人辅助器具中心使用。

随着社会的进步和残疾人事业的发展，安徽省 360 万名残疾人中接受义务教育的残疾人越来越多，他们接受中、高等教育的愿望和要求也日趋强烈。省残联为加强残疾人教育机构建设，向省委、省政府申请筹建省特殊教育中专学校新校区，并得到省委省政府的高度重视和省教育厅、省发改委、省编办的理解及支持。2008 年 12 月，省发改委下达《关于安徽省特殊教育中专学校立项建设的批复》，合肥市规划局下达《建设项目选址意见书》《规划设计条件通知书》。省残联向合肥市规划委员会申请 2010 年用地指标，在合肥职业教育基地征用 13.89 公顷建校用地，进行平面规划方案设计，项目总投资 11720.31 万元。2011 年 10 月，国家发改委下达中等职业教育 2011 年中央预算内投资 1000 万元的计划，建校第一笔资金到位。

11 月 11 日，省特殊教育中专学校新校区正式开工。是年，国家安排中央预算内投资 1500 万元，支持安徽省残疾人康复和托养设施建设。省残联专门成立基建办公室，选址在北二环龙灯路省残疾人综合服务大楼旁边的一块空地，占地 0.46 公顷。建设集精神残疾人托养中心及住宅楼为一体的两幢连体建筑，建筑面积约 4393 平方米。

市、县（市、区）残疾人综合服务设施 安徽省残疾人事业起步晚、底子薄，为残疾人服务的设施匮乏。随着残疾人事业的发展，基层残联的工作日显重要。从“九五”开始，国家计委将“为残疾人服务设施数”纳入国家计委指标体系，中国残联、国家发改委按每个县资助 10 万元，安徽省 56 个县共获得此项资金 560 万元。

“十五”期间，安徽省残疾人综合服务设施建筑面积在 500 平方米以上的，县级已建 19 个、在建 2 个，已建率为 34%；县级市已建 1 个，已建率为 20%；区级已建和在建 5 个，已建率为 11%；省辖市已建 8 个，已建率为 47%。

“十一五”期间，国家发改委和中国残联在中西部地区计划中列入残疾人综合服务建设投资项目。安徽省有 11 个省辖市残联分别获得 50 万元中央专项投资，3 个县级市和 17 个市辖区被纳入中央投资计划内，分别获得 35 万 ~ 40 万元的中央专项资金。

2008—2011年，市、县（市、区）残疾人综合服务设施获得中央投资共计1355万元。省残联于2006—2011年中，连续对6个省辖市、41个县、4个县级市、26个市辖区已建或在建的残疾人综合服务设施给予经费资助，共计1280万元。2011年，省残联一次性从就业保障金中调剂出900万元分别资助正在兴建残疾人康复中心的宿州市、黄山市和亳州市。

截至2011年12月，省辖市残疾人综合服务设施已建10个（合肥、淮北、蚌埠、滁州、马鞍山、芜湖、宣城、铜陵、安庆、淮南），在建2个（宿州、黄山），未建4个（亳州、阜阳、六安、池州）；县残疾人综合服务设施已建30个（肥东县、长丰县、肥西县、濉溪县、萧县、泗县、五河县、怀远县、固镇县、凤台县、凤阳县、霍山县、金寨县、舒城县、当涂县、含山县、无为县、郎溪县、广德县、泾县、铜陵县、石台县、望江县、太湖县、潜山县、怀宁县、黟县、休宁县、祁门县、歙县），在建4个（庐江县、蒙城县、太和县、枞阳县），未建22个（涡阳县、利辛县、灵璧县、砀山县、临泉县、阜南县、颍上县、全椒县、来安县、定远县、霍邱县、寿县、和县、芜湖县、南陵县、繁昌县、绩溪县、旌德县、青阳县、东至县、岳西县、宿松县）；县级市残疾人综合服务设施已建5个（巢湖市、界首市、明光市、宁国市、桐城市），未建1个（天长市）；市辖区残疾人综合服务设施已建27个（瑶海区、蜀山区、谯城区、埇桥区、淮上区、蚌山区、龙子湖区、禹会区、颍东区、潘集区、大通区、田家庵区、南谯区、花山区、雨山区、金家庄区、鸠江区、三山区、弋江区、宣州区、铜陵郊区、铜官山区、狮子山区、宜秀区、屯溪区、黄山区、徽州区），在建3个（包河区、金安区、贵池区），未建13个（庐阳区、杜集区、相山区、烈山区、颍州区、颍泉区、八公山区、谢家集区、琅琊区、裕安区、镜湖区、大观区、迎江区）。

安徽省各市、县（市、区）残疾人联合会综合服务设施情况一览表（截至2011年年底）

表10-1

市　名	区　名	面　积（平方米）	建设情况
合肥	合肥市本级	4860	已建
	包河区	4068	在建（购置）
	瑶海区	1260	已建
	庐阳区	–	
	蜀山区	691	已建
	肥东县	550	购置
	长丰县	1130	已建
	肥西县	1365	已建
	庐江县	3000	在建
	巢湖市	3500	已建

续表 10-1

市　名	区　名	面　积（平方米）	建设情况
淮北	淮北市本级	8404	已建
	杜集区	–	
	相山区	–	
	烈山区	–	
	濉溪县	580	已建
亳州	亳州市本级	–	筹建
	谯城区	500	改建
	涡阳县	–	筹建
	蒙城县	600	在建
	利辛县	–	筹建
宿州	宿州市本级	10600	在建
	埇桥区	1400	已建（置换）
	萧　县	917	已建（购置）
	灵璧县	–	
	砀山县	–	
	泗　县	1000	已建
蚌埠	蚌埠市本级	5490	已建
	蚌山区	1280	已建
	淮上区	550	已建
	龙子湖区	650	已建
	禹会区	1400（600）	已建
	五河县	1800	已建
	怀远县	580	已建
	固镇县	550	已建
阜阳	阜阳市本级	–	筹建
	颍州区	–	
	颍东区	600	新建
	颍泉区	–	
	界首市	500	已建
	临泉县	–	筹建
	阜南县	–	筹建

续表 10–1

市　名	区　名	面　积（平方米）	建设情况
阜阳	颍上县	–	
	太和县	6500	在建
淮南	淮南市本级	1004	已建
	潘集区	900	已建
	大通区	1250	已建
	田家庵区	4900	已建
	八公山区	–	
	谢家集区	–	
	凤台县	1600	新建（购置）
滁州	滁州市本级	1268	已建
	南谯区	500	已建
	琅琊区	–	
	明光市	600	购置
	天长市	–	
	凤阳县	866.7	已建
	全椒县	–	筹建
	来安县	–	筹建
	定远县	–	筹建
六安	六安市本级	–	
	金安区	1000	在建
	裕安区	300	未达标
	霍邱县	–	
	霍山县	2100	已建
	金寨县	2900	已建
	舒城县	1386	已建
	寿　县	–	
马鞍山	马鞍山本级	2000	已建
	花山区	860	已建
	雨山区	1100	已建
	金家庄区	1000	已建
	当涂县	800	已建（购置）

续表 10-1

市　名	区　名	面　积（平方米）	建设情况
马鞍山	含山县	1100	已建
	和　县	–	
芜湖	芜湖市本级	1000	已建
	鸠江区	858	已建
	镜湖区	–	
	三山区	500	新建
	弋江区	575	已建
	芜湖县	–	筹建
	南陵县	–	
	繁昌县	–	
	无为县	620	已建（购置）
宣城	宣城市本级	900	已建
	宣州区	505	已建
	宁国市	500	已建
	郎溪县	520	已建
	广德县	1950	已建
	泾　县	675	已建
	绩溪县	–	
	旌德县	–	
铜陵	铜陵市本级	5800	已建
	郊　区	650	已建
	铜官山区	800	新建
	狮子山区	900	新建
	铜陵县	800	购置
池州	池州市本级	–	筹建
	贵池区	1600	在建（划拨）
	石台县	500	已建
	青阳县	–	
	东至县	–	筹建
安庆	安庆市本级	2886	已建（购置）
	宜秀区	1000	新建

续表 10–1

市　名	区　名	面　积（平方米）	建设情况
安庆	大观区	–	
	迎江区	–	
	桐城市	1600	已建
	望江县	1200	已建
	太湖县	1100	已建
	潜山县	1976	已建
	怀宁县	1000	已建
	枞阳县	1500	在建
	宿松县	–	
	岳西县	200	未达标
黄山	黄山市本级	6000	在建
	屯溪区	520	已建
	黄山区	560	已建（购置）
	徽州区	3513	已建
	黟　县	663（332）	已建（购置）
	休宁县	2140	已建
	祁门县	500	已建
	歙　县	2636	已建

第二节　无障碍环境

无障碍环境包括物质环境无障碍、信息交流无障碍和社区服务无障碍。物质环境无障碍主要要求：城市道路、公共建筑、公共交通工具和居住区的规划、设计、建设应方便残疾人自主安全地通行和使用，如城市道路应满足坐轮椅者、拄拐杖者通行和方便视力残疾者通行；建筑物应在出入口、地面、电梯、扶手、厕所、房间、柜台等设置残疾人可使用的相应设施和方便残疾人通行等。信息交流无障碍主要要求：公共传媒应使听力、言语和视力残疾者能够无障碍地获取信息，进行交流，如政务信息交流无障碍，方便残疾人的电信业务、信息交流技术、产品、影视作品、电视节目的字幕和手语等。社区服务无障碍主要要求：社区各种服务设施及在社区举办的相关活动要为残疾人提供便利，如选举、报警、家庭改造等。1999—2007 年，省残联与省建设厅等曾多次转发有关无障碍设施建设的通知。制定无障碍设施建设管理规定等文件，开展无障碍城市建设工作。截至 2011 年年底，安徽省城市道路无障碍改造比例达 60%，公共建筑无障碍改造比例达40%，有13家电视台开办电视手语新闻节目。

安徽省无障碍设施建设管理规定 1986年7月，建设部、民政部、中国残疾人福利基金会共同编制中国第一部《方便残疾人使用的城市道路和建筑物设计规范（试行）》，于1989年4月1日颁布实施。1998年4月，建设部发出《关于做好城市无障碍设施建设的通知》。1999年3月，建设部与中国残联联合发出《关于进一步推行无障碍设施建设的通知》。同年5月4日，安徽省建设厅、省残联联合转发建设部、中国残联《关于进一步推行无障碍设施建设的通知》，要求各级建委和残联严格执行《方便残疾人使用的城市道路和建筑物设计规范》，提高建设、设计、施工单位的自觉性，根据《方便残疾人使用的城市道路和建筑物设计规范》进行规划、设计和施工。是年12月1日，省残联、省建设厅联合下发《关于对无障碍设施建设工作检查的通知》，进一步推动全省的无障碍建设工作。

2001年，建设部、民政部、中国残联颁发《城市道路和建筑物无障碍设计规范》，于2001年8月1日起施行。2002年8月21日，省残联转发中国残联《关于进一步加强残联综合服务设施无障碍建设的紧急通知》，要求各级残疾人综合服务设施在无障碍设计方面要率先执行国家强制性条文规定，做无障碍设施建设的典范。2003年5月14日，省建设厅、省民政厅、省残联联合转发建设部等4部委《关于加强无障碍设施建设和管理工作的通知》，加大执行《城市道路和建筑物无障碍设计规范》强制性条文的力度，加快已建设施的无障碍改造，加强对已建无障碍设施的管理。

2006年2月20日，经省政府法制办公室前置审查通过，省建设厅、省民政厅、省残联联合印发《安徽省无障碍设施建设管理规定》。该管理规定适用于在本省行政区域内新建、改建、扩建城市道路、公共建筑、居住建筑、居住区等建设工程，配套建设无障碍设施及相关管理活动。并明确建设单位必须按照经批准的规划设计文件，配套建设无障碍设施。配套建设无障碍设施必须与建设项目同时设计、同时施工、同时验收使用。配套建设无障碍设施所需经费由建设单位纳入建设项目经费预算。

2007年5月14日省政府第53次常务会议原则通过《安徽省优待扶助残疾人规定（草案）》，并以省政府202号令发布，其中第二十六条规定"有条件的电视台开办手语节目"。第二十九条规定"公共服务场所应当设有方便残疾人的无障碍设施。"

安徽省无障碍城市建设 2001年，省残联在芜湖市召开全省无障碍建设和加强残疾人车辆管理现场会议。2004年4月27日，省建设厅、省民政厅、省老龄委、省残联联合下发《关于开展全国无障碍设施建设示范城（区）工作的通知》，对安徽省开展创建活动提出明确要求。成立"安徽省无障碍设施建设示范城（区）工作协调小组"，组长分别由省建设厅副厅长吴晓勤、省民政厅副厅长（省老龄工作委员会委员）丁四金、省残联副理事长余向东担任。"十五"期间，黄山市市委、市政府高度重视无障碍设施建设，成立专门的组织机构，制定管理办法、实施方案，明确各部门职责；出台《黄山市无障碍设施建设和管理办法》和《黄山市创建全国无障碍设施建设示范城市的实施方案》，所有在建的大型公共设施以及改造项目将无障碍设施列为建设的内容之一,按照相关标准进行设计、建设和验收。市内所有公共建筑全部都建有坡道、盲道,其中仅中心城区盲道长度就达到60公里,世纪广场、昱中花园、滨江游园等广场公园全部都将主要入口进行坡化改造。宾馆、饭店、旅游景区在电梯、公共厕所等服务设施上,都按照无障碍要求,分别进行改造和建设。市内各综合医院、专科医院的无障碍设施改造率分别达到90%和100%。

2006年2月28日,省残联下发《关于要求创建全国无障碍设施建设示范城市的通知》,要求各市残联将该项工作纳入各地年初工作计划,并将其作为全省残联年终考核内容。3月,省残联党组、理事会召开专门会议,确定无障碍设施基础较好的合肥、淮北、黄山申报全国无障碍建设示范城市。在确定创建无障碍建设示范城市之后,淮北市政府决定成立淮北市创建全国无障碍建设城市领导小组。由分管副市长任组长,市建委、残联、民政、老龄委等相关部门共同参加。市政府与建委、公安局、教育局等21个部门签订创建全国无障碍建设城市目标责任书,明确各单位无障碍设施建设改造的任务和目标要求,将无障碍设施建设工作纳入绩效考核评比。建立无障碍设施建设联席会议制度,出台无障碍城市建设管理办法。建立了政府牵头,市城乡建委、市残联等有关部门各司其职、积极协调、密切配合、全社会共同参与的工作机制。合肥市政府下发《关于成立合肥市创建全国无障碍设施建设示范城市工作领导小组的通知》。工作领导小组由市政府副市长任组长,市残联理事长任常务副组长,市建委、市规划局、市民政局、市残联分管领导任副组长,市文明办、市发改委、市市容局、市公安局、市财政局、市园林局、市交通局、市旅游局、市文化广播电视新闻出版局、市重点工程建设管理局、市政管理处及瑶海区、庐阳区、蜀山区、包河区、高新区、经开区、新站区分管领导为成员。制定《合肥市创建全国无障碍设施建设示范城市的实施方案》。黄山市将无障碍设施建设纳入市政府年度工作计划。8月7日,建设部、民政部、中国残联、全国老龄委表彰黄山市为“十五”期间全国无障碍建设先进城市。

2007年,省文明委将城市无障碍建设等重点工作列入文明城市、文明县城创建达标内容。是年,省残联对全省15个县、市各补助10万元资金用于残疾人综合服务设施的无障碍改造,同时要求新建残疾人综合服务设施必须全部进行无障碍标准设计。

2008年6月18日,省建设厅、省民政厅、省残联、省老龄委联合下发通知,在全省17个市开展城市无障碍建设自查活动。2009年2月18日,省残联、省建设厅下发《关于对我省创建全国无障碍建设城市进行中期检查的通知》,按照《创建全国无障碍建设城市工作标准》,重点检查创建无障碍建设城市的组织管理,城市道路、公共建筑、公共交通、居住小区的无障碍设施建设情况;新建、改扩建道路和建筑物在规划、设计、施工、监理及竣工验收等环节严格执行《城市道路和建筑物无障碍设计规范》等情况,并实地考察无障碍进家庭工作。

2010年8月19日,省住建厅、省残联在合肥召开全省无障碍城市建设工作会议。

创建全国无障碍建设城市合肥、黄山、淮北市及三市所辖各区残联理事长，市城乡建委负责人参加会议。合肥、黄山、淮北市残联、建委领导分别汇报创建全国无障碍建设城市情况和贫困残疾人家庭无障碍改造项目进展情况。会议全面部署创建全国无障碍建设城市初审验收工作任务和贫困残疾人家庭无障碍改造项目任务。8月26—27日，由省建设厅、省民政厅、省残联、省老龄委组成的省创建全国无障碍建设城市检查组到淮北市，实地检查相山庭院居住小区、市交通运输局、市长途汽车站及城市主干道、残疾人综合服务基地、世纪广场等处的无障碍设施建设和使用情况。

2011年1月20—23日，由住房和城乡建设部、民政部、中国残联、全国老龄工作委员会办公室四单位组成的国家无障碍城市建设检查组，在省住建厅、省残联、省老龄委领导的陪同下，赴合肥、淮北市检查验收创建全国无障碍城市建设情况。通过检查，检查组肯定安徽省及合肥、淮北市的创建成果。2月23—24日，省住建厅、省残联、省老龄办等部门，受国家创建全国无障碍建设城市检查组委托，对黄山市创建全国无障碍建设城市进行检查。12月30日，住房和城乡建设部、民政部、中国残联、全国老龄工作委员会办公室对开展创建“十一五”全国无障碍建设城市进行表彰。合肥市、淮北市获“十一五”全国无障碍建设先进城市称号。黄山市获“十一五”全国无障碍建设创建城市称号。截至2011年年底，安徽省城市道路无障碍改造比例达60%，公共建筑无障碍改造比例达40%。

合肥市无障碍示范城市创建 “十一五”期间，合肥市开展创建全国无障碍建设城市，把无障碍设施建设纳入政府重要议事日程，并将其作为贯彻以人为本理念、构建和谐社会的重要举措。

城市道路无障碍 2005年，对市区内未设置缘石坡道的道路进行集中改造，增设缘石坡道1240处。2006年起，所有道路建设皆按标准建设无障碍缘石坡道和盲道。2007年，制定下发《合肥市无障碍设施建设管理暂行规定》，全面推进无障碍设施建设。实施大范围的城市道路无障碍改造工程，对二环内无盲道设施的道路全部进行集中改造，投入资金近1000万元，增设盲道面积81165平方米。截至5月，基本完成二环以内主要道路人行道的无障碍设施改造任务。2008年，结合创建全国文明城市工作，增设盲道38184平方米，设置主要道路无障碍标牌496块。至2010年年底，市区主次干道已铺设盲道长1110公里（面积55.48万平方米）；设置缘石坡道20786处；设置无障碍标志牌4487块；设置主要道路交口盲人过街提示音响装置500多处。

公共建筑无障碍 截至2010年，城市市区和开发区的各级政府办公建筑、政府所属机构的公开场所、综合医院、城市广场、公园、大中型商场、星级饭店、宾馆、邮局、银行、室外公厕、文化馆、图书馆、博物馆、体育馆等场所均进行不同形式无障碍设施的增设和改建。2010年，全市新建公共建筑无障碍设施建设率达100%；已建政府办公建筑无障碍改造率达86.6%；宾馆、通讯、银行等无障碍改造率达89.7%；文化馆、图书馆、科技馆、展览馆、博物馆、影剧院、体育场馆等无障碍改造率达70%以上；城区室外公共厕

所无障碍改造率达93.3%。

公共交通建筑设施无障碍　截至2010年,机场、铁路旅客站、汽车站均按照《城市道路和建筑物无障碍设计规范》《民用机场旅客航站区无障碍设施设备配置标准》《铁路旅客车站无障碍设计规范》要求实现无障碍化。合肥火车站对原有不符合规范要求的设施于2010年进行集中改造完善。全市9个汽车站对出入口坡道、护栏、无障碍厕所及厕位、无障碍停车位、无障碍标志牌位等进行完善。安徽民航机场集团有限公司于2011年拨出专款完善骆岗机场无障碍建设,配置一系列标准的无障碍设施。正在建设的4E级新桥国际机场,严格按国家和地方有关无障碍建设标准设计施工。

公共交通工具无障碍　截至2010年,过往或停留合肥的飞机、铁路客车等均建有乘客入口水平通道及轮椅席位。市内3000个公交停靠站台都铺设了提示盲道,快速公交1号线、18路两条线路配备40台无障碍公交车;市公交集团对2700台营运车辆设置“老弱病残孕”专座(每车3个),其中,老旧车型张贴照顾专座标贴,新车型统一设置红色座椅;设计制作48块盲文站牌,安装在18路公交车沿线,为残疾人乘坐公交车出行提供方便。

特殊设施无障碍　合肥市残联严格按照《城市道路和建筑物无障碍设计规范》《残疾人综合服务设施无障碍标准》等技术要求,2009年对市残疾人康复中心大楼进行无障碍设施改造。铺设盲道长近200米、无障碍坡道5处,设标牌4个、盲人语言提示8处,楼内安装扶手150米,改造卫生间8个以及电梯等,共投入经费31万元。

居民小区和居住建筑无障碍　截至2010年,新建小区和居住建筑无障碍设施建设率达100%,已建小区改造率达60%。

信息交流无障碍　截至2010年,医院、车站、城市中心广场等重点公共场所和城市重点线路公交车建立信息屏幕系统,城市公共服务行业基本建立无障碍知识专用宣传网站。电视新闻、电影、电视剧节目中大多数配字幕;合肥电视台新闻频道开办手语节目。合肥人民广播电台播出的《共有一片蓝天》残疾人专栏节目,每期均安排15分钟的“无障碍,牵动你、我、他”专题节目。市级图书馆全部设有残障人阅览室。

淮北市无障碍示范城市创建　淮北市自2000年起即开始无障碍城市建设工作,至2010年建设内容涉及城市道路、公共建筑、公共交通、特殊设施、居住建筑以及信息交流等方面。

城市道路无障碍　充分利用老城区道路改造和沿街设施改造的契机,完善盲道、缘石坡道、过街音响提示装置。在新建城市道路过程中,将无障碍设施建设作为必不可少的要件,在道路新建过程中同步设计、同步施工、同步验收、同步投入使用。2000—2010年,在主要干道铺设盲道长73.4公里,改造公园、广场10座,新建、改建缘石坡道1184处,设置过街音响信号装置160处,基本覆盖市区主次干道。

公共建筑无障碍　对政府办公建筑、综合(专科)医院、城市广场、公园、公厕等设施进行改造,实施建筑物出入口坡化处理,安全走道及楼梯、无障碍厕所及厕位改造,设

置无障碍标志和必要的低位服务台。对全市大中型饭店、宾馆、商场以及邮政、电信、银行营业网点，对市大运河博物馆、兴华大戏院等文体活动场所，以及市区11所中小、幼托学校等进行无障碍设施改造。2009年新建或改建的大型建筑项目、公建项目，均按要求进行无障碍设施的配套建设。

公共交通无障碍　2009年，对长途汽车站改造设置轮椅坡道，铺贴室内盲道，设置无障碍标志及一站式服务台等无障碍设施；2010年，火车站新建无障碍入口坡道，设立残疾人专用窗口，设置无障碍标志。

特殊设施无障碍　2008年投入2097万元，改建残疾人综合服务基地。该基地设有盲道、扶手、低位洗手池和无障碍厕所、无障碍电梯、语音提示系统、盲人网站、语音地图、残疾人康复设施等无障碍设施，残疾人可以顺畅的到达基地中的每一个地方，办事、康复训练、参与就业培训等；对特教学校、老年活动中心、夕阳红托老院等处的设施进行无障碍改造。

居住小区、居住建筑无障碍　截至2010年，以新建为主、改造为辅，按照无障碍设施建设标准，对新城区万马相山庭院社区、南黎经济花园小区、翡翠岛小区等10个小区，实施建设与改造。在老城区以无障碍设施进家庭的形式进行改造，根据残疾人家庭不同需要的特点，设计出不同的改造方案，如针对下肢残障家庭改建台阶坡道、盥洗室，增加扶手，扩大房门，降低灶台等。为视力残疾人和聋人家庭，安装闪光门铃，提供辅具用具等。

信息交流无障碍　在电视新闻栏目中，2008年开辟同步手语节目并加配字幕。市残联自2008年至2010年与卫生局、商务局等联合组织商业服务人员和医院窗口人员手语培训360人次。市残联于2009年开发适合残疾人使用的专用网站，在大的医院、广场和车站等重点公共场所设置信息屏幕，在公交车内设置电子显示屏、语音报站提示系统以及残疾人和孕妇专座。此外，金融、水电气和电信等相关部门还专有为盲人提供的盲文版合同。

黄山市无障碍示范城市创建　“十一五”期间，把无障碍建设纳入城市建设规划和市政设施建设，全面开展城市道路和公共建筑无障碍改造。市级安排无障碍建设资金7600万元，对城区新建、扩建、改造的55条主次干道进行无障碍建设和改造，新建长150.15公里的行进盲道，修建6375处提示盲道和缘石坡道。在新建、改建、扩建的318项公共建筑设施中，有235项进行无障碍设施建设。新建、改建特殊教育学校、福利企业、康复中心、养老机构等特殊无障碍设施80多项。在新建、改建居住小区和居住建筑118项中，有266处绿地、坡道、人行道、公共设施及14部电梯进行无障碍设施建设。增设过街语音提示21处，对汽车站、火车站、黄山机场等公共交通无障碍设施按设计规范要求进行改造，无障碍设施基本覆盖整个城区。

贫困残疾人家庭无障碍改造　2009年2月26日，省残联与省建设厅联合下发《关于开展无障碍进家庭进社区试点工作的通知》，决定在创建全国无障碍建设示范城市的合肥、黄山、淮北3市率先开展"无障碍进家庭、进社区"试点工作,以总结经验,推进无障碍设施向残疾人家庭及社区延伸,同时要求其他市也要积极创造条件开展此项工作。对肢残人家庭无障碍改造项目主要有:多层住宅楼门口建设无障碍坡道,房间内实现无障碍通行;卫生间安装抓杆、扶手;改造浴室,予以加装浴凳,浴室门便于轮椅通行;其他有特殊需求的根据实际情况进行个性化改造。对聋人家庭无障碍改造项目主要有安装闪光门铃和配备无障碍闪光开水壶、振动闹钟等聋人无障碍新产品。对盲人家庭无障碍改造项目主要有:楼梯口、门口铺设盲道系统或提示盲道;安装语音对讲门铃;单元楼内电梯加装语音系统。2010年5月12日,省残联下发《关于开展无障碍进家庭工作的通知》,要求全省各市残联开展无障碍进家庭工作。重点解决肢体、听力、视力三类残疾人在家庭生活方面的障碍。每市改造不少于100户,不设上限。是年,中央财政拨付资金30万元,省配套资金10万元对淮北、黄山市进行贫困残疾人家庭无障碍改造。2011年12月16日,中央财政下拨安徽省残疾人事业"十二五"专项彩票公益金,贫困残疾人家庭无障碍改造补助资金350万元,用于1000户贫困残疾人家庭无障碍改造。截至2011年年底,通过在全省实施贫困残疾人家庭无障碍改造,营造无障碍居家环境,有3000多户残疾人家庭受益,受到残疾人及亲属的一致好评,满意率达100%。

合肥市无障碍进家庭　2009年,合肥作为创建全国无障碍示范城市在全省率先开展无障碍进家庭试点工作。截至2011年,全市共完成贫困残疾人家庭无障碍改造990户,投入资金近100万元。居住在亳州路盛世花园小区的孙梅,先天患有小儿麻痹症,和父母住在一起。家中没有修建无障碍设施的时候,感觉出门极不方便,每次自己推轮椅时都是累得两个胳膊酸疼,老母亲因为看不清路还曾经在家门口摔倒过。残联免费给其家中进行无障碍设施改造后,他说:"这就是我的腿啊,现在很轻松了,随时可以走出去转转。"孙梅在无障碍坡道上转动自己的轮椅,乐观地表示自己的"腿"进出家门没有问题了。合肥市瑶海区残疾人张文源家中,卫生间墙面上安装两副抓杆,蹲式便器被改造成坐便器,而且边上装了扶手,地面上铺了防滑垫。张文源的老母亲激动的说:"感谢党的好政策,要不是你们关爱,文源哪有今天的方便生活啊。"

黄山市无障碍进家庭　2009年和2010年,黄山市分别对150户残疾人家庭进行无障碍改造。屯溪区阳湖镇低保户邵平权自腰部以下完全没有知觉,为肢体二级残疾,长年坐在轮椅上,生活不能自理。屯溪区残联将该户列为重度贫困残疾人救助对象,并纳人无障碍进家庭示范户。针对邵平权农村自建房的基本情况,区残联于2010年划拨资金9000多元,为他家改造前后门入户坡道,对卫生间进行无障碍改造,平整地面及墙面,安装坐便器、低位洗脸盆,加宽卫生间铁门,同时还配备轮椅和浴凳。改造后的家庭环境焕然一新,生活更加便捷,邵平权一家三口非常满意。

淮北市无障碍进家庭　2010年,淮北市开展"无障碍进家庭"活动,分别在相山区筛查20户城镇户口、在杜集区筛查5户农村户口的贫困残疾人家庭作为先期改造对象,主要改建台阶坡道、盥洗室,增加扶手,扩大房门,降低灶台等,改善残疾人家庭的生活质量。

马鞍山市无障碍进家庭　马鞍山市自2008年起，连续4年为残疾人免费实行“无障碍进家庭”，一人一方案，一人一预算，一人一档案，所需经费实行县区残联承担、市残联补贴的办法。市残联按肢体残疾人每人300元、听力和视力残疾人每人100元标准给予补贴。截至2010年，免费为480户残疾人家庭进行无障碍改造。居住在雨山区安民街道孙底社区的韩立德，80岁高龄，为视力、肢体残疾，等级为一等乙级。雨山区残联和社区工作人员上门为其安装残疾人专用扶手、专用门铃，以便其如厕、洗澡时使用。据韩立德老伴介绍，多年来，韩立德生活自理上多有不便，包括上厕所、洗澡等都要靠老伴照顾，韩立德心里极为痛苦。原来其家里也用过一些残疾人辅助器具，由于功能不太完善，存在一些使用困难。此次免费为其配置专用扶手、专用门铃后，即使老伴不在家，家人也不会为韩立德担心了。

蚌埠市无障碍进家庭　2010—2011年，对545户贫困残疾人家庭进行无障碍改造。改造内容依据残疾人家庭的具体情况和实际需要，安装抓手、扶手、闪光门铃、音乐门铃以及卫生间改造等。

第十一章 表　彰

第一节 全国性表彰

集体 1991 年 5 月,民政部等 8 部委联合授予安徽省蚌埠市前进路第二小学、阜南县残联“全国助残先进集体”称号;授予铜陵市残联、合肥西市区残联“残疾人之家”称号。

1993 年 10 月,国务院残疾人工作协调委员会、民政部、卫生部、国家教委、国家计委、财政部、解放军总后勤部、中国社会福利有奖募捐委员会、中华全国妇女联合会、国务院贫困地区经济开发领导小组、中国残联联合授予安徽省立医院骨科、蚌埠医学院附属医院骨科、安徽省残疾人康复研究中心、阜阳行署三项康复工作办公室、安徽省立医院眼科、安徽省蚌埠市眼病防治所 6 个单位“全国残疾人三项康复工作先进单位”称号。

1993 年,国务院残疾人工作协调委员会、国家教委、民政部和中国残联联合授予安庆市迎江区“特殊教育先进县”称号。

1996 年,国家教委、民政部、中国残联联合授予宿州市、合肥市郊区、旌德县全国特殊教育先进县、市、区称号。

1997 年 5 月 13—14 日,第二次全国自强模范、扶残助残先进集体、先进个人表彰大会召开。国务院残疾人工作协调委员会、人事部、中央宣传部、解放军总政治部、中国残联联合授予宿州市制式服装总厂“全国助残先进集体”称号,授予阜南县残联、亳州市残联、铜陵市残联 3 个单位“残疾人之家”称号。

2001 年,教育部、民政部、中国残联联合授予肥东县、全椒县、池州市贵池区、宿州市埇桥区、霍邱县全国先进县、市、区称号。

2001 年,中国残联和司法部联合授予安徽省残联信访办“维权示范岗”称号。

2002 年,司法部和中国残联联合授予安徽省法律援助中心残疾人工作处“维权示范岗”称号。

2003 年 9 月 7 日,国务院残疾人工作协调委员会授予合肥工业大学、滁州市工商行政管理局琅琊分局、合肥卷烟厂“全国扶残助残先进集体”称号;授予祁门县残疾人联合会、淮北市相山区残疾人联合会、马鞍山市残疾人联合会“残疾人之家”称号。

2004 年 12 月 16—19 日,第三次全国残疾人信访工作会议在安徽省黄山市召开。国务院残疾人工作协调委员会授予黄山市残联、灵璧县委县政府信访局、蚌埠市龙子湖区残联“全国残疾人信访工作先进集体”称号。

2006年7月，第三批全国残疾人工作先进县表彰大会召开。国务院残疾人工作委员会授予芜湖市鸠江区、凤阳县、祁门县、蚌埠市禹会区等4个县、区“全国残疾人工作先进县”称号。

2007年4月，国务院残疾人工作委员会、第二次全国残疾人抽样调查领导小组授予合肥市庐阳区、颍上县、霍邱县、休宁县4个单位“第二次全国残疾人抽样调查先进县（区）”称号，授予宿州市埇桥区、当涂县、宣城市宣州区、桐城市4个单位“第二次全国残疾人抽样调查先进调查办公室”称号，授予涡阳县、全椒县、巢湖市居巢区、青阳县4个单位“第二次全国残疾人抽样调查先进调查队”称号。

2008年，全国残疾人康复工作办公室聋儿康复协调组和第九次全国“爱耳日”宣传教育活动办公室授予省残疾人康复研究中心“第九次全国爱耳日宣传教育活动优秀组织奖”称号。

2009年7月，第四批全国残疾人工作先进单位和先进个人表彰大会召开。国务院残疾人工作委员会授予蚌埠市禹会区残联、安庆市迎江区建新社区、合肥市春芽残疾人互助协会3个单位“残疾人之家”称号。

2009年10月17日，国家体育总局授予安徽省残联“全国群众体育先进单位”称号。

2009年12月15—17日，第四次全国残疾人信访工作会议在江苏省南京市召开。中国残联、国家信访局授予铜陵市残联、安徽省残联维权处“全国残疾人信访工作先进集体”称号。

2010年9月13日，中国残联、国家体育总局授予安徽省残联、淮北市残联、芜湖市残联、铜陵市残联、安庆市残联、合肥市瑶海区教育体育局、马鞍山市特殊教育学校7个单位“2006—2010年全国特奥工作先进单位”称号。

2010年，中国残联授予安徽省特殊教育中专学校全国残联系统中等专业学校职业技能竞赛“优秀组织奖”。

2010年，中国残联授予安徽省特殊教育中专学校“全国残联系统中等专业学校职业技能竞赛团结协作奖”。

2011年6月，全国残疾人工作先进单位和先进个人表彰大会召开。国务院残疾人工作委员会授予安徽省铜陵市残联、肥东县残联、宿州市埇桥区残联、马鞍山市雨山区残联、芜湖市鸠江区残联、广德县残联、太湖县残联、黄山市屯溪区残联8个单位“全国残疾人工作先进单位”称号。

2011年6月，中国残联授予铜陵市“全国残疾人工作示范城市”称号。

2011年9月15日，中国残联授予安徽省残联康复处、安徽省财政厅社会保障处、安徽省防盲技术指导中心、安庆市聋儿语训康复中心、芜湖市镜湖区残联、蚌埠市残联、合肥市第一人民医院、合肥市春芽残疾人互助协会、淮北市江淮辅助器具供应中心、亳州市残联10个单位“‘十一五’全国残疾人康复工作先进集体”称号。

个人 1991年5月,民政部、人事部、中国残联授予安徽省汪礼龙、汪久旃、王华军、席蛮侨、化桂云“全国自强模范”称号,授予安徽省王淑英、丁洪珍、钱道生“全国助残先进个人”称号。

1993年10月,国务院残疾人工作协调委员会、民政部、卫生部、国家教委、国家计委、财政部、解放军总后勤部、中国社会福利有奖募捐委员会、中华全国妇女联合会、国务院贫困地区经济开发领导小组、中国残联联合授予安徽省高超(太和县公安医院)、章锦(安徽省儿麻矫治中心)、谢桂珍(蚌埠市第二人民医院)、陈荷凤(石台县特教学校)、叶小红(安庆市残联聋儿语训部)、张朝千(阜南县残联)、李耀文(阜阳行署卫生局)、肖盛友(铜陵市残联)、权循珍(安徽省卫生厅)9人“全国残疾人三项康复工作先进个人”称号。

1997年5月13—14日,第二次全国自强模范、扶残助残先进集体、先进个人表彰大会召开。国务院残疾人工作协调委员会、人事部、中央宣传部、解放军总政治部、中国残联联合授予蚌埠市第三人民医院脑外科主任王廷友(肢残)、铜陵县大通镇个体户焦照磊(盲人)、六安市公安局民警徐则民(聋哑)3人“全国自强模范”称号;授予淮南市眼病研究所所长韩新继、砀山县残疾人康复医院院长李清纯、芜湖市盲人按摩学校校长席蔚菁(女)3人“全国助残先进个人”称号;授予滁州市残联理事长李赛兰(女)“全国残联系统先进工作者”称号。

2000年11月1日,共青团中央、中华全国青年联合会和中华全国妇女联合会分别授予在十一届残奥会上取得优异成绩的女运动员刘美丽、任桂香“中国青年五四杰出贡献奖章”和“全国三八红旗手”称号。

2001年,教育部、民政部、中国残联联合授予安徽省汪庆奎、詹海青、尹正路、张敬平、廖彩成、朱晓杰、艾固荣、牛群、赵忠好、聂坚10人“全国特殊教育先进工作者”称号。

2002年,司法部和中国残联授予兼任安徽省法律援助中心残疾人工作处主任王喜林“维权先进个人”称号。

2003年9月7日,国务院残疾人工作协调委员会授予柳西九(肢残、临泉县久发实业有限公司)、汪世龙(盲、怀宁县万利食用菌研究所)、陈传林(肢残、六安市裕安区独山镇游芳冲希望小学)、王惠明(盲、铜陵市大通新镇)“全国自强模范”称号;授予王篩(萧县体委业余体校)、沈延安(五河县审计局)“全国扶残助残先进个人”称号;授予张建华(女、芜湖市鸠江区残疾人联合会)“全国残联系统先进工作者”称号。

2004年12月15—17日,第三次全国残疾人信访工作会议在安徽省黄山市召开。国务院残疾人工作协调委员会授予芜湖市委市政府信访局接待科科长程克柱、阜南县残联副理事长邓成祥、省委省政府信访局干部刘正源、马鞍山市雨山区残联理事长沈奋强、霍邱县残联理事长杨承泽“全国残疾人信访工作先进个人”称号。

2007年4月,国务院残疾人工作委员会、第二次全国残疾人抽样调查领导小组授予李影(合肥市庐阳区残联)、刘东(肥西县残联)、戴长虹(濉溪县残联)、罗莉(涡阳县残联）、侯艳春（利辛县残联）、刘从光（宿州市埇桥区残联）、王吉鹏（萧县残联）、朱荣涛（灵璧县政府办公室）、杨雪芸（蚌埠市龙子湖区残联）、熊泽芳（五河县残联）、陈涛（阜阳市颍州区政府）、陈姝（颍上县残联）、周林（太和县残联）、周永成（淮南市谢家集区残联）、马凤光（凤台县残联）、沈加尧（天长市残联）、毕守荣（全椒县残联）、王勇（六安市金安区残联）、赵国稳（舒城县残联）、王树明（霍邱县残联）、柳小林（当涂县残联）、张文柏（巢湖市居巢区残联）、杨丽（庐江县残联）、孙启斌（芜湖县统计局）、汪树成（宣城市宣州区残联）、李家传（宣城市宣州区政府）、王家宝（铜陵县残联）、刘炜（青阳县残联）、朱训高（桐城市残联）、汪芳清（怀宁县残联）、桂光华（宿松县残联）、江国庆（休宁县残联）、张慧（宿州市残联）、高悦华（蚌埠市残联）、费勤福（省卫生厅）、王淑芬（省疾病预防控制中心）、赵世萍（省统计局）、孙玫玫（省财政厅）、周林（省残联）、丁毅（省残联）、管进（六安市叶集实验区残联）41人“第二次全国残疾人抽样调查先进个人”称号。

2008年5月4日，共青团中央授予安徽省优秀残疾人运动员刘美丽第十二届中国青年五四奖章。

2009年7月，第四批全国残疾人工作先进单位和先进个人表彰大会召开。国务院残疾人工作委员会授予黄山市祁门县残联理事长方国顺、滁州市残联理事长许世平2人“全国残联系统先进工作者”称号；授予滁州市市长缪学刚、省立医院眼科主任医师温跃春、省地方税务局调研员张旭3人“全国扶残助残先进个人”称号；授予太湖县新仓镇同兴村残疾人专职委员刘传和（肢残）、安徽开聪信息科技有限公司董事长崔吉平（肢残）、黄山市黄山区甘棠镇张家埂村党总支书记章立新（肢残）、省按摩学会考评员李雁雁（盲）、宣城市特殊教育中心美术教师顾志明（聋）等5名残疾人“全国自强模范”称号。

2009年12月15—17日，第四次全国残疾人信访工作会议在江苏省南京市召开。中国残联、国家信访局授予合肥市残联调研员孙家友、安庆市迎江区残联理事长程安平、休宁县残联理事长汪国庆“全国残疾人信访工作先进个人”称号。

2010年8月25日，教育部、中国残联、中国残疾人福利基金会和交通银行授予省特殊教育中专学校教师唐仲莎、安庆市特殊教育学校盲人教师吕敏首届全国“交通银行特教园丁奖”。

2010年9月13日，中国残联、国家体育总局授予胡丽华（安徽省残联）、仰平（安徽省体育局）、王丹峰（合肥市残联）、王敬平（宣城市残联）、郑凡（黄山市残联）、柳小林（马鞍山市残联）、刘娟娟（淮北市残联）、吴琦（铜陵市体育局）、朱艳（芜湖市培智学校）、薛志全（宿州市埇桥区残联）、刘锦波（安庆市大观区残联）、王勇（六安市金安区残联）12人“2006—2010年全国特奥工作先进个人”称号。授予周游、方琛、杨兆东、刘艳、江雪、李义明、江双喜、王杰、戚德圣、章珍、凌辛彤、徐华锐、陈功、朱培培、许颢騳15人“2006—2010年全国优秀特奥运动员”称号。

2011年6月，全国残疾人工作先进单位和先进个人表彰大会召开。国务院残疾人工作委员会授予韩中超（淮北市残联）、颜芙蓉（亳州市残联）、徐玲（蚌埠市禹会区残联）、肖潇（阜阳市残联）、胡月术（淮南市谢家集区残联）、王树恒（滁州市明光市残联）、顾以群（六安市舒城县残联）、胡燕红（巢湖市残联）、叶少挺（池州市石台县残联）9人“全国残疾人工作先进个人”称号。

2011年9月，教育部、中国残联、交通银行授予省特殊教育中专学校副校长丁毅、潜山县特殊教育学校教师傅院红“交通银行特教园丁奖”。

2011年9月15日，中国残联授予安徽省卫生厅医政与医疗服务监管处处长费勤福、安徽省残疾人康复研究中心门诊部主任刘红（女）、马鞍山市残联康复科科长水民龙、宿州市残联康复科科长武敏（女）、亳州市特殊教育学校校长李刚、合肥市残联康复处处长李全志、蚌埠市老年康复医院院长房敏、马鞍山市星光儿童康复中心副主任周玲丽（女）、界首市残联理事长李艳梅（女）、舒城县残联副理事长陈虹（女）、繁昌县残联理事长吴文献、广德县残联理事长沈波、黟县残联理事长方辉、安徽医科大学第一附属医院眼科主任廖荣丰、滁州市残疾人辅助器具中心主任周勇15人“‘十一五’全国残疾人康复工作先进个人”称号。

第二节　全省性表彰

集体　1990年11月，全省“建家做友、扶残助残先进集体、残疾人先进个人”表彰会召开，安徽省残疾人事业领导小组授予合肥市东风民政优抚综合厂、安庆石油化工总厂、淮北市皖北矿务局百善煤矿、芜湖市交警二队鸠江饭店岗亭、淮南市煤矿机械厂、宣城地区泾县中村乡、宿县地区宿县福利工艺品厂、寿县民政局正阳纸品厂、省消防总队铜陵市消防支队四中队、安徽人民广播电台空中交流节目组、安徽省军医第一零五医院理疗科、巢湖市区粮油供应站城北粮店、滁县地区来安县新安镇税务所、马鞍山市向山区向山街道、淮北市矿务局芦岭矿职工医院、黄山区社会福利综合厂、铜陵有色公司露采小学少先大队、安徽电视台新闻部、安徽省金属材料公司、蚌埠市前进路第二小学20个单位“扶残助残先进集体”称号。授予合肥工矿电器总厂、蚌埠市红旗印刷厂、芜湖市残联、淮南市微型汽车修配厂、马鞍山市残疾人活动中心、淮北市残联、宣城地区广德县儿童福利院、颍上县残联、黄山市休宁县洪里乡福利煤饼厂、天长县航天仪表厂、阜阳地区阜南县残联、铜陵市残联、合肥市西市区残联13个单位“残疾人之家”称号。

1993年12月5日，省残疾人事业领导小组，省民政厅、省财政厅、省卫生厅、省教委、省计委、省军区后勤部、省募委、省妇联、省脱贫致富工作领导小组和省残联联合授予合肥市西市区残联、肥东县梁园镇聋儿语训班、芜湖市马塘区医院、芜湖市第一人民医院、蚌埠市第三人民医院骨科、淮南市卫生局医政科、淮北矿务局芦岭煤矿职工医院、淮北市聋儿听力语言康复中心、马鞍山市人民医院眼科、铜陵市聋儿听力语言康复中心、枞阳县卫生局、歙县人民医院、阜阳行署卫生局、太和县公安医院、阜南县民政局、阜阳地区人民医院、阜南县人民医院、宿州市聋儿听力语言训练班、萧县人民医院、全椒县残联、六安地区六安市淠东乡聋儿听力语言训练班、舒城县卫生局、含山县人民医院眼科、宣城地区宣州市残联、青阳县残联、中国人民解放军第八六医院26个单位“安徽省残疾人三项康复工作先进单位”称号。

1997年5月19日，省政府残工委授予省卫生厅、省体委、省财政厅、省民政厅、省劳动厅、省教委、合肥聋哑学校、金寨县工商局、马鞍山华联商厦、宿松县许岭镇卫生院、省民航局团委、合肥新火车站团委12个单位“助残先进集体”称号；授予凤台县残联、贵池市残联、宣州市残联、安庆迎江区培智学校、巢湖市聋哑学校5个单位“残疾人之家”称号。

2000年6月5日，省政府残工委授予合肥市肥东县残联、长丰县残联、郊区残联、中市区残联，蚌埠市怀远县残联、五河县残联、中市区残联、西市区残联，芜湖市繁昌县残联、鸠江区残联、马塘区残联，淮南市田家庵区残联、凤台县残联、八公山区残联，马鞍山市当涂县残联、雨山区残联，安庆市怀宁县残联、太湖县残联、桐城市残联、宿松县残联、岳西县残联、潜山县残联，宿州市埇桥区残联、泗县残联、萧县残联，阜阳市阜南县残联、颍州区残联、界首市残联、颍东区残联、蒙城县残联，黄山市祁门县残联、休宁县残联、徽州区残联，滁州市全椒县残联、明光市残联、定远县残联、南谯区残联，淮北市相山区残联、濉溪县残联，铜陵市狮子山区残联、铜陵县残联，六安市寿县残联、霍山县残联，巢湖市庐江县残联、无为县残联、和县残联，宣城地区宣州市残联、宁国市残联，池州地区青阳县残联、贵池市残联、九华山管理处残联51个县（市、区）残联“全省基层组织建设先进单位”称号。授予合肥市残联、蚌埠市残联、马鞍山市残联、宿州市残联、黄山市残联、铜陵市残联、池州地区残联、淮南市残联、亳州市残联9个市、地残联“全省按比例安排残疾人就业工作先进单位”称号。

2001年12月14日，省残联与省人事厅联合授予合肥市残联、淮北市相山区残联、宿州市埇桥区残联、蚌埠市中市区残联、滁州市南谯区残联、寿县残联、马鞍山市金家庄区残联、铜陵市狮子山区残联、岳西县残联9个单位“全省残联系统先进集体”称号。

2006年7月，省人事厅、省残联联合授予省残疾人康复研究中心“全省残联系统先进集体”称号。

2007年2月，省政府残工委授予合肥市、阜阳市、六安市、巢湖市、马鞍山市、黄山市、安庆市7个市“安徽省第二次全国残疾人抽样调查先进市”称号，授予灵璧县、宿松县、舒城县、肥西县、凤台县、铜陵县、蚌埠市龙子湖区7个县（区）政府“安徽省第二次全国残疾人抽样调查先进县（区）”称号，授予萧县、太和县、利辛县、庐江县、怀宁县、阜阳市颍州区6个抽样调查办公室“安徽省第二次全国残疾人抽样调查先进调查办公室”称号，授予濉溪县、芜湖县、天长市、五河县、六安市金安区、淮南市谢家集区6个调查队“安徽省第二次全国残疾人抽样调查先进调查队”称号，授予省委宣传部、省统计局、省卫生厅、省残联、安徽移动电视有限责任公司、合肥市庐阳区卫生局、肥西县卫生局、濉溪县卫生局、涡阳县统汁局、利辛县统计局、宿州市埇桥区三里湾街道办事处、萧县统计局、灵璧县政府办公室、蚌埠市龙子湖区委宣传部、五河县卫生局、阜阳市妇幼保健医院、颍上县人民医院、太和县卫生局、淮南市谢家集区唐山镇政府、凤台县残联、天长市卫生局、全椒县卫生局、六安市金安区卫生局、舒城县卫生局、霍邱县第二人民医院、当涂县卫生局、巢湖市居巢区统计局、庐江县白湖镇政府、芜湖县卫生局、宣城市宣州区卫生局、铜陵县统计局、青阳县人民医院、桐城市卫生局、怀宁县卫生局、宿松县趾凤乡政府、休宁县人民政府36个单位“安徽省第二次全国残疾人抽样调查先进单位”称号。

2007年4月,省政府授予省残疾人康复研究中心“安徽省先进集体”称号。

2007年5月,省委、省政府授予省残联“2006年度全省信访工作责任目标管理优秀单位”称号。

2007年12月17日,省政府残工委授予合肥皖宝集团床垫有限公司、合肥天蚨电器成套设备制造有限公司、合肥利民印刷厂、合肥市第二人民医院、合肥市统计局、合肥市地方税务局、合肥市国家税务局、合肥市残疾人劳动就业管理处,蚌埠医学院第二附属医院、省烟草公司蚌埠市公司、安徽新源热电有限公司、蚌埠市地方税务局征收管理分局、蚌埠市残疾人劳动就业服务中心,芜湖市地方税务局、芜湖新兴铸管有限责任公司、安徽鑫科新材料股份有限公司、省电力公司芜湖供电公司、芜湖市镜湖区残联,淮南市残联、淮南市地方税务局基金(费)征收管理科、大唐淮南洛河发电厂、安徽华联商厦有限责任公司、安徽省东风湖农场,马鞍山市地方税务局、马鞍山市金鑫冶金实业有限公司、马鞍山市雨山区残联、当涂县民政局,安庆市残联、安庆市地方税务局、中国石化集团资产经营管理有限公司安庆分公司、安庆环新集团有限公司、桐城市地方税务局、安徽省天鹅纺织制品(集团)有限公司,宿州市地方税务局、宿州市埇桥区残联、中国农业银行宿州分行、安徽科佳实业总厂、砀山师范附属小学,阜阳市地方税务局征收管理分局、省电力公司阜阳供电公司、阜阳国贸商城有限公司、阜阳华联超市有限公司、阜阳市鸿润饮食服务有限责任公司、界首市人民医院、阜南县残联,亳州市财政局、安徽沪谯中药饮片厂、涡阳县源和堂中药饮片有限责任公司、蒙城县残联,黄山市残联、黄山市劳动和社会保障局、黄山兴乐铜材厂,滁州市财政局、滁州卫生学校、滁州市康达叉车零部件制造厂、天长市康龙电器配件厂、凤阳县残联,淮北市残联、中国农业银行淮北分行、中国工商银行股份有限公司淮北分行、省电力公司淮北供电公司、淮北市地方税务局,铜陵市残联、安徽铜峰电子股份有限公司、铜陵有色金属集团控股有限公司、铜陵市地方税务局,宣城市地方税务局、省电力公司宣城供电公司、广德县地方税务局、安徽飞达实业股份有限公司、宣城市宣州区残联,六安市人大常委会办公室、六安市地方税务局、六安市人口和计划生育委员会、六安市特殊教育中心、六安市星星箱包厂、金寨县残联,巢湖市残联、巢湖市地方税务局、中国人民解放军第七四一〇工厂、含山县残疾人劳动就业服务所、巢湖铁道水泥厂、安徽电力和县供电有限责任公司，池州市监察局、安徽华泰化学工业有限公司、池州市地方税务局征收管理分局、池州市贵池区残联，省政协办公厅、中共安徽省纪律检查委员会办公厅、省委组织部、省财政厅、省劳动保障厅、省审计厅、省教育厅、省交通厅、省国土资源厅、省政府法制办公室、省人民防空办公室、省总工会、省国家税务局、省地方税务局、省统计局、省体育局、省食品药品监督管理局、省测绘局、省气象局、合肥工业大学、安徽大学、安徽电视台、省地方税务局直属局、省残疾人劳动就业服务中心、省公安厅人事处、淮南矿业（集团）有限责任公司、皖北煤电集团有限责任公司、淮北矿业（集团）有限责任公司、安徽海螺水泥股份有限公司白马山水泥厂、省能源集团有限公司、合九铁路有限责任公司、安徽民航机场集团有限公司、国元证券股份有限公司、安徽皖通高速公路股份有限公司、安徽安凯汽车股份有限公司、安徽商之都有限责任公司、省水利水电勘测设计院、上海铁路局劳动力调剂站蚌埠工作站 125 个单位“安徽省残疾人就业工作先进集体”称号。

2008 年 7 月，省委、省政府授予省残联“2007 年度全省信访工作责任目标管理优秀单位”称号。

2008 年 12 月 6 日，省政府残工委授予合肥市政府法制办公室、合肥市财政局、合肥市地方税务局、合肥市统计局、合肥市残疾人劳动就业管理处、合肥荣事达洗衣设备制造有限公司、安徽中烟工业公司合肥卷烟厂、安徽佳通轮胎有限公司、合肥市时代服装有限公司、长丰县残联、蚌埠市财政局、蚌埠医学院附属医院、蚌埠市地方税务局、蚌埠市残疾人劳动就业服务中心、蚌埠市德力防伪材料有限公司、蚌埠市双环电子集团有限公司、芜湖市盲人按摩学校、芜湖市圣发养猪专业合作社、芜湖市地方税务局、芜湖市残联、繁昌县合力矿业有限责任公司、淮南矿业（集团）有限责任公司、中国建设银行股份有限公司淮南市分行、中建四局第六建筑工程有限公司、淮南市地方税务局、淮南市残联、淮南市田家庵区残联、马鞍山市地方税务局、马鞍山市飞龙玻纤复合材料有限公司、马鞍山市天福纸箱纸品有限公司、马鞍山市兴达冶金新材料有限公司、当涂县残联、安庆市财政局、安庆市劳动和社会保障局、中国工商银行股份有限公司安庆分行、中国人民解放军第四八一二工厂、安徽盈创石化检修安装有限责任公司、桐城市范岗恒海制刷厂、岳西县残联、宿州市地方税务局、宿州市埇桥区地方税务局、砀山县残联、砀山师范附属小学、泗县人民医院、安徽新锦丰企业投资集团有限公司、安徽中烟工业公司阜阳卷烟厂、阜阳市自来水公司、阜阳市豪杰工贸有限公司、临泉县久发实业有限公司、安徽金种子集团有限公司、阜阳市颍州区地方税务局、阜阳市残联、亳州市地方税务局征收管理分局、安徽沪谯中药饮片厂、安徽德昌药业饮片有限公司、恒康中医推拿保健部、安徽源和堂药业、涡阳县地方税务局征收管理分局、黄山市地方税务局、黄山市残联、祁门县地方税务局、黄山市龙跃铜业有限公司、黄山市昱江电器有限公司、黄山市徽州康佳化工有限责任公司、黄山市黄山区德益建材公司、滁州市中西医结合医院、华东冶金地质勘查局八一一地质队、滁州市地方税务局、天长市残联、电力来安供电有限责任公司、明光市粮食局、淮北矿业（集团）有限责任公司、皖北煤电集团有限责任公司、淮北市公路管理局、安徽省电力公司淮北供电公司、淮北市财政局、淮北市地方税务局、淮北市残联、铜陵市财政局、铜陵市地方税务局、铜陵市残联、南车长江车辆有限公司铜陵分公司、铜陵有色股份线材有限公司、铜陵市铜官山化工有限公司、宣城市地方税务局、省电力公司宣城供电公司、宁国市残联、广德县残联、宣城市青弋江灌区管理处、泾县特种焊条厂、六安市地方税务局、六安市人民医院、六安卫生学校、六安市特殊教育中心、安徽长江农业机械有限责任公司、中国移动通信集团安徽有限公司六安分公司、舒城县残联、巢湖市残联、庐江县地方税务局、无为县地方税务局、和县邮政局、巢湖市居巢区儿童福利院、巢湖市正和橡塑合金有限公司、池州市委组织部、池州市地方税务局、池州市地方海事局、石台县残联、省电力公司池州供电公司、省委办公厅、省人大办公厅、省政府办公厅、省政协办公厅、省财政厅、省地方税务局、省地方税务局直属局、省卫生厅、省人事厅、省教育厅、省直机关事务管理局、省体育局、安徽电视台、省高级人民法院、省培训中心、上海铁路局劳动力调剂站蚌埠工作站、中国人民银行合肥中心支行国库处 125 个单位“安徽省残疾人就业工作先进集体”称号。

2010 年 1 月 5 日，省政府残工委授予合肥市残联、合肥市残疾人劳动就业管理处、安徽省合肥市地方税务局、安徽佳通轮胎有限公司、合肥三晶敏感元件厂、马钢（合肥）钢铁有限责任公司、合肥市统计局、合肥市包河区残联、合肥市蜀山区残联、长丰县残联、蚌埠市财政局、蚌埠医学院附属医院、安徽省蚌埠市地方税务局、蚌埠市残疾人劳动就业服务中心、蚌埠市双环电子集团有限公司、安徽省芜湖市地方税务局、芜湖市镜湖区残联、安徽鑫龙电器股份有限公司、芜湖市天源轻工服饰有限公司、威灵（芜湖）电机制造有限公司、淮南矿业（集团）有限责任公司、淮南东辰集团有限责任公司、国投新集能源股份有限公司、安徽淮南平圩电力实业有限责任公司、淮南市地方税务局基金科、淮南市残联、安徽省当涂县地方税务局、马鞍山市金家庄区财政局、马鞍山市地方税务局雨山区分局、马鞍山市残联、安庆市第七中学、潜山县财政局、太湖县君子兰工艺美术公司、安徽爱达针织服饰有限公司、安庆市地方税务局、安庆市残联、安徽省宿州市地方税务局、砀山师范附属小学、萧县残联、萧县邮政局、安徽省电力公司宿州供电公司、安徽阜阳商厦股份有限公司、安徽金种子集团有限公司、安徽省阜阳市汽车运输集团有限公司、安徽省阜南县地方税务局、阜阳市颍州区残联、亳州市财政局、安徽沪谯中药饮片科技有限公司、安徽德昌药业饮片有限公司、涡阳县恒康推拿保健部、涡阳县残联、黄山市残联、黄山市徽州天马化工有限公司、黄山兴乐铜业有限公司、黄山市祁门县闪里工艺制品有限公司、黄山市财政局、滁州市琅琊滁艺草制品厂、安徽省滁州市地方税务局南谯区分局、安徽省凤阳散热器有限公司、安徽省明光市残联、安徽省滁州市地方税务局基金（费）征收科、淮北矿业（集团）有限责任公司、皖北煤电集团有限责任公司、安徽省电力公司淮北供电公司、淮北市地方税务局、淮北市残联、安徽省铜陵市地方税务局、安徽省电力公司铜陵供电公司、安徽省安纳达钛业股份有限公司、铜陵市残联、安徽省宣城市地方税务局、安徽省宣城市宣州区地方税务局、广德县财政局、安徽省宁国市地方税务局、郎溪县新发镇人民政府、安徽省泾县特种焊条厂、安徽省六安市地方海事（港航管理）局、中国工商银行股份有限公司六安分行、六安市特殊教育中心、安徽省六安市地方税务局、安徽省六安市人民医院、六安市残联、巢湖市残联、安徽省庐江县地方税务局、安徽省巢湖市居巢区地方税务局、和县姥桥镇人民政府、池州市残联、安徽省池州市地方税务局、池州市会计核算中心、安徽新河竹业有限公司、省审计厅、省地方税务局直属局、省公安厅、省立医院、安徽医科大学第一附属医院、安徽电视台、合肥工业大学、安徽大学、安徽工业经济职业技术学院、合肥通用机械研究院、安徽电力设计院、安徽省射击水上管理中心、安徽东风机电科技股份有限公司、上海铁路局劳动和卫生处、中国人民银行合肥中心支行国库处、省财政厅106个单位“2009年度全省残疾人就业工作先进集体”称号。

2010年，省残联授予省特殊教育中专学校“第四届安徽省残疾人职业技能竞赛优秀组织奖”。

2010年9月，省委、省政府授予省残联“2009年度全省信访工作责任目标管理优秀单位”称号。

2011年3月，省委、省政府授予省残联“2010年度全省信访工作责任目标管理优秀单位”称号。

2011年4月20日，省残联、省人社厅授予马鞍山市天福纸箱纸品有限公司、安徽沪谯中药科技有限公司、黄山市龙跃铜业有限公司、芜湖精工船用机械有限公司、安庆市太湖县君子兰工艺美术有限责任公司、宣城市绩溪黄山实业有限公司、六安市星星包装有限公司、阜阳市残疾人服装技术培训就业基地、安徽开聪无障碍科技有限公司、淮南市潘集区怀兵养殖场10个单位“全省十佳残疾人就业基地”称号。

2011年9月，省委组织部、省残联联合授予合肥市残联、滁州市残联、安庆市残联、合肥市庐江县残联、淮北市残疾人劳动就业管理办公室、涡阳县残联、萧县残联、蚌埠市残疾人劳动就业服务中心、阜阳市颍州区残联、淮南市田家庵区残联、金寨县残联、马鞍山市花山区霍里街道残联、芜湖市镜湖区残联、郎溪县残联、铜陵市郊区残联、石台县残联、黄山市屯溪区屯光镇残联、安徽省残疾人康复研究中心18个单位“‘十一五’全省残联系统先进集体”称号。

2011年9月，省政府残工委授予安徽省精神文明建设指导委员会办公室、安徽省民政厅、安徽省人社厅、安徽省卫生厅、安徽省体育彩票管理中心、安徽省公安厅、安徽省图书馆、安徽省地方税务局、安徽省统计局、安徽省妇女联合会，合肥市财政局、合肥市地方税务局、合肥市包河区卫生局、肥西县地方税务局、庐江县地方税务局、巢湖市特殊教育学校、巢湖市儿童福利院、合肥市瑶海区大通路街道办事处、合肥市庐阳区杏花村街道办事处、巢湖市烔炀镇人民政府，淮北市地方税务局、淮北市矿业集团公司、淮北市相山区渠沟镇社会事务办、濉溪县四铺同富小麦种植专业合作社，亳州市地方税务局征收管理分局、亳州市特殊教育学校、蒙城县地方税务局，宿州市财政局、宿州市地方税务局、宿州市埇桥区地方税务局、泗县地方税务局，蚌埠市财政局、蚌埠市地方税务局、蚌埠市蚌山区民政局、怀远县地方税务局、安徽电子信息职业学院软件学院青年志愿者协会，阜阳市民政局、阜阳市地方税务局、阜阳市生态乐园、阜阳市蒲公英残障人士互助协会、颍上县公益志愿者联盟协会、临泉县财政局，淮南市民政局、淮南市财政局、淮南市东辰集团有限责任公司、淮南市矿业有限责任公司、中国化学工程第三建设有限公司，滁州市体育局、滁州市财政局社保科、滁州市南谯区黄泥岗镇黄泥社区、明光市天梭纺织有限公司、凤阳县凯悦针织厂、定远县吉达服装厂，六安市第二人民医院、六安市第四人民医院、六安市特殊教育中心、六安市裕安区地税局、霍山县地方税务局，马鞍山市地方税务局、马鞍山市就业管理服务中心、马鞍山市公安消防支队、马鞍山市立医疗集团市人民医院眼科、含山县地方税务局，芜湖市地方税务局、芜湖市地方税务局三山分局、芜湖县荣生胶塑厂、繁昌县地方税务局、芜湖市弋江区南瑞社区公共服务委员会、中国人民解放军第5720工厂，宣城市地方税务局、宣城市宣州区地方税务局、郎溪县地方税务局、广德县地方税务局、安徽宣酒集团股份有限公司、安徽五星养殖（集团）有限责任公司，铜陵市卫生局、铜陵市住房和城乡建设委员会、铜陵市精特机械有限责任公司、铜陵市铜官山区民政局，池州市卫生局、池州市地方税务局、池州市第二人民医院、安徽东至华源纺织有限责任公司，安庆市财政局、安庆市广播电视台、安庆市迎江区光荣社居委、安庆市宜秀区五横乡人民政府、桐城市中医医院、潜山县地方税务局、望江县长岭镇社会事务办公室，黄山市财政局、黄山市广播电视台、黄山市黄山区仙源镇人民政府、安徽省华邦特种纸业有限公司94个单位"'十一五'期间扶残助残先进集体"称号。

2011年12月2日，全省社会力量开展残疾儿童康复工作先进集体和先进个人表彰大会在省歌舞剧院召开。省政府残工委授予合肥市春芽残疾人互助协会、合肥市心怡康残疾人健康服务中心、合肥市锦雯言语康复中心、合肥市金谷医院、淮北市濉溪启言聋儿语训部、亳州市涡阳县聋儿语训部、阜阳市慈爱康复培训中心、阜阳市太和县启聪特殊教育学校、淮南市孤独症家长协会、六安市聋儿康复语训部、铜陵市妇幼保健院儿童孕脑瘫康复中心、安庆市丁琼聋儿语训部12个康复机构"全省社会力量开展残疾儿童康复工作先进单位"称号。

个人　1993年12月5日，省残疾人事业领导小组，省民政厅、省财政厅、省卫生厅、省教委、省计委、省军区后勤部、省募委、省妇联、省脱贫致富工作领导小组和省残联联合授予彭立昆（肥西县残联）、陈守春（合肥市卫生局）、喻增华（合肥市第一人民医院）、凌惠香（合肥市残联）、周玉英（肥东县梁园镇聋儿语训班）、李家利（合肥市西市区民政局）、王小安（芜湖市聋儿语训部）、张学礼（芜湖市残联）、刘琼娟（芜湖市第二人民医院）、沈广先（芜湖铁路职工医院）、张其英（蚌埠市第一人民医院）、郭寿淇（蚌埠市第三人民医院）、侯凯（蚌埠市残联）、张萍（淮南市卫生局）、郁文国（淮南第二矿工医院）、岳敬孝（凤台县人民医院）、李传江（淮北市人民医院）、赵凤云（淮北矿工总医院）、胡家胜（濉溪县刘桥镇民政办公室）、孙家俊（淮北市残疾人三项康复工作办公室）、倪含芳（马鞍山钢铁医院）、张生友（铜陵市人民医院）、卜必胜（铜陵县人民医院）、方应红（铜陵市聋儿听力语言康复中心）、朱传贵（安庆市残联）、徐锡琪（安庆市中医院）、徐成乐（枞阳县白云中心卫生院）、陈长椿（安庆市第二人民医院）、许国保（枞阳县残联）、陈汉平（宿松县残联）、汪中瀚（潜山县人民医院）、程玉杰（安庆市卫生局）、张继华（歙县残联）、肖元洪（歙县人民医院）、李亮（阜阳地区民政局）、宋丽（涡阳县聋儿语训班）、陈姝（颍上县聋儿语训班）、陈炳桂（颍上县残联）、马洪进（颍上县人民政府）、乔济民（阜阳地区人民医院）、张炳泉（阜阳地区人民医院）、张学海（太和县公安医院）、周伯华（阜南县民政局）、王理新（宿县地区残联）、欧阳儒华（萧县残联）、马会之（灵璧县残联）、李大成（宿州市聋儿语训班）、张庆合（萧县人民政府）、孔宪备（宿县地区民政局）、西怀英（滁州市第一人民医院）、李锦华（凤阳县第一人民医院）、彭立权（凤阳县府城镇医院）、詹江安（霍邱县残疾人三项康复工作办公室）、洪莉（寿县城关幼儿园聋儿语训班）、吕建军（六安地区人民医院）、郭淑媛（六安地区人民医院）、朱光伦（无为县残联）、水从余（郎溪县十字茶场职工医院）、张枚友（郎溪县人民医院）、杨翠芳（广德县特教中心）、唐慧玲（青阳县聋儿语训班）、卢永华（东至县人民医院）、刘广进（安徽省立医院）、孙成祥（安徽省立医院）、潘功平（蚌埠医学院附属医院）、周仕富（皖南医学院附属弋矶山医院）、徐宏光（皖南医学院附属弋矶山医院）、左其琨（安徽省教育委员会）、金家新（安徽省民政厅）、荣晓平（安徽省残联）、连勇（安徽省残疾人康复研究中心）、孔繁锦（安徽省立医院）、蔡克勤（安徽医科大学第一附属医院）、陈晓熙（芜湖市第一人民医院）、陈端鑑（安徽医科大学第一附属医院）、牛斗（安徽省立医院）、刘认华（安徽省立医院）、戚绍扬（安徽省三项康复工作办公室）、刘文新（安徽医科大学第一附属医院）、褚大由（蚌埠第一人民医院）、陈大本（蚌埠医学院附属医院）、黄公明（合肥市第三人民医院）、凌德祥（安徽省教育学院）、马莉（中国人民解放军第105医院）、孙洪体（中国人民解放军第532医院）85人“安徽省残疾人三项康复工作先进个人”称号。

1997年5月19日，省政府残工委授予孙小著（肢残、六安师范专科学校）、张学礼（低视力、凤阳江淮水泥厂）、周瑞保（肢残、南陵县七星河食品厂）、洪小妹（女、盲人、巢湖市便民推拿门诊所）、吴新平（肢残、合肥中市区教委）、徐纪英（女、肢残、宣州市康盛茶行）、王健（肢残、淮北市杜集区）、刘冠军（肢残、马钢姑山矿）、何崇文（肢残、贵池市聚春园饭店）、李文（女、肢残、省司法厅）、柳西久（肢残、临泉县久发实业有限公司）11人“自强模范”称号；授予周炳东（滁州师范学校）、康忠政（蒙城县棉麻公司）、鲍杰（黄山屯溪区政协）、王兴山（淮北市东风印刷厂）、郭超凡（萧县张庄寨孤残敬老院）5人“助残先进个人”称号；授予冯银华（安徽省残联）、肖盛友（铜陵市残联）、程华嫦（女、安庆市郊区残联）、张新本（怀远县残联）4人“残联系统先进工作者”称号。

2001 年 12 月 14 日，省残联与省人事厅联合授予淮北市残联副科长马逸群、宿州市残联理事长孔宪备、太和县残联理事长孔祥治、亳州市谯城区残联理事长王显丰、祁门县残联理事长方如思、肥东县残联理事长宁正勤、黄山市残联理事长江近生、东至县残联科员江长水、庐江县残联理事长刘和杰、五河县残联理事长李德林、芜湖市鸠江区残联理事长张建华（女）、桐城市残联理事长汪杰富、天长市残联理事长陈正权、铜陵市郊区残联理事长杨月辰、淮南市潘集区高皇镇残联理事段敬茂、当涂县残联理事长殷桂英（女）、六安市裕安区残联副理事长晁松、宣城市宣州区残联理事长潘武林 18 人“全省残联系统先进工作者”称号，享受市（厅）级劳动模范待遇。

2007 年 2 月，省政府残工委授予李鸣（合肥市残联）、赵楠（合肥市残联）、汪学全（庐阳区统计局）、潘晓庆（庐阳区残联）、段红军（庐阳区亳州路街道）、曹雁（庐阳区益民街道）、徐亦文（庐阳区残联）、汪洋（合肥市中医推拿医院）、谢宁利（庐阳区大杨镇）、张祖荣（庐阳区残联）、张秀（肥西县残联）、周先文（肥西县残联）、虞慧（肥西县残联）、孙汉庆（肥西县人民医院）、荣俊（肥西县红十字会医院）、黄迎新（肥西县卫生局）、沈克胜（肥西县中医院）、汪维平（肥西县严店乡），刘娟娟（淮北市残联）、赵光耀（濉溪县医院）、周敬鲁（濉溪县五沟镇）、孙建民（濉溪县祁集镇）、丁丽（濉溪县农调队）、徐凤贵（濉溪县卫生局）、张友顺（濉溪县民政局）、崔华中（濉溪县财政局）、西凤（濉溪县四铺乡），王显丰（亳州市残联）、许涛（谯城区残联）、李玉彩（涡阳县残联）、马振宇（涡阳县人民医院）、程超（涡阳县高炉镇）、高杨（涡阳县曹市镇）、罗平英（涡阳县闸北镇）、谭凯（涡阳县卫生局）、燕化军（涡阳县统计局）、孙红侠（涡阳县残联）、丰效科（利辛县残联）、张景民（利辛县卫生局）、刘凯（利辛县统计局）、侯玉飞（利辛县统计局）、武龙峰（利辛县丹凤乡）、金云峰（利辛县残联）、潘家标（利辛县展沟镇）、姜凤兰（利辛县王市镇），薛志全（宿州市埇桥区残联）、张瑾（宿州市埇桥区团委）、张学廷（宿州市埇桥区卫生局）、孙玉强（宿州市埇桥区残联）、丁士香（宿州市埇桥区残联）、贺云波（宿州市第一人民医院）、李传安（宿州市埇桥区统计局）、刘丽（宿州市埇桥区残联）、王保平（萧县残联）、罗性伟（萧县官桥镇）、杨蕴芳（萧县残联）、李卫东（萧县杨楼镇）、张峰（萧县残联）、林超（萧县石林乡）、苏忠祥（萧县统计局）、李祥雷（萧县卫生局）、马会之（灵璧县残联）、李少华（灵璧县残联）、吕允新（灵璧县统计局）、彭庆兰（灵璧县残联）、侯雯雯（灵璧县残联）、张钊（灵璧县黄湾镇）、王维科（灵璧县残联）、张加功（灵璧县人民医院），屠基佩（蚌埠市龙子湖区机关服务中心）、陈志萍（蚌埠市第二人民医院）、张旭光（蚌埠市第一人民医院）、许玉玲（蚌埠市龙子湖区卫生局）、王丽华（蚌埠市龙子湖区东升街道）、谢尚炯（蚌埠市龙子湖区治淮街道）、李萍（蚌埠市龙子湖区统计局）、肖莉（蚌埠市龙子湖区解放街道）、郭茂利（五河县残联）、戴强（五河县申集镇政府）、吴达（五河县残联）、张先国（五河县小溪镇）、胡明龙（五河县大新镇）、张元友（五河县卫生局）、成绩英（五河县残联）、张彪（五河县第一人民医院），肖潇（阜阳市残联）、姚大伟（颍东区残联）、李忠民（阜阳市第六人民医院）、张海峰（颍州区颍西办事处）、田元（颍州区残联）、南海（颍州区残联）、俞珂（颍州区计生服务站）、韦永昌（颍州区妇幼保健院）、俞瑛（颍州区政府）、李保军（颍州西湖镇）、贾云（颍上县红星镇）、周侠（颍上县残联）、王显（颍上县卫校）、朱传淑（颍上县润河镇）、王猛（颍上县关屯乡）、林东海（颍上县残联）、陈刚（颍上县残联）、方丽君（太和县人民医院）、孔祥治（太和县残联）、郭洪平（太和县统计局）、王晓玲（太和县残联）、李正侠（太和县医院）、齐红（太和县卫生局）、付万英（太和县双浮镇）、范辉（太和县胡总乡）、李行涛（颍上县十八里铺镇），魏玲（淮南市残联）、鹿守章（谢家集区李郢孜镇）、应永跃（谢家集区唐山镇）、曹忠（淮南市第四人民医院）、任元亮（谢家集区卫生局）、张红梅（谢家集区卫生局）、李云（谢家集区统计局）、秦志玲（谢家集区立新街道）、章莉（谢家集区谢三村街道）、彭凯（凤台县统计局）、余珊珊（凤台县杨村乡）、苏传江（凤台县大山镇政府）、魏娟（凤台县城北乡）、张梅（凤台县大山镇政府）、石磊（凤台县残联）、刘亚利（凤台县岳张集镇）、刘飚（凤台县人民医院），赵晓红（滁州市残联）、吕文河（天长市金集镇）、董凤鸣（天长市芦龙乡）、胡彪（天长市城关防保站）、张正年（天长市金集镇）、王长林（天长市冶山镇）、蒋永华（天长市残联）、李九仁（天长市桥湾街道）、杨友林（滁州市人民医院）、胡运良（全椒县统计局）、章学东（全椒县卫生局）、潘琴（全椒县残联）、何晓凤（全椒县襄河镇）、黄磊（全椒县特教学校）、王艳霞（全椒县古河镇妇联）、王胜军（全椒县第三人民医院）、蒋芝舞（全椒县残联），管长安（六安市残联）、方堃（金安区残联）、赵勇（金安区东市街道）、汪家成（金安区毛坦厂镇政府）、黄道贵（金安区横塘岗乡）、吕跃（金安区张店镇）、臧谋平（金安区三里桥街道）、黄时满（金安区市第四人民医院）、倪望梅（金安区统计局）、徐亮（舒城县河棚镇）、陈虹（舒城县残联）、郭昌成（舒城县统计局）、方娟（舒城县万佛湖镇）、缪秋艳（舒城县卫生局）、吴祖祥（舒城县千人桥镇）、程华良（舒城县庐镇乡）、金洪（舒城县残联）、朱文广（霍邱县统计局）、桂祖光（霍邱县卫生局）、刘涛（霍邱县二院）、徐继东（霍邱县龙潭镇）、陶大明（霍邱县临水镇）、何伟（霍邱县残联）、杜相智（霍邱县邵岗乡）、张德华（霍邱县河口镇），陈峰（马鞍山市残联）、陈森（马鞍山市残联）、薛朝水（当涂县残联）、赵祖荣（当涂县卫生局）、王立荣（当涂县中医院）、陈媛（当涂县统计局）、杨尚珍（当涂县残联）、汪昌燕（当涂团县委）、陈正强（当涂县博望镇）、吴子文（当涂县博望镇），丁勇（巢湖市残联）、黄长江（居巢区卫生局）、李家跃（居巢区力寺村）、何继干（居巢区残联）、刘长发（居巢区中庙街道）、童光满（居巢区黄麓镇临湖街道）、班先政（居巢区槐林镇）、李琪（居巢区统计局）、苏长聪（居巢区苏湾镇）、朱国宏（庐江县统计局）、李晓英（庐江县残联）、李志民（庐江县精神病医院）、高云（庐江县石头镇）、黄榕（庐江县白湖镇）、刘渊琴（庐江县石头镇）、蔡金胜（庐江县罗河镇），张莉（芜湖市残联）、高跃进（芜湖县医院）、石怀志（芜湖县中医院）、曹礼平（芜湖县残联）、胡德发（芜湖县残联）、晋承卫（芜湖县清水镇）、刘小兵（芜湖县六郎镇政府）、胡玉兰（芜湖县花桥镇）、董秀珍（芜湖县红杨镇），柳友芳（宣城市残联）、张汉林（宣州区文昌镇政府）、汪沁沁（宣州区金坝乡政府）、刘戎（宣城中心医院）、崔成发(宣州区沈村镇)、吴岳来(宣州区残联)、周政(宣州区残联)、高亮喜(宣州区残联)、葛胜忠(宣城中心医院),槐玉昌(铜陵县人民医院)、王寿桃(铜陵市残联)、肖宏安(铜陵县钟鸣镇)、鲁红霞(铜陵县胥坝乡政府)、史俊明(铜陵县卫生局)、赵静华(铜陵市第二人民医院)、朱丰年(铜陵县残联)、汪立正(铜陵县残联)、梅柏林(铜陵县统计局),杨莲(池州市残联)、王祥(青阳县残联)、吴全应(青阳县蓉城镇政府)、周桃松(青阳县统计局)、钱江涛(青阳县医院)、张国祥(青阳县蓉城镇)、柯王平(青阳县木镇镇政府)、陈士华(青阳县庙前镇)、胡春霞(青阳县卫生局),严仁华(安庆市残联)、陈前(桐城市残联)、许峰(桐城市残联)、方亚飞(桐城市太平街道)、施其雄(桐城市大关镇)、刘晓霞(桐城市残联)、刘忠祥(桐城市高桥镇)、方翠莲(桐城市残联)、凌晓梅(桐城市鲟鱼镇)、胡桂华(怀宁县残联)、张翠平(怀宁县统计局)、潘亦兵(怀宁县月山镇)、毕圣华(怀宁县清河乡)、江孝春(怀宁县马庙镇)、王小飞(怀宁县黄龙镇)、何磊(怀宁县中医院)、汪干平(怀宁县人民医院)、陈为权(宿松县残联)、工延辉(宿松县中医院)、王加保(宿松县汇口镇)、汪黎艺(宿松县民政局)、朱才春(宿松县二郎镇政府)、吴守元(宿松县残联)、石金锁(宿松县程岭乡)、严继雄(宿松县精神病医院),孙晶(黄山市残联)、李丹(休宁县万安镇政府)、杨树进(休宁县卫生局)、甘美玲(休宁县璜尖乡政府)、方春发(休宁县东临溪镇)、方梅兰(休宁县渭桥乡政府)、吴飞(休宁县统计局)、陈开曦(休宁县政府办公室)、黄小伟(休宁县财政局),林勇(省委宣传部)、姚俊(省统计局)、何文泉(省统计局)、陆端新(省民政厅)、阮浩(省卫生厅)、刘艺(省立新安医院)、许为青(省立医院)、杨文明(省中医附院)、刘炳山(省残联)、杜思棋(省残联)、黎世华(省残联)、华树林(省残联)278人"安徽省第二次全国残疾人抽样调查先进个人"称号。授予左吉安(巢湖市广电局)、林美煌(颍上县政协)、李坚强(宣城市宣州区杨柳镇)、杨承泽(霍邱县残联)、吴林红(安徽日报社)、何守海(省残联)6人"安徽省第二次全国残疾人抽样调查贡献奖"称号。

2007年12月17日,省政府残工委授予王学明(合肥市残联)、曹晓钟(合肥市统计局)、郑海良(合肥市财政局)、刘原平(合肥三晶电子有限公司)、方健灵(合肥开泰工贸有限责任公司)、徐先芳(合肥市劳动和社会保障局)、李光友(合肥新源液压铸件厂)、王大德(合肥市包河区残联)、崔贤慧(合肥庐丰机械制造有限责任公司),邵云(怀远县残联)、张德峰(中国工商银行股份有限公司蚌埠分行)、戴捷(省电力公司蚌埠供电公司)、范雪梅(蚌埠市地方税务局涉外税收分局),顾雷(芜湖市第二人民医院)、竹越昇[日立家用电器(芜湖)有限公司]、顾波(芜湖市财政局)、翟俊斐(芜湖市残联)、陈晓水(芜湖市财政局),黄建(淮南市财政局)、赵国年(淮南市田家庵区残联)、郑宏(淮南东辰集团有限责任公司)、武凌(淮南市邮政局)、岳翠云(中国工商银行股份有限公司淮南分行),水民龙(马鞍山市残联)、曾锐(当涂县地方税务局)、刘富齐(马鞍山市新艺广告装饰工程有限公司)、陈森(马鞍山市残疾人劳动就业服务中心),邹菲(安庆市财政局)、吴吉来(太湖县残联)、沈国林[安庆曙光化工(集团)有限公司]、陈结来（潜山县全丰农产品开发有限责任公司）、汪晓胜（怀宁县马庙诚信建筑模板厂）、程秀凤（潜山县残联），赵元龙（泗县人民医院）、张孝友（灵璧县地方税务局）、陈晓东（宿州市残疾人劳动就业服务中心），靳伟（阜阳市残联）、李磊（阜阳市自来水公司）、蒋磊祥（阜阳市颍州区地方税务局）、王道新（阜阳市万豪服装技术培训学校），王显丰（亳州市残联）、苏云鹏（亳州市地方税务局征收管理分局）、顾奇珍（安徽沪谯中药饮片厂），鲍起云（黄山市昱江福利电器厂）、何天赐（黄山市黄山区残联）、王永芳（黄山市劳动和社会保障局），衡治明（滁州市残联）、汪国芝（全椒惠民百货有限公司）、蒋晓文（来安县第三中学）、周闻春（明光市地方税务局），梁峰（淮北市财政局）、朱磊（淮北市地方税务局）、陈访华（中国农业银行淮北分行）、朱永久（中国工商银行股份有限公司淮北分行）、陈伟（省电力公司淮北供电公司）、马逸群（淮北市残联），董祖昂（铜陵市残疾人劳动就业服务部）、邓涛（铜陵市残联）、刘应东（铜陵市财政局非税收入管理局）、潘敏（铜陵皖能发电有限公司）、王存国（铜陵市铜都铜业铜达线材有限责任公司），李玉枝（郎溪县残联）、王文彬（安徽飞翔电器有限公司）、方伟中（绩溪黄山实业有限公司）、史东红（六安市地方税务局征收管理分局）、许衡（六安市人民医院）、吕凡桃（六安市民政局）、张杨（霍山县残联）、郝敬文（金寨县残联），金正雨（安徽宏盛羽毛制品有限公司）、王家水（巢湖市居巢区殡仪馆）、何继干（巢湖市居巢区残联）、张修生（庐江县地方税务局征收管理分局），黄显亮（石台县包装印制厂）、盛燕（池州市残疾人劳动就业服务部）、郑红斌（东至县地方税务局），孙保东（省委政法委员会）、林晓明（省财政厅）、韩大举（省劳动保障厅）、张旭（省地方税务局）、章荣环（省地方税务局）、丁伟（省地方税务局直属局）、杨玉山（省残疾人劳动就业服务中心）、陈超（省国家税务局）、章艳（省审计厅）、王学武（省教育厅）、王恩英（省信息产业厅）、武维（省农业委员会）、谢胜权（省粮食局）、陆红（省工商行政管理局）、石道蓉（省新闻出版局）、陈雷（省供销合作社联合社）、钱凌俊（中国农业发展银行安徽省分行）、聂恒动（上海铁路局合肥客运段）、张传苍（安徽中医学院）、琚逸云（安徽广播电视大学）、方仲［淮南矿业（集团）有限责任公司］、张立哲（皖北煤电集团有限责任公司）、王冬梅［淮北矿业（集团）有限责任公司］、华玉舟（安徽海螺水泥股份有限公司白马山水泥厂）等100人“安徽省残疾人就业工作先进个人”称号。

2008年12月6日，省政府残工委授予许鑫（合肥市国家税务局）、卢磊（合肥市劳动和社会保障局）、曹晓忠（合肥市统计局）、李芳（合肥市残疾人劳动就业管理处）、石义福（合肥市庐阳区残联）、张玉超（合肥天蚨电器成套设备制造有限公司）、关美华（安徽绿宝铜业有限公司）、涂传明（合肥市地方税务局蜀山分局）、钱玉玲（合肥市地方税务局包河分局）、韩维乐（蚌埠市地方税务局）、许燕（蚌埠市高新技术产业开发区社会事业局）、陈敏（蚌埠市残疾人劳动就业服务中心）、宗韧（中国工商银行股份有限公司蚌埠分行）、吴言俊（安徽丰原大药房连锁有限公司）、印娜（芜湖市地方税务局）、傅世东（芜湖市财政局）、李从赋（芜湖县残联）、杜骏鸠（芜湖市镜湖区残联）、李果（芜湖市三山区残联)、杨麟(瑞鹄汽车模具有限公司)、杨生海(芜湖市华源磨料有限责任公司)、邵云娣(芜湖正阳制衣有限公司)、黄建(淮南市财政局)、李丽(淮南东辰集团有限责任公司)、王丽[苏果超市(淮南)有限公司]、鲍传余(安徽楚源工贸有限公司)、李勇强(淮南市田家庵区财政局)、马凤光(凤台县残联)、李炜(马鞍山市地方税务局)、吴爱民(当涂县地方税务局)、徐国富(马鞍山市花山区残联)、潘克玉(马鞍山市金鑫冶金实业有限公司)、田永霞(马鞍山市天福纸箱纸品有限公司)、梁俊(安庆市地方税务局)、马满华(枞阳县财政局)、吴新舟(怀宁县地方税务局)、周祥(潜山县地方税务局)、郝祥振(望江县地方税务局)、范秀云(宿松县地方税务局)、汪萍(安庆市宜秀区残联)、王学文(太湖县新仓镇残联)、胡平(宿州市财政局)、张华明(省电力公司宿州供电公司)、张孝友(灵璧县地方税务局)、周玲(灵璧县人民医院)、马玉(泗县残联)、刘春林(阜阳市财政局)、靳伟(阜阳市残联)、张志锋(阜阳商厦股份有限公司)、纵瑞峰(阜阳市汽车运输集团有限公司)、季思波(阜阳翔飞学校)、谢凯(阜阳市地方税务局征收管理分局)、李仲兴(阜南县残联)、姚亮(亳州市残联)、杨文玲(亳州市财政局)、任大林(亳州市地方税务局征收管理分局)、田中(安徽沪谯中药饮片厂)、孙伟(安徽德昌药业饮片有限公司)、李庆中(蒙城县残联)、凌烈平(黄山市残联)、方国顺(祁门县残联)、邢丽萍(黄山市黄山区民政局)、汪晓岚(歙县地方税务局)、张红忠(黄山市黟县宏联竹制工艺有限公司)、邓伟(黄山市屯溪区财政局)、王超(滁州市地方税务局征收管理分局)、程金根(滁州市残联)、王红兵(滁州市地方税务局南谯区分局)、朱发贵(全椒县财政局)、马振英(凤阳县残联)、李玲(定远县吉达服装厂)、王冬梅[淮北矿业(集团)有限责任公司]、张立哲(皖北煤电集团有限责任公司)、程晓荣(淮北市公路管理局)、王春强(淮北市财政局)、李敏(淮北市地方税务局)、张斌(淮北市残联)、朱承宏(铜陵市民政局)、吴春勤(铜陵市人力资源和社会保障局)、陶定海(安徽铜峰电子股份有限公司)、李贤卓(铜陵皖能发电有限公司)、江烈芳[铜陵市三佳电子(集团)有限责任公司]、权俊良(中国人民银行铜陵市中心支行)、章正平(铜陵县残联)、吴宜平(宣城市残联)、孙久凤(广德县财政局)、邱林顺(郎溪县地方税务局)、高亮喜(宣城市宣州区残联)、周金华(安徽万德福电子有限公司)、高建国(皖南海峰印刷包装有限公司)、周玲(六安市地方税务局)、黄平(六安市地方税务局征管分局)、潘鸿(六安市财政局)、王丽(六安市地方海事局)、杨克友(六安江淮汽车齿轮制造有限公司)、张从元(霍邱县残联)、陈善宏(金寨县残联)、凤良华(巢湖市残联)、卢荣坤(巢湖市地方税务局)、叶青(巢湖市居巢区地方税务局)、王小伦(庐江县凯华铝业有限公司)、吴绍玉(安徽徽鸿制衣有限公司)、任前明(含山县残联)、李国胜(池州市财政局)、梅放先(池州市残联)、姜立新(青阳县地方税务局)、俞燕生(池州市第二人民医院)、陈一后(东至县第三中学)、陈万进(省公安厅)、吴志彤(省审计厅)、张卫华(省建设厅)、叶华珍(省劳动保障厅)、李克勋(安徽大学)、朱清秋(省肿瘤医院)、陈由应(合九铁路有限责任公司)、董敏(徽商银行合肥分行)、张旭(省地方税务局)、丁伟(省地方税务局直属局）、熊彬（省政府法制办公室）、韩宪东（省残疾人劳动就业服务中心）、管景如（中国银行业监督管理委员会安徽监管局）等121人“安徽省残疾人就业工作先进个人”称号。

2009年，省人社厅、省教育厅授予省特殊教育中专学校副校长丁毅“全省教育系统先进工作者”称号，并树为全省教育系统“巾帼建功”标兵。

2010年1月5日，省政府残工委授予王学明（合肥市残联）、李锐（合肥市地方税务局经济技术开发区分局）、张庐生（合肥市地方税务局征收管理分局）、傅东升（安徽省合肥市地方税务局）、范贤峰（合肥市财政局）、周萍（合肥市地税局高新技术产业开发区分局）、吴春潮（合肥市地方税务局涉外分局）、张庆虎（合肥市地方税务局新站综合开发试验分局）、曹晓钟（合肥市统计局）、陈静锐（中国建设银行股份有限公司蚌埠市分行）、陈勇（安徽财经大学人事处）、夏春歌（蚌埠市残疾人劳动就业服务中心）、陈静（安徽省蚌埠市地方税务局）、陈玉环（蚌埠市财政局）、殷国和（蚌埠市蚌山区残联）、凌芳（芜湖市财政局）、唐峰（安徽省芜湖县地方税务局）、吴文献（繁昌县残联）、程辛薇（芜湖崭亮电子有限公司）、叶泽宇（安徽欧尚超市有限公司芜湖花津南路店）、周柱友（中铁四局第六建筑工程有限公司）、田守柱（淮南矿用电器设备有限责任公司）、蒋卫彬（淮南通晨物流有限责任公司）、黄建（淮南市财政局）、赵国年（淮南市田家庵区残联）、刘富齐（马鞍山市新艺广告装饰工程有限公司）、吴忠英（马鞍山市世茂服装有限公司）、陈杏莉［马鞍山市地方税务局基金（费）征收科］、张可芳（马鞍山市当涂县残联）、苏闽（马鞍山市地方税务局征收管理分局）、汪六五（安庆市舟洋船舶有限公司）、汪晓胜（怀宁县诚信建筑模板厂）、邹菲（安庆市财政局）、沙从江（望江县地方税务局华阳分局）、方翠莲（桐城市残联）、刘岳平（岳西县残联）、李保明（安徽省宿州市地方税务局）、姜岭泉（灵璧县财政局）、徐莉（泗县阳光培智学校）、代晓峰（宿州市埇桥区残联）、李文平（安徽昊源化工集团有限公司）、孙汉颀（安徽阜阳建工集团有限公司）、苑振坤（安徽省界首市地方税务局）、张振斌（太和县残联）、郑荔兰（阜阳市公共交通总公司）、李云（亳州市残联）、侯怀奇（涡阳县恒康推拿按摩保健部）、朱青（亳州市地方税务局征收管理分局）、孙伟（安徽德昌药业饮片有限公司）、姚文华（歙县残联）、周本平（黄山华盛丝绸集团有限责任公司）、程长寿（黄山市龙跃铜业有限公司）、昝宏志（黄山市昱江电器有限公司）、金一强（安徽省黄山市地方税务局）、肖长奇（天长市恒升电工线材厂）、李玲（定远县吉达服装厂）、孙沈平（安徽省滁州市地方税务局）、张永（凤阳县财政局）、乐良红（全椒县残联）、王冬梅［淮北矿业（集团）有限责任公司］、李萍（皖北煤电集团有限责任公司）、徐君（淮北市财政局）、王兴华（淮北市地方税务局）、房平（淮北市残联）、陈娜（铜陵市财政局非税收入管理局）、王真理（安徽省铜陵县地方税务局）、向先泽（铜陵市狮子山区残联）、高红旗（中国工商银行铜陵分行人力资源部）、褚勇（铜陵市幸福钢管厂）、王动动（宣城市残联）、方伟中（绩溪黄山实业有限公司）、王晓姣（旌德县福利纸箱厂）、翟培华（六安市非税收入征收管理局）、李广涛

（六安市地方税务局征收管理分局）、周忠杰（霍山县地方税务局征收管理分局）、管长安（六安市残联）、胡善海（巢湖市残联）、赵军（安徽省巢湖市地方税务局）、张冰（安徽省含山县地方税务局）、闫明（安徽省无为县地方税务局）、程学军（安徽省池州市地方税务局）、鲍恩晨（安徽省池州市地方税务局）、方福生（石台县财政局）、徐光照（安徽省东至县地方税务局）、何孝来（池州市贵池区残联）、蔡立宪（上海铁路局劳动和卫生处）、张旭（省地方税务局）、孙学伟（省体育局）、吴慧英（省统计局）、周建（省人社厅）、陈文生（省经济和信息化委员会）、张传道（省总工会）、马常来（省监狱管理局）、张久昌（省公路管理局）、孙邦琼（省食品药品监督管理局）、董辉军（省立医院）、董敏（徽商银行合肥分行）、陈的华（安徽医学高等专科学校）、吴晓光（安徽财贸职业学院）、韩宪东（省残疾人劳动就业服务中心）100人"2009年度全省残疾人就业工作先进个人"称号。

2010年9月，全省信访工作会议在合肥召开。省委、省政府授予省残联维权处黎世华"全省信访工作先进个人"称号，并予以通报表彰。

2011年4月20日，省残联、省人社厅授予宿州市华宇集团董事长陈书存（女），安徽中联集团董事长翟厚圣，安庆市岳西县昭华饮品厂厂长储昭华，安徽家宝建材贸易有限公司总经理唐东锋，安徽建川市政工程公司总经理李熟年（女），铜陵市肆得科技有限责任公司总经理孔华英，蚌埠市怀远县光彩印刷厂厂长韩玉忠，池州市石台县大演牯牛降花炮厂厂长、石台县宏运烟花爆竹批发公司总经理黄军发，滁州市金盛獭兔养殖专业合作社负责人王学成，淮北市杜集区白顶山行政村张存志10人"全省十佳残疾人创业之星"称号。

2011年6月，省委授予安庆市残联党组书记、理事长马世银"全省优秀共产党员"称号。

2011年9月，省委组织部、省残联联合授予赵静茹(女)、李玉道、杨丽(女)、王继平、张勤(女)、刘从光、孔庆军、方伟、陈玢(女)、李艳梅(女)、李仲兴、马凤光、蒋芝舞(女)、郭其堂、郝敬文、张扬、叶华、任前明、孟祥生、曹礼平、沈波、刘云（女）、肖宏安、李志方、陈向阳、王令国、余爱宝（女）、程君海、韩宪东等29人"十一五全省残联系统先进工作者"称号。授予黄汉力(肢残)、梅燕(肢残、女)、唐东峰(肢残)、孙峰(肢残)、辛大村(言语残疾)、秦超（盲)、锁成华（盲)、刘晓川（聋、女)、陈书存（肢残、女)、孙新伍（盲)、昝桂全(肢残、女)、任影(肢残、女)、齐立学(肢残)、高启明(多重残疾)、蔡传福(聋)、赵国银(肢残)、赵靖(肢残)、王学成(肢残)、董巧云(聋、女)、汪中福(肢残)、张守法(肢残)、黄继香（盲、女)、陆金友（肢残)、洪小妹（盲、女)、刘先乐（肢残)、赵小宝（盲)、李幼谦(肢残、女)、程传云(肢残)、赵森(盲)、周金华(肢残)、朱杰(肢残)、陈凤珍(肢残、女)、王恒（肢残)、杨学来（肢残)、程国正（肢残)、何连杰（肢残)、韦正华（肢残)、曹永利（肢残)、王道明（肢残)、胡在峰（肢残）40人"全省自强模范"称号。

2011年9月，省政府残工委授予安徽省发展和改革委员会社会处副处长魏晓军、安徽省法律援助中心综合部科长刘节兵、安徽省财政厅社保处科员吴昌好、安徽省住建厅人事教育处副处长张卫华（女）、安徽省统计局文化产业统计处副调研员郑新华（女），合肥市卫生局工作人员马健、合肥市人民政府法制办公室立法处处长刘维、合肥市蜀山区地方税务局局长涂传明、长丰县地方税务局主任科员褚友矿、肥东县财政局支付中心主任孟志、巢湖市民政局社会福利和事务科科长蒋冬梅（女）、巢湖市财政局社保科科长牛家波，淮北市地方税务局副主任朱磊、淮北市矿业集团公司副总经济师王冬梅（女）、淮北市东风福利印刷厂厂长丁文玲（女）、淮北市杜集区段园镇民政办副主任陆敏（女），亳州市人民医院眼科主任陆颖丽（女）、涡阳县明丽灯饰有限公司总经理娄和喜、利辛县地方税务局局长王成才、安徽德昌药业饮片有限公司总经理孙伟，宿州市财政局社保科科长夏荣（女）、宿州市地方税务局基金科副科长张祥志、砀山县地方税务局副局长段作海、安徽省科佳实业总厂副厂长王增光、蚌埠市财政局科员陈玉环（女）、蚌埠市地方税务局科长韩维乐、蚌埠市龙子湖区人民政府副区长程卫、蚌埠市经济技术开发区社会事业局副主任科员王莉（女）、五河县特教学校校长王芹（女）、固镇县民政福利公司总经理杨玉华，阜阳市财政局副主任科员刘先进、阜阳市颍州区人民政府办公室主任田希超、阜阳市颍州区财政局局长刘建斌、阜阳市颍泉区中市街道三皇社区书记陈继涛、阜南县地方税务局局长李明途、太和县会计结算中心主任李岩，淮南市地方税务局科长童训、淮南市特殊教育学校校长陈国怀、淮南市卫校附属医院院长程晋波、淮南市新华医疗集团薪酬科科长魏明智、淮南市淮西煤矿机械厂厂长陈登友、淮南市毛集实验区焦岗湖水产公司经理朱长炳，滁州市地方税务局副局长孙沈平、滁州市中西医结合医院眼科主任彭立权、天长市天长街道长亭村赵庄队农民张美兰（女）、来安县雷官镇政府民政干事吕雪峰、凤阳县府城镇文昌批发部负责人水巨洋，六安市财政局主任科员潘鸿（女）、六安市地方税务局副局长胡海运、六安市裕安区平桥乡南外村党总支书记吴昌国、霍邱县地方税务局基金股股长徐斌、舒城县百神庙镇百神庙村创业青年杨焕山，马鞍山市民政企业公司主任潘正嵩、马鞍山市财政局科长谢士好、马鞍山市天福纸箱纸品有限公司总经理田永霞（女）、当涂县解放军86医院主任李肖荣、和县历阳镇华阳社居委党总支书记潘策香（女），芜湖市财政局社保科科长王东祥、芜湖市金牛变压器制造有限公司总经理刘志文、芜湖市镜湖区财政局工作人员刘萍（女）、芜湖市弋江区医院眼科主任张雷、芜湖市鸠江区建设投资有限公司总经理褚小明、无为县地方税务局副局长王继明，宣城市财政局社保科长张正坤、重庆啤酒集团宣城古泉啤酒有限公司总经理刘刚、绩溪黄山实业有限公司总经理方伟中、旌德县福利纸箱厂厂长王晓姣（女），铜陵市民政局社会救助办主任科员洪霞（女）、铜陵市财政局社保科副主任科员赵炜（女）、铜陵市郊区大通镇民政办主任张先道、铜陵县财政局局长梅柏林，池州地税征管分局局长汪传钧、池州市人民医院院长刘斌、青阳县地方税务局副局长宁转林、东至县泥溪镇政府民政所副所长张劲松、九华山风景区社会保障局科员谢双双（女），安庆市国家税务局局长柯俊、安庆市经济技术开发区民政办主任董丽娟（女）、安庆市大观区海口镇民政助理员汪鑫、怀宁县秀山乡人民政府民政办主任杨善红、枞阳县藕山镇民政办主任江双春、太湖县新仓镇社会事务办主任王学文、宿松县法律援助中心主任许典华、岳西县毛尖乡人民政府民政办主任储诚楼、黄山市解放军532医院副院长刘绍峰、黟县渔亭镇党委委员朱中华、祁门县地方税务局副局长许基才87人"'十一五'期间扶残助残先进个人"称号。.

2011年12月2日,省政府残工委授予丁琼、马莉、王雨伟、王维民、吕丽影、任景明、许绍婷、许晓明、汤震、陈明、杜少白、苏海静、李华清、杨琳、周正卷、张会传、侯怀奇、赵家怡、郭小平、郭红琼、徐飞、曹长伟、程秀桂、薛玉荣、薛润娣25人"全省社会力量开展残疾儿童康复工作先进个人"称号。

附　　录

安徽省实施《中华人民共和国残疾人保障法》办法

(1994年8月30日安徽省第八届人民代表大会常务委员会第十二次会议通过 1994年8月30日公布施行)

第一条 为维护残疾人的合法权益,发展残疾人事业,保障残疾人平等地充分参与社会生活,共享社会物质文化成果,根据《中华人民共和国残疾人保障法》,结合本省实际情况,制定本办法。

第二条 残疾人是指在心理、生理、人体结构上,某种组织功能丧失或者不正常,全部或者部分丧失以正常方式从事某种活动能力的人,包括视力残疾、听力残疾、言语残疾、肢体残疾、智力残疾、精神残疾、多重残疾和其他残疾的人。

第三条 县级以上人民政府设立由有关部门组织的残疾人工作协调委员会,负责规划、指导、协调残疾人工作的开展。残疾人联合会(以下简称残联)代表残疾人的共同利益,维护残疾人合法权益;团结教育残疾人,为残疾人服务;接受政府的委托,管理残疾人事务,开展残疾人工作,动员社会力量,发展残疾人事业。

第四条 各级人民政府应将残疾人事业纳入国民经济和社会发展计划,经费列入财政预算,并随着经济和社会的发展有所增加,使残疾人事业与经济、社会协调发展。

第五条 全社会应发扬社会主义的人道主义精神,尊重、关心、理解、帮助残疾人,支持残疾人事业。残疾人的监护人、法定扶养人应当履行法定职责和义务,禁止虐待和遗弃残疾人。

第六条 残疾人经县级以上人民政府卫生行政部门指定的医院按国家规定的残疾标准鉴定后,由县级残联核发《残疾人证》。

第七条 各级人民政府应当有计划地开展残疾人预防工作,组织有关部门,动员社会力量,采取措施,预防残疾的发生和发展。

第八条 县级以上人民政府应根据国家确定的重点康复项目制定实施计划,采取有效措施,协调有关部门开展本地区的残疾人康复工作。乡(镇)人民政府、街道办事处应当指定专人负责残疾人康复工作。

第九条 省、市(地区)人民政府应逐步建立、健全残疾人康复机构,开展康复治疗、科学研究、人员培训和康复技术指导工作。县以上卫生行政部门应根据当地实际需要,指定医疗机构设康复门诊和康复病房,为残疾人进行康复治疗,并提供康复服务。

第十条 省、地、市残联应建立残疾人用品用具服务站,县(市、区)残联应逐步建立供应服务点,负责残疾人康复器械、生活自助具、特殊用品和其他辅助器具的供应和维修服务。

第十一条　残疾人为恢复功能所需医疗费,享受公费医疗、劳保医疗或统筹医疗的,分别按公费医疗、劳保医疗或统筹医疗的有关规定办理。

第十二条　各级人民政府应将残疾儿童、少年的义务教育列入当地普及九年制义务教育规划,使残疾人儿童、少年的义务教育入学率达到国家规定的目标。残疾儿童、少年入学年龄可适当放宽;残疾儿童、少年可就近入学。各类学校应当为残疾儿童、少年的学习和生活提供方便,并根据实际情况减免杂费。

第十三条　县级以上人民政府及其教育行政部门应制定特殊教育发展规划,有计划地开设特殊教育班,逐步建立特殊教育学校,并在普通中小学、幼儿园大力开展随班就读,保证符合条件的残疾人都能接受学前教育、义务教育。

第十四条　特殊教育经费列入教育事业费支出,并随教育经费的逐年增加而相应增加。教育费附加中要安排一定比例用于义务教育阶段的特殊教育,努力做到特殊教育与普通教育同步发展。

第十五条　县级以上人民政府及其教育行政部门应加强特殊教育师资队伍建设,提高教学质量。在特殊教育学校和特殊教育班从事特殊教育(含聋儿听力语言训练)的教师以及手语翻译,可享受特殊教育津贴。

第十六条　各级残联应积极开展残疾人劳动就业服务工作,协助政府和有关部门开展残疾人待业调查、就业登记、能力评估、职业培训和职业中介、咨询、指导等业务。

第十七条　残疾人劳动就业,实行集中与分散相结合的方针。积极发展残疾人经济,集中安置残疾人就业,鼓励、帮助残疾人自愿组织起来从业或个体开业。安置残疾人达到规定比例的,按国家和省的有关规定给予税收优惠,并在生产、经营、技术、资金、物资、场地等方面给予扶持。

第十八条　各级人民政府和有关部门应当做好推动各单位吸收残疾人就业的组织指导工作。机关、团体、企业事业组织和城乡集体经济组织应当按不低于本单位在职职工总数的1.5%的比例安置有劳动能力的残疾人就业。具体实施办法由省人民政府制定。

第十九条　残疾人申请从事个体工商业的,工商行政部门应当优先核发营业执照,有关部门应在场地、信贷等方面给予照顾。

第二十条　各单位应根据残疾职工生理、心理障碍情况分配适当的工种和岗位,合理确定劳动定额,在福利待遇、职称评定、劳动保护、养老保险等方面,与健全职工享受同等待遇。企业解散、破产后,政府或企业主管部门必须妥善安置残疾职工的生活,积极创造条件,使其重新就业。鼓励有条件的大、中型企业兴办残疾人福利企业。

第二十一条　盲人按摩院(所)取得职业许可证的盲人按摩人员符合条件的,可按国家规定评定专业职称。

第二十二条　各级人民政府及有关部门对农村贫困残疾人，应在生产服务、技术服务、农用物资供应、农副产品收购和信贷等方面给予帮助。

第二十三条　各级人民政府及其有关部门应指导城乡基层组织开展有益于残疾人身心健康的群众性文化、体育、娱乐活动，对残疾人文艺团体应给予扶持。

第二十四条　鼓励单位和个人兴办适合残疾人特点和需要的文化、体育、娱乐活动场所，为残疾人服务并适当减免收费。公共文化、体育、娱乐活动场所应当对残疾人开放，并提供方便和照顾。

第二十五条　无劳动能力、无法定扶养人、无生活来源的残疾人，在城镇的可由当地民政部门给予社会救济或由社会福利院集中供养，在农村的由乡（镇）人民政府、村民委员会按当地“五保户”规定保障其生活。其他生活困难确需救济的残疾人，由当地有关部门、单位给予救济。农村残疾人承担义务工、公益事业费和其他社会负担，县、乡（镇）人民政府应予减免。流浪外地，以乞讨为生的残疾人，由民政部门予以收容，送回原籍。

第二十六条　各级残疾人组织接受社会捐赠的残疾人福利基金，应专款专用。

第二十七条　残疾人凭《残疾人证》享受以下优待：（一）到文化、体育、娱乐活动场所，优先购票，优先入场；（二）盲人可免费乘坐市内公共交通工具，盲人读物免费邮寄；（三）搭乘长途汽车、火车、轮船、飞机，优先购票，优先搭乘；（四）随身必备的辅助器具，免费携带、寄存；（五）优先挂号就诊，盲人就医免收普通挂号费；（六）城市公园免收门票。

第二十八条　城市规划、建设部门应根据国家有关规定，逐步实行方便残疾人的城市道路和建筑物设计规范，采取无障碍措施。

第二十九条　各级人民政府要认真组织好每年的助残日活动，切实帮助残疾人解决一些实际困难。

第三十条　对侵害残疾人合法权益行为的投诉、检举、控告，人民法院、人民检察院、公安机关或政府有关部门应依法受理查处，不得推诿、拖延。残联和残疾人所在单位，应支持被侵害的残疾人进行诉讼。

第三十一条　人民法院和律师事务所等法律服务机构对生活确有困难的残疾人，其诉讼费和法律服务收费应酌情减、缓、免。

第三十二条　有下列行为之一的，由政府及有关主管部门对单位和直接责任人予以通报批评或者给予行政处分，并责令限期改正：（一）拒绝招收符合国家规定的录取标准的残疾学生入学的；（二）无正当理由拒绝接受国家分配的中专以上残疾毕业生的；（三）无合法理由辞退、开除残疾职工、学生的；（四）无正当理由拒绝安置残疾人就业的；（五）其他侵害残疾人合法权益的。

第三十三条　本办法由省人民政府负责解释。

第三十四条　本办法自公布之日起施行。

安徽省残疾人保障条例

（2011 年 12 月 28 日安徽省第十一届人民代表大会
常务委员会第 30 次会议通过，安徽省人民代表大会
常务委员会第 41 号公告公布）

第一章　总　则

第一条　为了维护残疾人的合法权益，发展残疾人事业，保障残疾人平等充分地参与社会生活，共享社会物质文化成果，根据《中华人民共和国残疾人保障法》和有关法律、行政法规，结合本省实际，制定本条例。

第二条　残疾人在政治、经济、文化、社会和家庭生活等方面享有同其他公民平等的权利。

保障残疾人的合法权益是全社会的共同责任。

第三条　县级以上人民政府应当加强对残疾人事业的领导，将残疾人事业纳入国民经济和社会发展规划，制定本行政区域的残疾人事业发展规划和年度计划，保障残疾人事业与经济、社会协调发展。

县级以上人民政府应当将残疾人事业经费列入财政预算，建立稳定的经费保障机制。

县级以上人民政府民政部门应当在发行福利彩票筹集的本级公益金中，每年安排不低于 8% 的比例，专项用于残疾人事业。县级以上体育行政部门应当安排部分体育彩票公益金用于开展残疾人体育活动。

第四条　县级以上人民政府残疾人工作委员会负责组织、协调、指导、督促有关部门做好残疾人保障工作，研究解决残疾人工作中的重大问题，监督检查残疾人保障法律、法规的实施。残疾人工作委员会的办事机构设在同级残疾人联合会，负责日常工作。

县级以上人民政府有关部门应当按照各自职责，做好残疾人保障工作。

第五条　地方国家机关应当尊重残疾人对公共政策和残疾人事务的知情权、参与权、表达权和监督权，依法保障残疾人参与民主选举、民主决策、民主管理和民主监督。

第六条　残疾人联合会代表残疾人的共同利益，维护残疾人的合法权益，依照法律、法规、章程或者接受政府委托，开展残疾人工作，动员社会力量，发展残疾人事业。

第七条　全社会应当发扬人道主义精神，理解、尊重、关心、帮助残疾人，支持残疾人事业。

广播、电视、报刊、网络等大众传播媒体应当宣传残疾人保障的法律、法规，宣传残疾人事业，宣传残疾人自立自强和扶残助残先进事迹，形成全社会尊重残疾人风尚。

鼓励社会组织和个人为残疾人提供捐助和服务。

第八条　各级人民政府和有关部门对在社会主义建设中做出显著成绩的残疾人，对维护残疾人合法权益、发展残疾人事业、为残疾人服务做出显著成绩的单位和个人，给予表彰和奖励。

第二章　预防与康复

第九条　各级人民政府应当制定残疾预防行动计划，建立健全出生缺陷预防和早期发现、早期治疗机制，预防残疾的发生；开展对残疾人状况的统计、调查、分析，采取措施，减轻残疾程度。

第十条　对申办《中华人民共和国残疾人证》（以下简称残疾人证）的残疾人，免收残疾鉴定检查费。残疾人证应当免费发放。

第十一条　各级人民政府应当将残疾人康复纳入基本医疗卫生服务体系，组织实施重点康复项目，帮助残疾人恢复或者补偿功能，增强其参与社会生活的能力。

第十二条　县级以上人民政府和有关部门应当根据残疾人康复需求，举办残疾人康复机构，依托医疗机构设立康复医学科室，为残疾人提供康复服务。

县级以上人民政府和有关部门应当组织和指导城乡医疗卫生服务机构，开展社区残疾人康复服务工作。

鼓励社会力量举办残疾人康复机构，在资金、场所、用地等方面予以扶持。

第十三条　县级以上人民政府应当建立残疾人康复救助制度，对贫困残疾人康复训练、辅助器具适配给予补贴；将贫困精神残疾人普通门诊治疗纳入统筹地区门诊慢性病（特殊病种）报销范围；将符合规定的残疾人康复医疗项目纳入城镇职工基本医疗保险、城镇居民基本医疗保险和新型农村合作医疗保险范围。

享受最低生活保障的残疾人住院治疗的，应当降低其城镇职工基本医疗保险、城镇居民基本医疗保险或者新型农村合作医疗保险个人承担的住院费用起付标准。

第十四条　优先开展残疾儿童抢救性治疗和康复，实施 6 岁以下残疾儿童免费抢救性康复项目。家庭贫困的 6 岁以上残疾儿童的抢救性治疗和康复费用，按照省有关规定由县级以上人民政府给予全额或者部分补助。

第三章　教　育

第十五条　县级以上人民政府应当将残疾人教育纳入教育事业发展总体规划和教育发展评价考核体系，保障残疾人享有平等接受教育的权利。

第十六条　普通小学、初级中等学校应当按照就近、便利的原则，接收能适应普通学校学习生活的残疾儿童、少年入学，为其学习提供方便和帮助。

能适应普通学校学习生活的残疾儿童、少年和残疾人家庭的儿童、少年在非户籍地就学的，由现居住地县级人民政府教育行政部门按照就近、便利的原则负责安排。

各级人民政府对接受义务教育的残疾学生、残疾人子女提供免费教科书，并给予寄宿生活费等费用补助。

第十七条　县级以上人民政府应当根据残疾人的数量、分布状况和残疾类别等因素,合理设置特殊教育学校。特殊教育学校应当具备适合残疾人学习、康复、生活的场所和设施。

承担义务教育任务的特殊教育学校（班）学生人均公用经费标准应当不低于普通学校学生人均公用经费标准的五倍。

第十八条　普通高级中等学校、中等职业学校和高等学校,不得拒绝招收符合国家规定录取要求的残疾学生。

第十九条　县级以上人民政府应当将残疾人职业教育纳入职业教育发展总体规划,设立残疾人职业教育培训机构或者在普通职业教育机构设置教育点,对残疾人进行职业技能培训,提高其就业和创业能力。

第二十条　普通高等学校全日制本专科在校残疾学生和贫困残疾人家庭的学生,中等职业学校残疾学生、特殊教育学校职业高中班和普通高中的残疾学生,全部享受国家助学金。考入普通高等学校的残疾学生,按照省有关规定享受一次性救助和学年救助。

各类教育培训机构应当减免贫困残疾学生的学费、杂费、住宿费。对残疾学生实行减免费用的民办教育培训机构,政府应当给予补贴。

第二十一条　县级以上人民政府及其教育行政部门应当根据实际需要,有计划地举办特殊教育师资班或者开设特殊教育课程,培养、培训特殊教育师资。

普通教育机构应当根据实际需要,配备具有特殊教育知识和技能的教师,为残疾学生提供帮助。

特殊教育教师和手语翻译,享受特殊教育津贴。

第二十二条　县级以上人民政府应当支持社会力量举办各类残疾人教育机构,并在资金、场所、用地、人才等方面予以扶持。

鼓励社会力量为残疾人教育提供捐助。

第四章　劳动就业

第二十三条　县级以上人民政府应当将有就业愿望和劳动能力的残疾人纳入就业困难人员范围,加强对残疾人的就业前培训、在职培训、再就业培训和创业培训,采取税费减免、贷款贴息、社会保险补贴、岗位补贴等办法,对残疾人就业给予扶持和帮助。

各级人民政府开发的公益性岗位和社区服务性岗位,应当优先安排符合条件的残疾人就业。

第二十四条　各级人民政府和社会依法举办的残疾人福利企业、盲人按摩机构和其他福利性单位,应当集中安排残疾人就业。

各级人民政府对安排残疾人就业达到、超过规定比例或者集中安排残疾人就业的用人单位，依法给予税收优惠，并在生产、经营、技术、资金、物资、场地等方面给予扶持。

用人单位不得虚报安排残疾人就业人数，骗取税收优惠待遇。

第二十五条　国家机关、社会团体、企业事业单位和其他社会组织（以下统称用人单位），应当按照不低于本单位上一年度从业人员总数1.5%的比例安排残疾人就业。确因岗位不合适，未安排残疾人就业或者安排残疾人就业未达到规定比例的，每少安排一名残疾人，应当按照当地上一年度本地区从业人员年平均劳动报酬标准缴纳残疾人就业保障金。

建立残疾人就业保障金省级调剂金制度，设区的市、县（市、区）将每年度征收的残疾人就业保障金，按照省规定的比例，缴入省级国库，统筹用于全省残疾人就业工作。

残疾人就业保障金接受县级以上人民政府财政、审计部门的监督检查，收支情况应当每年向社会公开。残疾人就业保障金征收、使用和管理具体办法由省人民政府规定。

残疾人就业保障金专款专用，不得截留、侵占、挪用。

第二十六条　残疾人从事个体经营的，有关部门应当在经营场地等方面给予照顾，免除管理类、登记类和证照类等行政事业性收费，并依法给予税收优惠。

残疾人自主创业和组织起来就业的，按照国家和省规定免除行政事业性收费，依法享受创业扶持补贴、组织起来就业补贴、小额信贷扶持和税收优惠。

鼓励社会组织和个人对残疾人自主创业给予支持和帮助。

第二十七条　县级以上人民政府有关部门设立的公共就业服务机构、残疾人就业服务机构，应当为残疾人免费提供就业服务。鼓励社会各类就业服务机构减免收费，为残疾人提供就业服务。

各级人民政府和有关部门应当多渠道筹集资金，组织和扶持农村残疾人从事力所能及的生产劳动，并在生产服务、技术指导、农用物资供应、农副产品收购和信贷等方面给予帮助。

第二十八条　用人单位应当根据残疾职工生理、心理情况，适当分配工种和岗位，合理确定劳动定额。残疾职工在福利待遇、晋职晋级、职称评定、社会保险等方面与其他职工享受同等待遇。

用人单位不得以残疾为由辞退或者开除残疾职工。

第五章　文化生活

第二十九条　各级人民政府和有关部门鼓励、帮助残疾人参加文化、体育、娱乐活动，指导城乡基层组织开展残疾人群众性文化、体育、娱乐活动。

第三十条　政府举办的公共文化设施和公共体育场所免费向残疾人开放。

鼓励单位和个人举办适合残疾人特点和需要的文化、体育、娱乐活动场所，为残疾人服务。

城乡公共健身场所应当配置适合残疾人身心特点的健身康复器材。

第三十一条　各级公共图书馆应当设立盲人阅览室或者阅览区域，配置盲文图书以及有关阅读设备，为盲人提供方便。

广播电台、电视台应当创造条件，开办残疾人专题栏目，推进电视栏目、影视作品加配字幕、手语。

第三十二条　县级以上人民政府文化、体育、民政等部门和残疾人联合会应当组织和扶持残疾人开展群众性文化、体育活动，举办残疾人文艺演出和残疾人体育运动会，培养残疾人文艺、体育人才。残疾人所在单位应当给予支持。

第三十三条　实行全省运动会和全省残疾人运动会同城举办。对在国内外重大赛事中获奖的残疾人运动员及其教练员，按照健全人同级赛事奖励标准同等奖励。

第六章　社会保障

第三十四条　成年重度残疾人单独立户的，县级以上人民政府应当按照规定将其纳入低保范围。

县级以上人民政府对享受最低生活保障后生活仍有困难的残疾人和农村五保供养的残疾人，应当采取其他措施给予特别救助。

残疾人无劳动能力、无生活来源、无扶养人或者扶养人不具有扶养能力的，当地人民政府应当予以供养；有条件的地方实行集中供养。

各级人民政府对符合条件的重度残疾人、一户多残、老残一体等困难残疾人家庭和低收入残疾人家庭给予临时救助。

第三十五条　县级以上人民政府民政部门应当采取措施，对流浪乞讨的残疾人按照规定给予及时救助和妥善安置。

禁止胁迫、诱骗、利用残疾儿童、少年乞讨或者组织残疾儿童、少年进行有害其身心健康的表演等营利性活动。

第三十六条　各级人民政府应当为符合保障性住房申请条件的残疾人家庭优先安排保障性住房，在住房分配上对生活不便的残疾人给予照顾。

农村危房改造计划应当优先安排符合条件的贫困残疾人家庭。尚未列入危房改造计划的农村贫困残疾人家庭，自行进行危房改造的，县级以上人民政府应当按照有关规定给予补助。

第三十七条　贫困、重度残疾人参加新型农村社会养老保险的最低标准保险费，按照省规定由政府代缴或者给予补贴。

贫困残疾人参加城镇职工基本医疗保险、城镇居民基本医疗保险以及基本养老保险，承担个人缴费部分有困难的，由统筹地区人民政府给予补贴。

农村贫困、重度残疾人参加新型农村合作医疗保险个人缴费部分，由农村医疗救助资金承担。

第三十八条　提供公共服务的企业事业单位应当按照规定，减免贫困残疾人家庭生活使用的水、电、燃气、电话和有线电视收视等费用。

第三十九条　残疾人乘坐公共交通工具，凭残疾人证优先购票、优先乘坐，代步专用辅助器具免费携带；盲人、二级以上肢体残疾人凭残疾人证免费乘坐市内公共交通工具。

第四十条　县级以上人民政府应当建立健全以生活照料、医疗康复、社会保障、教育就业、文化体育、权益保护等为主要内容的残疾人服务体系。

县级以上人民政府应当将残疾人综合服务设施建设纳入城乡公益性建设项目，并按照规定在立项、规划、资金、用地等方面给予支持。

鼓励和扶持社会力量举办残疾人服务机构。

第四十一条　对经济困难或者其他原因确需法律援助或者司法救助的残疾人和残疾人家庭，当地法律援助机构应当依法提供法律援助，受理案件的人民法院应当依法给予司法救助。

第七章　无障碍环境

第四十二条　各级人民政府应当对无障碍环境建设统筹规划，逐步完善无障碍设施。

规划、住房和城乡建设、交通运输等部门应当按照各自职责，依法对无障碍设施的规划、设计、建设、养护和使用实施监督管理。

无障碍设施的规划和设计应当征求当地残疾人联合会的意见，残疾人联合会对无障碍设施的规划、设计、建设、养护和使用提出意见和建议的，有关部门应当及时处理。

第四十三条　新建、改建、扩建建筑物、道路、交通设施等，应当按照国家工程建设标准建设无障碍设施，并与主体工程同时设计、同时施工、同时验收、同时交付使用。

各级人民政府和有关部门应当按照国家无障碍设施工程建设规定，逐步推进已建成设施的改造，优先推进与残疾人日常生活、工作密切相关的公共服务设施以及残疾人居家环境的无障碍改造。

无障碍设施的所有者或者管理者应当加强维修和保护，确保其正常使用。

禁止损坏、侵占无障碍设施或者改变无障碍设施用途。

第四十四条　县级以上人民政府应当鼓励研发、推广使用符合残疾人信息交流需要的通讯技术和产品设备，为残疾人信息交流无障碍创造条件。

各级人民政府和有关部门应当采取措施，为残疾人获取政务信息提供方便。

公共服务机构应当提供文字提示、手语、语音、盲文等信息交流服务，为残疾人获取公共信息提供方便。

第四十五条　公共服务场所、公共交通工具，应当逐步建立语音提示、屏显字幕等系统，或者采取设立盲文简介和盲人手摸模型、无障碍专用窗口或者专用通道等措施，为残疾人信息交流无障碍提供服务。

设有无障碍设施或者提供信息交流无障碍服务的公共场所，应当在适当位置设置符合国家标准的无障碍标识。

公共停车场应当在合理位置设置残疾人专用停车位。

第八章　法律责任

第四十六条　违反本条例规定，国家机关及其工作人员未依法履行保障残疾人合法权益职责的，由其所在单位或者上级机关责令改正；造成严重后果的，由其所在单位或者上级机关依法对直接负责的主管人员和其他直接责任人员给予处分。

第四十七条　有下列行为之一的，由有关主管部门责令改正，并依法对直接负责的主管人员和其他直接责任人员给予处分：

（一）违反本条例第十六条、第十八条规定，拒不接收能适应普通学校学习生活的残疾学生入学，或者拒绝接收符合国家规定录取要求的残疾学生的；

（二）违反本条例第二十八条规定，用人单位在福利待遇、晋职晋级、职称评定、社会保险等方面未给予残疾职工与其他职工享受同等待遇的。

第四十八条　违反本条例第二十四条第三款规定，用人单位虚报安排残疾人就业人数，骗取税收优惠待遇的，由税务机关依法处理。

第四十九条　违反本条例第二十五条第一款规定，用人单位未安排或者未按照规定比例安排残疾人就业，又未缴纳残疾人就业保障金的，由有关行政部门给予警告，责令限期缴纳；逾期仍不缴纳的，除补缴欠缴数额外，应当自欠缴之日起按日加收5‰的滞纳金；拒不缴纳的，由有关机关依法强制执行。

违反本条例第二十五条第四款规定，截留、侵占、挪用残疾人就业保障金的，由其所在单位或者上级机关责令限期改正；未构成犯罪的，对直接负责的主管人员和其他直接责任人员依法给予处分。

第五十条　违反本条例第三十五条第二款规定，胁迫、诱骗、利用残疾儿童、少年乞讨或者组织残疾儿童、少年进行有害其身心健康的表演等营利性活动，未构成犯罪的，由公安机关依据《中华人民共和国治安管理处罚法》给予行政处罚。

第五十一条　违反本条例第四十三条第一款规定，新建、改建、扩建建筑物、道路、交通设施，未按照国家工程建设标准建设无障碍设施的，由住房和城乡建设等有关主管部门依法处理。

违反本条例第四十三条第三款、第四款规定，无障碍设施的所有者或者管理者未及时进行维修和保护，或者损坏、侵占无障碍设施或者改变无障碍设施用途的，由住房和城乡建设等有关主管部门依法处理。

第九章　附　则

第五十二条　本条例自2012年2月1日起施行。1994年8月30日安徽省第八届人民代表大会常务委员会第十二次会议通过的《安徽省实施〈中华人民共和国残疾人保障法〉办法》同时废止。

安徽省按比例安排残疾人就业办法

（2004年5月24日安徽省人民政府第13次常务会议通过，
2004年5月30日安徽省人民政府令第165号公布）

第一条 为了保障残疾人的劳动权利，根据《安徽省实施〈中华人民共和国残疾人保障法〉办法》和有关规定，制定本办法。

第二条 县级以上残疾人联合会受本级人民政府委托，负责按比例安排残疾人就业的行政管理和行政执法工作。同级财政、税务、统计、劳动保障、民政和工商行政管理等部门应依照各自职责予以配合。

第三条 有本省常住户口、符合中国残疾人实用评定标准、符合法定就业年龄、本人有就业要求、有一定劳动能力、生活能自理的无业残疾人，为按比例安排就业的对象。

第四条 省残疾人联合会应在省劳动保障行政主管部门的指导下，建立健全劳动能力评定制度，完善就业服务机制，加强残疾人职业技能培训，指导残疾人就业。

第五条 本省行政区域内的国家机关、社会团体、企业、事业单位和其他社会组织（以下统称用人单位）按不低于本单位上一年度从业人员总数的1.5%的比例安排残疾人就业。用人单位上一年度从业人员总数，以当地县级以上统计部门认定的统计数据为准。

已在用人单位从业的伤残职工，经县级以上残疾人联合会认定，符合中国残疾人实用评定标准的，计入本单位按比例安排残疾人就业比例。

用人单位应在每年3月31日前，将本单位上一年度从业人员总数的统计报表和残疾职工名册报当地县级以上残疾人联合会。

第六条 用人单位录用残疾人，在同等条件下，优先录用本单位职工的残疾人亲属。

用人单位录用残疾人，应依法与残疾人签订劳动合同，为残疾职工办理社会保险。

用人单位辞退残疾职工、解除与残疾职工的劳动合同，应依法办理，并报当地县级以上残疾人联合会备案。

第七条 用人单位安排残疾人就业，应根据残疾人知识、能力及生理、心理障碍等情况，安排适当的工种和岗位；在晋升、晋级、培训、职称评定、劳动报酬、生活福利、社会保险等方面，不得歧视残疾人。

第八条 未安排残疾人就业和安排残疾人就业未达到规定比例的用人单位，按年度交纳残疾人就业保障金。每少安排一名残疾人，按当地县级以上统计部门统计的上一年度本地区从业人员年平均劳动报酬标准交纳残疾人就业保障金。

用人单位安排残疾职工差额不足一人的可免予安排,但需按差额比例计算并交纳残疾人就业保障金。

第九条　县级以上残疾人联合会和县级以上地方税务机关按照分级征收的原则负责残疾人就业保障金征收工作。残疾人联合会负责征收国家机关、社会团体、事业单位和其他社会组织应交纳的残疾人就业保障金;地方税务机关负责征收企业应交纳的残疾人就业保障金。

县级以上残疾人联合会负责每年对用人单位上一年度按比例安排残疾人就业情况进行审查,对未安排残疾人就业和安排残疾人就业未达到规定比例的用人单位,应在每年的6月30日前核定其上一年度应交纳的残疾人就业保障金数额,并发出《残疾人就业保障金交款通知书》。用人单位应自收到交款通知书之日起30日内向残疾人联合会或地方税务机关交纳残疾人就业保障金。

市、县(市、区)残疾人联合会或地方税务机关代上一级残疾人联合会或地方税务机关征收的残疾人就业保障金,60%划入本级残疾人就业保障金财政专户,40%划入上一级残疾人就业保障金财政专户。

第十条　残疾人就业保障金分级征收的具体规定由省残疾人联合会会同省地方税务机关制定。

第十一条　国家机关、社会团体、事业单位交纳残疾人就业保障金,从单位经费中列支,企业、其他社会组织从管理费用中列支。

第十二条　收取残疾人就业保障金,统一使用省财政厅印制的《残疾人就业保障金专用票据》。

第十三条　残疾人就业保障金专项用于下列开支:

(一)补贴残疾人职业培训费用;

(二)有偿扶持残疾人集体从业、个体经营;

(三)经同级财政部门批准,适当补助残疾人劳动就业服务机构经费开支;

(四)经本级人民政府批准,奖励安排残疾人就业有突出贡献的单位和个人;

(五)用于有利于残疾人就业的其他开支。

第十四条　残疾人就业保障金的使用和管理,按财政部有关规定执行。

县级以上残疾人联合会应建立、健全残疾人就业保障金的财务管理制度,加强收支管理,接受财政、审计部门的检查和监督。

第十五条　用人单位在规定期限内未交纳或未足额交纳残疾人就业保障金的,由县级以上地方税务机关或受本级人民政府委托的县级以上残疾人联合会给予警告,责令其限期交纳;逾期仍不交纳的,可依法处以500元以上1000元以下罚款,并按日加收应交纳残疾人就业保障金总额万分之五的滞纳金。

第十六条　用人单位对处罚决定不服的,可以依法申请行政复议或提起行政诉讼。逾期不申请行政复议不提起行政诉讼又不履行处罚决定的,作出处罚决定的机关可以依法申请人民法院强制执行。

第十七条　残疾人联合会、地方税务机关以及政府有关行政部门的工作人员，在征收、使用和管理残疾人就业保障金的工作中，违反本办法及国家和省有关规定的，依法给予行政处分；构成犯罪的，依法追究刑事责任。

第十八条　本办法自2004年7月1日起施行。1996年3月27日省政府发布的《安徽省按比例安排残疾人就业办法》同时废止。

安徽省优待扶助残疾人规定

（2007年5月14日安徽省人民政府第53次常务会议通过，
2007年5月24日安徽省人民政府令第202号公布）

第一章　总　则

第一条　为了加强对残疾人的优待扶助，鼓励残疾人积极参与社会生活，共享社会物质文化成果，根据《中华人民共和国残疾人保障法》、《安徽省实施〈中华人民共和国残疾人保障法〉办法》、《残疾人教育条例》和《残疾人就业条例》等有关法律、法规，结合本省实际，制定本规定。

第二条　本省行政区域内持有《中华人民共和国残疾人证》（以下简称《残疾人证》）的残疾人按照本规定享受相关的优待扶助。法律、法规和国家有关规定另有规定的，从其规定。

第三条　县级以上人民政府依法组织实施残疾人优待扶助工作，并对所属部门和下级人民政府优待扶助残疾人工作实施监督。

民政、劳动保障、教育、卫生、文化、广电、工商行政管理、税务、建设、交通、公安、司法、体育、人事等部门，依照各自职责，做好优待扶助残疾人工作。

残疾人联合会接受政府的委托，管理残疾人事务，开展残疾人工作，负责对本规定的实施情况进行监督检查。

第四条　各级人民政府应当支持和促进残疾人事业的发展，多渠道筹措资金加大对残疾人事业的投入。

县级以上人民政府民政部门每年安排部分福利彩票公益金用于发展残疾人福利事业。

县级以上人民政府体育行政部门安排部分体育彩票公益金用于开展残疾人体育活动。

第五条 鼓励社会组织和个人对残疾人进行优待扶助。

第二章　劳动就业优待扶助

第六条　县级以上人民政府应当将残疾人就业纳入国民经济和社会发展规划，实行集中就业与分散就业相结合的方针，采取多种措施，拓宽残疾人就业渠道，开发适合残疾人就业的公益性岗位，保障残疾人就业。

县级以上人民政府发展社区服务事业，应当优先考虑残疾人就业。

第七条　各级人民政府应当多方面筹集资金，组织和扶持农村残疾人从事种植业、养殖业、手工业和其他形式的生产劳动。

对从事农业生产劳动的农村残疾人，有关部门应当在生产服务、技术指导、农用物资供应、农副产品收购等方面给予帮助。

第八条　国家机关考录公务员，国有企业和事业单位招聘职员，同等考录或者招聘条件下应当优先录用残疾人。

第九条　鼓励残疾人自愿组织起来就业或者自谋职业。对自主择业、自主创业的残疾人，按照国家规定给予信贷等方面扶持。

残疾人申请从事个体工商业的，工商行政管理部门应当优先核发营业执照，有关部门应当在经营场地等方面给予照顾，并按照规定免收管理类、登记类和证照类的行政事业性收费。

残疾人个人从事加工、修理、修配劳务所得收入，免征增值税。残疾人个人从事商业经营月销售额达不到5000元的，经税务部门核准，免征增值税。

开办盲人保健按摩机构，税务部门和有关部门应当按照有关规定减免税费。

第十条　福利企业安置盲、聋、哑及肢体残疾人员，由税务部门按照有关规定，根据盲、聋、哑及肢体残疾人员占企业生产人员总数不同的比例，分别给予相应的税收优惠。

第十一条　用人单位招用残疾人职工，应当依法与其签订劳动合同或者服务协议，为残疾人职工办理社会保险。

用人单位辞退残疾人职工、解除与残疾人职工的劳动合同或者服务协议，应当报当地县级以上残疾人联合会备案。

对依靠残疾人职工或者其配偶一人工资收入维持家庭生活的，用人单位非因单位撤销、解散、停产、破产，不得安排残疾人职工或者其配偶下岗。

第十二条　各类残疾人职业培训机构应当开展针对失业残疾职工、有劳动能力和就业愿望的残疾人的就业再就业前的免费技能培训。

第三章　生活医疗优待扶助

第十三条　各级人民政府应当对下列残疾人采取生活保障措施：

（一）对有重度残疾人、多个残疾人的家庭及其他特困残疾人家庭，在原享受最低生活保障金的基础上，根据分类施保的原则，适当提高其最低生活保障金的补差额；

（二）对无劳动能力、无生活来源又无法定赡养、抚养、扶养义务人，或者其法定赡养、抚养、扶养义务人无赡养、抚养、扶养能力的残疾人，给予供养、救济；

（三）对在城市生活无着流浪乞讨的残疾人，当地救助站应当及时救助。

第十四条　县级以上人民政府应当帮助农村贫困残疾人改善居住条件。

对符合政府廉租住房条件的城镇贫困残疾人家庭，当地人民政府应当将其纳入政府廉租住房制度范围。

因城市建设规划拆迁残疾人房屋，当地人民政府应当本着方便残疾人生活的原则妥善安置。

第十五条　残疾人凭《残疾人证》进入公园、动物园、烈士陵园、文化馆、博物馆、美术馆、展览馆、体育场馆、文化活动中心和科技活动中心等公共文化体育场所，享受减免费用的优待。具体办法由设区的市人民政府规定。

残疾人凭《残疾人证》免费进入收费公共厕所。

盲人读物免费邮寄。

第十六条　残疾人凭《残疾人证》就医，挂号、缴费、化验、取药等予以优先，乡镇卫生院、社区医疗服务机构和县级以上公立医院应当减免普通挂号费；贫困残疾人凭《残疾人证》和县级以上残联出具的家庭贫困证明就医，二级以上公立医院适当减免医疗费。

第十七条　居住在城市或者农村的残疾人，符合下列条件之一的，向户籍所在地的乡镇人民政府或者街道办事处提出申请，按照规定享受医疗救助：

（一）持有县级人民政府民政部门发放的最低生活保障金领取凭证，享受低保待遇的；

（二）持有县级人民政府民政部门发放的农村五保供养证的；

（三）重点优抚对象。

残疾人不符合前款规定条件但家庭贫困的，当地人民政府应当逐步将其纳入医疗救助范围。

第四章　文化教育优待扶助

第十八条　各级人民政府及其有关部门应当按照《中华人民共和国义务教育法》的规定，保障适龄残疾儿童、少年接受义务教育的权利。

第十九条　适龄残疾儿童、少年和残疾人的子女接受义务教育，应当就近入学。异地就学的残疾儿童、少年和残疾人的子女就学由流入地政府负责安排。

家庭贫困的残疾学生、贫困残疾人的子女接受义务教育，免费领取教科书；属于寄宿生的，由当地人民政府补助生活费。

第二十条　普通高级中等学校、高等院校、成人教育机构等非义务教育的学校，不得拒绝招收符合国家规定的录取标准的残疾考生入学，并应当减免家庭贫困的残疾学生、贫困残疾人的子女的学费、杂费、住宿费。

接受中高等教育的家庭贫困的残疾学生、贫困残疾人的子女，享受优先领取助学金的待遇，所在学校应当优先受理其国家助学贷款申请。考入高等院校的贫困残疾学生，按照省有关规定享受一次性救助和学年救助。

第二十一条　各类教育培训机构应当减免家庭贫困的残疾学生的学费、杂费、住宿费。

第二十二　各级人民政府和社会组织应当采取下列措施，满足残疾人的精神文化需求：

（一）通过广播、电影、电视、报刊、图书、网络等公共媒体，反映残疾人生活，为残疾人服务；

（二）公共媒体无偿刊登、播出反映残疾人事业的公益广告。

第二十三条　残疾人参加县级以上残联、文化、体育部门组织的排练、演出或者训练、比赛期间，所在单位应当给予支持并保证其享受在岗时的工资、奖金、福利等待遇。

对在残疾人奥运会、残疾人世界锦标赛、远南（亚洲）残疾人运动会、全国残疾人运动会等重大竞技体育比赛中获得金银铜牌的残疾人运动员，按照国家和省有关规定给予奖励。

第五章　其他社会保障优待扶助

第二十四条　各级人民政府应当把扶持农村有劳动能力的残疾人脱贫列入扶贫开发计划，在项目和资金安排上予以优先照顾。

第二十五条　县级以上人民政府及其有关部门按照规定免征残疾人康复、教育、劳动就业等基础设施建设项目城市基础设施配套费。

第二十六条　鼓励从事公共服务的企业事业单位和其他社会组织开办方便残疾人的优惠服务项目，减免生活困难的残疾人家庭的电话费、燃气费、水费、电费、有线电视收视费等费用。

第二十七条　有条件的县（市、区）和设区的市级以上公共图书馆设立盲文及盲人有声读物图书室。有条件的电视台开办手语节目。

第二十八条　残疾人搭乘各类交通工具，凭《残疾人证》优先购票、优先搭乘，代步专用辅助器具免费携带；盲人、二级以上肢体残疾人凭《残疾人证》免费乘坐市内公共交通工具。

第二十九条　公共服务场所应当设有方便残疾人的无障碍设施。残疾人机动轮椅车在公共停车场免费停放。

第三十条　对符合法律援助条件的残疾人，法律援助机构应当提供法律援助服务。涉及残疾人申请追索赡养费、抚养费、劳动报酬、工伤赔偿及抚恤金等法律事务的，法律援助机构应当优先受理；贫困残疾人申请办理公证，持有《残疾人证》和县级以上残联出具的家庭贫困证明的，公证机构应当减免公证费。

第三十一条　新建、扩建、改建城市道路、公共建筑和居住区等，应当按照城市道路和建筑物无障碍设计规范的要求，进行无障碍设计和建设。

第六章　法律责任

第三十二条　未按本规定给予残疾人优待扶助的政府相关部门，由本级人民政府责令限期改正；逾期不改正的，通报批评，并对单位直接负责的主管人员和其他直接责任人员依法给予行政处分。

未按本规定给予残疾人优待扶助的相关企业事业单位和其他社会组织,由其上级主管部门或者相关主管部门责令限期改正;逾期仍不改正的,对单位直接负责的主管人员和其他直接责任人员依法给予行政处分或者纪律处分。

第三十三条　单位或者个人违反本规定骗取残疾人优待扶助的,由负责优待扶助工作的相关主管部门给予警告,限期退回非法所得;情节严重,构成犯罪的,依法追究相关责任人员的刑事责任。

第三十四条　县级以上残疾人联合会负责对本规定的实施进行日常的监督检查,并有权建议相关主管部门对违反本规定的单位和个人作出处理。

第三十五条　县级以上残疾人联合会的工作人员有下列行为之一的,所在单位应当责令其改正,并对直接负责的主管人员和其他直接责任人员依法给予行政处分:

(一)给不符合残疾人标准的人员发放《残疾人证》的;

(二)在残疾人优待扶助工作中出具虚假的家庭贫困证明的。

第三十六条　单位或者个人给残疾人合法权益造成财产损失或者其他损害的,应当依法承担民事责任。

第七章　附　则

第三十七条　本规定自2007年7月1日起施行。

中共安徽省委　安徽省人民政府
关于促进残疾人事业发展的实施意见

（2009 年 4 月 16 日）

为贯彻落实《中共中央、国务院关于促进残疾人事业发展的意见》（中发〔2008〕7 号），结合我省实际，现提出如下实施意见。

一、增强促进残疾人事业发展的责任感和使命感

残疾人是一个数量众多、特性突出、特别需要帮助的社会群体。关心残疾人，是社会文明进步的重要标志。残疾人事业是中国特色社会主义事业的重要组成部分。我省现有 360 多万残疾人，涉及 1200 多万家庭人口。各级党委、政府历来高度重视发展残疾人事业，特别是近年来，采取了一系列措施，有力推动了残疾人事业发展。但是，残疾人工作中还存在一些突出问题，法规政策还不够健全，社会保障措施还不够完善，残疾人的康复、教育、就业等基本需求还难以得到满足，总体生活状况与社会平均水平还存在较大差距，参与社会生活还有许多障碍，歧视残疾人、侵害残疾人权益的现象还时有发生。

促进残疾人事业发展，努力使全省广大残疾人残有所助、学有所教、劳有所得、病有所医、老有所养、住有所居，已成为全面建设小康社会、构建和谐安徽的一项重要而紧迫的任务。各级党委、政府要切实增强责任感和使命感，采取有力措施，促进残疾人事业在新的起点上加快发展。

二、保障残疾人基本生活

按照重点保障和特殊扶助的要求，研究制定针对残疾人特殊困难和需求的社会保障政策措施。着力解决好重度残疾、一户多残、老残一体等特殊困难家庭的基本生活保障问题，符合城乡低保条件的应当纳入最低生活保障范围，予以重点保障。对持证重度残疾人，进行特别救助，并随着经济的不断发展，逐步扩大救助范围，提高救助标准。要认真组织实施涉及残疾人的民生工程项目，确保项目任务顺利完成。逐步实施重度残疾人托（安）养工程，对生活不能自理、残疾等级为一级的残疾人逐步实行集中托养、日间照料和居家安养。安置和照顾好伤残退伍军人。将农村贫困残疾人危房改造项目纳入全省农村危房改造总体规划。城市廉租住房、经济适用住房政策要优先照顾贫困残疾人家庭。确保城镇残疾职工按照规定参加基本养老、基本医疗、失业、工伤和生育保险。

三、做好残疾人医疗康复和残疾预防工作

建立健全残疾人康复服务网络。逐步将符合规定的残疾人医疗康复项目纳入城镇

职工基本医疗保险、城镇居民基本医疗保险或新型农村合作医疗范围，落实和完善残疾人医疗保障、辅助用具和康复训练等有关政府补贴政策，保障残疾人的基本医疗康复需求。城乡医疗救助制度要将贫困残疾人作为重点救助对象，对参加城镇居民基本医疗保险或新型农村合作医疗的持证重度残疾人，可代其缴纳个人应负担的参保资金或参合资金。制定残疾儿童救助制度，优先开展残疾儿童抢救性治疗和康复。广泛开展以社区为基础、一级预防为重点的三级预防工作。提高出生人口素质，加强精神卫生工作。普及残疾预防知识，提高公众残疾预防意识。

四、大力发展残疾人教育

认真贯彻执行《残疾人教育条例》，保障残疾人接受教育的权利。各级政府要统筹规划和发展残疾人教育事业，逐步增加残疾人教育经费，改善办学条件。充分利用国家支持中西部地区特殊教育学校建设优惠政策，认真实施特殊教育学校建设工程，鼓励、扶持30万人口以上的县（市、区）兴办义务教育阶段的特殊教育学校。落实特殊教育学校教师特殊岗位津贴政策，鼓励教师从事特殊教育，加强师资队伍建设，提高特殊教育质量。重视残疾儿童学前康复教育，推进残疾儿童少年随班就读工作。制定残疾学生和残疾人家庭子女助学政策，保障其免费接受义务教育。加快发展高中阶段特殊教育，积极推进残疾人免费职业教育。支持省特殊教育中专学校建设，鼓励普通高等学校开办特殊教育专业。采取多种措施扫除残疾青壮年文盲。各级各类学校在招生、入学等方面不得歧视残疾学生。

五、依法促进残疾人就业

深入贯彻落实《就业促进法》、《残疾人就业条例》和《安徽省按比例安排残疾人就业办法》，切实保障残疾人优先享有公共就业服务扶持政策，保障残疾人平等就业的机会和权利。党政机关、事业单位和国有企业要带头安置残疾人。各级劳动和社会保障、财政、残联、税务等相关部门，要将残疾人按比例就业工作纳入工作规划和考核范围，依法做好残疾人就业保障金的征收工作，加大残疾人就业保障金的使用监管力度。鼓励和扶持兴办福利企业、盲人按摩机构、工（农）疗机构等残疾人集中就业单位。多形式开发适合残疾人就业的公益性岗位，并积极落实补贴政策。对招用就业困难残疾人，签订劳动合同并缴纳社会保险费的企业，在相应期限内给予基本养老、医疗和失业保险补贴。对在残疾人就业工作中做出显著成绩的单位和个人，应给予表彰和奖励。加强各级政府和基层组织的残疾人公共就业服务能力建设，将残疾人公共就业服务经费列入同级财政预算，免费为残疾人提供就业服务。采取多种形式为残疾人提供就业援助，完善残疾人就业保护政策措施，积极扶持残疾人自主择业、自主创业。

六、加快残疾人综合服务设施与无障碍建设

各级政府及有关部门要将残疾人康复、医疗、教育、就业服务、托养、文化体育等综合服务设施建设，纳入城乡建设规划和公益性建设项目，制定鼓励和扶持政策，并给予重点资助。优先划拨综合服务设施建设用地，并减免有关费用。鼓励市、县（市、区）

建设设施齐全、功能完善的残疾人综合服务设施，积极培育专门面向残疾人服务的社会组织，通过民办公助、政府补贴、政府购买服务等多种方式，鼓励各类组织、企业和个人建设残疾人服务设施，发展和完善残疾人综合服务体系。严格执行有关无障碍建设的法律法规、设计规范和行业标准。积极推进无障碍建设进社区、进家庭、进学校、进社会福利机构、进公共服务场所。公共交通工具要配置无障碍设备。公共停车区要优先设置残疾人专用停车泊位，并免费提供服务。积极推进信息和交流无障碍建设。加大监督管理力度，整顿清理无障碍设施被占用、破坏现象。

七、加强残疾人组织建设

各级残联是由残疾人及其亲友和残疾人工作者组成的人民团体。要加强各级残联的建设，健全基层残疾人组织，解决好人员待遇问题，为残疾人工作提供有力的组织保障。健全残疾人专门协会组织，社区、村（居）委会应配备残疾人协理员或助理员。政府对残联承办的社会事务和专业服务项目要给予相应的政策支持。充分发挥残疾人组织和残疾人代表在国家经济、政治、文化、社会生活中的民主参与、民主管理和民主监督作用，各级人大代表和政协委员中，应充分考虑优秀残疾人和残疾人组织的代表。条件具备的残联理事长可推荐为同级人大或政协常委候选人。要将残联干部队伍建设纳入干部和人才队伍建设整体规划，纳入各级党校和行政院校培训计划，加大培养、使用和交流力度。做好残疾人干部的选拔、培养和使用工作。

八、优化残疾人事业发展的社会环境

认真贯彻执行《中华人民共和国残疾人保障法》，进一步完善与残疾人就业、教育、康复等相关的法规、政策。制定、修订法规和政策，涉及到残疾人权益的，要听取残疾人或残疾人组织的意见和建议。建立残疾人法律救助体系，做好残疾人法律服务工作。组织好“全国助残日”、“国际残疾人日”等活动。举办和参加全省、全国残疾人文化、艺术、体育重大赛事，表彰、奖励在国内、国际重大残疾人赛事中获得优异成绩的残疾人及有功单位和人员。省、市主流媒体要开设专栏、专题节目，积极宣传残疾人事业，宣传残疾人自强模范和扶残助残先进事迹。教育部门要开展人道主义、自强与助残教育。精神文明建设部门要将扶残助残纳入文明创建范围，广泛开展形式多样的扶残助残活动，倡导“平等、参与、共享”的现代文明社会残疾人观，形成人人理解、尊重、关心、帮助残疾人的良好社会风尚。

九、加强对残疾人工作的领导

各级党委和政府要高度重视残疾人事业，把残疾人工作列入重要议事日程。党委和政府要分别明确一位领导分管和联系残疾人工作，定期听取汇报，研究解决重大问题。进一步加强各级人民政府残疾人工作委员会及其办事机构建设。各地要把残疾人事业纳入当地国民经济和社会发展总体规划、相关专项规划和年度计划。残疾人事业经费要列入各级财政预算，并随着经济发展和财政收入增长逐步增加，建立稳定的残疾人经费保障机制。县级以上民政部门应当在发行中国福利彩票筹集的本级公益金中，每年安排不低于 8% 的比例，专项用于残疾人事业。县级以上体育行政部门应当安排部分体育彩票公益金用于开展残疾人体育活动。工会、共青团、妇联等人民团体和老龄协会等社会组织要发挥各自优势，支持残疾人工作，维护残疾人合法权益。红十字会、慈善协会、残疾人福利基金会等慈善团体要积极为残疾人事业筹集善款，开展爱心捐助活动。企事业单位要增强社会责任感，为残疾人事业发展贡献力量。

中共安徽省委办公厅　安徽省人民政府办公厅关于加快推进残疾人社会保障体系和服务体系建设的实施意见

（2011年1月21日）

为深入贯彻落实《中共中央、国务院关于促进残疾人事业发展的意见》(中发〔2008〕7号）和《国务院办公厅转发中国残联等部门和单位关于加快推进残疾人社会保障体系和服务体系建设指导意见的通知》（国办发〔2010〕19号）精神，着力为残疾人生存和发展提供更加稳定的制度性保障，经省委、省政府同意，现就进一步推进我省残疾人社会保障体系和服务体系（以下简称“两个体系”）建设提出以下实施意见。

一、加快推进残疾人“两个体系”建设的重要意义、指导思想和目标任务

（一)重要意义。我省现有360多万残疾人，涉及1200多万家庭人口。改革开放以来，全省残疾人社会保障与服务状况得到了明显改善，但残疾人整体生活状况仍明显低于全省平均水平，社会保障水平仍低于基本需求，为残疾人服务的能力与残疾人事业发展现实需要的矛盾依然突出。残疾人是一个数量众多、特性突出、特别困难的社会群体，是社会保障和公共服务的重点人群。加快推进残疾人“两个体系”建设，是贯彻落实科学发展观、维护社会公平正义、保障和改善民生、促进经济社会协调发展的必然要求，是帮助残疾人改善基本生活条件、促进残疾人全面发展、实现残疾人共享改革发展成果的根本举措，是建立覆盖城乡居民社会保障体系和推进基本公共服务均等化的重要内容，更是履行《残疾人权利公约》、促进人权事业发展的主要标志。各级党委政府、各有关部门要充分认识残疾人“两个体系”建设的重要意义，切实增强责任感和紧迫感，把残疾人“两个体系”建设作为全面建设小康社会和构建社会主义和谐社会的一项重要而紧迫的任务，纳入经济和社会发展全局，加大投入，加快推进，务求实效。

（二）指导思想。认真贯彻党的十七大和十七届五中全会精神，深入贯彻落实科学发展观，着眼于残疾人最关心、最直接、最现实的利益问题，进一步完善促进残疾人事业发展的地方性法规、政府规章和政策措施，建立健全残疾人“两个体系”，实现残疾人事业与全省经济社会协调发展。坚持政府主导、部门配合和社会参与相结合，重点保障与特殊扶助相结合，一般性制度安排与专项制度安排相结合；坚持统筹兼顾，将解决当前突出问题与完善制度体系相结合；坚持资源共享，充分依靠现有公共服务体系和保障制度为残疾人服务；坚持分类指导，加大对残疾人事业发展重点领域、重点项目和欠发达地区的支持力度；坚持加快推进城乡残疾人社会保障一体化和服务均等化，逐步消除城乡二元结构对残疾人利益的影响，协调推进残疾人“两个体系”建设。

（三）目标任务。到2015年，全省建立起残疾人“两个体系”基本框架，使残疾人基本生活、医疗、康复、教育、就业、扶贫、托养、文化体育等基本需求得到制度性保障，残疾人生活状况进一步改善。到2020年，残疾人“两个体系”更加完备，保障水平和服务能力大幅度提高，残疾人都能得到基本公共服务，就业更加充分，参与社会更加广泛，实现残疾人学有所教、劳有所得、病有所医、老有所养、住有所居，普遍达到小康水平。

二、强力推进残疾人社会保障体系建设

（四）保障残疾人基本生活。进一步完善针对残疾人特殊困难和需求的政策保障措施，城乡各项社会保障政策优先覆盖残疾人。认真落实城乡居民最低生活保障政策，对符合条件的残疾人要应保尽保、分类施保，并适当提高救助标准。靠父母或兄弟姐妹供养的成年重度残疾人单独立户的，按规定纳入低保范围。对城乡低保范围内重度贫困残疾人实施特别救助。对一户多残、老残一体等特殊困难家庭和低收入残疾人家庭，实行临时救助；对城乡流浪乞讨生活无着落的残疾人，给予临时救助，符合安置条件的，给予妥善安置。积极帮助农村残疾人参加新型农村养老保险，对农村重度残疾人等缴费困难群体，按规定以最低缴费标准为其代缴全部养老保险费。对城镇残疾人个体工商户和自由职业者参加企业职工基本养老保险的，按规定落实缴费补贴政策。

（五）保障残疾人享有基本医疗康复。积极推进城乡残疾人参加城镇职工、居民基本医疗保险或新型农村合作医疗工作，按规定落实残疾人相关保险补贴，确保残疾人参保、参合实现全覆盖。对参加新农合、城镇职工或居民基本医疗保险的低保范围残疾人住院治疗的，可适当降低起付标准。严格执行贫困精神残疾人医疗保障相关规定，将贫困精神残疾人普通门诊治疗纳入统筹地区门诊慢性病（特殊病种）报销范围。进一步完善贫困精神病人医疗康复救助制度，为贫困精神病人服药给予适当补助。积极做好城镇居民基本医疗保险基金、新型农村合作医疗保险基金对残疾人装配辅助器具补助工作，逐步健全残疾人基本医疗保障政策。对申办《中华人民共和国残疾人证》的残疾人，免收残疾鉴定检查费。制定各类康复机构建设规范、专业人员配比、康复质量评估标准等方面的指导意见。

（六）保障残疾人基本住房。要将住房困难的低收入残疾人家庭纳入城市住房保障和城乡住房救助制度范围。在同等条件下，确保城市低收入残疾人住房困难家庭按政策规定优先享受廉租住房补贴，对无房贫困残疾人家庭优先采取实物配租方式解决。因城镇建设需要拆迁残疾人房屋的，要优先考虑残疾人家庭安置问题，在临时安置上要方便残疾人生活，并及时发放临时安置和搬迁补偿费；回迁安置时，在楼层、位置上对残疾人要予以特别照顾。加快实施农村贫困残疾人家庭危房改造项目，逐步实现全省农村贫困残疾人无房户和危房户全部达到居住安全。

（七）大力推进残疾人教育。认真贯彻《残疾人教育条例》，保障残疾人享有平等接受教育的权利。建立健全残疾人接受教育的各项优惠扶助政策和措施，设立专项资助资金，用于贫困残疾学生（包括在各类社会福利机构收养的残疾儿童）及贫困残疾人家庭子女就学扶持。完善以随班就读和特教班为主体，特教学校为骨干的残疾儿童少年义务教育体系。以社区教育、送教上门等多种形式，对重度肢体残疾、重度智力残疾、孤独症、脑瘫和多重残疾儿童少年实施义务教育。对义务教育阶段残疾学生，在"两免一补"基础上，进一步提高补助水平。加快发展以职业教育为主的残疾人高中阶段教育。普通高校全日制本专科在校生中残疾人家庭子女和家庭经济困难的残疾学生，中等职业学校一、二年级在校残疾学生，以及在特殊教育学校职业高中班和普通高中就读的残疾学生，全部享受国家助学金。公办中等职业学校残疾学生逐步实行免学费政策。加大特殊教育经费投入，健全特殊教育经费保障机制。积极创造条件，提高省特殊教育中专学校的办学层次和水平。加强特殊教育师资队伍建设，制定符合特殊教育特点的教师编制标准，认真落实特殊教育学校教师特殊岗位津贴政策，在优秀教师和优秀教育工作者表彰中提高特教教师和工作者比例。

（八）加强残疾人就业工作。认真落实残疾人按比例就业、安置残疾人就业单位税收优惠、残疾人个体就业扶持、同等条件下政府优先采购集中使用残疾人的用人单位的产品或服务等残疾人就业促进和保护政策。建立残疾人就业保障金省级调剂金制度，完善残疾人就业保障金征收使用管理办法。加强各级残疾人就业服务机构建设，2012年底前，市、县（市、区）建立健全残疾人劳动就业服务机构，完善规范服务内容。建立各级人力资源市场、公共就业培训机构与残疾人就业服务机构的协作机制，为残疾人就业提供服务窗口和信息。采取开发专营岗位、贷款贴息、建立创业示范基地、设立创业奖励扶助资金等手段，扶持残疾人灵活就业、自主创业。通过积极开发适合残疾人就业的公益性岗位、社区就业等形式，重点解决一户多残、重度残疾和零就业残疾人家庭人员的就业问题。鼓励社会力量兴办集中安置残疾人就业企业、工疗机构、庇护工场。人力资源社会保障部门与残联要强化对用人单位残疾人用工的监督检查。

三、深入推进我省残疾人服务体系建设

（九）着力提升残疾人康复服务水平。将残疾人康复服务体系纳入公共卫生服务体系同步建设，逐步健全完善以专业康复机构为骨干、社区为基础、家庭为依托的社会化康复服务体系。积极推进以康复服务、辅助器具适配等为一体的各级残疾人综合服务中心建设，将其纳入政府公共设施建设予以规划，给予建设资金保障。到2015年，所有市、县（市、区）建成残疾人综合服务中心。卫生部门要加大对社区康复站的管理、指导和投入，加强市、县（市、区）公立医院的眼科、康复科和精神科建设。鼓励、引导、扶持、规范社会兴办残疾人康复机构。建立贫困白内障患者免费复明手术长效机制，2015年底前，完成"白内障无障碍县（市、区）"创建工作。建立残疾儿童筛查和康复救助制度，积极支持对0～6岁残疾儿童免费实施抢救性康复。政府对社会力量举办康复训练机构、开展残疾儿童康复训练给予适当补贴。

（十）逐步健全残疾人托养服务体系。通过公办、公办民营、民办公助等方式，进一步加强残疾人托养服务机构建设，特别要加强智力、精神和其他各类重度残疾人托养机构建设。制定对托养服务设施建设的扶持政策,出台残疾人庇护安养示范机构管理办法。依托城乡社会福利机构、社区服务中心,建立孤残人员日间照料站。加快推行向生活不能自理的贫困残疾人发放护理补贴制度,针对居家安养和在机构日托、全托的贫困残疾人制定具体补贴标准。实施养育、康复、教育、就业、住房相配套的孤残儿童综合性福利政策。通过政府补贴、购买服务等方式,鼓励培育专门面向残疾人开展居家服务的社会组织。

(十一)广泛开展残疾人文化体育活动。各级公共文化设施免费向残疾人开放,2015年底前,公共图书馆(室)要开辟盲文及盲人有声读物场所。文化、教育、出版等行政部门要组织和扶持盲人读物、聋人读物、弱智人读物的编写和出版,将残疾人文化需求纳入乡镇综合文化站、社区文化活动中心(室)、农家书屋工程建设,将适合我省农村残疾人阅读的出版物纳入省政府农家书屋图书采购目录。积极开展残疾人群众文化活动,大力发展残疾人特殊艺术,鼓励和培育残疾人特殊艺术人才。倡导相关企业对残疾人家庭使用通讯、宽带、有线电视等给予优惠。各级政府要加强对残疾人体育工作的领导,加大对残疾人体育事业的投入,合理安排残疾人体育训练、参赛和奖励经费。县级以上体育行政部门应适当安排本级体育彩票公益金用于支持残疾人体育活动。全省运动会和省残疾人运动会同城举办。加快残疾人体育训练基地建设,将安徽省残疾人体育训练管理中心和特奥、残奥运动训练基地建设纳入政府规划和城乡公益性建设项目。建立一支优秀的残疾人运动员和残疾人体育管理人员队伍,对在国内外重大赛事中获奖残疾人运动员,参照健全人同级赛事奖励标准同等奖励。建立健全各级残疾人体育组织,广泛开展残疾人群众性体育活动。城乡公共健身场所要配置适合残疾人的健身器材及健身路径,各类体育场馆及设施免费向残疾人开放。

(十二)加快推进无障碍建设和改造。认真落实《城市道路和建筑物无障碍设计规范》,切实加强无障碍设施建设的规划、设计、施工、监理、监督工作。扩建、新建、改建的城市道路和建筑物,应按照规范要求,同步实施无障碍建设或改造,设置无障碍标识。加快推进居住小区以及残疾人生活和工作场所的无障碍设施建设与改造。逐步加强乡镇、村(社区)的无障碍设施建设与改造工作。将无障碍设施建设作为评选文明城市、文明县城的重要内容,2015年底前,文明城市、文明县城基本实现出行无障碍。积极开展信息交流无障碍工作,公共网站逐步采用无障碍设计,城市公共服务机构要提供语音、文字提示、盲文、手语等无障碍服务,政府政务信息公开要采取信息无障碍措施。

(十三)切实加强残疾人维权信访工作。进一步完善残疾人事业地方性法规、政府规章和政策体系,加大维护残疾人权益的法律、法规、规章的执法力度。建立以各级人民法院、人民检察院、司法行政部门为主导,以有关行政机关、残联和社会力量为补充的残疾人法律救助服务体系,切实加强法律救助工作站建设。制定地方性法规、政府规章和公共政策,涉及残疾人权益和残疾人事业重大问题的,应当听取残疾人和残疾人组织的意见和建议。加强残疾人事业法律、法规、规章的宣传教育,提高广大残疾人的法律意识和维权意识，增强广大残疾人工作者的维权能力。坚持“属地管理、分级负责”和“谁主管、谁负责”的原则，按照管理权限和部门职能，建立健全残疾人信访工作联动机制，进一步加强残疾人信访工作，依法按政策妥善解决残疾人的信访诉求。县级以上残联要设立信访科室，安排残疾人信访专项经费，落实信访工作人员岗位津贴。

（十四）健全和完善残疾预防体系。建立政府主导，卫生、计生、民政、妇幼保健、残联等部门共同开展的综合性、社会化的残疾预防网络体系，提高出生人口素质和公众残疾预防意识。广泛开展以社区为基础、以一级预防为重点的三级预防工作。倡导婚前免费医学检查、孕产优生检查和优生咨询指导，建立健全出生缺陷干预体系，做好新生儿筛查和特需人群补充叶酸、补碘等工作。加强青少年和儿童心理健康教育和精神残疾预防。强化安全生产、质量监督、劳动保护和交通安全等措施，减少和有效控制残疾的发生和发展。

（十五）认真做好残疾人基础信息建设。将残疾人生存发展状况和残疾人事业发展统计纳入社会事业发展统计内容。建立覆盖全省的残疾人状况监测、残疾人事业统计的工作体系，扎实做好全省残疾人基本信息的年度采集和数据库的动态管理工作。成立各级残联信息中心，培养和配备信息化专业人才，提高计算机应用整体水平。推进各级残联信息系统建设，建立扶残助残信息平台，及时、准确发布残疾人求助和受助信息，加强与公众的互动联系。

四、加强对残疾人“两个体系”建设的组织领导

（十六）健全残疾人“两个体系”建设工作体制。各级党委、政府要将残疾人“两个体系”建设纳入国民经济和社会发展总体规划、相关专项规划和年度计划，各有关部门和单位要将残疾人“两个体系”建设列入职责范围和目标管理。加强残疾人工作委员会办事机构建设，提升做好残疾人“两个体系”建设的组织协调能力。根据新时期残疾人事业发展需要，进一步加强各级残联建设，健全基层残疾人组织，强化工作力量。进一步强化各级残联直属的就业、康复、培训和辅助器具服务机构的公共服务职能。城乡基层组织要发挥在残疾人“两个体系”建设中的基础性作用，将残疾人社会保障和服务列入城乡社区建设规划。重视残疾人事业政策理论研究，建立残疾人事业研究工作机制。

（十七）加强残疾人工作队伍建设。要将各级残联干部队伍建设纳入本级干部和人才队伍建设整体规划，加大培养、使用和交流力度。积极做好优秀残疾人干部的选拔、培养和配备工作。加快培养高素质残疾人事业专业技术人才，加强对残疾人工作者的继续教育，做好优秀残联干部的挂职锻炼、培训深造等工作。推进乡镇（街道）、村（社区）残疾人工作者职业化、专业化管理，选聘好乡镇（街道）、村（社区）残疾人专职委员、助理员。将乡镇（街道）残疾人专职委员和村（社区）残疾人助理员的工作补贴或误工补贴、教育培训补贴经费纳入当地财政预算。进一步活跃各残疾人专门协会工作，充分发挥专门协会“代表、服务、维权”的职能。抓好残疾人志愿者队伍建设。

（十八）建立残疾人“两个体系”建设经费保障机制。残疾人社会保障和公共服务等经费通过各级财政预算安排、社会捐助及个人与单位负担等多渠道筹集，其中财政投入随着国民经济发展和财政收入增长逐步增加。加大彩票公益金对残疾人“两个体系”建设的支持力度。将残疾人专业服务设施建设纳入城乡公益性建设项目，在立项、规划和建设用地等方面优先安排，重点扶持。建立残疾人慈善事业捐赠激励机制，通过政策引导、授予捐赠者荣誉称号，鼓励社会各界及公民个人对残疾人事业提供资助和捐赠。积极探索吸收国（境）外资金和民间资本发展残疾人事业的有效办法。支持残疾人社会福利和慈善事业，鼓励各类民间组织、企业、个人和社会资本参与发展残疾人服务业，并在资金、场地、税收、用地、人才等方面予以扶持。

（十九）全面优化残疾人社会环境。宣传、文化、新闻、出版等部门要积极宣传残疾人自强模范和扶残助残先进事迹。各类新闻媒体要通过专栏、专题等形式，加大对残疾人事业的宣传和支持力度。各地广播电视台要积极创造条件，开设残疾人专题节目和手语节目，影视作品和节目要加配字幕。公益广告中要有一定比例无偿刊播残疾人事业。教育部门要结合中小学德育等课程，开展人道主义、自强与助残教育。广泛开展多种形式的扶残助残活动。激励广大残疾人自尊、自信、自强、自立，自觉融入社会，参与、共享发展成果。

安徽省人民政府办公厅
关于进一步加强残疾人体育工作的意见

（2007 年 10 月 29 日）

各市、县人民政府，省政府各部门、各直属机构：

近年来，我省残疾人事业快速发展，取得突出成就，残疾人基本生活状况明显改善。残疾人体育工作也有了较大进步，残疾人群众性体育活动逐渐活跃，竞技项目运动水平不断提高，残疾人运动员超越自我、顽强拼搏，在国内外大赛中夺金摘银，为我省赢得了荣誉。但是，我省残疾人体育事业起步晚、起点低、基础薄弱、参赛项目少、运动员总量少、尖子运动员少、总体实力不强，还不能适应形势发展和残疾人的需求。2008 年北京残奥会、第二届全省特奥运动会，2010 年广州亚洲残运会和第五届全国特奥会、第五届全省残运会，2011 年第八届全国残运会将相继举办。组织参加或举办这些残疾人体育重大赛事，对于进一步提升安徽形象、营造良好社会环境、推动社会文明进步将发挥重要作用。为贯彻落实《国务院办公厅关于进一步加强残疾人体育工作的意见》（国办发〔2007〕31 号）精神，进一步加强我省残疾人体育工作，推进我省残疾人体育运动又好又快发展，经省政府同意，特提出以下意见：

一、充分认识残疾人体育工作的重要意义

（一）残疾人体育是残疾人事业和全民体育的重要组成部分。参加体育活动是残疾人的重要权利，是残疾人康复健身、平等参与社会、实现自身价值的重要途径。

（二）发展残疾人体育有利于促进残疾人事业发展。残疾人体育对于展示残疾人才华，激励残疾人自尊、自信、自强、自立，倡导社会理解、尊重、关心、帮助残疾人具有重要作用。

（三）发展残疾人体育有利于弘扬爱国主义、集体主义思想，激励自强不息的民族精神。

（四）残疾人体育是我省向国内外展示经济社会发展成就，彰显人权保障和社会文明进步成果的重要舞台。

二、广泛开展残疾人群众性体育活动

（五）扩大残疾人体育活动场地。利用各种社会资源为残疾人参加体育活动提供场地和设施，配备适应残疾人特殊需要的无障碍设施，公共体育设施向残疾人开放并提供免费服务，创造更多的残疾人参加体育活动的机会。

（六）建立健全残疾人体育活动组织。加强残疾人体育活动组织建设，省辖市和有条件的县（市、区）要成立残疾人体育协会，充分发挥残疾人体育协会组织、联系和服务职能,积极引导残疾人参加适合自身特点的健身康复体育项目。

（七）积极开展群众性残疾人体育活动。按照《全民健身计划纲要》总体要求,组织残疾人积极参与自强健身活动。高度重视基层残疾人体育工作,突出学校、社区和乡镇三个重点,创造条件,开发适合项目,引导残疾人参与。开展形式多样的基层残疾人体育活动,发挥残疾人体育赛事对残疾人群众体育活动的推动作用。指导、支持各类企事业单位组织残疾人开展体育活动。

三、努力提高残疾人竞技体育水平

（八）加强对残疾人竞技体育活动的组织、训练、指导和管理。坚持突出重点、扶优扶强的原则,巩固举重和乒乓球传统优势项目,提高田径、游泳等项目水平,拓展新项目和集体项目。加强残疾人体育管理人员、技术人员培养工作,建立健全裁判员、分级员等人员管理制度,确定责任心强、业务水平高的教练员指导残疾人运动员训练。

（九）积极举办残疾人体育赛事。每年有选择地举办省级残疾人单项比赛,举办与省残运会相衔接的市级残运会和特奥运动会,鼓励各地参与和承办国家、省组织的残疾人体育赛事,不断扩大残疾人竞技体育工作的基础。

（十）做好残疾人竞技体育项目的训练,建立一支残疾人优秀运动员队伍。残联、体育部门要采取长训与短训相结合、集中与分散相结合、训练与比赛相结合等多种形式,做好残疾人体育项目训练工作。各地要结合实际,积极创造条件,认真组织训练,培养和输送基础好、有潜力的残疾人运动员。各市要积极培养输送能参加全国以上运动会的残疾人运动员,对各地培养代表省参加比赛优秀运动员给予政策、经费支持。

（十一）加强残疾人体育训练基地建设,为残疾人运动员训练创造良好条件。利用现有体育场馆、体育院校和业余体校,逐步建立完善省、市、县三级残疾人体育训练基地。鼓励体育院（学）校和各级体校有计划地招收、培养残疾人学生,培养后备人才。加强残疾人体育教育和科研工作,把适宜开展的残疾人体育项目纳入各类学校体育教学计划并认真实施,开展残疾人体育科研工作,提高残疾人体育科技水平。

四、营造有利于残疾人体育事业发展的社会环境

（十二）加强残疾人体育事业宣传工作。采取多种形式普及残疾人体育知识,宣传残疾人自强不息、顽强拼搏的精神以及在体育运动方面所取得的成就,倡导扶残助残的社会风尚,动员社会各界关心残疾人体育事业。

（十三）积极推进无障碍建设,为残疾人参与体育活动提供方便。新建、改造的公共体育设施要严格执行国家无障碍标准,全民健身设施、器材要考虑残疾人特殊需求,举办各类体育赛事要为残疾人运动员及观众提供方便。

（十四）采取积极措施,切实解决残疾人运动员就学、就业、奖励和社会保障等问题,充分调动残疾人运动员的积极性。人事、财政部门要做好优秀残疾人运动员精神奖励与物质奖励工作;教育部门要帮助解决优秀残疾人运动员入学、升学及进入中、高等院校学习的贫困残疾人运动员助学金等问题;民政部门要帮助解决残疾人运动员社会生

活保障等问题；体育部门在教练员、体育场馆、体育器材、训练经费等方面要给予大力支持；各级残联要做好残疾人运动员选拔、训练、培养、管理、参赛等工作。社会各界要发挥各自优势，为残疾人体育事业发展提供志愿服务。

五、加强对残疾人体育工作的组织领导

（十五）加强对残疾人体育工作的领导。各级政府要把发展残疾人体育事业纳入经济社会发展规划，积极动员社会力量，多渠道筹集资金，促进残疾人体育事业发展。

（十六）加大残疾人体育事业的投入。各级财政要将残疾人体育事业经费单列，专款专用，确保残疾人体育工作正常开展和参加国内外比赛所需经费。县级以上人民政府可安排部分体育彩票公益金用于残疾人体育事业，具体比例由各地根据本地实际情况确定。动员社会力量，广泛筹集资金。鼓励社会力量举办、赞助、支持残疾人体育事业。

（十七）加强部门协调，形成推进残疾人体育工作的合力。各级残疾人联合会要切实履行职责，把残疾人体育工作纳入工作目标管理，充分发挥残联组织在发现、选拔、训练和输送残疾人运动员等方面的积极作用。各级体育部门要加强对残疾人体育工作的业务指导，将残疾人体育纳入全省体育事业发展规划和年度工作考核，并在教练员、体育场馆、体育器材、资金等方面给予积极支持。各级教育部门要动员和组织学生关心、支持残疾人体育活动，在广大学生中培养助残为荣的良好风尚。

（十八）加强残疾人体育道德作风建设。积极表彰和奖励为残疾人体育事业发展做出突出贡献的单位和个人，引导残疾人体育工作者发扬人道、廉洁、服务、奉献的职业道德，全心全意为残疾人服务。反对使用违禁药物和训练、比赛中的违规行为，保证残疾人运动员身心安全和健康，维护残疾人体育比赛的公平、公正。

关于进一步加强扶助贫困残疾人工作的意见

省民政厅、省教育厅、省公安厅、省司法厅、
省财政厅、省劳动保障厅、省卫生厅、省工商局、
农业银行安徽省分行、省扶贫办、省残联

（安徽省人民政府办公厅皖政办〔2005〕54 号文，
2005 年 11 月 7 日转发）

各级党委和政府历来十分关心、重视贫困残疾人，制定并采取了一系列解决他们生产生活问题的政策措施，取得了显著成效。但是，由于我省贫困残疾人数量较多，加之受自身的残疾障碍、受教育程度低以及外界环境的影响，贫困残疾人仍占全省贫困人口的 1/3 以上。解决贫困残疾人在基本生活、就业、医疗、康复、就学等方面的突出问题，是践行“三个代表”重要思想，坚持立党为公、执政为民的具体体现，是落实科学发展观的必然要求，是全面建设小康社会的重要内容。为贯彻落实《国务院办公厅转发民政部等部门关于进一步加强扶助贫困残疾人工作意见的通知》（国办发〔2004〕76 号）精神，现结合实际，就进一步加强我省扶助贫困残疾人工作提出如下意见：

一、加大扶贫力度，着力保障贫困残疾人基本生活

（一）深入开展残疾人扶贫开发工作。继续认真贯彻执行《农村贫困残疾人扶贫开发规划（2001—2010 年）》（皖残联〔2002〕79 号），把残疾人扶助工作纳入当地经济社会发展和扶贫开发规划中统筹安排，统一组织，同步实施。建立多渠道的扶助贫困残疾人资金投入机制，落实残疾人扶贫开发的各项优惠政策和帮扶措施。各级残联和农业银行要认真做好康复扶贫贷款落实工作，切实加强管理，提高贷款质量和效益。继续积极稳妥实施小额信贷，采取“公司加农户”、“能人加农户”等多种扶贫方式，扶持残疾人开展种养业、农产品加工和多种经营，增加收入。

（二）切实将贫困残疾人纳入社会救助和保障体系。将符合城市低保和农村特困群众生活救助条件的贫困残疾人，全部纳入城市低保和农村特困群众生活救助体系；结合分类施保（救助）工作的开展，提高重度残疾人、一户多残等特困残疾人家庭的保障标准；对于无劳动能力、无法定抚养义务人或法定抚养义务人无抚养能力、无生活来源的残疾人，要给予五保供养；企业在改制过程中一般不安排残疾职工下岗，距法定退休年龄 5 年之内的下岗残疾职工可按提前内退并由企业按规定发给相关费用。

（三）改善贫困残疾人住房条件。各地在扶贫、救灾、移民搬迁、安居工程建设等工作中要统筹考虑改善贫困残疾人的住房状况，制定改造计划，多方筹措建设资金，提高

补贴标准，并尽可能减免相关建设费用。要将城镇住房困难的残疾人纳入政府廉租房优先安排对象，对特别困难的残疾人家庭，优先实行实物配租。

（四）为贫困残疾人提供便利生活服务。城市社区和农村基层组织要把帮扶残疾人纳入工作内容，在区域布局、功能定位、服务设施建设等方面，充分考虑贫困残疾人需求，为残疾人提供家政、维修、治安、教育、文化、体育等方面的就近就便服务。支持城乡基层自治组织建立残疾人协会并选聘优秀残疾人，及时反映贫困残疾人的呼声和需求，在扶助贫困残疾人工作中发挥应有作用。

二、采取切实措施，积极推进贫困残疾人就业和再就业

（五）将残疾人就业工作纳入当地劳动就业的总体规划，统筹推进。各地要吸收残联加入政府就业工作领导机构，建立残疾人就业工作联席会议制度。依法全面推行残疾人按比例就业，把按比例安排残疾人就业纳入劳动监察范围。鼓励和支持社会各方面依法兴办福利企业、工疗机构、盲人按摩机构等，稳定、扩大残疾人集中就业。积极开发适合残疾人就业的岗位，社区新增公益性就业岗位要按一定比例优先安排残疾人。对残疾人从事个体经营的，适当减免工商规费。对用人单位专为残疾人就业进行的设施改造费用，可从当地残疾人就业保障金中给予补贴。认真落实劳务输出政策，鼓励扶持残疾人外出务工和到城市创业。残疾人就业保障金有结余的，可适当用于城镇贫困残疾个体户缴纳基本养老保险费补助。对各类用人单位招聘残疾人不签订劳动合同、滥用试用期、拖欠和克扣工资、拒缴社会保险费等侵权行为，要依法进行查处。

（六）强化职业培训和就业服务，增强贫困残疾人就业能力。各级劳动保障部门要引导社会各类培训机构根据残疾人就业需要，开展适合残疾人的实用技术培训。残疾人就业服务机构要为残疾人提供政策咨询、职业介绍、劳动能力评估、失业登记等；残联就业服务信息网要与公共职业信息网实现链接，资源共享。各级残疾人就业服务机构要加大免费职业培训力度，并做好就业跟踪服务与维权工作。

三、健全康复服务体系，提高贫困残疾人医疗保障水平

（七）将贫困残疾人纳入城乡医疗保障范围。积极创造条件，帮助城镇贫困残疾职工和农村贫困残疾人加入城镇职工医疗保险和新型农村合作医疗。对未参加城镇职工基本医疗保险的城镇残疾人员，可通过建立城镇社会医疗救助制度给予适当补助。已开展新型农村合作医疗的地区，对特困残疾人个人筹资部分由当地政府给予适当资助；对因经济困难、患大病的特困残疾人，经合作医疗补助后个人仍难以承担的，由当地政府通过医疗救助给予适当补助。尚未开展新型农村合作医疗的地区，也要对符合救助条件的贫困残疾人实行大病救助，对基本生活困难的重度残疾人给予特别照顾。新型农村合作医疗和城乡医疗救助工作议事协调机构要吸收残联参加。

（八）建立贫困残疾人康复服务体系。积极探索建立符合各地实际的康复工作机制，丰富康复内容，普及康复知识，逐步扩大贫困残疾人接受康复服务受益面，使贫困残疾人康复需求逐步得到满足。加强康复培训基地建设，组织对口扶贫和“三下乡”活动。

发挥大医院和医疗机构技术优势，组派专家医疗队，指导定点康复机构开展工作，帮助城乡医疗卫生机构不断提高康复技术水平。卫生行政部门要加强基层卫生人员的业务培训，提高基层医疗卫生机构为贫困残疾人提供康复服务的能力。

（九）加强残疾预防工作。卫生部门和医疗机构要积极建立健全出生缺陷干预体系，认真做好产前诊断和新生儿筛查工作，减少先天残疾发生；预防缺碘、氟中毒等环境因素致残，降低药物致残发生率和疾病致残率。加强安全生产、劳动保护和交通安全工作，减少事故致残。倡导早期干预和早期康复训练，控制残疾程度加重。

四、落实扶残助学措施，保障贫困残疾人受教育的权利

（十）改善贫困地区特殊教育条件。把残疾人教育纳入教育发展规划，增加资金投入，切实解决农村特别是贫困地区特教学校办学条件和新建特教学校问题。扶持农村残疾学生较为集中或具备寄宿条件的普通学校建立特教班，大力开展随班就读。

（十一）积极开展各种形式的扶残助学活动。建立和完善助学制度，多渠道筹措资金，组织实施"扶残助学春雨行动"。"希望工程"、"春蕾计划"等应优先资助贫困残疾儿童入学。到2007年底前，使农村义务教育阶段贫困残疾学生都能优先享受"两免一补"（免费发放教科书、免除杂费、补助寄宿生生活费）的政策。

（十二）大力发展残疾人中高等教育和成人教育。抓紧调研论证，合理规划，制定措施，加快高中阶段特殊教育事业发展，支持具备条件的高等院校开办高等特殊教育专业，做好高考达线残疾考生入学工作。鼓励残疾人自学成才，进一步落实好资助贫困残疾大学生政策。

五、加大保障力度，维护贫困残疾人的合法权益

（十三）制定完善落实优惠政策。广泛宣传和深入贯彻《中华人民共和国残疾人保障法》，研究、制定和完善在市场经济和取消农业税等新形势下扶持救助残疾人的政策措施，不断提高残疾人的生活水平。各地要按照《城市生活无着的流浪乞讨人员救助管理办法》规定，完善救助管理工作的运行机制和程序，鼓励支持社会组织和个人救助流浪乞讨人员，让应该接受救助的残疾人得到有效救助。加强对制定和执行残疾人优惠政策的督查，切实将保障残疾人权益、优待残疾人的各项政策措施落实到位、惠及到人。

（十四）切实解决贫困残疾人权益保障的突出问题。严厉打击利用残疾儿童进行乞讨等违法犯罪行为，认真查处侵害残疾人合法权益的重大案件。对因国家征用土地、城市拆迁造成残疾人利益受损、生活困难等焦点问题，有关部门要通过法律、行政等手段予以妥善解决。在解决残疾人专用机动车营运问题时，各地应从实际出发，区别对待，严格管理，采取稳妥过渡措施保障以此为生的贫困残疾人基本生活。

（十五）加强法律援助和残疾人信访工作。建立工作机制，畅通信访渠道，重视解决信访中反映的问题。要建立多层次、全方位的残疾人法律服务体系，增强法律援助服务的效能。各级政府要对贫困残疾人法律援助、法律服务给予经费支持。各级司法行

政部门要积极引导各级各类法律援助机构、法律服务机构为贫困残疾人提供“优先、优质、优惠”的法律援助和法律服务。各级法律援助机构要把维护贫困残疾人的合法权益作为自己工作的重要方面，以保证法律援助及时高效。

六、切实加强对扶助贫困残疾人工作的领导

（十六）各级政府要把扶助贫困残疾人工作列入重要的议事日程，加强综合协调和指导，及时研究解决工作中的突出问题。各有关部门要主动将扶助贫困残疾人纳入工作职责，加大工作力度，相互配合，齐抓共管。各级残联要充分发挥桥梁和纽带作用，积极协助政府，努力为贫困残疾人排忧解难。

（十七）积极动员社会各界，优化扶助贫困残疾人社会氛围。要强力宣传扶残济困的传统美德和人道主义精神，建立帮扶机制，树立帮扶典型，充分调动社会助残积极性。广泛开展各种形式的帮、包、带、扶活动，引导激励现有社会服务设施、社会资源为贫困残疾人提供优惠服务，鼓励社会捐资扶助贫困残疾人或兴建贫困残疾人福利设施，为残疾人送去更多温暖。

（十八）探索建立扶助贫困残疾人的长效机制。各级政府和有关部门每年要安排残疾人工作专项调研，并在其他社会工作调研中融入扶助贫困残疾人的工作内容，主动到残疾人中间倾听意见和呼声。要从实际出发，积极主动地制定并落实扶助贫困残疾人的政策措施，切实保护和实现残疾人的合法权益，探索建立关爱扶助贫困残疾人的长效机制。

编纂始末

根据安徽省人民政府办公厅2000年印发的《关于开展地方志续修工作的通知》，以及安徽省地方志编纂委员会2007年关于印发《〈安徽省志〉（1986—2005）编纂工作方案》的通知要求，安徽省残疾人联合会承编《安徽省志·残疾人联合会志》。《安徽省志·残疾人联合会志》是安徽省志历史上首部记载残疾人事业和残联工作的专志，中共安徽省残联党组和执行理事会对编纂工作始终给予高度重视和大力支持。编纂工作大致经历4个阶段。

第一阶段为2007年3月至2012年3月：2007年3月，省残联决定成立《安徽省志·残疾人联合会志》编纂委员会，由省残联副理事长余向东任编纂委员会主任。2011年3月，调整编纂委员会。由省残联党组书记、理事长张纯和任编纂委员会主任；党组成员、副理事长余向东、刘同鑫、钱玉贵，副巡视员陈顺云任副主任，省残联机关处室和各市残联主要负责人为成员。2012年1月，省残联领导班子调整后，再次明确由省残联党组书记、理事长张纯和任编纂委员会主任；党组成员、副理事长黎业智、刘同鑫、钱玉贵，副巡视员陈顺云任副主任，省残联机关处室和各市残联主要负责人为成员。与此同时，省残联还成立了《安徽省志·残疾人联合会志》编辑室，副理事长余向东、黎业智先后任主编。在此期间，省残联举办了全省《安徽省志·残疾人联合会志》编纂工作培训班，省地方志办公室省志处处长王晖对省残联机关各处室及各市残联承编人员进行了培训。其后，编辑室拟订《安徽省志·残疾人联合会志》初步篇目，经集思广益、反复修改后，由编委会主任张纯和主持、省残联各处室主要负责人参加的会议讨论通过，于2012年3月将篇目送省地方志办公室审定；其间，还开展了资料收集工作。

第二阶段为2012年3月底至7月，主要任务是收集整理资料与撰写资料长编。3月底，省残联向各市残联、机关各处室、直属单位下发《关于撰写〈安徽省志·残疾人联合会志〉相关篇目的通知》。根据通知要求，各承编单位于7月底以前基本完成资料长编撰写任务。

第三阶段为2012年8月至11月，主要任务是撰写初稿，进行全书总纂。编辑室在广泛收集整理了大量历史资料基础上，即开始全志书稿的撰写，并进行总纂工作。在此期间，省残联召开专门会议，进一步提出具体要求；编辑室再次向市级残联征集资料，同时与机关处室承编人员进行多次交流、会商，并对原框架进行适当调整，于9月底形成征求意见稿，印发给机关各处室修改完善。10月份收集各处室的修改意见，再次进行修改。在修改过程中，反复与省残联各处室、直属单位，以及有关市残联承编人员沟通，于11月份形成评议稿。

第四阶段为2012年12月以后，主要任务是志稿的评审、修改、审查验收与编辑出版。2012年12月26日，省残联在合肥召开《安徽省志·残疾人联合会志》稿评议会，省地方志办公室副主任吴静等9位专家与会，在充分肯定志稿的同时提出需要进一步完善的意见。会后，编辑室根据评议会提出的修改意见和建议，再次进行修改，于2013年3月中旬修改完成，呈送省残联领导审阅后，形成《安徽省志·残疾人联合会志》（送审稿），报送省地方志办公室审稿。7月，省残联调整《安徽省志·残疾人联合会志》编纂委员会，由省残联党组书记、理事长张纯和任编纂委员会主任；党组成员、副理事长黎业智、钱玉贵、赵卫弘，副巡视员刘同鑫、汪兴华任副主任，省残联机关处室和各市残联主要负责人为成员。钱玉贵任主编。2013年4月至2014年12月，《安徽省志·残疾人联合会志》分别通过省地方志办公室、方志出版社审稿。编辑室根据审稿意见进行修改，形成会审稿。2015年2月9日，《安徽省志·残疾人联合会志》会审会在省残联召开，省地方志办公室主任朱文根、巡视员刘成典、省志处处长吴良琴、特约编辑苏爱梅，省残联理事长张纯和、副巡视员汪兴华、办公室主任曹振祥、残联志副主编张福海参会。编辑室根据会审意见，对志稿进行完善，形成最终出版稿。

鉴于安徽省残疾人联合会成立于1988年，以及1989年前的安徽省残疾人工作在《安徽省志·民政志》（1993年12月第1版）中已作记述，《安徽省志·残疾人联合会志》上、下限分别定为1988年、2011年。考虑到《安徽省志·残疾人联合会志》是安徽省志历史上首部记载残疾人事业和残联工作的专志，在记述中有些事物作了适当追溯和下延（如特教学校选介等），旨在给读者一个相对完整的概念。

《安徽省志·残疾人联合会志》在编纂过程中，得到省地方志办公室的大力支持和多方指导。省残联机关各处室、直属单位给予了具体帮助，各市、县（市、区）残联提供了大量资料，各位参编人员付出了艰辛的劳动。安徽大学傅悦、省地方志办公室杨永成翻译和审定了英文目录。编辑室在此向所有关心、支持以及参与编纂工作的单位和个人一并表示诚挚的感谢！

编修志书是一项庞大而复杂的系统工程。由于我们水平有限，其中可能仍存谬误之处，敬请广大读者批评指正。

《安徽省志·残疾人联合会志》编辑室

2015年2月